別役厚子

子どもの貧困と教師

東京市万年小学校をめぐる苦悩と葛藤

六花出版

はしがき

別役さんの横顔

堀尾輝久

別役《べっちゃく》さんが亡くなって二年が経つ。

この原稿をパリで書いている。数日後にはロンドンに行く。イギリスに来ればエジンバラを案内すると彼女は言っていた。彼女に会えるのでは。ああ、もう彼女はいない。それだけに彼女のイギリスでの生活に思いが行く。

よく頑張った彼女。頑張り屋だった彼女。高知から東京へ。東大大学院に学び、高知に職を得て戻る。その後、スコットランドのエジンバラ大学に留学し、時間をかけて博士論文をまとめあげたのだが、現地での就職がうまくいかず、差別問題として抗議し、私も意見書を求められたこともあった。正義感の強い彼女には、まだ残る人種差別や女性差別の意識や感情には耐えがたかったのだろう。その後はスコットランドと日本の交流に熱をいれ、民主教育研究所の『人間と教育』誌にも何度か書いて頂いたが、病に侵され、ついに帰らぬ人となった。早すぎる逝去だった。

その前年帰国して、仲間たちと上野駅近くのレストランで会ったとき、病気が進んでいた感じが身体全体に感じられて、皆が早く帰ってくることを勧めたのだった。その時は、とにかくエジンバラへ戻らねば、それから考えると言っていた。

病気を抱えてのエジンバラでの生活を想うと胸が痛む。

彼女は修論では教師坂本龍之輔と万年小学校での実践分析、博論では救貧政策とcharity schoolの問題に取り組んだが、共通する問題意識は貧困問題と子どもと教育の問題だったといえよう。エジンバラでの博士論文にも共通する問題意識であり、帰国後は救貧政策・教育政策の関係に子ども観・子ども史を重ねての比較研究を考えていた。これからが楽しみだっただけに、残念である。

その死を悼んで、多くの友人たちが偲ぶ会に集まり、その時、別役さんの遺稿集を作ろうという意見がだされ、編集委員会ができて、遺稿の整理の作業がはじまった。ようやく発行に至ったこと、別役さんも悦んでくださることと念じるばかりである。

二〇一八・二・二八　パリにて

（東京大学名誉教授・元民主教育研究所代表）

目次

子どもの貧困と教師——東京市万年小学校をめぐる苦悩と葛藤

はしがき―別役さんの横顔（堀尾）――i
まえがき―教育実践研究への遺産（寺﨑）――1

Ⅰ 添田知道『小説教育者・取材ノート』を読む――9

1 『小説教育者・取材ノート』解題――11

一 添田知道の遺した『取材ノート』――全体の解題――12
二 『取材ノート』に託されたもの――27
三 「子供の権利」に託されたもの――『取材ノート5』の解題――37
四 『取材ノート6』の解題――52
五 『取材ノート7』の解題――75
六 敗戦が小説執筆にもたらしたもの――『取材ノート8』の解題を含んで――93
七 添田の中の「貧民窟」――「どん底の顔」が語るもの――114

2 『小説教育者・取材ノート』翻刻――137

『取材ノート5』――140
『取材ノート6』――175
『取材ノート7』――215
『取材ノート8』――252
『取材ノート9』――290

Ⅱ 万年尋常小学校と坂本龍之輔——323

1 東京市「特殊小学校」の設立過程の検討——地域との葛藤に視点をあてて——325

はじめに——326

Ⅰ 学政統一論の中での東京市と各区の対立——327

Ⅱ 東京市教育会の東京市把握と「貧民」への視線——332

Ⅲ 区内既設学校との葛藤・対決としての「特殊小」の設立——下谷区の場合——335

まとめ——341

2 東京市万年尋常小学校における坂本龍之輔の学校経営と教育観——345

はじめに——346

Ⅰ 「特殊小学校」の設立背景——348

Ⅱ 万年小学校における坂本の実践——352

おわりに——363

別役厚子博士学位論文・目次と概要（概要翻訳）——369

「存在証明」としての学問——解説に代えて（駒込）——378

別役厚子年譜・著作一覧——390

編集後記——394　人名索引——400

まえがき

教育実践研究への遺産

寺﨑昌男

本書の著者・別役厚子さんがエジンバラの大学院に入ってからおよそ一年後、短期間帰国してきたとき、日本学術会議近くのレストランで食事をした。そのとき彼女の日本語がいかにもたどたどしかったのが不思議だった。訳を聞くと、「どうも、日本語が久しぶりですから……」とつぶやいていた。ところが翌年また帰国してきたときは、すっかりもとに戻って、なめらかな会話になっている。わたくしはひそかに「これは英語が本当に身についたからだ」と思っていた。必死の思いで英語に馴れようと努力している間は、日本語で話すのが苦痛でたどたどしくなることを、経験から知っていた。会話の背後には、ひたむきにイギリス生活に分け入ろうとし、それをほぼ達成したらしい別役さんの姿があった。

彼女が大学院修士課程志願者の一人としてわたくしどもの前に現れたのは、一九八三年三月のことであった。東京大学大学院教育学研究科教育哲学・教育史専攻課程の面接で、当時は堀尾輝久・宮澤康人・吉澤昇とわたくしの各教授、汐見稔幸助教授、中野新之祐助手の六名が臨席していたと思う。多くの志願者の一人だったので印象は定かでない。ただ覚えているのは、高知大学から相当の覚悟を持って受験してきたらしいこと、とくに堀尾教授の指導を希望して受験したという一途《いちず》さをにじませていたことである。研究計画書からは、教師による教育実践の具体相について関心を持っているらしいことも分かった。

合格を果たした彼女は、ごく地味な大学院生活を送っているように見えた。合同ゼミでの様子や時折交わす会話などから、高知大学時代とは違う雰囲気や学風に相当の努力を払って適応しようと努めていることも想像できた。また各教官の研究方法も必死で学ぼうとしているように思われた。修士論文は、面接のときの言葉通り、明治以降の教師の思想と実践の歩みを大きく概観した内容であった。彼女がとくに関心を払っていたのは大正期から昭和期にかけての貧しい家庭の子どもたちに対する教師の関わり方であったと思う。その関心は、後の「水上生活者」の教育研究、そして本書の内容、さらにイギリスでの博士論文にも深く連なるものだった。研究はテーマを収斂していけば博士論文に育つものと思われた。

指導教授であった堀尾教授をはじめとしてコース教官一同異論はなかったので博士課程への進学に問題はなかったが、わたくしとしては今後研究の方法を一貫してもらいたかった。修論では長期の教育実践史を取り上げながら、明治時代は「教員社会」の成立が中心テーマであり、大正時代は子どもの発見と学習権の問題を中心とし、昭和期は東北農村の生活綴方的教育実践を重視していた。「これでは三つの教師像がばらばらに出てくるだけではないか」というのが、本人にも直接に呈したわたくしの批判だった。寺﨑／堀尾／大田堯／中内敏夫という東大の教育学研究室関連者が発表してきた教師像認識が時代順に並べられているのではないか、と。だがそれは冷酷に過ぎていて、あれも東大への必死の適応だったかもしれないと今にして思い当たる。

他方、「教育実践」そのものへのアプローチや分析についてはいかにもきめが粗く、「別役さんはきれいな花壇をパワーシャベルで耕しているようだね」などと、これまた酷評したこともある。
その後、博士課程の上級生に進んだ彼女とは、付かず離れずといった接触だった。だがわたくしが一九九二年に東大を離れる前後から彼女との間に浮上してきたのが、坂本龍之輔への添田知道氏の聞き書きノートという、まさに唯一無二の資料の件であった（以下「手記」という）。

この「手記」の価値については、本書で駒込武氏が詳細に述べられるであろう。ここで詳説はしない。ただ、彼女にとって、この手記を紀要に翻刻して行くという業《わざ》そのものが、教育実践の再認識作業であり、また活動およびその主体への新しいアプローチの試みであり、まさに先に述べた一途な歩みの延長上にあるように思われた。そしてわたくしも、たびたびその解読の相談に乗るという幸せにあずかった。

添田知道氏による『小説 教育者』が東京・下谷にあった万年小学校の校長・坂本龍之輔をモデルとする作品であることは広く知られていたが、その素材がノートとして現存することは、わたくしも知らなかった。しかしそれを閲覧することはともかく、公刊していくについては、知道氏の甥御である入方宏という方の了承が必要であることが分かった。そこで氏にお願いして、別役さん、小生の三人が顔を合わせたのは、たしかホテルオークラのロビーだったように思う。果てしなく時間のかかる翻刻の仕事が、それから始まったのだった。別役さん自身も「解題」に記しているが、入方氏の承諾と関係文書全体の寄贈先である神奈川近代文学館の厚意とがなければ翻刻の事業は実行できなかったし、本書の刊行もありえなかった。他方、原文書の解読、翻刻という作業は、消失の危機にある文化の保護と共有という意味では貴重な仕事だが、ここに翻刻された「手記」は、希少史料の公示というレベルを超える、大きな価値を持つものであると思う。

万年小学校は、一九〇三年に、当時の東京市直営の「貧民学校」の一つとして設立された。その児童・父母の問題や実況、さらに校長や教職員の対応の実態をこれほど詳細に知ることのできる記録は他にない。学校というものが生活の条件に恵まれない地域に作られたとき、そこにどのような問題が生まれるか。地域の住民にとって学校とはどのようなものに映るか。子どもや親を通じて地域のどのような問題がどのように学校に持ち込まれるか。校長や教職員はどう応えるか。学校の試みで地域の経済を少しでも潤すことはできないか。創造的な校長の口からさまざまな答えを聞き取り、綿密に記しているのがこの「手記」である。

しかし、ここに記されているのは――正確にいえば聞き手の教え子添田氏に対して話し手の坂本龍之輔が吐露しているのは――単なる史実（ファクツ）ではない。学校をめぐる、また学校自身の中に起きるさまざまな問題や課題をどう捉えどのように対応（レスポンド）したかという、文字通りの責任の取り方（レスポンシビリティー）の歴史である。さまざまな感情や葛藤、矛盾を含んだ認識や貴重な創見、臣民としての愛国心情、それらを飾り気なく語る坂本の語りを「大河伝記小説」ともいうべき『小説　教育者』全四部の作者として添田氏がどう聞いたかは興味深いことである。答えの一つは、別役さんが書いているように『小説　教育者』第五部が戦後出なかったことによっても示されているのかもしれない。わたくしもかつて石戸谷哲夫氏と対談（「坂本龍之輔と万年小学校」浜田陽太郎他編著『近代日本教育の記録』上巻所収、一九七八年、日本放送出版協会）した際、教育実践の思想的位置づけのむずかしさを痛感したことがある。

この翻刻作業によって明らかになった詳細な史実は、まさに歴史における教育実践の分析・評価にとって人間理解の繊細さと歴史・社会への洞察とがどれほど必要かを語っている。彼女は手記の翻刻公刊を通じて、また詳細な解題によって、こうした課題を学界共有のものにしてくれた。

坂本の言葉だけでなくそれを聞き取った添田の「手記」の文章を、別役さん自身がどう読みとう感じ取ったかを知りたい人のためには、彼女による丹念な「解題」の中に多くの示唆が含まれている。もちろん彼女にとって解題の記述はまだまだ感懐の一部を記しただけのものであろう。しかしノートの唯一の精読者であり記録者でありさらに『小説 教育者』の読者だった彼女は、惜しくも早々と世を去ってしまった。答えは、それこそ、この共有の「手記」に接し、また『小説 教育者』も読まれるであろう現代の読者に委ねられている。

今、著者・別役さんの知己の一人として言えることは、「取材ノート」に手を触れ、読み解き、複写し、そして解題を書くという仕事は、教師とその実践の研究に正面から迫りたいと言っていたあの別役さんの初志にもっとも近い仕事であったに違いない、ということである。実際の作業は一九九二年夏ごろから始まり九五年秋ごろまで続いたと推測される。時間と根気が不可欠な作業を支えたのは、今は亡き彼女にとって、研究者としての本懐を遂げた歓びだったのではあるまいか。

教師と実践との関係を一貫して追い求めていた彼女は、終生、教育研究の中に自分自身の生き方を模索し続ける人であった。坂本・添田という、片や校長、片や作家という実践世界を異にする二人と深く交わりながら、彼女は貴重な遺産を残してくれた。その遺産が、多くの人々の支えと出版社の厚意によってここに公刊される。心から謝意を捧げたい。

（東京大学・桜美林大学・立教大学名誉教授）

凡例

◉本書全体の校訂は次のような原則にしたがった。

一、旧漢字、異体字などは一部人名を除き常用漢字に統一した。変体仮名も通常の仮名にした。

一、句読点や改行位置などは原則として原文のままにした。

一、書き間違いと思われる箇所には（ママ）を付した。

一、人名表記の揺れは、傍注として（　）を付して正しいと思われる表記を示した。なお参考のため、巻末には人名索引を付した。

◉『小説教育者・取材ノート』解題（Ⅰ－1）については、次のような編集をおこなった。

一、原本の「今回」「前回」という表現は「本節」「前節」と改めるとともに、連載の予告にかかわる文章や謝辞等を削除した。連載中に判明した誤記等については翻刻に反映させた。

一、見出しを統一し、一番上の漢数字の階層を「節」として、左記のように記述番号を揃えた。

　　一 → 1 → (1)

一、『小説教育者・取材ノート』の頁数への言及は、本書翻刻部分の当該箇所の頁数を漢数字で示すこととした。

一、まとまった引用は二字下げとした。

一、ひとつの注文献に二つ以上の注番号がある場合には、注番号ごとに注をつけ直した。

一、脚注の中の算用数字を原則として漢数字に改めた（ノートの番号などは算用数字のままのものもある）。

◉『小説教育者・取材ノート』翻刻（Ⅰ－２）については、次のような原則にしたがって校訂した。

一、頭書きになっている見出しは、本文中にゴチック体で記した。目次と見出しが一致していないところもあるが、原則としてそのままにした。ただし、『小説教育者・取材ノート５』については目次に従って見出しを修正したところがある。

一、添田の踊り字の用法の癖も勘案して、踊り字は「々」を除いて開いた。

一、判読不能箇所は□で示した。

一、書き損じと判断される箇所は略した。省略箇所は〈　〉とした。

一、ある行から別の行にかけて斜線が引かれている場合、「で斜線の開始位置を、」でその終了位置を示した。この斜線が引かれた部分は、原則として添田が『小説 教育者』の執筆にあたって参照した部分を意味する。

一、後からの挿入や、付された線などについては、文中〔　〕内に注記した。

一、あえて別役が翻刻しなかったと見られる人名は、□で示した。

一、頁数の記載を削除した。

◉Ⅱに収録した二編の論文については、横書きを縦書きに改め、原則として算用数字を漢数字に改めた。

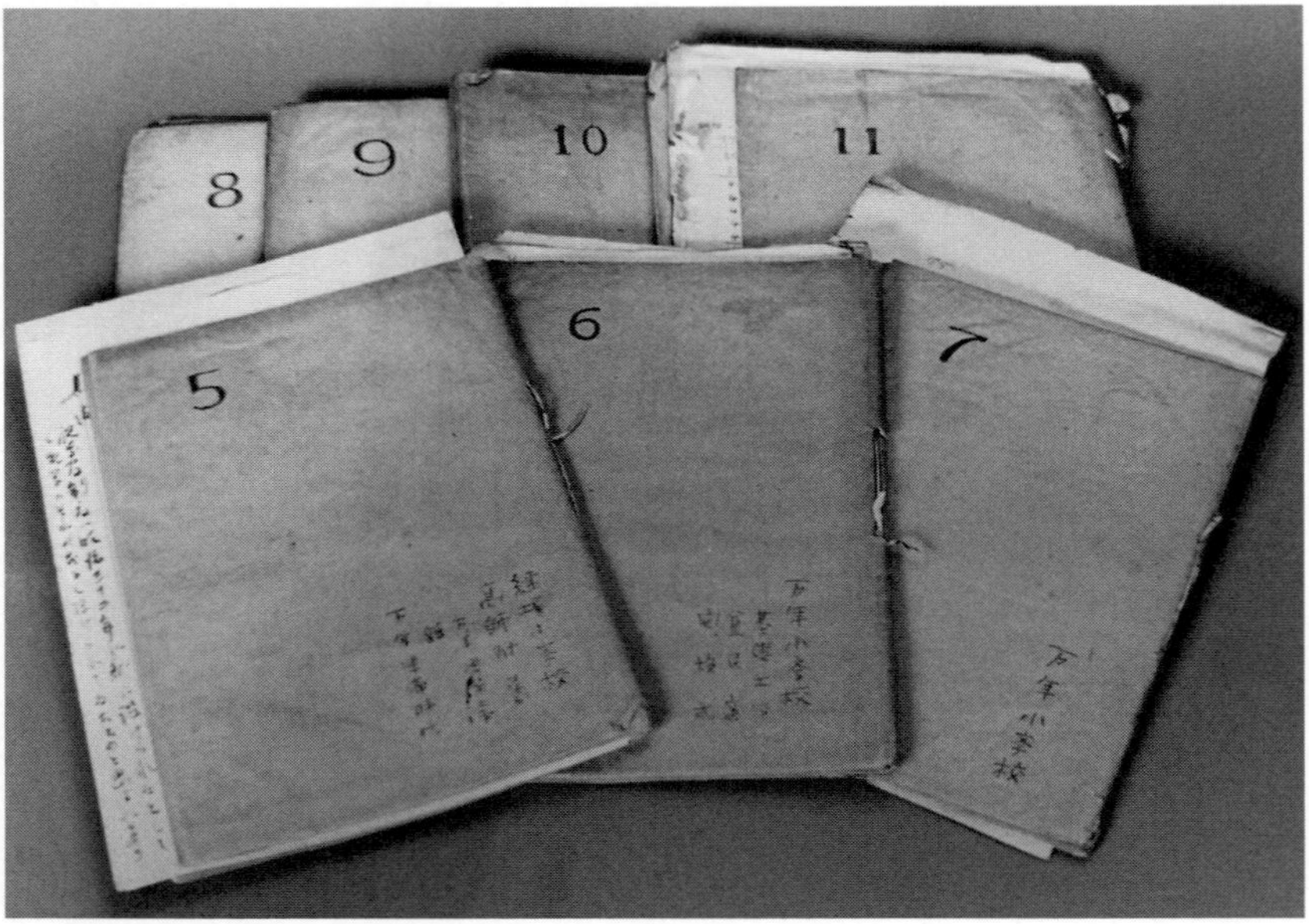

添田知道『小説教育者・取材ノート』

神奈川近代文学館所蔵。ざら紙を 20 枚前後重ね、ハトロン紙で表紙をつくり、ふたつの穴を開け、こよりを通してある。『取材ノート』1 から 4 は現存せず、5 から 11 までの 7 冊が現存、本書ではそのうち 5 から 9 までを翻刻している。

I

添田知道
『小説教育者・取材ノート』を読む

扉写真：添田知道

1

『小説教育者・取材ノート』解題

一 添田知道の遺した『取材ノート』
――全体の解題

1 『取材ノート』をなぜ紹介するか

ここで『取材ノート』と名付けるものは、故添田知道（一九〇二～一九八〇）が自らの出身小学校である万年尋常小学校の校長、坂本龍之輔（一八七〇～一九四二）に取材して小説を描こうとした際の、坂本龍之輔からの直接の聞き取り記録を中心とする取材ノートのことである。

ここで言う添田の『小説教育者』は、一九四二年五月、九月、一九四三年六月にそれぞれ第一部、第二部、第三部が錦城出版社より、そして戦後一九四六年七月に第四部が増進堂より出版され、その後復刊も何度かなされている小説である。(1) 坂本龍之輔の伝記という性格を持った小説であったため、この小説は坂本龍之輔という名を多くの人に広げる役割を果たした。そしてまたこの小説は、添田の坂本からの直接の取材を元に記されたことが小説の「後記」によって明らかにされていたこともあり、坂本龍之輔を理解する上での重要なテキストとしての位置を獲得してきた。(2)

添田は生前、この小説のための『取材ノート』を公にすることはしなかった。未だ小説に生かしていない部分を多く残しながらもである。添田は一九八〇年に食道癌とその合併症のため七七歳で亡くなる。

現在、『取材ノート』は、添田の甥にあたる入方宏氏によって県立神奈川近代文学館に他の添田知道の遺品とともに寄贈されている。知られていなかったノートだけに、また戦前の質の必ずしもよくない紙に鉛筆書きされているものが多いため、その早くの活字化・公表は強くのぞまれるものであろう。だが、このノートが公表されなかったこと、あるいはより本質的には小説の続編が書かれなかったことの背後には、単純に添田に時間がなく忙しかったというようなことでは説明できない何かが隠されていると思われてならない。というのは後にもふれるが、小説第四部には続編の予告がはっきりと記されていたのであり、また、今後紹介していくように『取材ノート』には続編の材料そのものは充分揃っていたからである。『取材ノート』をなぜ紹介しようとするかに応えるためには、こうした謎を避けてとおるわけにはいかないだろう。

実は、添田の死後に公刊された『空襲下日記』[3]の荒瀬豊の解説にも同じような謎が記されている。荒瀬は次のように記している。

「それにしても、という躊躇が、『日記』を読みながら、何度も私に訪れた。戦争中に書いた克明な日記がある、という話を二度ほど私は生前の知道さんから聞いていた。が、知道さんは内容についてあまりふれたがらなかったし、出版の交渉をすすめるでもなかった。桐箱にこのノート群だけをおさめたのは、この日記に対する作家・添田知道のジレンマの表現ではないか、という気持を私はおさえきれない。[4]」

この日記（全文は紹介されていない）が記された時期、一九四四年〜四六年は丁度『小説教育者』第四部が執筆されていた時期である。荒瀬は『教育者』と『空襲下日記』の密接な関係を指摘しているが、このことを次のように言いかえることも可能であろう。つまり、添田が『空襲下日記』を公刊しようとしなかったことと、『小説教育者』の続編を書かなかったこととの間には切り離しては考えられないような何か密接な関連があるのではないか、ということである。この点についてはすでに、『小説教育者』に感銘を受け、添田の生前、小説の続編の執筆を懇願し続けた加賀誠一による、次のような指摘がある。加賀は『空襲下日記』の関連部分を引用した上で、こう述べている。

「長く引用しましたが、この敗戦直後の三日間の日記の中に、小説『教育者』を中断のまま無念の生涯を終わった添田知道の、苦しい悩み、深い淵、隠れた憂いが秘められていると思うのでございます。[5]」

加賀は日記の中から三箇所（日付は違うもの）を引用し、ここに小説の続編が書かれなかった秘密があると指摘したのである。そして、あらためて気にかかりはじめたという添田の晩年の文章を紹介している。貴重だと思われるので、加賀が紹介している全文を再現しよう。

「誰がエジケーションに、教育の訳語をあてたかは知らないが、国民皆兵の軍国主義と福沢式立身出世主義の明治が、堂々進軍した原根がわかった気がした。その百年の失敗が、今日現在はっきりと露呈しているのだから、大和島根の土人がいかにノンキでお人よしであったかがわかる。これがメデタキ限りか。

『教育』などと上からの、しかも恩きせがましさは、無礼千万である。この『教育』に代わる新しい言葉を得られなければ、新にして真の日本ははじまらないと、私は思っている。これは長い思いで、実は、小説『教育者』を書きはじめたときからのことで、十巻構想の最後の巻は、『教育抹殺論』がテーマの予定だった。それがあの戦争の被害で、四巻で中絶のままになったのだが、抹殺とは、教育なる一語もそうだが、明治百年の教育反省祭と共に、子どもらの持って生まれる人間の可能性のよき引き出しが肝の腎であって、ヘンな枠はめを排撃したいの一念だが、私にはもう持ち時間がない。[6]」

前半に明治以来百年の教育の歴史の失敗が言われている。そして後半には小説が一〇巻構想であるということ、その一〇巻構想の最後の巻のテーマが『教育抹殺論』だということ、またそのことは小説を書きはじめたときからの考えであったことが述べられていた。これらはおそらく率直な添田による内面の吐露でもあったのではないだろうか。加賀はこの前半部分から添田に、明治以来の国家管理の下でしかありえなかった教育のあり方、例えば教育が義務制にされたこと自体への批判を読みとっている。だが、もし添田がこのようなことを考えていたとしても、なぜ続編が書けなかったのだろうか。というのも「教育抹殺論」的考え方はすでに小説を書きはじめたときからのものだと添田自身が述べているからである。

その秘密はまさに加賀が指摘した如く『空襲下日記』にこそあると筆者も考える。以下に、最も重要な点だと思われる箇所を紹介しよう。一九四六年一月一五日の日記である。丁度前の日には、第四部が出来上がったことが記されていた。

「龍之輔が真理の追求がついに出来ず、寂しく死んだといふことを考へる。だんだんそのかたちがはっきりして来た。子供に教へられて進むのだといった彼が、結局子供をほんたうに摑むことが出来なかった。それはつまり彼がやはり観念の世界に止まっていたといふことだ。あれは技術者であった。人間ではなかった。それ故に多くの悲劇をみ、自らもそれで終った。龍之輔の、人間である具体が、それをさびしく感じていたのだ。しかもそれを発見することが出来なかった。喋らせることだけ喋らせて、さてと直って二人で追求をはじめてみるつもりで、間に合はなかったことが、今又残念だったと痛感する。喜ばせて死なせた。最後的検討をせずに、さっさと行ってしまった。ずるいぢゃないかとも思ふ。われ一人になってそれを苦しむのだ。やれやれだ。[7]」

ここには、添田の中で具体化してきた坂本龍之輔像、またそれゆえの生身の人間としての坂本への鋭い洞察がなされている。「結局子供をほんたうに摑むことが出来なかった」「技術者であった」「人間ではなかった」坂本、それゆえ「寂しく死んだ」坂本、添田の中に残されたこの坂本像は、読む者にリアルに迫ってくるような具体性を持ってはいないだろうか。だがこの坂本像は、その後彼自身の手によって一度も公にはされなかったのである。添田はおそらくこの坂本に対して感じたこと、まさにこの坂本評価にこそこだわっていたのではないだろうか。引用の最後の「われ一人になってそれを苦しむのだ。やれやれだ」は何を意味しているのだろうか。引用の一行目から二行目にかけて「だんだんそのかたちがはっきりして来た」とある。先にみたように小説の第一部から第三部と、第四部の執筆には間があるが、この前者を書く際に見えていた坂本と、おそらく第四部を書きつぐ中で見えてきた坂本像とが、添田の中で少しずつずれをしめし始めていたのではないだろうか。

添田は第三部の「後記」（一九四三年）に次のように記していた。

「しかし三部で書き終へると思ったことも遂に及ばず、坂本龍之輔を知らうとする下手な努力につきた。前後二十年にわたる万年学校の記はやうやくこれからはじまるのであり、又私は自分との関連に於て坂本先生を考へなければならず、先生終焉の寧ろその後に至らねば私の『教育者』は完結しないのだと思ふと、道は遠く心は重い。私は茲であらためて方途をたて直さなければならないのであらう。(8)」

ここに記されている、三部では終えられないということ、「自分との関連に於て」坂本を考える必要、また「私の『教育者』」を完結させる上で「方途をたて直さなければ」と考えていることなど、すでにこの時点で一〇巻構想につながる考えを持ち始めていたことはうかがえる。

そして、第四部の「初版の後記」は先に引用した日記の日付、つまり一九四六年一月一五日付けで書かれているが、そこにはこのようにある。

「とにもかくにも、第三部までを序篇として、私の『教育者』はここにやうやく始まったといふ感じである。そして、それ故にいよいよ苦しくなって来た。が、そのやうなことを続ってここに記す心と時には未だ至っていない。(9)」

添田はここでも「私の『教育者』」と記している。そして一九四五年二月三日の日記には同じく、この小説には「自分も今後登場しなければならず(10)」と記していた。おそらく自ら小説の中に登場することによって添田の中で見えてきた坂本像がそこに折り込まれていく予定ではなかったかと予想される。そして、その延長上の最終巻に先に紹介したように「教育抹殺論」がテーマとされ、添田自身の教育者観が展開されるはずであったのだろう。その構想はおそらく第三部を書き終えたあたりから、おぼろげではあれ明らかになってきていたものと思われる。だが、坂本への批判が明確になっていくのは第三部を書き終えてのちというよりも、先の日記に見たとおり第四部を書きつぐ中でのことである。

添田は先に引用した晩年の文章の中で「教育抹殺論」的な発想は小説を書き始めるころからあったと述べていた。現在、このことを裏付ける文章等は見出しえていないが、添田がこうした発想をまだ未成熟ではあれその時期に持っていたことは添田の日本大学付属中学校を中退したなどの経歴を考えても充分ありうることであろう。これを前提とするならば、先のことと合わせて更に次のようなことが推測されよう。すなわち、第一部から第三部を書いた頃の添田は坂本自身に「教育抹殺論」的な発想を見て取っていたのではないか、あるいは少なくとも、見て取ろうとしていたのではないか、しかしそのことが第四部執筆を通じて変容を迫られ、坂本を「教育抹殺論」の対極に位置する存在として位置づけるような見方に変化していったのではないか、ということである。

つまり、第三部の「後記」以降、自身も登場する一〇巻構想を描くが、その中での坂本像、おそらく添田登場によって添田の目から描かれるはずの坂本像は第四部を経て批判的なトーンに変化してきたのではないか、ということである。その際坂本は、おそらく「教育抹殺」という時の「教育」をそのまま体現した存在として添田に見えはじめていたのではないだろうか。添田の悩みは、このように見えはじめた坂本をどう描くかという点にこそあったと思われるのである。

こう見てくるならば、『取材ノート』は、添田が坂本からの聞き取りを記したノートであるがゆえに、『小説教育者』との対比によって実は、添田がなぜ小説の続編を書かなかったのか、その謎を解く上で、また、『小説教育者』の一〇巻構想を探る上でも貴重な意味をもつ史料であることが浮かびあがってこよう。

最初に謎と記したが、なぜ、戦後に彼は『小説教育者』を書きつがなかったのだろう。あらためて問うてみるに、筆者は複雑な思いを抱かざるをえない。もしかしたら『小説教育者』が添田の思いを越えて多くの読者を得、とくに坂本龍之輔についてのある一定の、もしかしたら添田の思いとは、おそらくずれを含んだ評価を得てしまったことが、そのことがますます添田の筆をすすませないことになったのではないかと考えたりもするからである。添田の「教育抹殺論」は、第四部を書き終えた時点でほぼはっきりと添田の坂本への痛烈な批判としての意味を獲得していたといえよう。それは添田が感じとった、坂本の「人間である具体」の抱えた「寂しさ」の根を理解し、癒す上で添田にとっては経ずにはいられない批判であったと考えられるように思う。だが、その作業は生前には果たされないままに終わったのである。

『取材ノート』の翻刻にあたって、添田の「苦しみ」を理解し、癒すことが、単なる活字化ということを越えて、この紹介作業の基本的な目的にならねばならないと筆者は考える。それは実は、添田が「教育」なるものに問いかけた、ある根源的な問いを受けとめきるということでもあると思われる。添田が納得し癒されるような教育学あるいは教育史が添田から要請されているようにも思うのである。

添田の抱えた「苦しみ」は死を契機にして、はじめて共有が可能になった。この「苦しみ」をどう共有するか、今回の翻刻は「苦しみ」共有への筆者なりの応答になろう。もちろん、この史料が持つ、坂本龍之輔研究、万年小学校ひいては「特殊小学校」研究にとっての意味、また、明治・大正を教師として生きた個人の目を通してみた地域、住民、行政等についての記録としても貴重な意味を持つことを否定するつもりは全くない。ただ、ある個人によって意図的に記録されたにもかかわらず、やはりどこかで意図的に公表することを伏せてきたように思われる史料を公にするにあたって、それを担うものが負う責任の負い方のようなものとして、こうしたことを思うのである。

2 『取材ノート』全体の概要

(1)『取材ノート』の現存状況

『取材ノート』は、現在冊子の形で残されているものは表紙に5から11の番号を付されたもの合計七冊である。この他、これに関連するものとしては、おそらく元は冊子の形をしていたであろう断片が数十枚残されているが、今回、翻刻の対象とはしていない。

残された七冊は、5～9までと10、11で大きく二つに性格が分かれている。そのことはまた後でふれるが、冊子の大きさも5～9まではそれぞれ若干のずれはあるもののほぼA5判の大きさであるのに対して、10、11はA5判とB5判の間位の大きさになっている。それぞれの冊子は添田手製のもので、ざら紙を二〇枚前後重ね、もっとも外側になるざら紙にはおそらく、もとは封筒だったと思われるハトロン紙が重ねて貼られ、それを合わせて縦に二つに折りたたみ、一番内側になる見開きの真ん中二箇所に穴をあけ、紙をよって作った紐を内側から通して表で結んで作られている。いつの時点で、こうした形に製本したのかはっきりしないが、丁寧に作られ、大事にされていたことがうかがわれる。そしてこれらの冊子の間には数枚の、紙の種類も違う大小の手紙やメモ等が挟み込まれていた。これらも基本的には今回の翻刻の対象には入れていない。

(2)『取材ノート』の記述内容

内容について少しふれておくと、5～9は基本的には坂本からの聞き取り記録であり、10、11は坂本以外の人からの取材記録、様々な文献、資料からの写し、添田自身のメモ等からなっている。また、5、6、特に10には集中的な形で、聞き取りとは判断しがたい、しかし坂本のものと判断される、何かからの写しと思われる記録が含まれている。これは坂本が付けていた記録からの添田による写しだと推測される。添田は晩年、安田武との対談の中で、坂本の日記はあったのか、との安田の問いに応えて次のように述べている。

「あるとき『ちょっと今日は話すのが骨だから』って奥さんに持ってこさせたのが日記帳なんです。日記帳といっても、当時すぐ書いたものではないんだよ。後から。(11)」

これを受けて安田が「ああ、回想録を書いてたわけですね。」とのべ、添田が「書いてたんだ。」と応えている。事実、添田の遺品中の一九四一年の手帳に記された日記には、次のような記述が見出される。一九四一年九月二日付け、添田が坂本のもとに通っていた時期のものである。

「偲草第十八巻を見せられる／奥さんの萩の餅の項、涙が出てくる／早くこれを見せてくれればよいのに、見苦いからとて中々見せてくれなかった／抜書をする(12)」

これより数日、手帳には何箇所か「偲草うつし」というような表現が登場している。この、おそらく「偲草」からだと思われる写しは、先に述べたように特に『取材ノート10』にまとまった形で記録されており、この手帳に記された集中的な写しの作業はこの『取材ノート10』に対応しているのかもしれない。この点はまた今後のそれぞれの解題でふれることになろう。

記録は5～9までの聞き取り及び写し部分は、基本的に鉛筆で書かれ、後から書き加えたと思われる表紙の番号、表書き、目次、項目名、ページ数は万年筆で記されていた。それに対して、10、11は本文と言うべきところにも万年筆が多用されるなど、こうした点からみても、10、11は周辺取材、構想作りのメモが主になり、5～9とは趣を異にしている。

3 『取材ノート』記録の意図、そして記録の時期

さて、このような概要を持つ『取材ノート』であるが、それは一体いつから、どのような目的で作られ始めたものだったのだろう。もちろん、『小説教育者』を書くために作られたノートであり、目的は小説を書くためだと、

答えはいたって簡単にでてしまう。しかしここで問うているのは、もう一歩踏み込んで、なぜ添田は坂本のことを小説に書こうとしたのかということである。そしてそれはいつ頃から構想がつくられ、いつからそのための行動がなされたのか、ということである。それは最初に記した課題とも重なると思われるが、現在できる範囲で考察しておこう。

まず、『小説教育者』第三部の「後記」を見ておこう。「昭和十八年二月下浣記」となっているから一九四三年の記述である。

「特殊学校の事は、忘られてしまふにはあまりに貴重な教育史上の事実であった。仕事の特殊性の故ばかりでなく、教育の最も心核を攌んだ事業であったと信じられるからであるが、その記録の湮滅は、同時に坂本龍之輔の忘失となるのである。それが私には堪へられぬ、寧ろ憤りであった。いつかその記録を残したいといふ十余年来の希ひは、（後略）[13]」

ここで言われている小説執筆の理由は、「教育の最も心核を攌んだ事業であったと信じられる」「特殊学校」のこと、そして坂本龍之輔のことが教育史上の記録として残されていない、そのことへの憤りであったということである。これまで説明を略してきたが、添田が通い、坂本龍之輔が校長を勤めた万年尋常小学校は、一九〇三年から一九二六年[14]まで東京市によって設立、経営された、貧困な家庭の子どもを対象とした合計一一校の、通称「特殊小学校」と呼ばれた尋常小学校のうちの第一号校である。

先にも紹介したが、晩年の安田武との対談の中で小説執筆の動機について添田は次のようなことを述べている。安田とのやりとりも含めて紹介しよう。

「添田　（前略）二代目の校長ができるわけだけども、坂本校長が引退したってことになったら、それまでは雑誌も万年学校の教育について特ダネ的な扱いをしていたんだけど、残った連中はこれ幸いと、抹殺にかかるわけね。
安田　つまり、坂本色をなくしちゃおうというわけ。
添田　うん。そうそう。坂本の学校の授業のあり方をね。だから、東京市の教育史の中から消えちゃってるの。それで、おら、腹立ってね。こりゃどうしても、いつかは書いておかなくちゃいかんなあ、と思った。これが始まりで、この仕事は多年の念願だった。[15]」

小説の後書きを裏付けているが、これによれば、小説を書こうという始まりは「東京市の教育史の中から」坂本が消えていることへの憤りである。とりあえずこのことを確認しよう。だとすれば、いつ添田はそのことを知ったのであろう。また、なぜそのことが気にかかったのだろう。

『龍生会々報』というのがある。これも添田の遺品に含まれていたものであるが、創刊号は一九二九（昭和四）年八月に出されている。この前年一九二八年の秋に同窓生を中心とする龍生会が発会しているが、その設立の趣旨は平たく言えば、山下域之が紹介しているが「先生（坂本龍之輔―筆者注）の慰安と相互の親睦を目的とする会を起したい[16]」ということであった。ちなみに会則には次のようにある。

「本会ハ旧東京市万年尋常小学校ノ薫陶ヲ偲ビ会員相互ノ親睦ヲ厚ウシ、協力撕提以テ皇恩ノ万一ニ奉献センコトヲ期スルヲ目的トス[17]」

その創刊号には、坂本の教え子でもあり、万年小学校の教師として坂本の支えになり続けた、山下域之の次のような文章が掲載されている。

「『万年の坂本か坂本の万年か』とまで言はれた先生が万年校のグループから遠ざかって居られる事は先生の心の奥底に何かしら物足らぬやうな寂しさを感じて居られるだろうと想像して何とかお慰め申したいと考へて居ました[18]」

坂本は一九二一年に心臓病のため万年小学校を退職しているが、山下によれば、その後の万年小学校から坂本は全く関係が絶たれたような状況になっていたということであろう。

また、同じ創刊号には万年小学校卒業生の小野正造による「万年小学教育を受けたる者として誇れ」との一文も寄せられている。少し長くなるが要点を引用しよう。

「吾々日本国家に、生れた者は、国費に依って、義務教育を貧富の差別なく、平等に賦与さる可き当然の権利をお互は持っているのである、依って現在の如く、国民が自費を以て、自分の子弟に、普通教育を受けていることが、過っているのである。

然らば、かつて吾々が受けた、特殊教育とは、以上述べた如き、当然日本国民として、受く可き義務教育を一足お先に、吾々は、坂本先生と云ふ、指導者の絶へざる努力に依って与へられたので、多くの人の考へる様な（お情け）の教育として恥辱に考へる処か、むしろ当然賦与さる可き、義務教育を受けたる先駆者として、誇りを持ち、吾々が受けた、真の義務教育の実現の一日も、早からんことの為に、運動の必要こそあれ、特殊教育を受けたことを、恥辱に考へることは、非常なる誤った考へである。

（中略）

吾等は、主義の為に、一生を投じた、坂本先生の教子として、坂本先生の意を継ぎ、之が実現に勤めることこそが、先生諸氏にかつての受けた謝恩であり、唯一の贈物である（後略）[19]」

何度か引用した安田との対談の中で添田は、龍生会の企画で坂本に久し振りに会った際坂本から「ああ、添田君、君は死んだと思ってた[20]」と言われたと紹介している。こうしたことから考えて添田は、中学校中退後、万年小学校との関係は途絶え、また創刊号に掲載された「会員名簿」に登場していないことから考えて、万年小学校卒業生との付き合いもやはり途絶えていたものと推測される。しかし、第二号には「新入会者」として紹介され一文を寄せてもいる。つまり添田は、中学校中退後途絶えていた万年小学校関係者との接触を龍生会を介して数年ぶりに実現したのではないかと考えられるのである。だとすれば、である。添田が、当然読んだであろう創刊号の山下と小野の文章によってはじめて、坂本の教育への考えと当時坂本が置かれていた状況について知ったということは、充分考えられることであろう。

坂本が、日本国家に生まれた者は貧富の別なく国費による義務教育を受ける権利を持つと考え、そのため絶えざる努力をしてきたこと、そしてそうした主張をした坂本が退職後万年小学校関係者からは関係を絶たれている状況であること、繰り返しになるが、こうしたことを添田はこの創刊号ではじめて知ったのではないだろうか。添田は『龍生会々報』第二号に次のように記している。

「今の時代にあっては、『貧乏に生れて来ること自体が罪悪である。』この事に対して、猛烈に抗議を続けられた坂本先生は豪《えら》いと拝考する。抗議の形式は色々ある。ただ此の『強き抗議の気持』を忘れまいと僕も考へています。」(21)

ここで添田は、貧乏＝罪悪という世間の公式に対して抗議を続けたという意味で、坂本に「豪い」との形容詞をあてている。おそらく添田がそれまでの経歴の中で摑んでいた貧乏＝罪悪という考え方への抗議の意識と、坂本の先のような考えと状況を知ったこととが結びついてこのような文章になったのではないだろうか。そして、こうした自らの思いと坂本とを重ねる視点を見いだしたことが、添田が坂本のことを小説にしようと決意する決定的な動機となっていたのではないかと思われる。

だが、実際にそのための行動を始めるのには数年が経過しなくてはならなかった。

一九四一年に出された号数のない『龍生会々報』には次のように記している。

「坂本先生をお訪ねしたいといふことは、常に考へていることなのだが、さてそれを実行に移す機会は中々に摑めない。殊に自分としては、先生から万年学校時代のお話を色々承ることにお願ひして置きながら、それも中断している様な始末で（後略）[22]」

年度は明らかではないが、「中断」とあるため一度その作業は開始されていたようである。しかし、本格的に始められたのは小説の第三部の「後記」に記されているが一九四一年六月からである。添田は当時坂本が住んでいた、神奈川県西多摩郡西秋留村（現在東京都秋川市）に泊り込みで通い、病床の坂本から話を聞き続けている。一九四一年一一月一八日付けの一五日よりの宿泊料支払いの領収証が『取材ノート8』の間にはさまれていたが、このことから考えて、当時丁度『取材ノート8』に記された箇所が聞き取りされていたのかもしれない。そして一二月二七日には第一部の執筆のため坂本の最初の赴任地を訪ね、翌年二月までは第一部を執筆、そして、丁度第二部の調べに出かけていた頃、一九四二年三月二六日に坂本は亡くなったと添田は記している。[23]しかし、坂本死後も、引き続き第二部、第三部そして第四部執筆のための取材はなされたものと思われ、それらが『取材ノート』10、11に記されているものと推測される。

以上でとりあえず全体の解題は終える。

●註

(1)小説の発行年月、出版社、また後の添田の経歴については「添田知道年譜」（『添田啞蟬坊・知道著作集』第三巻、刀水書房、一九八四）によった。

(2)坂本龍之輔像はこれまで、基本的に添田の小説によって作られてきたといってよい。熱心な読者による小説の映画化運動、また『小説教育者』の舞台を訪ねる催し（「相武の教育をたずねる会」、会長広田清一／事務局大和市教育研究所の活動）、また小説の考証を行う動き（広田清一による）など、まさに小説を通して坂本龍之輔は知られ、理解されてきた。

坂本を歴史的に位置づけようとの試みも主にこの小説に依拠して積み重ねられてきている。主なものについては拙稿「東京市万年尋常小学校における坂本龍之輔の学校経営と教育観」『東京大学教育学部紀要』第三〇号、一九九〇）の注参照。

なお、本文でもふれるが、坂本龍之輔理解に新たな視点の必要を提起しているものに、加賀誠一編『未来への道標——小説『教育者』の世界』(一九八七、加賀タイプ社)、加賀著『道なきを行く——わが青春に小説『教育者』ありき』(一九九一、西田書店)がある。本解題にあたって、この加賀の近著からは貴重な示唆を得ている。

また、この『取材ノート』を用いての坂本龍之輔を対象とした論文には、上記の拙稿の他、拙稿「坂本龍之輔の教師としての権威を支えたもの——東京市『特殊小学校』の歴史的性格を探るために」(研究代表者宮澤康人『青年期教育における教師の権威の喪失過程の研究——アメリカを中心に比較史的視野を加えて』、平成元—平成三年度科学研究費補助金一般研究(B)研究成果報告書、一九九二、所収)がある。

(3)添田知道は一九八〇年三月一八日に亡くなっているが、その後編まれた『添田啞蟬坊・知道著作集』の第三巻には添田が空襲下で書いた日記、『空襲下日記』が紹介されている。全ての紹介ではないが、本文に記すように『小説教育者』に関する貴重な記述が含まれている。(刀水書房、一九八四)。

(4)荒瀬豊「記録としての『空襲下日記』」『添田啞蟬坊・知道著作集3　空襲下日記』(刀水書房、一九八四)三五〇~三五一頁。

(5)加賀誠一「小説『教育者』の世界」加賀著『道なきを行く——わが青春に小説『教育者』ありき』(西田書店、一九九一)五四頁。

(6)添田知道「巻頭言」『教育者通信』創刊号(一九七五、七、加賀の個人編集の月刊誌)加賀前掲書、五六~五七頁より重引。

(7)前掲『空襲下日記』二八七頁。

(8)添田「後記」『小説教育者』第三部(玉川大学出版部、一九七八)二二八頁。なお、以下『小説教育者』からの引用はすべてこの復刻版によった。

(9)添田「初版の後記」『小説教育者』第四部、二四〇頁。

(10)前掲『空襲下日記』(一九四五年二月三日の日記より)八四頁。

(11)添田知道/安田武対談「『無翼』を生きる——小説『教育者』をめぐって」(『歴史読本』一九八〇、二五巻七号)二四四頁。

(12)添田知道の手帳(一九四一年のもの)九月二日付け。現在、神奈川近代文学館蔵。

(13)添田「後記」『小説教育者』第三部、二二八頁。

(14)「特殊小学校」の第1号である万年尋常小学校は一九〇三年に開校している。坂本の校長としての辞令はすでに一九〇二年に出されているが、ここでは開校年を「特殊小学校」の出発年とした。一九二六年には「特殊小学校」は廃止され、それとともに各区に移管の措置がとられた。

(15) 前掲、添田／安田対談、二四二頁。
(16) 山下域之「祝辞（於総会席上）」（『龍生会々報』創刊号、一九二九、八）一〇頁。『龍生会々報』は、現在、神奈川近代文学館蔵。以下、同様。
(17)「龍生会々則」（『龍生会々報』第五号、一九三一、一〇）三七頁。
(18) 山下域之「祝辞（於総会席上）」（『龍生会々報』創刊号）一〇頁。
(19) 小野正造「万年小学教育を受けたる者として誇れ」（『龍生会々報』創刊号）二一～二二頁。
(20) 前掲、添田／安田対談、二四二頁。
(21) 添田知道「万年学校のおもひで」（『龍生会々報』第二号、一九三〇、一）一八頁。
(22) 添田知道「孤寒寸記」（『龍生会々報』、一九四一、一二）一九頁。
(23) 添田知道「随筆・教育者（上）」（『月刊刑政』五六巻三号、一九四三、三）一二頁、一六頁、参照。現在、神奈川近代文学館蔵。

二　『取材ノート』に託されたもの

1　添田が試みたこと――坂本龍之輔理解への関心とその背景

添田知道が坂本龍之輔の取材に当たって試みたのは、単に万年小学校時代の坂本を理解することではなかった。『小説教育者』の記述を見ればわかるように、坂本の出自、初等教育時代、師範学校時代、村落小学校赴任時代等、

「特殊小学校」経営にかかわる以前のことも丁寧に聞き取られていた。『取材ノート5』の記述が、東京への上京の時期からはじまっていることからすると、おそらく存在したであろう『取材ノート』1〜4には幼少期、師範学校、また村落小学校赴任時代のことが記されていただろうと想像される。

だが、なぜ添田は万年小経営に至る坂本の来歴に関心を持ったのであろう。前節で記した、添田が坂本のことをなぜ小説に書こうとしたかということともかかわるが、あらためて考えてみることにしたい。

前節で見落としていたものであるが、添田は後援会会報として出された『龍生』に、おそらく一九四〇年一一月一七日付だと思われるが、次のようなことを記している。

「紀元二千六百年奉祝の朝、文教功労者表彰の事が新聞紙上に報ぜられてあった。表彰された沢山の人の中に自分の知る人の名が幾つも見られたのは寔に喜ばしいことであった（中略）

然し私は何か心に焦るものがあって、尚も新聞の上に眼を走らせた。ない。もう一度見直したが、やっぱりない。私は坂本先生の名を、その中に求めたのである。

何故、ないのであらう。坂本先生が既に教育界を隠退せられているからであらうか。その理由は私にはわからない。ただ坂本先生の名の見つからないことが不思議に思はれるばかりであった。

文教功労者を挙げるとなれば、私たちは、何よりも先づ、坂本龍之輔の名を冒頭に数へなければならないと思ふのは、恐らく龍生会員、誰しもの胸にひとしく通ふところのものであらう。

私は何やらん憤りに似たもの、胸を過ぎるのを覚えた。然しその憤りは忽ちに己に返って来るものであった。私はいつか坂本先生の伝記を書きたいと思ひ願っていた。特殊教育の新境地を切り拓かれた先生の苦難の道を辿ることに依って、その業績の大いさを再認識したいと思った。然しその事をひそかに思ふばかりで怠り多き己れの身が口惜しく省みられるのである。」(1)

前節の解題では、添田は、『龍生会々報』の創刊号（一九二九年八月）を通じてはじめて、坂本の教育への考えと当時坂本が置かれていた状況について知ったのではないかと推測した。それからほぼ一一年後の文章がこれである。文教功労者に坂本の名が挙げられていないこと、そのことに添田は「何やらん憤りに似たもの」を感じたというのである。

だが、添田の中に「憤り」に近いほどの感情を抱かせた原因は、一体どこにあったのだろう。添田は「恐らく龍生会員、誰しもの胸にひとしく通ふところのものであらう」と述べていた。前節、十分追求できなかったが、ここには龍生会の会報に寄せた文章だから、というだけでは理解できない、何かが込められているように思われるのである。

坂本は、『龍生会々報』創刊号によせた文章の冒頭に次のように記している。

「龍生会の成立に由って、枯れかかったと思はれた私の生命が新に勢を加へて、涯《かぎ》りなく伸びて行く土台を得たと喜んで居る時、龍生会々報の発行を聞いて嬉しさに堪えず、筆を執って祝辞に代へます。[2]」

前節の解題で記したが山下域之は、退職後万年小のグループから遠ざかっている坂本は、そんな状況に何か物足らぬような寂しさを感じているのではないかと述べていた。[3] 坂本の記した「枯れかかったと思われた私の生命」という表現にはそうした心情が感じられなくもない。山下が「坂本先生を中心としての集である龍生会」「先生の慰安と相互の親睦を目的とする会[4]」と述べたように、龍生会はその重要な目的に坂本の「慰安」を据えていた。そして、退職後、一切の公職に就いていなかった坂本にとって、この会の誕生は「生命が新に勢を加へて」との表現にあるように、新たな仕事の場を得た思いだったのではなかろうか。

添田のもとに残されていた合計一四冊の『龍生会々報』には、毎回必ず坂本の文章が掲載されている。会員にむけての訓話的な話もあれば、時事解説的なもの、また万年小時代を振り返ったものなどである。そして注目されるのは、四回連載されただけで終わることになってしまっている「岩間の清水」と題する坂本自身の自伝記録である。

その書き出しは、添田の『小説教育者』の書き出しにそのまま重なる。師範学校を卒業した坂本が最初の辞令を受けとり、それへの不満をぶつけに郡役所に出向く場面である。第四号から第七号までに掲載された「岩間の清水」は、添田の小説の序章部分にそのまま当てはまる内容となっている。つまり序章の下敷きとして、添田は明らかにこの自伝記録を用いているのである。いったいこれは何を意味するのだろうか。

添田は、先にも紹介したが、「文教功労者表彰」の人名の中に坂本がないことを「憤り」、自分がいつか坂本の伝記を書きたいと思っていることを記していた。それに続く文章には次のようにある。

「私は自らを叱って、私の出発を心に命じたのである。龍生会の諸兄よ。どうか私の不才を寛容されて、私の希ひを貫徹させて頂けるやう、援助鞭撻の程を、ここにお願ひ申し上げます。

もとよりこれは坂本先生の記憶を新たにすることに止まるのではない。教育事業永遠の真の意味の指針たるべきものである。鈍感私一個の到底よくなし得るところではない。然し私は此の事に精根を罩《こ》めて、幸ひに遂ぐること叶はば瞑するも悔ないと思っているのである。(5)」

先に引用し紹介した文章と重ねるならば、添田の感じた「憤り」は少なくとも添田の中では、龍生会員に繋がり、通じる思いとして表明され、そして「遂ぐること叶はば瞑するも悔ない」との表現にあるように、坂本の伝記執筆には、添田自身の存在証明といった意味さえ、含まれていたものと思われる。

『小説教育者』第三部の「後記」に添田は次のように記している。

「此の書のために高教を仰いだ向は枚挙に遑《いとま》ないほどであり、(中略)特に本三部の学校資料調査については、畏友東京市視学茂木末吉兄がわが事のやうに援助指導してくれたことを銘記したい。(6)」

茂木は、万年小の卒業生であり、龍生会創立当初は幹事を勤め、龍生会の中心的な役割を果たした一人である。(7)

師範学校卒業後、万年小の教師となり、龍生会発足時は区移管後の万年小の後身上野尋常小学校の教師を勤めている。[8]「貧民窟から出て、苦しみながら人となる、それを教師にしなければならぬ」[9]という坂本念願の教師の一人であった。この茂木が、立場上、調べるに容易な位置にいたこともあろうが、「わが事のやうに」添田の仕事に協力したというのである。県立神奈川近代文学館の添田の遺品中には、ノートに添付されていたものを除き、添田宛の茂木の書簡が合計二八通残されているが、坂本からの取材の様子や小説の進み具合、龍生会のことなど、親密な交流があったことがうかがわれ、添田の小説執筆を精神的にも支えていた様子が読みとられる。これはおそらく、同じ万年小卒業生であったからこその、そして坂本の意をまさに受けるかたちで教師となった茂木であったからこその結びつきであったものと想像される。茂木の行動の背後には、坂本の存在確認をすることが、自らの存在確認にも繋がるとの思いがあったのではなかろうか。そしてもしかしたら添田の仕事は、教師となった茂木にとっては添田以上に自らに関わる切実な思いを託したことだったのかもしれないとも思うのである。

先にふれたように、龍生会の創立自体が坂本の慰安の意味をもっていた。だが、それは同時に、龍生会の会員となった万年小の卒業生たちにとっては自分たち自身の存在証明でもあったろう。前節でも紹介した小野正造の次のような思いからもそれは読み取れるように思われる。

「かつて吾々が受けた、特殊教育とは、以上述べた如き、当然日本国民として、受く可き義務教育を一足お先に、吾々は、坂本先生と云ふ、指導者の絶へざる努力に依って与へられたので、多くの人の考へる様な（お情け）の教育として恥辱に考へる処《どころ》か、むしろ当然付与さる可き、義務教育を受けたる先駆者として、誇りを持ち、吾々が受けた、真の義務教育の実現の一日も、早からんことの為に、運動の必要こそあれ、特殊教育を受けたことを、恥辱に考へることは、非常なる誤った考へである。[10]」

坂本という「指導者の絶へざる努力」あってこそ、現在の自分たちがいる、その自分たちは「当然付与さる可き、義務教育を受けた」「先駆者」であり、それを「誇り」に思うことがあっても「恥辱」に考えることなど一切ないのだ。小野のこの言葉は、小野自身を支えてきた信念のようなものの表明であるとも言えるであろう。実はこの言葉は、龍生会勧誘にあたって、万年小の「同窓兄弟中に万年小学校より教育を受けたることを、非常に恥辱に考へているものが多数ある」[11]との状況に対して、それへの批判と説得を意図して書かれたものであった。おそらく、龍生会に集った卒業生たちは、万年小卒業だということを「恥辱」と考える者が多数あることを、そしてそうした見方に彼らを追い込む社会の現実があることも知っていたし、それを自ら感じてもいたろう。添田自身、晩年の回想の中で中学校時代について次のように述べている。

「一年出て二年になったら、中学で万年学校出というのが大評判なんだよ。要するに、いまでいう差別の目だな。おれはその有名な万年学校出だった。」[12]

添田は、こうしたことが原因で学校が面白くなく、いやになり、結局中学校を中途退学したことを語っている。おそらく、これに似た思いは他の上級学校に進んだ卒業生たちも味わった可能性は高い。

龍生会会報の創刊号には一〇二名の会員が記されている。第二号で九名加わるが、それでも一一一名である。ちなみに、そのうち女性と思われるものは三〇名である。以後、会報によれば会員はそれほど増えず、総会への参加は年々減少した様子である。万年小卒業生は、坂本が勤めた一九二〇年度の卒業生までを合計すれば一、四五六名である。[13]会員はその一割にも及んでいない。

連絡がとれない者もあったろうが、圧倒的多数は、この会に集うことを選択しなかった。そこには、小野の文章に記されているように、万年小卒業生であることを「誇る」、という意識とは程遠い心情がそこにあったものと言わざるを得ない。だが、添田の体験を見れば、決して会に集った人々が例外であったということはできまい。会に集った人々にとって、万年小は、何よりも自らが今ここにこうしていることに対する肯定の意味を持たねばならなかった。まさに自己の今を支えるものとしての万年小への思いであり、そのわかちあいが会に集った人たちの暗黙の思いであったのではなかろうか。

こう理解するならば、添田は、小説を記すことについて、先に紹介したように「遂ぐること叶はば瞑するも悔ない」と述べたが、それは、先の小野の文章にも見られるように龍生会に集った卒業生たちにも通じる、万年小の教育を受けた自分たち自身の「誇り」、そして現在、今の存在証明をかけた思いだったように推測されるのである。

坂本は自らの自伝的記録を『龍生会々報』に記したが、それは四回のみで途絶えた。連載最後の号は一九三二年八月の第七号であるが、内容的にはいかにも中途半端な印象を否めない。添田が実質的に背負った課題、それはこの続きを書くことであったとも言えるであろう。小説の出だしを坂本の記録に重ねたこと、そこには坂本の自らやろうとして頓挫したことを引き継ぐ、そんな思いが込められていたのではないだろうか。そしてそれは、会員たちの暗黙に共有する課題であったものと思われるのである。

先に記した、なぜ坂本の来歴にまで至らねばならなかったのか。その応えはこの辺にあるのかもしれない。一九四一年に添田は「殊に自分としては、先生から万年学校時代のお話を色々承ることにお願ひして置きながら[14]」と述べているため、添田にとって、やはり万年小時代が最も自らにかかわる関心の強い時期だったと思われる。しかし、実際には坂本の人生全般が聞き取られていった。

坂本が晩年、回想録を書いていたことは前節もふれた。それは「子供に渡すつもりで[15]」書かれたものだったという。『取材ノート』の回想録からの写しだと思われる部分から察するに、それは万年小学校時代だけでなく、それ以前の村落小学校時代も含む教師生活全般を振り返ったものであった。坂本にとってはまさに教師であることそれ自体が彼の人生であった。そして坂本の師範学校後の一八九一年から一九二一年までの三〇年に及ぶ教師生活（師範学校入学以前を含めばほぼ三六年）のうち一九年、つまり三分の二を万年小学校時代が占めている。退職後二〇年あまりの日々を公職につくこともなく過ごした坂本にとって、自らの存在証明はこの教師であった自分の確認にあったのではなかろうか。退職後、万年小グループからは遠ざかっていた状況であったと言われる坂本にとって龍生会の存在はまさに精気をとりもどす場であったろう。そして回想録の執筆は自らの存在証明のための記録であったといってもいい過ぎではないのではなかろうか。坂本の人生はまさに教師としての人生であったのである。

坂本の仕事を「教育事業永遠の真の意味の指針たるべきもの」として捉え、文教功労者の中に坂本がいるべきだと主張する添田にとって、そして、坂本自身がやろうとしてやり残したことを、やりとげようとした添田にとって、教師としての坂本自身の人生をたどることは、経ざるをえない筋道だったのかもしれない。そして実際、坂本は人生を語ったのである。こうして取材は、坂本という人間の、人生をそのまま写し取る作業として展開したのであった。

2 『取材ノート』の解題にあたって

さて、こうした経緯を経てつくられた『取材ノート』だが、いったいこのノートから何を読みとればよいのだろうか。ここでは、各『取材ノート』解題で何を明らかにするのか、そのことの検討をしておきたい。

前節で記したように『取材ノート』の内容は、5~9が坂本からの聞き取り記録、10、11は周辺取材を基本的内容としている。しかも5~7は小説と重なる内容も多いが、8と9は時期的には小説で描かれた以降の時期となっている。それゆえ、おのずと解題の内容にも違いが出てこようが、ここで問題にしておきたいのは、解題全体を通じて一体何を明らかにすればよいのかということである。大きく二つのことを指摘しておこう。

まず第一に、『小説教育者』で描かれた坂本龍之輔は、『取材ノート』のどのような読み込みによってつくられた坂本龍之輔なのか、それを明らかにするということである。つまり、添田によってどのように坂本龍之輔は理解され、像を作り上げられていったのかを、『取材ノート』と小説との対比から探ることである。そして、添田がなぜ続編を記すことなく亡くなったかについて、あらためて考察することである。小説が対象とした時期を記録する

『取材ノート』5～7と周辺取材をした10、11が、基本的な対象となろう。

そして第二の課題は、その上で新たにどのような坂本龍之輔像が描けるかを検討するということである。それは、添田をはじめとする卒業生をもその中に位置づけうるような坂本像を、どう描けるのかということでもある。その作業は、各ノートの解題にその一端が見えかくれするとしても、基本的にはノートの紹介作業を終えた後の解題において試みられることになろう。以下、各『取材ノート』の解題について、とりあえず次のような方針を示しておくことにしたい。

5～7については、まず、①『小説教育者』との比較によって何が描かれ、何が描かれていないかを検討する。その上で、②添田の読みとりをどう考えればよいか、紹介した所までの時々の暫定的な考察を行うことにしたい。

8、9については、基本的に、個別の解題は記さず、最後にまとめて扱うことになろう。

10、11は、周辺取材が中心になるが、その注目点がどのようなところにあったのかが検討の中心となるであろう。

そして各冊ごとの検討をふまえて、先に示した二つの課題について、第一の課題については、全ノートをふまえての総合的検討を、そして第二の課題については、そこではじめて、まとまった形で検討することにしたい。

なお、各ノートには時期的に前後する部分が含まれているため、若い番号のノートで落としたことが、後の解題で取り上げられることもあり得ることを、あらかじめお断りしておきたい。

●──註

(1)添田知道「龍生銘記」『龍生』一九四一。なお、『龍生会々報』と記されてきた万年小学校同窓生を中心とする龍生会の発行する会報は、添田のもとには、創刊号（一九二九年八月）から12号（一九三八年一月）まで、および号数の記されていない一九四一年一二月発行のもの、そして、本文に引用した『龍生』が残されていた。（現在、これらはすべて、添田の甥にあたる入方宏氏によって他の知道の遺品とともに神奈川近代文学館に寄贈されている。）『龍生』の編輯後記には「久しい間会報の発行に就いて悩み抜きましたが、ここに再び発行の運びに到りました」とあるため、12号発行以来、休刊になっていたのかもしれない。この後記は「一六・七・下浣」と記されているため、一九四一年七月の記述である。

引用した添田の文章は「十一月十七日夜記」と記されていたが、この後記には「本号の内容は昨年頂いた先生始め諸氏の玉稿をそのまま掲載いたしました」とされているため、添田の執筆は本文に記したように一九四〇年一一月であると思われる。

(2)坂本龍之輔「龍生会々報発行の祝辞に代へて」『龍生会々報』創刊号、一九二九年、八月。なお、坂本は籍移動、改姓のため何度か姓が変化しているが、ここでは坂本に統一した。

(3)山下域之「祝辞」(於総会席上)『龍生会々報』創刊号。

(4)同前。

(5)添田知道「龍生銘記」『龍生』一九四一。

(6)添田「後記」『小説教育者』第三部(玉川大学出版部、一九七八)。以下、『小説教育者』に関してはこの復刻版による。なお、この「後記」は「昭和十八年二月下浣記」である。

(7)丸山玉七「総会雑感」『龍生会々報』創刊号、参照。

(8)万年小学校『学校要覧』(添田が上野小学校より借りだした写し。神奈川近代文学館蔵)及び、帝都教育会編『東京府市学事関係職員録』一九三二年一二月一日現在による。なお、後者の資料については岡野俊一氏(神奈川在住)の御教示によるものである。

前者の資料によれば、一九一五年五月一日現在、茂木は二〇・四才となっている。逆算すると一八九五年生れということになる。添田は一九〇二年生れのため、茂木が七つほど年上である。

(9)『取材ノート7』七一頁(本書二四八頁─校訂者注)。以下『取材ノート』からの引用はこのように記す。

(10)小野正造「万年小学教育を受けたる者として誇れ」『龍生会々報』創刊号。

(11)同前。

(12)添田知道/安田武対談「『無翼』を生きる──小説『教育者』をめぐって」『歴史読本』一九八〇、二五巻七号、二四一頁。

(13)東京市万年尋常小学校『大正九年度末報告』一〇七頁。この報告は、坂本自身の署名が最後に入っており、全体として坂本の回想録的な内容になっている。現在、県立神奈川近代文学館蔵。

(14)添田知道「孤寒寸記」『龍生会々報』一九四一、一二、一九頁。

(15)添田知道/安田武対談、前掲、二四四頁。

三　「子供の権利」に託されたもの

――『取材ノート5』の解題

『取材ノート5』は、内容からみると、添田がノートの表紙に記したように、（1）練塀小学校、（2）高等師範学校附属小学校、（3）万年小学校準備時代の三つの事項からなっている。そして（2）の小項目として、「万年小学校増築工事」および「雑」とされていた。添田が目次中に括弧書きで記した説明に従えば、少年時代のこと、師範学校時代のこと、村落小学校時代のこと、さらに万年小学校時代のことがまさに雑多に折り込まれている。また、（3）の中にも同じく村落小学校、師範学校、準備時代ではない時期のことが入り込んでいる。添田の取材中、坂本の話が何度も前後したことがうかがわれる。

こうした内容をもつノートであるが、ここでは、とりあえず練塀小学校時代、高等師範学校附属小学校時代、万年小学校時代の三つの部分に分け、一つには、『小説教育者』との比較検討、二つには、添田の読みとりについて考察を行うことにしたい。

『取材ノート5』の内容は、基本的に小説の第三部に対応している。今回、比較には玉川大学出版部発行の一九七八年六月第一刷を用いたが、この玉川版の底本は、本文については、増進堂から一九四七年一二月に発行された第五版である。「後記」については、一九四三年六月、錦城出版社発行の初版からとられたものと思われる。(1) なお、これまで『教育者』第三部についてはこの、「後記」に用いられたと思われる一九四三年六月発行の錦城出版社からのものが初めての出版だとされてきた。(2) しかし、玉川版本文の底本として登場した増進堂発行のものの初版は一九四二年九月である。つまり、第三部は錦城出版社から第二部が発行されたのと同じ一九四二年九月にすでに増進堂から発行されていたということになる。この点は、執筆時期ともかかわる重要なことであるが、ここでは指摘するにとどめたい。さて、ここで確かめておきたいことは、一九四七年増進堂第五版と一九四三年錦城出版社初版とで本文の内容に相違があるか否かということである。結論を言えば、内容に変更をもたらすような修正は一切なく、同じことを言いかえたり、字句上の訂正がある程度である。少なくとも、この四年ほどの間に重要な変更は何らなされていないということがいえる。そして、さらにこれを戦後一九七八年に発行する際にも、添田は大きな修正なく用いているということである。このことを確認しておくことにしよう。

参考までに第三部にかかわる坂本の略歴を記しておけば、以下のようである。

坂本は、一八七〇年七月二三日、神奈川県西多摩郡西秋留村牛沼（現東京都秋川市）に生まれる。一八九一年一一月に神奈川県師範学校を卒業して以後、四つの村落の小学校に勤め、以後が第三部の舞台であるが、上京し、一九〇〇年一〇月に東京市練塀尋常高等小学校訓導に就任している。一年程勤め、一九〇一年七月に高等師範学校嘱託教師、附属第三部教授担任となるが、一九〇二年七月出願して、嘱託を解かれ、一〇月に万年小学校訓導兼校長となっている。そして、一九二一年五月、心臓病のため退職するまで、教師生活中最も長い一九年間をここで勤めている。晩年は故郷の西秋留村で過ごし、一九四二年三月二六日に亡くなっている。(3)

1 練塀小学校時代

小説は基本的に、坂本の経歴に沿い、ほぼ忠実に時を追って描かれているが、『小説教育者』第三部で練塀小学校が描かれるのは、第一章においてである。

添田はここで何を描こうとしているだろうか。まず、そのことを考察しておこう。添田が小説で描く練塀小学校のテーマは「東京」であると言ってよい。坂本は練塀小校長宮川盛の要請を受け、上京赴任するが、ほぼ一年を経て練塀小を去る際、宮川への坂本の言葉として添田は次のように言わせる（以下、断りのない限り、ノートからの引用は『取材ノート5』からのもの、小説からの引用は玉川版第三部からのものである。頁数は括弧内に記した）。

「私こそ先生のお蔭で色々勉強させて頂き、殊に、『東京』といふものに就いて教はる機会を与へて頂いたわけでありがたうございました」（105）

上京の際の坂本の妻政子の受けた電車の中での印象、現金を主とする生活への政子の苦労、また練塀小の教師たち、親、生徒たちそれぞれの気風、それらはみな添田によって「東京」を表す象徴的出来事として描かれた。添田は、「得体の知れぬ生き物のやうな東京の不気味さ」「しゃれ者の多い都会の教師」「東京の生活は現金の生活なのである。（中略）『金を噛む』やうなこれは味気なさである」「病める都会生活の断面」「東京といふところは、なんといふ愚劣なところでせう」「東京の生活は、虚偽の上に組立てられているのではないでせうか」などと表現している。不気味で、味気なく、病んだ、そして愚劣で虚偽の上になりたっている生活、これが「東京」だというのである。

それに対して添田は対置させる。小説の言葉をいくつかあげるならば、「心豊かに生活を愉しむこと」「物を物として愛し尊ぶところから来る豊かさ」「田舎教師」「子供を本来の、天真の姿に」「自ら努める」「人間のほんたうの美しさといふものは、よそ行きでない、平常の姿の中にこそ具へらるべき」といった表現が目につく。

小説の中で添田は坂本にこう語らせている。

「保護者が学校のことに立ち入ってくれるのはもちろんいいことです。しかしそれはどこまでも教育の精神を理解し、学校の方針に協力してくれることでなくては困るのです。誤った愛情、私の親心でとやかう言はれることは、折角私たちが築き上げていくものを、そばから覆されて行くことです。私たちには決して眼の前の生徒だけが対象ではないのです。田舎の学校でも、保護者の啓蒙が同時に大きな仕事でした。」(38)

保護者の論理に対して坂本は、学校の論理、教育の論理を打ち出す。その場合、田舎の学校でも保護者の啓蒙は大きな仕事であったと述べているため、教育の精神、学校の方針に協力しない保護者の論理一般が批判されているようにも見える。しかし、ここでは「東京」がことさら問題にされていた。引用中「誤った愛情、私の親心」として言われる保護者の論理も、小説の中では先に紹介した「東京」と重ねて語られていた。

つまり、単純化すれば、添田は坂本を、「東京」を象徴する保護者の論理に毒された学校に、教育の論理、学校の論理を取り戻させる人物として描いているのである。

ここまで練塀小に関する小説のポイントを記してきたが、先に指摘したように、小説は坂本の経歴に忠実に、また坂本の関係した学校等についての添田独自の調査をもふまえて描かれたものであった。そして、なによりも、坂本自身から直接取材した『取材ノート』が、その土台をなしていた。しかし、以下に具体的にみていく前に指摘しておきたいことは、先に記した練塀小に関するテーマそのものは、小説という性格上、当然といえば当然であるが、基本的に添田によってつくられたものだということである。つまり、ノートの話を基礎にしつつも肉付けする部分で添田によって先のようなストーリーが作り上げられているということである。

このことを確認した上でここでは、ノートに記録された記述が小説において読みかえられている、あるいは省略されている部分を探ることによって、添田が坂本をどう描こうとしていたのか、あらためて検討することにしよう。

『取材ノート5』では、練塀小については1～10頁〔本書一四一～一四五頁―校訂者注〕、また、校長宮川について12～15頁〔本書一四六～一四七頁〕に記されているが、小説との関係では1～10頁がそのまま重なる内容となっている。そこで、以下、1～10頁の記述を小説との関係で比較検討していくことにしたい。

なおここで、凡例について説明を加えておこう。それはノート中で、大きな斜線が引かれている部分であるが、おそらく、小説の中にその部分を生かした印として添田によって付されたものと思われる。『取材ノート5』を見る限りこの部分は基本的に小説に生かされているといえる。しかし、丁寧にみれば、斜線中でも生かされていない部分もあるし、斜線がない場合でも生かされている場合もあることがわかる。それゆえ、凡例の記述にだけ頼ることはできないことを確認した上で、以下、内容的にまとまるいくつかのグループごとに、読みかえ・省略の例をあげ、その特徴を検討することにしよう。

一つめのグループは、坂本が担当した高等科三年四年の女子の組に関する記述である。三カ所指摘したい。まずノートで、高等科四年生について「遍歴中開朧より出来る」〔本書一四二頁〕となっている箇所である。この小説該当部分は、強いていえば「十三人の四年生ほどではなかったが、二十八人の三年生は、一人として満足な解答をなし得た者がなかったのだ。」(17)という部分である。この「十三人の四年生ほどではなかった」は、「十三人の四年生はさほどではなかった」の誤記ではないかと思われるが、ノートで、過去に赴任した他校と比べて「出来る」と評された点については省略された。後の二つは、高等科三年生についての記述であるが、ノートで「課外教授、宿題をどしどし出して力の補充を計って」〔本書一四二頁〕という部分が、小説では「三年級の学力補充には彼は力を注いで来てゐた」(41)とされ、また、ノートで「基礎から叩き直す」〔本書一四二頁〕と表現されている箇所は、小説では「次学年に於て恢復を図る」(41)とされていた。

これらの例だけから断定することは到底できないが、添田が何か坂本の表現、またそこに表れた考え方にある種の引っ掛かりを感じている様子が読み取れるように思われるのである。添田は高等科三年生の「劣っている」理由を小説ではこう記している。「この生徒たちには、『自ら努める』といふことがまったくなかったのだ」。そして坂本にこう語らせる。

「これから、友だちの答案を移すやうなことは、決してしてはなりません。（中略）力が足りなければ、それを補ひ強めるために一生懸命に努めることです。その努めるといふところから、ほんたうの力が出て来るのであるし、美しい心も磨かれて来るのですよ。」(20)

添田は坂本を、子どもたちの、「自ら努める」力を信じる教師として描こうとしている。そのことからすると、課外授業・宿題を多く出すことで力をつけさせようとする方法、また基礎から叩き直すという表現、他校と比べて学力を評価する点など、「自ら努める」力を信じることとはもしかしたら違和感のある、どちらかといえば教師主導の発想に微妙ではあるが添田は何か引っ掛かりを感じていたのではないかと思われるのである。

さて二つめのグループは、授業がうまく成立していない、そもそもは坂本の担当外の高等科三四年の男子の組についての記述であるが、ノートで「修《ママ》しやうがない。私がやれば修《ママ》ります。教室カンリの範囲で直すのは、わけはない」（本書一四三頁）となっている点は、小説では「彼は宮川に提議して」(34)という表現がある程度で、先の表現は省略されている。また、「いくら毎日受持が休んでも、あれでは学校の恥辱。自分の子が悪いと思ふのが十の八九」（本書一四三頁）という表現についても、小説では省略されている。

ノートでも小説でも、坂本はこの高等科三四年を、随意科として意図的に設けた授業をすることで担当するのだが、そこでの指導は生徒たちに相談を持ちかける形で行われた。これを添田は小説の中でこう説明している。

「彼は教場の規律を、強いられるものではなく、生徒に自ら樹てさせるといふ法を採ってみたのだ。」(34)

つまりこれは、先程紹介した「自ら努める」力を信じるということに通じるものとして理解されているといってよいであろう。だとすれば、ノートに記された「私がやれば修ります。教室カンリの範囲で直すのは、わけはない」との表現は、「あれでは学校の恥辱」という発想とも重なり、「自ら努める」という発想とはそのまま相いれない、指導力をもった教師の指導によって簡単に修整しうるという、自らの発想とは何かそぐわないものを、添田は感じとっていたのではないかと思われるのである。

もう一つ気にかかるものをあげておこう。それは、ノートで「どしどし転校を促していいでせう」〔本書一四五頁〕となっている部分について、小説では「そんなことで肝腎な研究会を止めるのは以ての外だ、大体職員が感情に支配されるなどが既に資格において欠ける」(103)とされている点である。これは練塀小に教授細目研究会がないことを坂本が指摘した際、校長宮川が、以前やったことがあるが、そうすると人身攻撃になって、という趣旨の発言をしたのに対し坂本が職員について意見を述べた部分である。実は小説で添田は坂本の心の声のような形で次のようなことを記している。

「なるほど、あの六人がゐなくなることで、教場は清潔になり、今後の授業は、滑りがよくなるに違ひはない。しかし、此処を逃がれ出た六人は、いづれは何処かの学校に潜入したのであらう。とすれば——その別な場所で、同じことがくりかへされるに相違はないのである。」(48)

これは、別のことで生徒について述べていることであるが、教師についても同じことを添田は考えていたのではないだろうか。それゆえ、ノートの職員に関する「どしどし転校を」という言葉を小説で採用することをしなかったのではないかと思われるのである。

以上、細かくみてきたが、現在のところはこうした指摘にとどめて、先にすすむことにしよう。

2　高等師範学校附属小学校

高等師範学校附属小学校時代については、小説では第三章に中心的に描かれている。まず、ノートの記述をもとにしつつも、添田によって作られたここでの主題は一体何であったのかを見てみたい。それは、小説の中で語られる次の言葉に集約されているものと思われる。

「学理追求は勿論大切である。だが、子供は生きてゐる。理論にばかり頼ってはならないのであらう。対象は子供なのだ。当の子供から、寧ろ多くを学ばなければならないのである。」(132)

添田は、戦前に記したある文章の中で次のような紹介をしている。

「『よき教師とは、よく生徒に教へられるところのものでなくてはならない。』

坂本龍之輔の言葉である。[4]」

添田は、坂本のこの言葉に対する自分の理解をこの第三章のテーマとしているように思われる。このことは体操について語った中にもうかがわれる。

「かたちを通して子供の心に通ふものがなければならぬ。随時随所に、子供が集まれば自づから行はれるといふやうな体操があるべきである。」(114)

この、かたちへの批判は小説の随所にあらわれているものであるが、先のものも含めてこれは添田自身の言葉である。少なくともノートの直接対応する部分にはこうした記述はない。つまり坂本の話を聞く中で受けとめた添田のテーマが、こうした表現となっているのである。教師にとって「対象は子供」であり「子供から寧ろ多くを学ばなければならない」、添田によるこの言葉の内容理解がここに展開されているのである。

さて、ノートでは高師附小のことは48～55頁（本書一六〇～一六四頁）と60～62頁（本書一六五～一六七頁）、及び挿入部分に記されている。挿入の「運動会について」以外は、小説の内容と重なるものである。ここでは重なる部分について、特徴的な書きかえ・省略の検討を行うことにする。

まず、附属小についての坂本の感想から三点あげ、検討しよう。一つめは坂本が担当した第三部の、他の教師の生徒との関係のとり方に関してふれたものである。ノートの「教師と生徒の間がよくない。親しんでいなければいけない。遊びながら話せばよくわかる。うけとり方がわかる。――生徒がうれしがる。からまる、投げる。教師と生徒の差別がなくなる位。」〔本書一六一頁〕という部分が、小説では、尋常科の主任の授業について「結構だが、も少しくだけてもいいのぢゃないかと龍之輔も思った」(113)という表現になっている。もう一カ所は教授研究会について記した部分であるが、ノートでは「二部の研究教授、教授そのものは感心したものはない。」〔本書一六一頁〕となっているが、小説では、こうした記述は省かれている。そして三つめは、師範学校の職員を訪ねた部分で、ノートでは「有名訓導本校職員歴訪」〔本書一六三頁〕とあり、その結果として「講習を受ける必要はない。自信力が出来た」〔本書一六三頁〕とあった。しかし小説では、前者の「有名」という箇所は省かれ、後者については「ここに来て、最も低く実際面に埋没していた彼が、必ずしもおくれをとってはゐなかったといふ内心の喜びは禁じ得なかった。」(145)という記述となって表れている。

一つめのものについては、第三部に入って早い時期の授業評価であるが、ここでは、生徒と「遊ぶ」ことが生徒への教育効果を確かめる意味で、また生徒もそれを喜ぶという意味で評価されている。先に紹介した、「子供から寧ろ多くを学ばなければならない」という添田の記した視点から見たとき、教育効果の確認、子供がうれしがるから、という表現は添田に何らかの違和感を抱かせたようにも思われる。二つめは二部の授業への意見であるが、一つめとも合わせて、坂本の授業者としての自信がうかがわれる批評である。そして三つめであるが、添田は「有名」を省き、「自信力が出来た」という表現を採用しなかった。こうした添田の読みかえ・省略には、師範学校・附属小への評価にあらわれた、坂本の実践家としての子どもへの指導力を強調する側面への添田の違和感といっていいものが流れているように思えてならない。

次に、男女合級論および半日学校に関する部分から見てみたい。

半日学校に関する部分から見るが、ノートの次の部分が小説では省かれている。

「彼は理論に終始する迷想漢にあらずして理論を応用せんとする実践家、日々に実際に基いて理論を発見せん

とする者」「目下我国大多数の小学校に適応すべき理論と実際に適応すべき研究を開始すべし」〔本書一七三頁〕

これは、坂本のつくっていたノートからの、写しと思われる部分であるが、ここには、坂本の附属小の教師たちに対する自負あるいは批判が見てとれよう。それは、坂本のこれまでの「日々に実際に基いて理論を発見せんとする者」としての自信に裏付けられたものであったろう。先にみた坂本の師範学校・附属小への評価、有名訓導、本校職員への批判もこうした表現と付合するものと思われる。

くりかえしになるが、添田は、このような坂本の子どもの指導者としての自信を誇示する部分に対し、書きかえや省略を行った。それは、少し表現を変えたということ以上の、先にも記したが添田の中の坂本へのある違和感の表れではないかと思われるのである。

最後にもう一つ、男女合級論に関するものである。ノートでは「両性間の懸隔を助長し、互に相知る機会を失はしめ国家社会の損失」〔本書一六七頁〕とあるが、小説ではこの「国家社会の損失」の「国家」の部分が落ちている。このことについては、次項で検討したいと考えるが、小説の表現を挙げると「将来社会に出て行く、その素地を養ふ小学教育の期間には、性別を問はず共に生活せしめることが大いに利益があるものと思ひます」(131)と書きかえられている。

3　万年小学校準備時代

ノートに記された大きな三つめの項目は万年小学校準備時代であるが、小説では基本的に第二章、第四章の一部に対応する。ここでの添田のテーマは何であったろう。それは、次のような問いであった。

「事実に於ては恩恵的な学校事業を、如何にしたら恩恵を売ることでなくすることが出来るであらうか。その解決がつかぬかぎり、この計画には手がつけられないのである。」(59)

事実として恩恵的な学校事業を「経営の方法によって」(58) そうでなくする道を坂本は探していた。そうした葛藤の解決方向を見出すことが小説のこの部分での課題であった。それは、次のような論理の発見によって方途を見出すことになる。少し長いが引用しよう。

「教育の義務といふ。(中略) この義務は、決して子供自体にかかるのではないのではないか。(中略) 子供は、社会的連関に於ける、小さな細胞なのだ。共同に保護育成さるべきものである。教育の義務。その『義務』に生ずる負担は、直接保護の立場にある父兄の負ふべきものであることは自明である。とすれば、父兄においてその能力を欠く場合には、これは当然自治体の代わって負ふべきところのものではなかったのか。さうだ。自治体の義務だ。しかもこれを、恩恵的な、給与であるといふならば、それこそ大きな誤りであり、僭上でなくてはならぬ。

これは断じて乞食学問ではない。教育を受けることは、子供にとっては、義務ではなくて、権利なのである。さうだ。これは権利だ。子供の権利だ。」(74)

「子供の権利」という論理、この発見によって坂本は、恩恵的な事業をそうでなくする経営方向を見出すのである。だがそれだけではなく、小説には、坂本が「細民地区」に足を運ぶ中で、外見にとらわれた自分の「偏見をけずりおとし」(67) たり、「貧しい境涯にある人たちに、ともすれば憐愍の気もちで臨んでいたことに (中略) 強く反省をさせられた」(71) りする様子が登場する。つまり、ここでは、先の論理の発見とともに、「細民地区」に対する彼の認識の変化も重要なテーマになっているといえるであろう。また、先に記した「かたち」にとらわれることへの批判は、ここでも「真実を、断じて汚濁の風景の中に見おとしてはならぬ」(67) というような表現の中で垣間見えていた。

そして重要なことは、テーマとなっている、坂本に起こった葛藤とその解決のこと、偏見のけずりおとしといった部分は基本的に添田の言葉で描かれているということである。ただ、「子供の権利」に関する箇所はノートにも記されているものであるが、坂本の葛藤の解決としてこれを位置づけたのはまさに添田による創作であった。つまり、主要テーマは基本的に添田によって作り出されたものだと言えるのである。

さて、ノートでの万年小学校に関する記述を見ると、11～12頁、18～27頁、30～31頁、45～48頁、63～74頁に記録されている。しかし、これを小説の第二章、第四章と対照するならば該当するのは、47～48頁〔本書一六〇頁〕、65～74頁〔本書一六八～一七二頁〕の二箇所である。そこで以下、この部分について小説との対比を行い、書きかえ・省略の特徴的なものを検討することにしよう。

まず、先にも紹介した小説の「子供の権利」に関する箇所である。少し長くなるが、ノートの該当箇所を以下に全文引用しよう。小説に生かされている部分については傍線を付した。

「(児童の権利)

後、小菅典獄になる、／大場茂馬、司法省参事官、法博、ドイツの感化事業を研究して来た、寄ってくれといってると、有馬から／権利義務などの西洋かぶれはいやだ、又そんな言葉を使っては一大事だが、事実上児童の権利、それを守る児童に義ムありや、父兄の義ムだ、／奈良女子高師校長、参観に来て、法令の上に文字が抜けている『貧困な者には就学の義ムを免除猶予す』／父兄に力がなければ、自治体、更にその上の自治体、府県の力でも及ばなければ、国家が――、それでないと、将来、国法を以て臨めなくなりはしないか、就学権を蹂躪してをきながら、

(絶江開校式)

絶江開校式でその祝詞演説、問題となり、戸野／菊川小学校開校式には総代にしない、三笠、黒沢道五郎(太)某を総代に／東京市として当然しなくてはならぬ／恩恵ではない、卒業生の自身の問題／小野省(正)造が感謝してる、

竜生会の時に」〔本書一六〇頁〕

この記述から見る限り、坂本が「児童の権利」について語ったのは、大場との会見の場で、また絶江開校式での祝詞演説においてである。大場との会見は、この引用の前段から考えると一九〇七年のことである。また、「特殊小」の一つである絶江小学校の開校式は、一九〇九年のことである。そのため、少なくとも坂本は、小説に記されたごとく初期の葛藤の解決としてこの論理を添田に語ったわけではなかったのである。

ノートから小説への書きかえ・省略をみると、まず、権利義務という言葉について、ノートでは「西洋かぶれ」「そんな言葉を使つては一大事」としているが、小説では「彼は権利といひ義務といふ言葉が本能的に嫌ひであった。彼が義務権利の語を用ひるのは逆襲的な場合に限つてゐた」(74)とされている。

また、ノートで「府県の力でも及ばなければ、国家が――、それでないと、将来、国法を以て臨めなくなりはしないか、就学権を蹂躙してをきながら」とあるのは、小説では、「あの鋭い眼を持った子供たちが、負はされた運命をひと度拒否しようとする時が来たならば、――そして、それが、さうした場合が、おこり得ないと断言することは出来ないのである。」(74)と表現されている。ノートでは、就学権の保障は、国家が国法を以て臨む上での最低の前提として考えられていよう。このことは、本節は検討を省いたが、「修身教典」の説明の際の次のような発想ともつながつているものと思われる。

「忠ギ、国家の恩恵によって、父母が生き、それで自分も。――万年の父兄はいづくに国家の恩恵を受けているか。」〔本書一五三頁〕

つまり、国家の恩恵を父母が受けることへの恩返しのような形で、国家への忠義があるとの認識である。就学権に焦点化して言えば、子どもとの関係では就学権を保障してこそ子どもに国法に従うことを要求できるという論理である。添田の記した「子供たちが、負はされた運命をひと度拒否しようとする時」(74)というのは、まさしく、就学権を保障されていない状況を自覚し、それを保障していない国家に対して、反逆する、といったことを意味していよう。この限りで小説の記述はノートの記述を反映している。

しかし小説では、「子供の権利」は、事実として恩恵的な事業をそうでなくする論理として登場しているがゆえに、まさにそれに対置する論理として、そして実は、「子供ばんざい！」という興奮をもともなって描かれている。教育を受けることは、父母にとっては義務であっても、子どもにとっては権利である。これが、添田が最も強調して描いていることである。だが、権利義務という言葉に対して「西洋かぶれ」「そんな言葉を使っては一大事」と記した坂本には、「国法を以て臨めなくなりはしないか」というまさに予防的発想こそが基調にあった。

さらに、小説では「子供の権利」とされているが、ノートでは「児童の権利」と記されていた。添田は「児童」という言葉ではなく「子供」という言葉を使った。ここにも、彼の何らかの思いが反映されているように思う。

またノートで、「卒業生の自身の問題／小野省(正)造が感謝してる、竜生会の時に」とあるが、これは、前々節及び前節の解題でも触れた龍生会発行の『龍生会々報』創刊号に掲載された小野正造の文章を指していよう。ここで「卒業生の自身の問題」としているのは、おそらく「特殊小」の教育を受けた者の、誇りに関わる問題という意味が込められているであろう。こうした見方を坂本がいつ獲得したのか定かではないが、少なくとも小野の文章に触れることでその思いを深くしただろうことは、十分想像されることである。

坂本においては、就学する「児童の権利」を保障することによって、国法に従う人物を養成することが目指された。坂本は、一九一五年に記した文章の中で次のようなことを述べている。

「貧児とても、やはり陛下の赤子であって、国家に対する義務も尽せば、又権利も有っていて、国民教育を要することも、他の児童と少しも異るものがないからである。[5]」

坂本において画期的なことは、「貧児」を「他の児童」と区別しない発想であろう。国家に対する義務の上でも、権利の上でも同等である、これが基本であった。「貧児」も「陛下の赤子」としては何ら変わりはないのである。そして坂本は、この文章の中で次のようなまとめをしている。

「故に、それや之やを綜合して考へてみる時は、細民（第二国民）を教育すると云ふことは、単なる細民其ものゝみの小問題ではなく、寧ろ却って、都市なり、国家なりの為に必要限りなきことであると思はれる。(6)」

「細民」への教育は、「細民」そのものにとって以上に、都市や国家のために必要だというのである。これは、先のノートの記述に見た論理と同じものであろう。そしてそれは、添田が小説で記した「子供の権利」の強調の仕方とはあるずれを持ったものであったということができよう。添田にとって「子供の権利」とは、まさに自らの権利であった。しかし、坂本にとっては国家のために保障すべき質のものであった。ずれはこの点にこそあったのではなかろうか。そしてそれは、先に検討してきたこととも関連するノートと小説に一貫して存在するずれといってもよいように思われるのである。

読みかえ・省略について、言い残した部分もあるが、それらはまた、以後の解題の中でふれることになろう。本節では、まずは、添田の子どもから発想する論理と、坂本の教師としての指導性、また国家にとっての必要性から発想する論理のずれのようなものが、いくつかの例から浮かびあがってきた。そのことを、確認しておくことにとどめよう。

◉——註

（1）玉川大学出版部で当時、『教育者』の編集を担当した宮崎孝延氏（玉川大学図書館）は、第二部、第三部に用いた本の複写、また、第四部の原稿を保存されていた。本文の記述はこれによっている。現在、これらは宮崎氏によって、神奈川近代文学館に寄贈されている。

（2）『添田啞蟬・添田知道著作集Ⅲ　空襲下日記』（刀水書房、一九八四）の「添田知道年譜」（入方宏による）、および、木村聖哉著『添田唖蝉坊・知道』(リブロポート、一九八七)参照。
(3)坂本の履歴については、前掲万年小学校『学校要覧』の最後に添付された写し、および、『小説教育者』第三部「後記」によった。
(4)添田知道「随筆・教育者」『月刊刑政』第五六巻五号(一九四三、五)一三頁。
(5)坂本龍之輔「細民教育の過去現在並に将来」『教育界』一九一五、第一四巻第五号、一六頁。
(6)同前、一八頁。

四 『取材ノート6』の解題

『取材ノート6』には、『取材ノート5』に引き続き、「万年小学校準備時代」が描かれている。『取材ノート6』の表紙には「万年小学校」という大きなタイトルとともに「基礎工作／貧民窟／開校式」というサブタイトルが付されているが、実際にノートの内容をこの三つに分割することは難しい。しかし、叙述が、万年小学校（以下、基本的には万年小と略す）を準備するまさに「基礎工作」の段階について述べられ、それは中心的な内容として「貧民窟」の様子を含んでおり、そして最後が万年小の「開校式」で終えられている意味では、このノートの内容を十分反映していることは確かである。

小説との関係では、『取材ノート5』に引き続き、基本的に小説の第三部に対応している。『取材ノート5』も含んだ対応関係を整理すると、小説第三部の第一章は『取材ノート5』で扱った練塀小学校時代、第二章は同万年小学校準備時代、第三章は、同高等師範学校附属小学校時代に、そして、『取材ノート6』は他の章にかかわる部分を多分に持ちつつも基本的には、第四章と第五章にそれぞれ対応しているということができる。また、第三部は五章構成であるため、『取材ノート5』と『取材ノート6』でほぼその基本骨格がつくられたものと想像される。それゆえ、『取材ノート6』の解題に次いで、あらためて小説第三部が全体としてどのように作られているかということを検討することは必要とされるであろうし、可能でもあろう。しかし、『取材ノート5』『取材ノート6』にともに見られるように、それぞれのノートは時期的に前後する部分を多く含んでいる。そのため、現時点でその作業にとりくむことで十分目的が達せられるとは言い難い。こうした事情から、小説第三部また他の部についても、その総合的な検討は、全ノートの紹介を終えた上での作業になることをあらかじめおことわりしておきたい。

さて、『取材ノート6』の解題であるが、先にふれたように、小説との対応では第四章と第五章が中心ではあるが、第二章についても多くの対応関係がみられる。そこでここでは、大きく三つの部分、すなわち、第一に、第二章との対応関係、次いで、第四章との関係、そして最後に第五章との関係について検討することとしよう。

1 万年小学校準備(基礎工作)時代——小説第三部第二章

ここでは、小説第三部の第二章との関係について検討を加えるわけであるが、第二章は、『取材ノート5』の解題でふれたように、万年小学校の準備時代が描かれていた。そこでの添田のテーマは、「特殊小学校」(以下、「特殊小」と略す)設立にあたって、坂本が、事実として恩恵的にならざるを得ないと思われる学校事業を、どうにかしてそうでなくすることができないのかと悩み、その解決方向を見いだすところにあった。そして第二章の後半部分では、坂本が、葛藤の解決として見いだした「子供の権利」という発想をもとに、「貧民窟」[1]の現実に基づいて、坂本なりの学校設立の基本構想を作りだしていく場面が描かれた（以下、断りのない限り、ノートからの引用は『取材ノート6』から、小説からの引用は玉川大学出版部発行第三部からのものである。頁数は括弧内に記した）。

『取材ノート6』は、特にこの後半部分に対応している。ノートの小説との対応箇所は他にも散見されるが、主には、4～18頁〔本書一七八～一八五頁〕である。そこで以下、この部分について、特徴的な書きかえ、省略について、大きく三つのグループに分けてみていくことにしたい。

(1) 坂本の「貧民窟」との出会い方

最初に検討する三か所は、「貧民窟」調査をした時の坂本の感想の部分である。

一つ目は、ノートで「人々に触るるも嫌悪の情、戦慄なり」〔本書一七九頁〕となっているのが、小説では、「触れるのも気味が悪かった」（65～66）とされている箇所。二つ目は、いくつかの店の所在地があげられている部分で「良い店、……不快不安なし」〔本書一七九頁〕とノートで記されているものが、小説では「歩き廻るうちに特に優れた店が発見されて来る」（67）とされているものである。そして最後に、ノートで「性来弱し、飲食物調理の吟味を要する者がこれにあたる困難」〔本書一七九頁〕とされた点が、小説では「性来の脆弱と度々の大患に、彼は人一倍衛生観念が強かった。その彼が不潔と感じるものを口にすることは堪へられなかったのだ。」（66）とされている箇所である。

実はこの三箇所は、小説では次のような話の流れのなかにあった。少し長くなるが、詳しく話を追ってみたい。なお、ノートとの対比部分には傍線を付した。

坂本は、「特殊小」の基本構想をつくるため「貧民窟」に足を運んでいたが、あるきっかけで飲食店まわりをしはじめる。「労働者の群れるところには必ず多くの飲食店があった」（65）と小説、つまり添田は記している。だが、そうした飲食店にいる労働者たちは「汗と垢との異臭を漂はせ」（65）、坂本には「触れるのも気味が悪」（65～66）

い状況であった。しかし、「その中に入り込まなければならぬのである」(66)。ある日坂本は餅屋に入り、大福餅を注文する。しかし、妙に落ち着かず、その大福をポケットにねじ込んで、逃げるように出てきてしまう。「性来の脆弱と度々の大患に、彼は人一倍衛生観念が強かった。その彼が不潔と感じるものを口にすることは堪へられなかった」(66)のである。

「しかし、店を出てしまってから、ふくれたポケットに手が触れた拍子に、彼は三五郎老人の稗団子を思ひ出した」と添田は記す。

この「三五郎老人の稗団子」の話は、村落の小学校に勤めていた時代を描いた小説第一部第六章で扱われたものであるが、それは坂本の直接の体験としてではなく、「村上可計[2]」という郡長の経験した話として登場した。村上は、巡視に出た際、土地の老人三五郎に稗団子をすすめられ口に入れるのだが、「嚥み下すことが出来ず」「鼻紙」に包んでポケットにいれてしまう。しかし、それを老人に咎められるのである。稗饅頭はこの辺では祭りでもなければ滅多につくらない。日頃はもっと粗末なものを食べて農家は生活している。百姓の暮らし向きのことも知らないものがどうして郡の束ねができるのか、というのである。村上は結局ポケットに入れたものを出して食べ、それを見た「老人は、忽ちに、にこにことし出した」と添田は記している。

繰り返しになるが、小説では、この話は全く村上の体験談として描かれ、坂本が後に村上からその話を聞くという運びになっている。最後を添田は「龍之輔は二人（村上と老人―別役注）の名人を見る思ひを胸にたたんだ」と結んでいた。

この「三五郎老人の稗団子」の話を、坂本は思い出した、というのであった。そして、坂本の内面の葛藤として次のように続く。

「さうだ。ここにはこの大福をうましと食ふ生活があるのだ。これを食ふことなしに、その生活を知ることは

出来ない。彼に烈しい悔いが来た。」(66)

添田は、坂本の「貧民窟」観に葛藤がもたらされていく様子をこのように描く。そして坂本は、「われと叱りつけるやうに」(66)大福を噛む。「きしりと来る歯ごたへ。搗きのよい餅であった。(お、うまいぢゃないか)食べながら彼は歯形の残った大福を見る。甘い。正銘の小豆の餅だ。(——どうしてこれは中々うまい。)」(66)

そして繰り返し添田は記す。

「すると、彼に重ねて慚愧が来た。新聞紙にくるんでも米の団子は団子だと生徒に説いたことがそのまま自分に返って来たのである。」(66)

執拗な、添田の坂本の内面への言及である。これは、練塀小学校で坂本が生徒に説いた話として小説の第三部第一章に登場するが、『取材ノート6』では3〜4頁〔本書一七七〜一七八頁〕に該当箇所があり、そこで坂本は「高価なるもの即ち栄養に富むはあらずして」〔本書一七八頁〕と説いていたのであった。

そして添田はこの一連の話の総括的な言葉としてこう記す。

「外見にとらはれて物の真価を見失ってはならぬ。——それが彼に改めて思ひ知られた。不潔粗末と見えたこの大福に、誠実な質と味がある。」(66)

『取材ノート5』の解題でも記したが、ここには「貧民窟」に対する坂本の葛藤、その中での坂本自身の認識の変化が描かれていた。そして小説では、こうした葛藤と変化の後に「歩き廻るうちに特に優れた店が発見されて来る」(67)という話が続いていたのであった。

さて、ノートとの比較にもどろう。二つ目の指摘からみていこう。坂本の「性来」の傾向について述べた部分であったが、「性来」弱い、ということは共通しつつも、ノートではそれゆえ「飲食物調理の吟味を要する者がこれにあたる困難」〔本書一七九頁〕と表現された。ここには、坂本の意図にかかわらず、「吟味」の要されていない飲食物は口にすることはできない、そうした体質なのだ、だから口にできなくとも、それは坂本の意図や姿勢の問題ではない、つまり、基本的には坂本の意図や姿勢を問わない、あるいは今後の変化の可能性を示唆しない表現が用いられていた。それに対し小説では「度々の大患」が付け加えられ、坂本の飲食店への反応のよって来る理由がさらに説明された上で、それゆえ彼は「人一倍衛生観念が強かった。その彼が不潔と感じるものを口にすることは堪へられなかったのだ」(66)とされていた。ここでは、これまでの来歴ゆえに「人一倍衛生観念」が強いものの、それはこれからの異文化との接触の中で変化しうる、そうした可能性をもったものとして描かれているように思われてならない。

一つ目にもどろう。そこでは、坂本が人々に触れることに「嫌悪の情」を感じたという点では一致しつつも、ノートにあった「戦慄なり」にあたる言葉は小説では抜け落ちていた。「戦慄」とは、「おののきふるえること。おそれて身ぶるいすること」(3)と辞書では説明されているが、この言葉には、これまで自身が持ってきた文化とは異質な文化へのおそれが感じられる。自らの文化に浸潤し、それを根底から覆してしまいそうな、あるいは、己の在り様の根底のところを不安にする、そういうおそれが込められていたのではなかろうか。それは「貧民窟」の文化に向き合い、また、自らの文化をも問うていく、そうした契機の見いだせない、そのような感情を顕現した言葉のようにも思われるのである。添田がこの言葉を採用しなかった背景には、そうした感覚があったかもしれないと筆者は思う。

そして三つ目である。「不快不安なし」とノートにはあった。しかし、ノートにおいてこの表現が登場するのは、決して小説のように、坂本の認識の変化後に発見される、より価値的な意味合いを帯びた文脈においてではない。確かに「品質堂々値は二銭」〔本書一七九頁〕という表現や「下層労働者の天真ランマンな情緒を発揮する飲食店入りをはじめる」〔本書一七九頁〕といった表現も見られるが、例えば、今あげた二つの引用の間には、二つ目に指摘した「性来」の坂本の体質の説明が登場しているのである。つまり、「不快不安なし」とは、「戦慄なり」と感じる場に比較して、そうではない場もある、ということが表明されているにすぎないのであった。

小説で添田が描いた、坂本の葛藤、認識の変化は、以前にも述べたが、添田による創作であった。だが、その創作の中で、添田は坂本に問いを投げかけようとしていたようにも思われる。「三五郎老人の稗団子」の話については、現存するノートでは確認できないが、先に見たように練塀小学校の部分については『取材ノート6』の3〜4頁〔本書一七七〜一七八頁〕にその記述が存した。先にも引用したが小説にはこうあった。「すると、彼に重ねて慚愧が来た。新聞紙にくるんでも米の団子は団子だと生徒に説いたことがそのまま自分に返って来たのである」(66)。これはすなわち添田による坂本解釈である。しかし、その解釈の中に、実は、添田の坂本への違和感があらわれていることも確かなように思われる。違和感というよりも、このように坂本は考えたに違いない、あるいはこのように考えてほしかったという添田の願いのこめられた解釈だということができよう。そして、そう解釈することで、実は、坂本への、結果的にはある意味を込めた批判を事実上行っていたともいえるように思う。それは添田が実は坂本本人に目の前で向き合って問いかけたかった問いであったようにも思われるのである。第三部の執筆は坂本の死後である。添田の坂本との葛藤は、第三部においてすでに、こうした形で自らの内部に積み重ねられつつあったのかもしれない。

(2)「貧民窟」把握――添田の中の揺れ

次に検討したいのは、関連部分が小説で紹介されつつも、基本的にはそこから省略されたいくつかの叙述である。ほぼ共通した性格の四カ所と少し趣の異なる一カ所を指摘したい。

まず共通性のある四カ所を箇条書き的にあげよう。以下ノートからの引用である。

①「人間は色気と食気」〔本書一八〇頁〕

②「年をとってたって『いい人』があるよ、仲よく絡ム寝る相手が」〔本書一八〇頁〕

③「年をとると若い男を相手にするほど楽みが多いものだ、（中略）生きてる間に思ふ存分愉しんでをけば（中略）体の何処を働かしたって使ったってお金を得るための仕事だもの、とや角いふところはないわけさ、――ただ一寸困るのは、つい此近所のことだが、嬶が金の為につれて行かれたが、その家の男が好きになって期間が切れても帰って来ない、それが亭主の家の近くで、毎日何度となく顔を合せる、御亭が紙屑拾ひに出たあとで、三人の子供がおいかァかァと向ふの家へゆく、亭主気弱だから、いいやうなものた《ママ》。」〔本書一八一頁〕

④「尻を売るといふが」〔本書一八一頁〕

⑤「と淫をひさぐ。はじめは子のため、次第に、夫が張番をするやうにもなる」〔本書一八一頁〕

これらはすべて、「貧民窟」調査の中で坂本の出会った人々の口から出た言葉である。①〜④は小説の81〜82頁に該当しているが、これらから検討していこう。ノートで、この四カ所が登場するひとまとまりに添田は「乞食婆にきく」という項目名を付している。だが実際に登場するのは、「土間焚火の老婆」〔本書一八〇頁〕と「男」〔本書一八〇頁〕である。判断しがたいが、おそらく、ノートでは①の台詞は「男」のものであり、その他の台詞は「土間焚火の老婆」のものと思われる。だが、小説では、二人の老婆の会話となっている。

①の台詞の後を少し引用すると、「相当な人もうはべを奇麗に飾っているだけで、内幕をさらけ出せば、同じ人間だもの変ってゐる筈はない」〔本書一八〇頁〕と続いている。小説では「旦那だ奥さんだなんて言ったって、うはべを飾っているだけで、内幕をさらけ出しゃあおんなじ人間、ちっとも変ってることあねえね」(81)となっている部分に対応しているが、ノートにあった最初の「人間は色気と食気」という言葉が省かれていた。②に関しては、ノートでのその前後の台詞は次のようである。「お貰ひに出る時は、相応なナリをするが帰ってくれれば酒ものむ、うまい物も食ふ」〔本書一八〇頁〕これに次いで②の台詞が入り、「人間つまらぬかざりをなくすれば苦労はない」〔本

書一八〇〜一八一頁〕と続いていた。小説では、前者の台詞は一人の老婆が、後者の台詞はもう一人の老婆が語るという形で二人の老婆の会話として連続して描かれ、ノートにおいて両者の間にあった②の台詞が省かれたのであった。

「人間は色気と食気」「年をとってたって『いい人』があるよ、仲よく絡ム寝る相手が」——これらは、前後の文脈の中で言われている「相当な人もうはべを奇麗に飾っているだけ」で「同じ人間」なんだ、「変っている筈はない」ということの具体的な中身であった。しかし、添田はこれらの言葉を省いた。それはなぜだろうか。③〜⑤を見た後であらためて考えてみたい。

さて、③もまた、先の老婆の会話から省かれた部分であるが、③の中の「体の何処を働かしたって使ったってお金を得るための仕事だもの、とや角いふところはないわけさ」という言葉は、④の「尻を売るといふが」にも対応していよう。この言葉は小説では「世間ぢゃなんだかんだ言ふがよ」(82)と書き換えられているが、ノートでの続く言葉「日髪日化粧、十円二十円の仕送り、堅気では月に五円も持って来まい、女の子が生れると喜び、大切にする」〔本書一八一頁〕は、そのまま小説で続けて語られる内容と共通している。

さらに、⑤であるが、これはノートでは、「糊売婆」という項目中の言葉である。小説でも別の箇所で描かれているが、ノートをもう少し文脈がわかるように引用すれば、「飢に泣く子の為に、救ひの神、糊売り婆さんの口で、目をつぶって、悪い夢を見たと思って、と淫をひさぐ。はじめは子のため、次第に、夫が張番をするやうにもなる」〔本書一八一頁〕となっている。傍線を付した部分が省かれた箇所である。

こうして見てくると、添田が省いた、あるいは書き換えた箇所にはある共通性が見えてくるように思われる。③〜⑤は、まさに女性が生活のために性を売る、それは「女の子」にまた妻にそうさせるということも含めて、そのことを卑下するでもなく、彼らがそれを彼らの現実としてとらえたときに発せられた、その言葉が写し取られたもののように思われるが、それらがすべて省かれたのであった。これはまた、①と②にも言えよう。「人間は色気と食気」という、特に人間にとっての「色気」がテーマになった部分の、おそらく坂本が写し取った、その彼ら自身の言葉が省かれた。

小説では、「糊売り婆さん」の話を聞いたその夜、坂本は、「まんじりともしなかった」(88)。添田はその夜の、彼の心の言葉を描くが、そこには次のようにある。

「此処はこの世のどん底である。追ひつめられたぎりぎりの闇のきざはしでの出来事の数々。それはいまはしい限りのものであったが、しかし、誰がその忌まわしさを咎め得られるといふのであらうか。」(88〜89)

この夜坂本は、この「忌まわしさ」をどうとらえるかに悩む。そして彼は、この「忌まわしさ」は、実は、「外相」(89)に過ぎないのだととらえるに至る。そして次のように言う。

「ここに落ちた人々は、その環境にまったく埋没して、己れの持つ希望の貴重さを見出すことが出来ないでいるのである。蔽ひ隠されてゐるものを発見させるためには、彼らの眼をひらかなければならない。」(89)

そしてさらに続けて言う。

「これはただに指弾さるべきではなく、当然に救はれなければならない人間の集団である。この集団は、更に大きな集団の底辺をなすものなのだ。これを救ひ上げる責任は、当然集団全体にかかってゐるものと言はなければならぬ。」(89〜90)

「これを救ひ上げる責任は、当然集団全体にかかってゐる」——この論理に坂本は「はっと眼をひら」く、そして、この考えが「教育に於ける義務は子供にとっては権利なのだ」と自覚するのである。つまり、子どもにも、そして又「己れの持つ希望の貴重さ」を見出せない人々にも、彼ら自身にその責任が帰されるべきではなく、その責任はまさに「集団全体にかかっている」、その意味で二つは「ピントが合った」というのであろう。

しかし、添田がいうこの二つは、本当にピントが合っているのだろうか。先の説明の限りでは合ってはいよう。しかし、第三節で述べたように、「子供の権利」という添田の描いた論理は、教育を受けること、それは、添田や添田と同じ位置にあった、つまり当時の「貧民窟」に住んだ子供たちにとっては、まさにその人々自身の権利であるし、あったのだ、そういう思いを明確に込めて描かれていた。ここに事実として恩恵的にならざるを得ない学校事業をそうでなくする、その葛藤を解くポイントがあった。だが、添田がこれとピントが合っていると述べた、環境に埋没し「己れの持つ希望の貴重さ」を見出せない人々の眼をひらくという論理、「当然にそれは、救はなければならない」とされた論理、ここに、「貧民窟」に住む人間に寄りそった興奮はない。「己れの持つ希望の貴重さ」を見出せない人々の眼をひらく、という論理、この論理に添田は同意していたのだろうか。ここでは、「貧民窟」住民は、未だ眼のひらかれていない人々、でしかないのである。

添田が、先に紹介した、ノートに記された①〜⑤を書き換え、又、省略したこと、その背後には、ここに記した添田のある種の揺れが存在したのではないかと、筆者は考える。「貧民窟」の人々が語った、彼らの現実から発せられたと思われる言葉を彼は省き、また書き換えた。「己れの持つ希望の貴重さ」を見出せない人々、と添田は記したが、どこかで彼は「貧民窟」の人々をそうした目でみつめる坂本と、それに抵抗を感じる自身の間で揺れていたのではないだろうか。性に関する直截な言葉が、小説では書き換えられ、省かれたのであった。確かに読者を意識しての判断であったのかもしれない。しかし、読者をどう意識するかもまた添田の中の意識を反映していよう。添田は、意識的にか無意識的にか、坂本の記した直截な言葉を隠した。しかし、そのことによって「貧民窟」の人々への坂本の視線とのズレも隠したのではないかと筆者は考える。そしてそのことが、「子供の権利」を記した際の添田と、「己れの持つ希望の貴重さ」を見出せない人々として、「貧民窟」の人々を描く添田との微妙なずれとして出てきてしまったのではないかと、そう筆者は推測する。

（３）坂本の学校設立案をめぐって

三つ目のグループとして、坂本のつくった学校設立案に関する三カ所の書き換え・省略について見よう。

まず、ノートで、「学校の命数は五十年を以て終らしむべし、換言すれば五十ヶ年間に学校附近の貧民窟をして普通市街たらしむべし更に詳言すれば五十ヶ年に収容する児童家庭の生活面を向上発展せしめ」〔本書一八二頁〕となっていた部分の「五十年」にあたる部分が小説では「三十年」（92）と書き換えられた。これは、次に指摘する箇所とも関連していると思われるため、続けて見ておくと、ノートで「創立経営の真目的は、救極《ママ》誘掖貧民なるものの根絶にあるべく」〔本書一八四頁〕とあるものが、「貧民学校の目的は、この種学校を必要とせざる状態の招来にあり」（92）という、ノートでは一つ目に指摘した引用に引き続く部分の紹介があるのみで、この引用は省略されていた。添田は「貧民学校の目的」は「貧民なるものの根絶にある」という説明自体を採用しなかった。先の「貧民窟」の住民の描き方から察するに、おそらく添田は、「貧民」の「根絶」という言葉、「貧民」への否定に近いニュアンスさえもつ「根絶」という言葉、この言葉に決定的な違和感を抱いたのではないかと思われるのである。そして、第一にあげた、ノートの記述「五十ヶ年」が「三十年」に書き換えられている点は、「貧民」を否定的に見ることへの拒否を感じた添田の、ある種の抵抗でもあり、期待でもあったのではないかとも思われる。又、事実、「特殊小」は、一九二六年にほぼ二三年間の歴史を経て廃止にいたっており、それを意識したこともあったのかもしれない。

さて、最後に指摘したいのは、坂本が、学校の「器具類」について市内の「有数なる学校に比して遜色」のないようにと促した箇所で、ノートでは、「児童並其父兄」に①「聖恩の洪大、東京市の真意を知らしむる」〔本書一八二〜一八三頁〕ため、②「従来貧乏人貧乏人と人外視され来りし心を伸べしめ、進んで向上を期せしむる刺激を与ふる手段として」〔本書一八三頁〕と二つの理由があげられていたが、小説では、この①の理由が省略されていた、その箇所についてである。小説の中で坂本は、「特殊小」の事業が、「単なる東京市の事業ではなく、皇恩に報ゆるの途として選ばれた事業」（57）だと知り、それに応えるべく「貧民窟」調査、および学校設立案の立案へと力を注いで行く。この「皇恩に報ゆる」ことは、坂本にとって、この事業に係わる大きな支えであり、また誇りとして描かれていた。しかし、この「器具類」を揃える際に言われた「聖恩の洪大、東京市の真意を知らしむる」という理由は添田によって採用されなかった。この論理は、恩恵的であることを否定し、そうではない論理を模索する坂本を描いた添田にとって、選択しえないものだったのではなかろうか。「児童並其父兄」に「聖恩」の「洪大」さを伝えるという論理が、この事業を恩恵的なものとしてとらえる発想とどれほど隔たっているのか、添田がひっかかりを感じた可能性は高い。

2　坂本の「貧民窟」への視線と使命の自覚――第四章

小説第三部の第四章には、「特殊小」案が市会を通過、坂本が市役所に勤務しはじめ、万年小の児童収容に向けて様々な準備活動をする時期が描かれていた。この第四章のテーマは、東京市教育課に勤務し、「特殊小」建設にむけて動く坂本による、下谷区役所、地域住民、また、これまでの市政のありかた、あるいは「貧民放任論」との「闘い」であり、と同時に坂本の良き理解者としての、山田教育課長との信頼の形成、とでもいえるように思う。

こうしたことを念頭におき、以下大きく四つのグループに分けて特徴的な書き換え、省略についてみていくことにしたい。なお、ノートの19～53頁〔本書一八五～二〇二頁〕が基本的に第四章と対応している。

(1) 校名をめぐって

まず第一は、一カ所のみであるが、校名をめぐっての議論が紹介された箇所である。ノートでは「一時の興奮にかられて禍根を将来に残すべからず、現在貧民子弟もやがて堂々たる東京市民たるべく、教育せざるべからず（中略）児童に差別的観念を抱かしめんことは由々しき大事」〈本書一八九頁〉とされていた箇所が、小説では、（中略）後の後半部分が、「『特殊』という言葉は直ちに差別感を伴って面白くない」「校名からすぐ差別観念を持たせるやうでは面白くありません」(147)と書き換えられ、前半は全く省略されていた。

ノートでは「現在貧民子弟」も将来の「東京市民たるべく」教育しないといけない、そのためには「児童」自身が「差別的観念」を抱くようなことがあってはその目的は達せられない、そのような文脈で語られていた。それに対し小説では、「貧民子弟」「児童」の問題というだけでなく、より広い一般的な人々にとっての「差別感」が意識されているように思われる。

以前に述べたように、事実として万年小卒業後「差別感」を体験した添田にとって、教育対象としての「児童」の側が抱く「差別的観念」が最も問題であったわけではなかった。それ以上に、というよりも、何よりも周囲の「差別感」こそが重圧となったのであった。また、ノートに描かれた事実上、「児童」に「差別的観念」を抱かせるのは「堂々たる東京市民」形成の上ではマイナスである、との把握は、その視点を「児童」の側にではなく、「東京市民」形成の側にこそ置いているという意味で、「子供の権利」を論じた視点とも整合しないものを感じた可能性は高いように思われる。

(2)「貧民窟」への視線

さて第二のグループは、第二章の検討とも重なるが、三カ所指摘したい。

まず第一は、坂本が区役所の職員とともにそば屋に入ったときの叙述であるが、ノートの「強壮体の見本といふべき女中」〈本書一九三頁〉という箇所は、小説ではなる「女中」(164)と現された。二つ目は、同じく区の職員とともに「入谷三六三の長屋」に出向いたときの、そこで出会った少女についての叙述である。ノートでは「貧民窟のものと思へぬ品位あり」〔本書一九四〜一九五頁〕となっているのが、小説では「おとなしさうな子だ」(165)となっていた。最後は、「僅か一二戸の差配」〔本書一九七頁〕をも訪ねる坂本の意図が説明された箇所であるが、その理由をノートでは「その姿を貧民に親しましめんためなり、差配に瀕々出入する彼を見たる各長屋の彼に対する警戒は遂《（ママ）》次うすれる如く、露地深くまで通過し得るに至れり」〔本書一九七頁〕としていた。しかし、この説明は小説では省略された。

三つ続けて紹介したが、二番目にあげた「貧民窟のものと思へぬ品位あり」という表現の裏には、「貧民窟」への坂本のイメージが前提とされていた。それが「品位」という言葉と対比されるとき、おのずと「貧民窟」＝品位がない、という構図がつくられていることが判然とする。添田はこうした表現を採用しなかった。それとともに、一つ目にあげた「強壮体の見本といふべき」という言葉にも、坂本の先にあげたような「貧民窟」イメージが重なっているのではないかと思われる。坂本はそのそば屋で「場所柄、衛生を」考えて「ソバガキ」を注文する。そのそば屋で働いているのが彼女であった。つまり、坂本や区職員にとって、「衛生」に気をつけないといけないと判断した店で働く彼女に、坂本は「強壮体の見本」という修飾を付したのであった。「強壮体の見本」のような彼女だからこそここで働くことができるのだ、というような裏のメッセージをそこに読み取れるようにも思うのである。この表現も添田は採用しなかった。

三つ目は、「その姿を貧民に親しましめんためなり」という理由が小説で省かれた例であった。しかし、小説にある「長屋の住人たちは尋常では説得しがたいが、これと最も近い関係にある差配人を通じてならば案外に動くのではないか」(171)という表現へと書き換えられているものと判断することもできる。というのも、これに対応するノートの表現は見出せないからである。小説では、坂本はこうした理由から差配人まわりをはじめ、「差配と語るこつを覚えた」(172)結果、「僅か二三戸を持つ」(172)にすぎない家主差配人をも訪ねてまわったことになっている。

あくまでも小説では、直接に「説得」しがたい「長屋の住人」たちと、どうにかして関係をつけるための手段として差配人まわりが描かれていた。しかし、ノートでは、差配人をまわることで、長屋の中での「彼に対する警戒」を解き、まさに彼の「姿を貧民に親しましめん」ためとされていた。確かに直接的に接することの困難さを坂本は抱えていたのだが、添田はあくまでもそれを目指す人物として坂本を描こうとした。しかし、このノートの表現には、坂本の方が「貧民」に近づく方向性以上に、差配訪問を通じて、「貧民」の側の自分への視線を変えようという意図が見られる。自らが変わるのではなく「貧民」がもっぱら変わるべきとみる視線、それがこの表現を添田に採用させなかったのかもしれない。

(3) 坂本のジレンマ

第三のグループにうつろう。坂本の山田教育課長および市長との関係にふれた場面であるが、三カ所指摘したい。

まずは、坂本が市役所に勤めはじめ、自分の行動の報告を山田にしようとした際、たまたま記者が来ていた、という場面の記述である。ノートには「課長記者に彼を紹介せず」（本書一九六頁）とあった。が、小説では「山田は眼許で笑って、『それをやってゐるのがこの坂本君さ。』／ふりかへる記者に、龍之輔は少してれくさかった。」(170)とされていた。先に小説第三部第四章でのテーマ説明をした際、坂本と山田の信頼関係の形成もテーマの一つとなっているということをのべた。ノートで坂本と山田の関係を示す箇所を少し抜き出してみると、坂本が作った経営案を見て「山田課長その雄大に驚く、難色」（本書一八二頁）また職員俸給案を見て「山田、奇想天外――唖然（中略）討ギ十数回、山田――理想上正に然り、市政の全般上より推して到底急速に実現し得べきもなし」（本書一八三頁）、経費運用について山田の私宅で会話した内容として「生立ち、師範の状況を語る、山田感動、市長に説き、市立の師範学校を」（本書一八六頁）と語った話、また、「特殊小」の基準に関して「山田は彼が図案文書を輯録整理、これを直営学校経営の規準として保管」〈本書一八八頁〉したこと、開校式後「山田課長、涙をこぼして喜んだ」〈本書二一三頁〉というような記述が浮かび上がってくる。こうしたノートの記述を見る限り、山田は坂本の案に驚きを示しつつも、それを「市政」の現実の中でいかす方向で坂本の発想を受けとめ、そして坂本を理解し頼りにしていた様子が、というよりもそのように坂本は山田に対して感じていた、ということがここから伝わってくる。にもかかわらず、その山田が「記者に彼を紹介」しなかったのが、先に引用した箇所であった。実は『取材ノート5』には「さういっちゃなんだが、田舎出の無名の君を、君も我慢して、はじめてをいて必要に応じさせる」〈本書一七二頁〉という表現があった。「はじめてをいて必要に応じさせる」という趣旨のことは、『取材ノート6』の山田の言葉「将来そが実現を期することとし」〈本書一八三頁〉と重なるため、『取材ノート5』からの引用は山田の言葉だと判断されるように思うが、しかしこの「田舎出の無名の君を」という部分は、小説では全く省略されたのであった。ここには、坂本と山田の関係の、もう一つ別の側面が示されているように思われてならない。

山田にとって坂本は、自らが見出した「田舎出の無名」の、しかし、貴重な人材であった。その意味で信頼し、期待し、坂本の経歴に感動し、そして坂本の案を現実の中で少しでも生かそうと努力した。しかし、「記者」という外部に対し、山田は坂本を表には出さなかった。「田舎出の無名」の坂本、それを見出した山田、そこには厳然とした上下関係が存在した。坂本が「課長記者に彼を紹介せず」と記したその短い文章には、紹介そのものの良否を越えた、両者の関係性への坂本のほのかな不満が表出されているような気がする。添田はその不満を持った坂本を小説の中で癒そうとしたのかもしれない。小説の中で山田は記者に、ある誇りを感じつつ坂本を紹介したのであった。

さて、後の二つは、坂本が校長辞令を受け取る場面である。まず二つ目であるが、ノートには「衣服着用明日午前九時、市役所に出頭すべし」「礼装厳然たる松田市長」〈本書二〇〇頁〉とあった。しかし、小説では、坂本の山田への報告のあと、何の予告もなしに、山田が「眼招き」(170)して市長室にむかい辞令書を受け取る流れになっている。しかも市長について、ノートにあるような形容はなかった。次に三つ目であるが、ノートでは、市長の発言内容には次のようなことが記されていた。

「此種小学校の経営は全世界無比の創挙《ママ》と聞く――慈善家又は慈善家団体の力によらず自治体自身が設立経営に任ずる意味に於ては の意味ならん――殊に聖恩の万一に酬ゐ奉らん為の事業として格段なる意味あることを牢記されたし」（本書二〇一頁）

しかし、小説では市長の発言のこの部分はほぼ全面的に省略された。

ノートの記述は、坂本と、坂本に書類を渡す市長との形式的ではあれはっきりした身分関係、上下関係を示していよう。辞令を受けとる坂本の「衣服着用」、それを渡す「礼装厳然たる」市長まさに一つの儀式であった。「田舎出の無名」の坂本が山田に見出されそして正式に「全世界無比の創挙《ママ》」であり、「殊に聖恩の万一に酬ゐ奉らん為の事業」という「格段なる意味」のある事業に任ずる者として辞令を受け取るのである。それがこの場面であった。ここには、「上」にあるものが「下」の者を見出し、重大な使命を与える、そしてそれを受ける者は恭しく受け取る、そうした関係性が凝縮してあらわれているような気がする。坂本がこうした使命を受ける自分に誇りを持っていただろうことは、この丁寧なノートの記述の中にも示されているように思われるが、添田は、この「格段なる意味」を述べた市長の言葉を小説では採用せず、「微笑を含んだ市長」(170)が坂本に語りかけたことにしている。添田は、坂本が抱いたこの使命感、その前提にある、使命を与える者と与えられる者という関係性、そうしたものに何かひっかかりを感じていたのではなかろうか。使命を与えられた自分、そこに自分の存在価値を見出す坂本は、どこかで記者に自分を紹介しない山田をも容認せざるを得ない、そんな関係性の中に置かれていたのではなかろうか。添田はそうした坂本を小説の中で少しでも解放したいと願ったのではないか、そんなふうに思えてならない。

(4) 万年町、山伏町付近

最後に指摘したいのは、万年町、山伏町付近の「特殊風俗由来」〈本書一九八頁〉としてノートに記されている部分についてである、ノートに記されたおおよそは小説にもそのまま生かされているが、「願人。三十六年、下谷に接す浅草区内に願人と大書せる大高張一対厳しき玄関の石に」「一般的精神界にも亦特異性ありき」〈本書一九八〜一九九頁〉という部分は前者については省略、後者については「独特の気風と生活形態がここに生じ、そして根づいたのである」(174)という表現に書き換えられていた。

ノートの前者の引用と同様の表現は『取材ノート5』にも見られ、「ここは願人坊主の本場だから」「宮さまへ罪をのがれる願人」「合羽橋の先に左手、『願人』の立張、カリンの木があって、玄関へ」〈本書一六九頁〉とあった。

添田が、この「願人」という表現が使われている箇所を省略したのには、二つほどの意味があったように思われる。一つは、明治政府によって、一八七三年八月、願人の名称の廃止の上申が各大区世話掛から当番世話掛に対してなされ、それに対して当番世話掛は、「現今願人ノ称アルハ如何ニモ不都合」であるため、「戸籍面相改可申事」と返答し公[4]には、願人の呼称は使用すべきではない、との判断がなされたわけだが、それを意識した可能性があるということ。そしてもう一つは、「願人」という名称が人々に意識させるある視線を意識した可能性である。中尾健次によれば、「願人」は、「法制的に設定された賤民ではなく、また、中世以来の賤民でもない[5]」が、幕末頃には、大道芸人的な行為や「物乞い」など「職業・身分ともに賤民身分との関わりが生まれる[6]」ようになった存在だという。先の引用に示した「願人」の張り物は何を意味しているのか、これだけでははっきりしないが、江戸市中に流入してくる人々の安い宿泊施設を「願人」が経営していたことが、天保期における資料をもとに中尾によって紹介されているが、それにあたるのかもしれない。いずれにせよ、一九〇〇年前後の時期においてもしたたかに「願人」が生きていたということが、このノートの記述から知られよう。

添田は、ノートの「一般的精神界にも亦特異性ありき」という表現を書き換えた。「特異性」という言葉のもつある響きに添田は何か抵抗を覚えたのではなかろうか。「独特の気風と生活形態」という記述には、その環境の中で生み出された文化への、他と比べての優劣という視点とは違う、それをそれとして尊重しようとする感覚が表現されているように思われる。おそらく添田は、そうした視線で論じたかったがゆえにこそ、人々の中に当時においてもあるイメージを呼び起こしたであろう「廓人」という言葉を意図的に採用しなかったのではないかと思うのである。

3 坂本への問い・抵抗としての書き換え――第五章

第五章であるが、その中でも、万年小の開校式を終えるところまでが、ノートと対応している部分である。坂本は山下域之の力を借りつつ、学校収容予定者を決定、「埒外にあった子供たちを、先づ馴致」(197)することからはじめ、ようやく開校式を迎える、その過程が描かれていた。それゆえここでのテーマは、その「埒外にあった子供たち」を「学校の言ふところに権威が生じ」(206)るような状況にまで持っていく、その点にあった。なお、小説のこの章で描かれる山下の貢献は、ノートでは、すべて坂本個人の努力として描かれていた。添田はおそらくここに山下を登場させることで、坂本に対して距離をとる創作位置を確保しようとしていたのではないかとも思われる。

この五章にはノートでは54～78頁〔本書二〇三～二一四頁〕が対応している。以下、特徴的な書換え、省略について大きく三つにわけてみていく。

まず一つめは、ノートで「衣服の破れ、裂け、垢はさまで胸をつかれむるも、顔面、頭髪、下臂、下肢の様相、正視にたへず」「恐怖を呼んだのは床上、机上に落ち、やがて渠の靴を伝はりて下肢に這ひ込む半風子なり」〔本書二〇九頁〕とされた部分が、前者の引用については「胸をつかれむる」「正視にたへず」という表現と重ねる形では紹介されず、また後者については基本的に省略されていた箇所についてである。ここには、これまでにも見てきた、坂本の「貧民窟」に対する視線への、添田のある種の違和感が表現されているように思われる。「正視にたへず」「恐怖を呼んだ」原因になったのは子どもたちだった。その子どもたちの現状に対して坂本が発した言葉、ここにはとりあえず坂本の、目の前にある現実への拒否の感情があった。添田も万年小のまた子どもであった。それがこの言葉を採用しなかった添田の心情の裏にあったのかもしれない。

次は、学校への児童の収容規準について語った二つの箇所である。一つはノートで「その運用に際して必竟《（ママ）》事に当る者の良心的判断による以外到底有効適切なる途なし」〔本書二〇三頁〕とされている部分が小説では省かれた点。二つめは、「その子弟を教育する力の有無も必竟《（ママ）》は精神界の問題たり、形象を以て測るべからざるところのものなり」〔本書二〇四頁〕とノートでなっているものが、小説ではほぼこの意図が生かされつつも「畢竟は、その『心』にかかる問題なのです」（184）と書き換えられた点である。まず、二点目からみていくと、「必竟《（ママ）》は精神界の問題たり」とされた点が「『心』にかかる問題」と言い換えられたわけだが、「形象を以て測る」のではなく「精神界の問題」だと表現されたとき、それは何か「貧民窟」の人々の「精神」が外側から評価される、そうした印象を添田は抱いたのかもしれない。「心」という言葉はその意味ではより「貧民窟」の人々に添った言葉として添田によって選びとられたようにも思われるのである。一点目については、「事に当る者の良心的判断」以外には「有効適切なる途なし」という記述が省略されたわけだが、これは今検討したこともふまえるならば、そうした「心」にかかる問題を、ましてや坂本という人間が「良心的判断」であれ何であれ、ひとりで判断する、ということに添田は何か違和感を感じていたのではないかと推測される。さらに添田自身、坂本の「貧民窟」への視線に対して、小説を書く中で実質的には様々な問いを投げかけていたのであり、そうした添田にとっては、事実、添田は児童収容作業を山下との共同作業として描いたわけだが、坂本ひとりの判断で収容児童が決められていくという、判断の基準が坂本であるという、坂本をある種権威化した叙述は選択しがたかったのではないかと思うのである。

最後は、収容児童の保護者に対する坂本の発言から三つを指摘したい。一つはノートで「つれて来てしまへば、帳薄記載《ママ》、一変、厳乎とした位置」〔本書二一〇頁〕とされているものが、小説では「ここまで運んで来るためには、この親たちを、どれほどだましすかして来たこととであったらう。だが、もうこっちのものだ」(197)と書き換えられた点である。二つ目は、「式、着席させて、宣誓的に、着物は悪くてもいいから洗濯して来い」〔本書二一一頁〕とノートにあるものが、小説では始業式での坂本の話のはじめは「龍之輔はにっこりして」(198)とされ、あるいは「と、彼はくだけて、『着物は、よく洗濯をしたものを着せてよこして下さいよ（後略）』」(199)と表現されていた。三つ目は、始業式を終えたあと、不満をいいながら去る保護者の言葉を紹介した箇所で、ノートには「普通の保ゴ者扱ひは出来ぬ。うはべで従って、憤懣、見のがさなければならぬ、知ってゐながら知らぬふり。すでに己れをいつはってゐるのだから」〔本書二一一頁〕とされた部分が、小説では省略されていた。

一つ目と二つめは、ノートに記された「一変、厳乎とした位置」「宣誓的に」という対応が、小説ではほぼ逆の「にっこりして」「くだけて」という対応に書き換えられた例であった。明らかに添田は、坂本の「一変」する、ある種高圧的対応に違和感を持っていたものと思われる。三つ目にあげた「普通の保ゴ者扱ひは出来ぬ」という評価に対しても、例えば第五章の山下の発言の中で「あの人たちを訪ねて話し合ってみると、話はちぐはぐで手に負へないのですが、それでいて、どことなく、（性は善なり）と覚えさせるものがあるのです」(193)と語らせ、自らと通い合う存在として彼らを描いた。おそらく添田は「普通の保ゴ者扱ひは出来ぬ」「己れをいつはってゐる」という評価に、先の高圧的態度と重なる、彼らを根底的には見下ろす視線を感じたのではなかろうか。添田の書換えや書き加えには、そうした彼の、坂本への問いであり、抵抗であり、そして批判でもある表現がかいま見られるように思われてならない。

それぞれのまとめを行うこともしないまま、これで『取材ノート６』の解題を終える。だが、一つだけ確認しておきたいことは、小説第三部の後半にいたって、添田の中の坂本への内なる問いは、ほぼ確信を深めるかたちで明らかになりつつあったであろう、ということである。それはおそらく、坂本への根底的な問いといいうるようなものとして。そして、同時に添田は、坂本の「寂しさ」の根にせまる視点をもまた、見出しつつあったようにも思われるのである。

●註

(1)「貧民窟」と表記したが、小説では「細民地区」「細民窟」「貧民窟」、また「貧民」「細民」という表現が特に原則を設けず用いられているようである。ここでは、ノートに頻出する「貧民窟」という用語を括弧をつけて用いた。
(2)「村上可計」については、『取材ノート10』にその名が登場するが、そこでは「村上佳景」と表記されていた。
(3)新村出編『広辞苑』(第二版補訂版、岩波書店、一九七七)、一二七八頁。
(4)中尾健次著『江戸社会と弾左衛門』(解放出版社、一九九二)四七八頁より重引。なお、本書には「補論二」として「『願人』の存在形態をめぐって」が収められており、本稿の「願人」に関する記述はこれに負うところが大きい。
(5)同前、四四一頁。
(6)同前、四四二頁。

五　『取材ノート7』の解題

これまでの解題を通じて、ノートから小説への書換え、省略を指摘するとともに、実質的にはそれを行った著者添田の問題意識を探る作業をすすめてきた。

しかし、今後同じくノートと小説との対比を通じた解題を続けるにあたっては、とりわけ『取材ノート６』の解題をふまえて、次のことを、反省とともに前提としておく必要があるように感じている。それは、一つの書換えや省略の事例をどう解釈するか、をめぐってのことである。６の解題においては、筆者自身、この解釈の部分で相当の悩みを抱えた。それは、これだけの事例からこのことが導きだしうるのか、という自問自答でもあった。

こうしたことから、７の解題にあたって、あらかじめ二つのことを自分自身の前提としても据えておくことをここで明らかにしておきたい。一つは、ある事例はあくまでもその事例に限って可能な解釈を加える、ということである。そのことから添田の問題意識全体を推し量ることは差し控える、ということである。そしてもう一つは、先に行った解釈を前提にしない、ということである。その事例にはその事例として向き合う、ということである。先の解釈を前提にすることで、添田の中にあったかもしれない添田自身も予想していなかった変化や、添田の心の動きを逆に見落としてしまうかもしれないと思うからである。

以上のことを前提に以下『取材ノート７』の解題に取り組むことにしよう（以下ノートからの引用はことわりのない

限り『取材ノート7』からのもの。また、小説については第三部については、玉川大学出版部発行の『小説教育者』一九七八、によった。第四部については後に記した。それぞれのページ数は括弧内に付した)。

まず小説との対応関係であるが、第三部第五章と第四部のほぼ全般にかかわっているということができる。検討は、まず第三部第五章について行い、第四部については、必ずしも小説の章ごとのまとまりに対応していないため、特徴的な書換え、省略を示すいくつかのグループにわけて行うこととしたい。

1 山下・守屋の登場——第三部第五章の位置

これまで見てきたように、小説第三部については、添田はほぼノートの記述に添いながらそれを下敷きにして自らの小説構想をつくりあげてきたということができる。しかし、それはあくまでも添田によるノートの解釈を通じて作りあげられた坂本像であり、万年小学校像であった。ノートに添いながらも添田による創作として小説がつくりあげられていったのであった。

『取材ノート7』のページ数で示すならば、28頁〔本書二三九頁〕までには、多くの小説第三部第五章との対応関係がみられる。『取材ノート6』が第五章の中でも万年小の開校式までに対応していたことを前節の解題で記したが、7は、それ以後を含みつつも開校式以前についても多くの対応を示している。

小説第三部第五章は、万年小学校に山下域之が赴任するところからはじまる。区関係者からの様々な妨害との闘い、また万年小に通う児童や保護者との向き合いが語られていく。そして開校式をはさんで後半部分では、学校予算をめぐる山田教育課長とのやりとり、学校経営の様々な工夫の様子が描かれる。そして、山田の死。新しい課長である島田との出会い、また山下とともに坂本が期待した教師、守屋東が登場する。こうして新たな万年小をめぐる陣容が紹介されたところで第三部は幕を閉じている。

この五章では、これまで坂本を中心に描かれてきた教師と保護者や子どもたちとの関わりに、山下と守屋が登場することによって、これまでとは違う新たな視点が加えられているように思われる。後にもふれることになるが、山下は地域の人々と「同等な、人間同士としての接触」(206)をする人物として、また守屋の子どもたちと触れる様子は次のように描かれた。

「惨めな子供たちへのそれは同情といふ気もちとも少し違っていた。(中略)彼女にとってそれは教師たらうとすることではなく、この子供たちと交じってこの学校に先づ学ぶことであった。

彼女にはこの貧しい子供たちと一緒に在ることが愉しかった。仕事が面白かった。」(227)

添田はこのように二人を描いた。そこには、以前にも述べたが、坂本の聞き取りに依りながらも、山下、守屋という二人の教師を通じて、坂本を相対化していく、距離を持って見つめなおしていく、そうした創作位置を添田が据えつつあった、そのことが反映しているように思えてならない。

添田は、第三部の「後記」で「前後二十年にわたる万年学校の記はやうやくこれからはじまるのであり、又私は自分との関連に於て坂本先生を考へなければならず、先生終焉の、寧ろその後に至らねば私の『教育者』は完結しない」(228)と記した。読み返してみれば、添田はこの「後記」の書きはじめを「特殊学校の事は、忘れられてしまふにはあまりに貴重な教育史上の事実であった。仕事の特殊性の故ばかりでなく、教育の最も心核を摑んだ事業であったと信じられるからである」と書いている。ここで彼は、「特殊学校」そのものをさして「教育の最も心核を摑んだ事業」だと述べていた。そして「その記録の湮滅は、同時に坂本龍之輔の忘失となるのである」と記していた。だが、あくまでも添田は最初の引用にあるように「前後二十年にわたる万年学校の記」と記している。添田が視点を据えはじめていたこと、それは坂本龍之輔の歴史を含みつつも、「万年学校」であり「特殊学校」であった。そしてそこで展開された添田自身、つまりは子どもたちをも含んだ様々なことどもを彼は描こうとしはじめていたのだと言えよう。その物語のはじまりが山下、そして守屋の登場であるように思われるのである。

（1）山下への評価

ノートの中で坂本は、山下をこう評価する。「山下が人の前に立って話すのはクセがあって下手だが、父兄との話し合ひは中々うまい。四角ばってはいけない。」〈本書二一七頁〉と。それが、小説では次のように表現された。

「山下には座談の妙があった。『なあおとっさん』といふ調子で、特異な生活と感情を持つ親たちの中に辷《すべ》り込んだ。それは違った所から手をのばすことではなく、同等な、人間同士としての接触なのだ。」(206)

ノートで言われている「四角ばって」いない「父兄との話し合ひ」を添田は、「同等な、人間同士としての接触」という言葉で表現し、山下の親たちとの「同等な」関係性に視点をすえた。

それに対し、同じ山下の様子について、ノートに、坂本が筆を持てない子どもたちに対して「棒でかたちをこしらへさせよう」〈本書二一九頁〉としたとき「山下以外の者はバカなことをと思ふ、そんなことをしなくてもいいといふ気が先に立つから、だ」〈本書二一九頁〉と紹介されていた箇所は、小説ではすべて省かれた。また、「教場廻ってみると、山下以外の室は、生徒と先生の考へがへだたってゐる」〈本書二二〇頁〉とされたノートでの評価は、小説では、「山下以外の室は」という部分を省いて紹介された。二つの事例ではあるが、ノートで示されている子どもへの教育場面での山下への評価は、親たちとの接触の力と比較して、小説においては明らかに重視されていなかった。添田は山下を、「違った所から手をのばす」のでなく、「同等な、人間同士としての接触」を親たちとしようる、そうした教師としての側面に重点をおいて描こうとしているように思われる。

(2) 教師への期待

では、坂本の他の教師たちへの評価はどうだったのだろうか。「泉田あやといふ先生、小さくて、落ちついた。(東北?出) 市役所から来た、生徒を率ゐることは出来ないが、左右されることはなかった」(本書二一八頁) とノートで記された箇所は、小説では「先づ泉谷が脱落した。いづれは若い女教員にこの仕事が無理であることに、同情はされたが、所詮は特殊な学校の教師たる熱意に欠けていたことは否まれなかった。」(215) とされた。坂本は生徒に「左右されること」のなかった点を評価しているが、添田の記述の中では「特殊な学校の教師たる熱意」の欠如が強調される形になっている。

さらに、ノートで「始終研究会、職員たちと、——(進歩的、高師にゐたおかげ) はじめから立派な訓導にはなれっこはない」(本書二一九頁) とされているのに対し、小説では「進歩的、高師にいたおかげ」という箇所が省略されるとともに、後半部分については「かういふ家庭に足を踏み入れることを職員たちは喜ばないのだ。それは無理もなかった。そんなことを思ひ設けて来た者はおそらくないのだらう。ただ職業として学校教員を思っていただけで、特殊な学校の特殊な仕事への心構へがあったのではないのだから。」(206) とされた。

もう一つ。「虐待をたのしむといふ連中だから、先生の推察は外づれる、口で訓導に云ってもダメ、——自分で授業をとってみよう、見廻りも困難な位、——泉田の一年乙教室、(学校生活にケイケンのない者) モハン的にやらうと思ふ、職員みてゐる」(本書二二一頁) とノートでされていた箇所について、小説では「虐待をたのしむとい ふ連中だから」という表現は省かれ、「口で訓導に云ってもダメ」という理由から一年のクラスで「モハン的に」やったことについては、ただ「龍之輔は自分で授業をとってみた」(212) という表現に変えられていた。

これらの例からみる限り、坂本において重視されているのは、教育の対象者としての「虐待をたのしむといふ連中」の特性の理解の必要であり、「はじめから立派な訓導にはなれっこ」ないのであるから、研究会などを通じて、坂本を「モハン」にするなどして身につけていけばよい、また生徒に「左右されること」なく「生徒を率ゐる」ことのできるような力の獲得であった。だが、小説で添田がノートの省略、書換えを通じて描きだす、教師として必要とされる力のイメージは、「特殊な学校の特殊な仕事への心構へ」と「熱意」、それを彼らが持っているかどうかというところにあった。

その他、教授や子どもに関わる記述についてみておくと、「勝手なものを書かせる」(213)〔本書二二〇頁〕作業について、「子供の頭が変るか——ひろがり、精密になること——と、やらせた」〔本書二二〇頁〕とノートにあったが、この内、「精密になること」という言葉は省略された。また、教場の様子について「教へる方も辛いが」〔本書二二〇頁〕とノートにあった記述、また、子どもたちが虱を「つぶしておもちやにしてる」〔本書二二〇頁〕という表現も小説では省略されていた。

また、はじめての身体検査の様子は「茶碗をソバへをいて三枚虱とり、『ぼくも虱をたけたことがあるが、キモノをぬがしてもゐる体についてる虱、強情な虱、シツ、ヒゼン、——草履、ハンケチを与へる必要、費用がない、雑費の項目」〔本書二二四頁〕と記されていたが、これは小説では全て省かれた。

(3) 保護者への視線

最後に保護者についてふれた箇所について見ておこう。

出席奨励についてふれた箇所で、「七つから、八つにはどんどん奉公に、『見よう見まねです』督促はむづかしい」〔本書二一七頁〕とされた部分は小説では省略された。

また、学校への保護者の反応について、「人によんで貰はうとすれば、すぐケイサツへへ《ママ》ひっぱられるやうなことぢやないか、お父さんの首を守るためにも早くやめ《ママ》るやうになれ、ここまで来れば、ラク、どんどんこっちから希望を出す」〔本書二二三頁〕とあるのが、小説では「早く手紙が読めるようになれと登校をいやがる子供を叱った親がある」(216)という表現に書き換えられた。

「校長野郎が、生活の様式の違ふところから来て、それを教へる、自分たちは月給とってる、オレたちは違ふ」〔本書二二三頁〕という親たちの不満は、「学校の先生なんて気楽なものだ。他所《よそ》からやって来て勝手な事を教へてゐるが、自分たちはそれで月給をとってゐるからいいだらうがこちとらはせちがれえんだ。中々そんな杓子定規にゃあいかねえ。」(216)と表現された。

出席督促の難しさの背景にある現実、学校に意味を見いだしはじめた理由に「お父さんの首を守る」ことがあること、「校長野郎」という厳しい批判、これらは省かれるか、あるいは相対的に穏やかな表現へと変化させられている。

「三枝が、針をもつことは出来ないんだろうか、職員もぬってやるが、――出来ないものが多い、女には裁縫を」〔本書二二三頁〕とノートでされていた箇所は、小説では「母親たちが生計に追はれて隙がない、裁縫の技能がないといふのも一面の事実ではあるが、何よりも生活向上への熱意を欠いていることが最大の原因であり」(201〜202)と母親たちへの強い批判へと書き換えられていた。

ここから見る限り、添田は親たちに厳しい目を注いでいる。「生活向上への熱意」の欠如。この保護者把握が、「首を守る」ために子どもに文字が読めるようになれとした親の行為を書換えさせ、また「校長野郎」という強い批判の言葉を「学校の先生なんて」という穏やかな表現へと書換えさせていることは確かなように思われる。

2　坂本との葛藤の増大――第四部

先にもふれたように、第四部との対応は、ほぼ全体にわたっている。そこで検討は、内容ごとのいくつかのグループにわけて行うことにしたい。

が、その前に次のことを検討しておきたい。それは、一つにはノートと対比する小説についてであり、もう一つは、第四部が書かれていた時期の添田の問題意識についてである。まず、対比する小説についてであるが、第四部は、戦後間もなくの一九四六年七月二十日付で、増進堂より初版が出た。神奈川近代文学館に寄贈された添田の遺品中の『小説教育者』第四部は、増進堂により発行された一九四七年十一月十日付二版本である。現在私が目にすることができているのは、この二版本および、一九七八年に玉川大学出版部から再発行されたものの二種類である。

添田は一九七八年の再発行にあたって、第四部について次のように記している。

「意識しないが栄養失調の極だった精神朦朧状態でともあれ第四部『愛情の城』を書きあげて、初刷はすぐなくなって第二刷が出た。センカ紙のみじめな本だったのは我慢しても、読み直してみて、どうも材料をぶちまけただけで、作品としてこなれていないのが気になり、その点榊山潤から指摘されてもきた。そこで手入れ稿を生マ書きに、題名も『愛情の城』のいかつさを中の一章の見出しにまはし、登場の子らをそのままに『どぶどろの子ら』としておいた。それに眼を通して補入もしたのが、この版である。(1)」

添田が「第二刷」と記しているということは、すでにその時点で「作品としてこなれていない」ことを気にかけていたことを指しているものと思われるが、だとすれば、先に紹介した二版に際して何らかの書換えが行われた可能性もある。しかし、添田は二版に関しては何も記してはいない。それゆえ、おそらく添田は二版においてもそしてその後も、第四部に基本的には手を入れておらず、一九七八年の再発行に際して、いつの時点でか手入れ原稿を作ってあったものに、新たに補入し、出来上がったのが玉川版だということであろう。

以上のような事情から、第四部に関しては一九四七年の増進堂二版本を用いることで、新たな手入れ以前の小説との比較を試みることとしたい。「材料をぶちまけただけ」であっても、第四部初版執筆当時の、その視点が反映されているものとの比較がまずは重要であると考えるからである。なお、表現上の不満があったにせよ、なぜ第四部にのみ新たに手が入れられたのか、またそれは添田の何らかの視点の変化を反映しているものなのか否かについては、後の解題において検討することとしたい。

さて、事前に検討しておきたい二点目であるが、この第四部を書いていた当時の添田の問題意識についてである。これはすでに第一節の全体の解題においてふれたところでもあるが、ここではその後、わかりえたことを含んで、第四部に焦点をあてて検討することにしたい。

まず、第四部の執筆時期であるが、添田は一九四六年一月十四日の日記に次のように記している。

「一昨年の十一月にはじめた四部が、今やっと出来た[2]。」

この記録によれば、添田は一九四四年十一月から執筆をはじめ、一九四六年一月に脱稿した。当時の日記は、現在『空襲下日記』として刊行されているが、一九四四年十一月二十四日から一九四六年九月四日までのものである。第四部執筆の時期とそのまま重なっていることがわかろう。すでに紹介したように、公刊された中の一部には坂本龍之輔への彼の問いが記されてもいた。脱稿は先に見たように戦後である。空襲下の日々、敗戦、その後の生活、その中で第四部は執筆された。『空襲下日記』の解説を記した荒瀬豊は、この日記と小説『教育者』の密接な関係を指摘したが、この両者は、まさにこの時期を生きのびた添田の「生けるしるし[3]」と言ってもよかった。

日記は全て公刊されたわけではなかった。しかし、私たちは今、神奈川近代文学館で残りの部分に目を通すことができる。添田は自ら公刊はしなかったが、廃棄することもしなかった。日記には、添田のこの小説への葛藤が集中的に描かれた箇所がある。実のところ、私はまだこの日記の全てに目を通し得てはいない。しかし、その箇所に出会ったとき、私は、添田という人間がまさにそこに生きている生活の中でこの小説を書いていたのだ。日常の生きた添田の生活と切り離して添田の坂本への意識や小説があるのではないのだ、とあらためて思った。その箇所を今、どのように紹介すればよいかまだまとまりがついてはいない。だが、一つだけ言えることは、添田はこの小説を書き続けることの意味をいったん全く失ったということである。第四部はこうした添田の体験を経たあとに、最終的には出来上がったものであった。今そのことだけを記しておこう。

この第四部のおおよその内容を紹介しておくと、これは一九七八年の手入れ後も基本的に変化していないが、第三部の最後で示されたように視点は、山下、またとりわけ守屋の視点が導入され、さらに小山はなが登場する。特別学級設立と廃止などを含みつつ、万年小が子どもたちや親たちの実情の中から新たな施策を提案、市との葛藤をかかえつつ、それらを実現していく様子が示される。そして、時期的には明治四十年度（一九〇七年度）を迎えようとするところで第四部は終えられている。

以下、ノートと小説との対比に入るが、小説からの引用は、『小説教育者第四部　愛情の城』（増進堂、一九四七年第二版）によるものである。

(1) 万年小参観者に対して

万年小には様々な参観者があった。清国から来る教育者について述べた箇所で、ノートで「教育者になるものは万年を視察して来なくてはならぬとされている、推服して来たなと思ふと」（本書二二二頁）とされている部分は、前後が生かされている中で省かれた。また「政治家と見られた、外ム省、通商局を通じてよく人が来た」（本書二二三頁）という部分も省略された。小説には「参観には、教育方面学校関係の者が一番多かつた」(63) と記され、「外ム省、通商局を通じて」という記載は一切いかされなかった。

また、内務省等の役人の訪問に関してノートに「諒解出来たのは、うれしかった」（本書二二七頁）とあるのは、小説では「暗く快からぬ表情の三人を見送って彼は、所詮はこれ異邦の客かと思はざるを得なかつた」(60) とされていた。また、「平井が大不平、ボクが一々弁ゴ」（本書二二七頁）という部分については、小説では平井が顔をしかめ、一々に怒った口調を示すのに対し「龍之輔は黙つて、ぐんぐんと行つた」(59)と表現された。つまり添田は、内務省役人に対して「諄解」を喜び、「一々弁ゴ」する人物としては坂本を描かなかった。彼らの不平に「黙つて、ぐんぐん」行き、そして「異邦の客」として見る人物として描いた。先の「外ム省、通商局を通じて」の省略とともに、「教育方面学校関係」以外の国の機関に注目され、期待される存在として万年小を意識する坂本に添田は関心を示していない。

新聞記者とのやりとりでは、ノートに「校長は侮られては困る」〔本書二二八頁〕とあったものが小説では省かれた。また内務省の帰朝者報告会を述べた部分でノートに「海外へ行って来た時は、小学校長となると優越を感じてる、少く共大学を出てゐるから、あなどることが見える」〔本書二三〇頁〕とあるのが、小説では、「新帰朝者は小学校長などを頭から問題にしていなかつた」(224)とされていた。いずれも、校長としての存在が「侮られ」たことへの、坂本の違和が表明された部分である。添田は小説においてそうした坂本の感覚を強く押し出さなかった。

(2) 特別学級のとりくみ

『東京市万年尋常小学校要覧』[4]によれば、一九〇五（明治三十八）年度の取り組みの中に「特別学級即低能児学級を創設して実験に着手す」とあった。

小説第四部の中では、特別学級の取り組みは教師小山はなの存在とともに一つの重要な位置を占めていた。以下、それについての書換え、省略をみていきたい。

「特別学級、（低脳児学級といふのが嫌ひ。）」〔本書二三六頁〕とノートで記された箇所は、小説では、まず特別学級設置について山下が反対したことが描かれ、さらに「低脳児学級」という表現に不満をもらした山下に答える形で、坂本が「それはたしかにさうだ。低脳児学級といふのはいかにも印象がよくない」(161)と受ける、そうした場面の中でいかされた。山下域之からの添田の聞き取りは、後に見ることになる『取材ノート9』に記録されているが、山下が特別学級に反対したことがそこに記されている。

おそらく第四部に関しては山下、また守屋からの聞き取りが随所に生かされ、万年小学校の経営についても複数の視点から描きだされる構成をとった。これは、第三部における山下、守屋の登場によって試みられはじめていたものの、第四部にいたってその方法は定着する。

特別学級担当に関して、「後藤にやらしてみると、とてもしやうがない」(五)〔本書二三八頁〕という記述は省略され、少なくともノートの記述には特別学級を担当したとしては登場しない小山はなが小説では中心的に描かれた。また、「日野波江」の報告として記されていると判断されるノートの記述「先生のとこへ遊びに行くとついてゆく」〔本書二三八頁〕という箇所は小説では小山の体験として描かれた。さらに、ノートで、おそらく坂本が直接その親から聞いたと思われる内容〔本書二三八頁〕は、小説では小山が訪ねた際の話として描かれた。

確かに、時期的には小山が勤務していた時期と特別学級が設置されていた時期はそのまま重なる。(5) しかし、小山の特殊学級担当については先に紹介した山下からの聞き取り記録には見当たらず、また、当時行き来のあった守屋東(6)の話に基づいたものかもしれないが、確認しうるものは現在のところ見いだしえていない。そのため、この担当自体が添田の創作による可能性も高い。また、添田は当時の日記に次のように記している。

「『小山はな』の項を書く。自分の創った女性の美しさにひき込まれて少し心が和む(7)」

これは一九四六年一月十一日の、『空襲下日記』では省略されている部分にでてくる記述である。少なくとも、小山の人間像については添田の創作による要素が大きいことがわかろう。なお、守屋の添田にあてた書簡には小山と関わる次のような記述がある。

「小山先生といふ美しい女先生か(が)結核て(で)なくなられたる前后なと(ど)の先生の風ハ実に偉いか

たと存候、それと小山先生とハいつも『校長』！と申て先生にぶっつかり申候事をおもひ出し候」[8]（弧内は別役による。）

この守屋の記述はそのまま小説に生かされていることはいうまでもない。

その他の記述を見よう。特別学級廃止に際し、ノートで特別学級に入れた子どもたちの多くが普通学級に戻ったことをさして、これを「教師の不行届」（本書二三八頁）として「各教員に話す、不快がる」（本書二三八頁）とされている箇所の、「各教員に話す、不快がる」という部分に関しては小説では「緊張した職員の顔々」(285)という表現に書き換えられた。また「よい訓導を配置しなければならぬ、生徒を三分の一にして」「せめて高師教授なり大学の助教授なら、風靡したのだ」（本書二三八〜二三九頁）とされた部分、また、坂本自身を指したと思われる「僕の真骨頂は、廃止した話」（本書二三九頁）という部分も省略された。「よい訓導」なら、おそらく「高師教授なり大学の助教授なら、風靡した」という判断を添田は採用しなかった。添田は小説の中で、廃止を小山の死と重ね、その小山への感謝とともに次のような子どもへの感謝を語る坂本の言葉を記した。

「私は此の子供たちに、心から感謝して、断然、特別学級を廃止することを決意しました。」(285)

ノートの、教師の指導力の有無に視点をおく把握に対し、添田が据えたのは、あるいは加えたのはこの子どもたちへの「心から」の「感謝」であり、また担当した教師への感謝であった。

なお、ノートで小山の名が登場するのは、職員で亡くなった者にふれた（本書二四五頁）部分と「小山ハナ訓導も、バカなどといふ、面白い」（本書二四二頁）という記述のみである。これは小説では直接は生かされていない。

その他、特別学級に関わってのいくつかの書換え、省略には以下のようなものがある。

小説で石川が特別学級を担当した際の近藤坊太郎について述べられた部分で、それと対応するノートの記述には「他には別に性欲がのびてはゐないらしい」（本書二三八頁）ともあったが、それは省略された。

また小説で中村さきの母親について述べた箇所で「貧しいながら身なりはきちんとしてゐた」(233)とされている部分は、ノートでは「わけのわかった女」〔本書二三八頁〕と表現されていた。

北里研究所とのやりとりでは、「国家人道の為、天然痘の血清が現れるか現れぬかは大問題」〔本書二三七頁〕とされた部分は、「社会人道への貢献」(159)という表現に書き換えられた。また「遺伝の検査だ、それが出来なければ此の学校のキソが出来ない、教師の丹精も効があがらぬ」〔本書二三七頁〕とされた部分の「教師の丹精も効があがらぬ」という箇所も省略された。

(3) 学校経営の様々な取り組み

ここでは羅列的に学校経営の様々な取り組みにかかわる部分についての書換え、省略をみていくことにしよう。

① 規則との関係について

まず、規定等に外れた取り組みを記述した部分についてである。医療に関して、ノートで「療治といはず、黙って買ふ、それを治療としてはっきりやる。文部省省令、学校医は学校で治療してはいかぬ」〔本書二三一頁〕という箇所が小説では省略され、「目下は校医三枝安太郎の熱心で不便な治療をしてゐる」(48)と簡単に記された。また、特別裁縫科について「規則によらず、教へた」〔本書二三六頁〕とされた部分は、「それは土地の状況に応じた、必要性を考慮した校長の特別措置だつた」(26)と書き換えられた。このように、規定とは違う取り組みの記述において、添田は規定からはずれたという側面を強調するノートの表現を採用しなかった。必要性を考慮した当然の判断として記した。

② 保護者への視線

特別裁縫科については、次のような書換えもあった。ノートで「父兄の好学(ママ)心を誘導する上によかった」〔本書二三六頁〉とされているものが「保護者の向学心を誘ふにこれは大いに役立つと校長に信じられてゐた」（26）という表現へと。内容はそのまま生かされつつも、三人称で記すことで、坂本から距離をとる表現がなされた。

同様に保護者の反応に関する記述では、賃金を伴う作業であるレース編み物について「女の方が先に金をとり出した。父兄の気もちが変って来た。仕事が忙しい」〈本書二三五頁〉とノートにあるのが、小説では、前半部分は「女生徒はかうして早くも賃金を得はじめたのだ」（140）といかされたが、後半部分は省略された。これらの例からみる限り、添田は、特別裁縫科や賃金を伴う作業の取り組みによって「保護者の向学心」が誘われたり、「父兄の気もちが変って」いったという評価に何か拒否を示しているようにも思われる。これは先に紹介した、第三部において、裁縫を学校で教える必要のあることを説いた坂本が、母親たちの「何よりも生活向上への熱意を欠いてゐることが最大の原因であり」（202）と語った記述などに通じる、添田の厳しい保護者把握を反映していることは確かであろう。

③他の教師への坂本の評価

校外教授にふれた部分では、ノートで「教授のカントク、帰って批評会、利益な仕事の筈だが、いやがる」〈本書二三五頁〉とされた部分は、後半の「利益な仕事」以下が省略された。また、「旗を立てて境界線、解隊、訓導交代で三十分宛」「ツナ引、ハタトリ、マリナゲ、一学級毎だから、一人で七八回も」〈本書二三五〜二三六頁〉という箇所についてもそれぞれの後半にあたる「訓導交代で三十分宛」「一学級毎だから、一人で七八回も」という部分が省略された。添田は、他の教師たちが校外教授に不満を示したことを語った坂本の言葉を採用しなかった。

また、ノートの生徒の奨励法についてふれた箇所で、「生徒の奨励法実施、生徒をまとめてみると、小言をいってもダメ、物三分、子供はきいてゐない、各訓導、子供とケンカしてるやうなもの」〈本書二四〇頁〉とされたものが、小説では、「不行儀の生徒に小言をいふ、注意をする。が、生徒はそれを身にしみて聞いては決してゐなかつた。ただ教師の言葉ががんがんとひろがるだけだつた。」（79〜80）と書き換えられた。「各訓導」の生徒との「ケンカしてるやうな」対応に視点が置かれたノートの記述に対し、小説では、「それを身にしみて聞いて」いない生徒の様子に視点が置かれた。

また添田は、職員会議の際、坂本が守屋に対して「一訓導だよ、失言の大なるものだ。」〈本書二四二頁〉と述べたことについて、小説では「一訓導だよ」の部分を省略した。ここには坂本の校長――訓導関係把握への添田の違和が示されているようにも思われる。

なお、校外教授については、「聯合運動会、沙汰の限り、役に立つ運動会をやりたい、皆あきる、見ることを強ゐられてゐる。町に育ってる」〈本書二三五頁〉とされた箇所が、小説では省かれた。

④他の「特殊小」校長たちとの関係

他の「特殊小」校長との関係にふれた部分では、暑休廃止に関する、ノートの「学校内の不平はいへない、――職員の多いのはダメ、――五人の職員、他の学校三校霊岸、三笠、鮫ケ橋が、反対、卑劣で頭が上らない、かげへ廻って悪口、市は全市をはじかる」〈本書二四三頁〉については、「理論的に肯かれてはゐたが、校長たちにあまり喜ばれないことがそれらの顔色に窺はれた。しかしとにかく意見はまとめたのである。」(69)とされた。また、義務教育延長の際、「特殊小」を各種学校にする市の意向を伝えられた際「同僚はたのみにならぬ、下手をすると、向ふのスパイ」〈本書二四七頁〉とノートで記された箇所は、小説では省略された。「校長会、諄々と説く。あっと云った顔をしてゐる」〈本書二四七頁〉とされたのは、「特殊学校長会を召集し、これをまとめて、市に意見書を提出した」(295)とされた。

小説では確かに、「校長もそれぞれ資格は立派だつたが、特に細民教育に熱情や信念を持つてあたつたといふわけではない。要するに配属された小学校長であるに過ぎぬと思へるところに龍之輔の慊らなさがあつたのだが」(72)と表現はされたが、先のノートの記述に見たような坂本の他の校長たちへの「卑劣」「かげへ廻って悪口」「向ふのスパイ」という見かたは採用されなかった。小説では、先の言葉に続けて「校長会が特殊学校陣共同の力となつて来なかつたことには、龍之輔の学務課での受けの悪さが反映してゐたとも考へられる」(72)と記されていた。これは、決して「学務課での受け」の悪い坂本に、責を負わせる意図で書かれたものではなかろう。おそらく他の校長たちを「卑劣」「かげへ廻って悪口」「向ふのスパイ」と見ざるを得なかった、その坂本の置かれていた関係への添田なりの解釈が示されていたのではなかろうか。

理髪業者からの学校への申込みについてノートで「我々は親だといふ立場だから、自分で刈ってやれ、情愛がのらん（中略）他校では喜んでそれを受ける」(本書二四四頁)とされた部分で、中略以前に関しては、「我々の生徒の頭はどうしても我々の手で刈らねばならない、人に委せてはおけない、その気もちです。」(78)と言い換えられたが、後半については省略された。ここにもまた、他校への批判について、そのまま坂本の判断を採用しない添田がいた。

⑤「能力」は「生活」の問題

卒業生選抜教育について述べた箇所では、「第一に能力がなければいかぬ。一つは家庭でその子を生計上必要としてはいかぬ。二大根拠理由」(本書二四八頁)とされたものが、小説では、「何よりも第一の条件は、生徒の家庭状況にあることだつた。たとへ本人にその能力があつたとしても、家庭が目睫の生計上にその子供を必要とするならば、万事休すである」(168)と書き換えられた。ノートで第一に記された「能力」に対し、小説は「生徒の家庭状況」をこそ「第一の条件」としてあげた。小説には、先の言葉に続けて「生活。これは切実な問題である。そして、学問は食へぬ。先づ眼前の飢ゑを防ぐために全力を注がねばならぬのが、此処の如くの家庭のありていなのである。」(169)とあった。添田も「能力」のことを書いていないわけではない。しかし、添田の強調点は明らかに「生活」にあった。ここには添田の、明確に自覚されてはいないが、「能力」の問題は事実上「生活」の問題であるのだ、そうした把握があったようにも筆者には思われる。

その他の書換えとしては、「児童取扱総則」を述べた箇所で、「根気くらべの決心」という項目に関して「村田先生、僕に餞けしてくれた、どんなことがあっても肚を立ってはいかぬ。君が教師としての実際家ではあるが、忍耐、カンニン」〔本書二四〇頁〕とノートにあったものが、小説では、「教師は気を練らなければならぬ。どんな生徒をもこれをよく導き得なかつたとすれば、これは教師の敗北と感じなければならない。」(89)と書き換えられた。

その他また、ノートにあった「呼吸器病が職員中に流行って弱った。(毎年一人二人死んだ)万年は肺病になるからいやだ、といふ噂はびこる」〔本書二四五頁〕という箇所は省略された。また「日露戦争はじまって、成績品を慰問品に、軍艦盤手から生徒に二十円送ってくれた」〔本書二三九頁〕という記述が小説では省かれた。

以上、第三部、第四部それぞれについて、書換え、省略の検討を行ってきた。とりわけ第四部についてはこれまでにないノートの使い方、坂本との距離のとりかたが登場した。それは登場人物の多様化、人物の創作、またそれによる坂本の視点の相対化という手法が基本になりつつも、書換え、省略の中で結局のところ、添田はノートをそのまま生かさず抵抗し、抵抗の中に添田の視点が濃厚に描かれていることを通じても行われた。

添田のノートへの抵抗は、いくつかの特徴を持っている。おそらくそれは第三部にすでにあらわれつつも、第四部にいたって明確に、あるいはいくつかは変化を加えつつ自覚的に行われたはずである。その検討は、第四部に関わる部分を含む『取材ノート8』の解題において、先に紹介した執筆当時の日記の分析も含めて行わねばならないであろう。

●──註

(1)添田知道による一九七八年四月一日付「あとがき」(添田知道著『小説教育者』、玉川大学出版部、一九七八)二四五〜六頁。

(2) 添田知道著『空襲下日記』(『添田啞蟬坊・知道著作集Ⅲ』、刀水書房、一九八四)二八六頁。
(3) 同前、三四五頁。添田の日記の、初期のものに記された添田自身による表題は「生けるしるしあり」であったが、そこから採った。
(4) 一九〇九年ごろのもの。
(5) 小山は、一九〇五年六月に万年小学校に任用され、十一月まで勤めたようである。実際の出勤日数は、六月が「勤務定日数」七に対して七、七月が同二七に対し二七、八月は同〇に対し〇、九月は同二五に対し三と記されているため、実質的には万年小への勤務は七月の一カ月にすぎなかったことがうかがわれる(以上、東京都公文書館所蔵、明治三十八年『文書類纂学事　市立学校職員』中、小山はなの休職に関する資料による)。
(6) 前掲『空襲下日記』には、当時、大東女学校の校長をしていた守屋との交流が度々登場する。添田の娘は一九四五年度からその学校に通った。
(7)『続敗戦日記　昭和二十、十一、二十〜二十一、一、十九』(ノート)、神奈川近代文学館所蔵。
(8) 一九四二年七月六日付、守屋東より添田知道宛書簡。神奈川近代文学館所蔵。

六　敗戦が小説執筆にもたらしたもの
――『取材ノート8』の解題を含んで

『取材ノート8』は、ノートの三箇所にわたる部分、ページ数で言えば、頁がふられている78頁のうち、わずか15頁が小説にいかされているに過ぎない。そのほとんどは、本来なら小説の第五部に生かされるものであったろう。しかし、小説は第四部で終わりを見た。本節の解説では、この小説「断念」の最大の契機となったと思われる、第四部執筆中の添田の精神的葛藤に視点をあてようと思う。それは、直接小説とノートとの比較から導かれるものではないが、比較を通じて筆者添田の問題意識を探る作業をすすめてきた本稿においては、決して避けては通れない問題である。いやそれどころか、最初に問うた、なぜ添田が小説執筆を「断念」したのか、その核心に迫るものになると思われるのである。

この第四部執筆中におとずれた葛藤が、第四部の執筆にどのような影響を与えているのか、それは、第三部の執筆時の書換えや省略とどのような違いを見せているのか、その検討は、『取材ノート9』の紹介とともに、次節の解題にゆだねることにしたい。ここではまず、わずかではあるが『取材ノート8』の、小説への書換え、省略の特徴的なものについて検討し、その上で本節解題の中心となる、第四部執筆中におとずれた添田の精神的葛藤に考察をうつしていきたいと思う。

1　『取材ノート8』の小説への書換え・省略

『取材ノート8』が小説に対応しているのは、ノートの三箇所にあたる部分のみである。1〜2頁〔本書二五三〜二五四頁〕、6〜16頁〔本書二五六〜二六一頁〕、53〜54頁〔本書二七八頁〕の各箇所であるが、最後の一箇所についてはとくに特徴的な書換え・省略は見られないため、最初の二つについて順に検討したいと思う。

(1)

まず、1〜2頁にかけての部分では、特徴的なものは、二つある。一つは、手工科の作品を勧業博覧会に出品する際の記述である。ノートで「三回勧業博覧会、市へ出品相談すればダメ。」〔本書二五三頁〕とあるものが、小説では、「三月、春に魁けて上野に東京府勧業大博覧会が開催されることになり、万年学校に生徒の成績物出品の事がもとめられて来た。」(291)となっていた(小説からの引用は、『小説教育者第四部愛情の城』増進堂版二版による。小説・ノートともに括弧内は頁数)。他の記述、および、とりわけこのノートでは明確であるが、小説に利用した箇所に付されたと思わされる斜線から判断する限り、この両者の記述が対応していると考えられる。しかし、ノートでは、万年小学校(以下、万年小という具合に略す)の側が市に出品相談をし断られているのに対し、小説では主体は明示されていないが、万年小が請われる形で出品されたことになっている。ノートにおいても、結果的には博覧会に展示された記述になっているが、そこに至る経緯は描かれていなかった。

もう一つの書換えは、山田教育課長の次の、島田に次いでその席についた戸野との関係を示すものである。ノートでは、「はじめは僕を信認してゐた」(本書二五三頁)とあったのが、小説では「好意を以て接してくれるのがわかった」(207)とされた。ノートの記述では、「はじめは」という言葉があることによって、後にはそうではなくなったことが前提されていた。つまり、信認しなくなった現実があることが表現されていた。しかし、小説ではそれが取り除かれた。

これら両者に共通するのは、ノートに示された坂本による市や課長に対する批判的な視線が、それに抵抗する形で書き換えられている点である。この二箇所について、小説の中では、万年小も坂本も、市や課長から決して否定される存在ではなく、受け入れられる存在である。添田は、坂本の欲したであろう対応を、小説で描こうとしているようにも思える。

(2)

6〜16頁は、『取材ノート8』と小説との対比では、最もまとまって対応している箇所である。そこでは主に、坂本によるはじめての、関西、中国、九州方面への視察旅行が記されている。

まず、旅行の目的を記した箇所での書換えである。孤児院への疑問についてふれた箇所での、内容的には重なる三つの書換えである。一つは、ノートで「孤児院みたいにすべてくれてしまって、いいか。」（本書二五六頁）とされているものが、小説では「孤児院といふものがある。これに疑問があつた。物を与へることだけで果してよいか。」(208)と書き換えられたものである。ここでは、孤児院を「すべてくれてしま」う場所だと想定した上で、その「すべてくれてしま」うことへの否定を描いたノートから、孤児院の「物を与へる」方針を前提にしつつも、それだけでいいのか、と問う視点への転換がなされた。

二つ目は、小説にも紹介されているが「六区」での孤児院の様子を紹介した上で、ノートで「乞食育ててみたところで悪影響」（本書二五六頁）とされているものが、小説では、「これは乞食を育てることで『人』を育てることではない。」(208)と言い換えられた部分である。ノートでは、「乞食」という存在自体が「悪影響」を与えるものだ、との想定がなされた表現になっているが、小説では、「乞食を育てる」ということと「『人』を育てる」ということとの観点の違いとして提示された。

さらにもう一つの箇所も紹介しておこう。それは、ノートで、孤児院について「人心に影響如何」（本書二五六頁）「孤児自体への影響と、それが世道人心の上への影響」（本書二五六頁）とされた部分が、小説では、前者は後者と重なることもあり、実質的には省かれ、「それらの孤児院で扱はれる子供の心理状態如何。又これが社会的に及ぼす影響如何。」(209)という記述へと書き換えられたものである。ノートでは「世道」という表現がつかわれることで、明確に「孤児」「人心」への論理的に否定的な影響が想定されていた。それに対し、小説では、「子供の心理状態」「社会的に及ぼす影響」というより中立的な表現が採用された。

以上のような三つの例から浮かび上がってくることは、ノートの、「乞食」や孤児院への倫理的意味あいを含む否定的評価に対して、添田は、決してその表現を採用しなかったということである。そして添田は、「『人間』を育てる」という観点を押し出した。それは、「孤児」もまた「人間」であって、もし、「乞食」として育てられることがあるとしてもそれが「孤児」や、さらに「乞食」の責任であるのか、「『人間』を育てる」という観点を欠いた側の問題ではないのか、そう問うているようにも思われるのである。

さて、次にみたいのは、大阪府庁を尋ねた際の様子を描いた箇所である。二箇所見よう。ともに、東京市の視学二人と坂本が、府の視学官森本清蔵と面会している場面である。まず、ノートで「森本さんは視学を眼中にをかぬ」〔本書二五六頁〕とされたものが、小説では、省略された箇所である。それにかわって直接ノートと対応する形ではないが、小説では、高等師範学校で知り合いであった森本と会った坂本の様子が、「変つた土地での邂逅はたのしかつた」(211〜212)「弾んで来た」(212)「龍之輔はそこで大いに語つた。われながら意外だつたが、聞くことよりも語ることの方が多かつた」(212)と記された。また、学務課長の招待の席で、ノートで「森本はこちらとの話」〔本書二五七頁〕となっているものが、小説では「龍之輔は森本と多く語つていた」(213)と書き換えられた。

ノートでは、両者ともに森本の視線によって、坂本の視学に対する優位性が示される表現がとられていた。それに対して小説では、そうした森本の視線によって差異化されることによってではなく、坂本の側の語りやその「弾み」を通じて、坂本が存在を獲得していく様子が描かれているように思われる。おそらく添田は、その場での権威者に評価されることで自らの優位性を示すような、そうした坂本の感覚に抵抗を示し、自らの期待とそしてこのようにしか対応しえなかった坂本をどこかで癒すような思いで、書き換えを行ったのではないかと思われるのである。

次は、先と同様の大阪府視学官の招待の席でのものであるが、ノートで「日露戦争で遼東半島に行った大阪者が、学問のないことを嘆いて」〔本書二五七頁〕とあるのが、小説では省略された部分である。これは、直前に森本が視学に、東京では「夜学をやるにも経費がないといふが」〔本書二五七頁〕と問い、と同時に「大坂では違ふ。みな金を出して、やってくれといふ」〔本書二五七頁〕、その理由として語られたものであった。つまり、大阪で人々が「金を出して、やってくれ」というのには、こうした背景があったからだとの説明がなされた部分である。小説で添田は坂本に、東京市の「教育経費の乏しさと結局それが無理解から来る」(213)ということを説明させている。このとりわけ後半部分についてはノートの該当箇所には記述のないものである。東京市の「無理解」、これを押し出すがゆえに、大阪にはそれなりの背景があったという説明は省かれることになったのではないかと思うのである。

その他、視察旅行先での施設等について記述に若干の書換え・省略がみられるが、ほぼノートに忠実に小説は描かれたと言ってよい。ここでは、一箇所のみあげておきたい。

岡山の「石井重次[十]」の孤児院を訪ねた際の記述である（本書二五八頁）。ノートに「インチキくさい」「報告書にはかかなかった、ひどいインチキ」（本書二五八頁）とされた部分が、前者は「空々しかつた」(217)、後者は「不快感だけが残つた」(217)という表現へと書き換えられたものである。坂本の「インチキ」という言葉が、ここでは採用されず、よりやわらかな表現が選ばれていた。

以上で、『取材ノート8』についての小説への書換え・省略の検討は終え、本節の解題の中心課題へと移っていくことにしよう。

2 小説執筆「断念」の契機――敗戦と天皇、坂本そして添田自身

一九四四年一一月二四日、この日から添田の「空襲下日記」ははじまる。当時、添田は現在の大田区東馬込（当時大森区馬込東）に妻キクと娘黎子の三人で住んでいた。添田が「空襲下日記」を記しはじめるのは、B29が東京にはじめて空襲を行った日でもあった。日記は、前節でも紹介したように四五年九月四日までである。『小説教育者』第四部は、この日記を書きはじめる四四年一一月から執筆が開始され、四六年一月一四日の日記に「今やっと出来た」[1]と記されていた。空襲下に書きはじめられ、そして敗戦の後にようやく第四部は書き上げられたのであった。

本節では、公刊されていない部分も含んで『空襲下日記』を主に用いながら、添田の第四部執筆中におとずれた葛藤を探ることにしたい。それは、敗戦を一つの契機とした、添田の坂本との更なる向き合いであり、また実は、『小説教育者』を描いてきた自らへの根底からの問いでもあった。添田は、空襲下に生きる支えを、その時期の中心的な仕事としていた『小説教育者』を書くことに求めてもいた。しかし、それを支えとしていた添田自らがまた坂本を撃つ刃で斬られることになるのである。

（1）「人間悲劇」――天皇と坂本に通ずるもの

まず、敗戦からほぼ半年を過ぎた日の添田の言葉を聞こう。一九四六年一月一日、天皇の人間宣言がなされた日である。

「『人間・天皇』を記者が語っている。紳士といひ学者といふ。お人柄のよいことはきまっている。『娑婆』をご存じなさすぎるだけのことだ。近衛の手記の終りで『お痛々しい』とあったが、ほんたうにお気の毒な方だ。それが一番ほんたうのところだらう。人間が人間を知らずに過ぎる。これは悲劇だ。[2]」

添田は、天皇について、「人間が人間を知らずに過ぎる」と言い、「悲劇」という言葉を使ったが、この「人間が人間を知らず」とはどういうことであろうか。添田は、四五年四月二五日の日記に次のように記している。

「環境、境遇の差ありては、真の情察は断じてあるべからず。政治先づ然り。下情上通といひ、民情の視察といふ。上達や視察に於ては、これ断じて通ずるものにあらず。これ、永遠の真理なるべし。[3]」

添田は、「環境、境遇の差」を問題にする。天皇について添田は、「娑婆」を知らなすぎると述べた。「人間」が「人間」を「知る」ということと、添田がここで使った「真の情察」という言葉で記したこととは同様のことを指していよう。「環境、境遇の差」があること、そのことによって「真の情察」がなされず、にもかかわらず「政治」が「上」

によって行われること、このことによって引き起こされる様々のことをおそらく彼は「悲劇」と呼んだのであった。

「悲劇」――実はこの言葉を添田は坂本にむかって二度使っている。四五年二月三日の日記にはこうある。

「坂本先生の人間悲劇を考へるだけでも、容易でなく、仕事ははじまったばかりで、これからいよいよ苦しいのです。[4]」

そして四六年一月一五日、第四部完成の次の日の日記である。これは、すでに敗戦を迎え、また、天皇についての洞察がなされた直後である。

「龍之輔が真理の追求がついに出来ず、寂しく死んだといふことを考へる。だんだんそのかたちがはっきりして来た。子供に教へられて進むのだといった彼が、結局子供をほんたうに摑むことが出来なかった。それはつまり彼がやはり観念の世界に止まっていたといふことだ。あれは技術者であった。人間ではなかった。それ故に多くの悲劇をみ、自らもそれで終わった。龍之輔の、人間である具体が、それをさびしく感じていたのだ。[5]」

坂本における「悲劇」。それが添田の中で、ここで「はっきり」と言葉で摑まれるようになる。「悲劇」。それは、坂本が「子供」を「ほんたうに摑むことが出来なかった」ことにあったというのである。天皇が「娑婆」を知らなかったように、坂本は「子供」を「ほんたうに」は摑んでいなかった。「技術者」であって「人間」ではなかった。そして、そのことが「多くの悲劇をみ、自らもそれで終わった」と添田は言う。「多くの悲劇をみ」とはどういうことであろうか。また、「自らもそれで終わった」とはどういうことであろうか。「多くの悲劇」、それはおそらく、彼を「技術者」だと述べたことと関わっていよう。この「悲劇」の主人公は、明示されていないものの、筆者は、「技術者」によって教えられた子どもたちを何よりも指しているものと推察する。また、その親たちを、坂本とかかわった教職員たちを指していると考える。そして「自らもそれで終わった」とは、引用の最後にある「龍之輔の、人間である具体が、それをさびしく感じていた」ことを、また、「真理の追求がついに出来ず、寂しく死んだ」ことを指していよう。それは、空襲下に「娑婆」に生き、そして敗戦を迎えた経験、そして、万年小の「子供」であることを公にし、それを引き受けるとともに、真剣に自らの苦しみの根を洞察しようとしつづけてきた、その力によってこそ導かれえた視点であったと言えよう。

(2) 空襲下添田にとっての『小説教育者』の意味

四四年一二月二五日付けの日記にこうある。娘黎子にむかっての会話である。

「お父ちゃんは『教育者』を死ぬまで書くぞ、と夜中の警報中に考へたことをいふと、八十になるまで書きなさいと言ひをった。[6]」

当時添田は、このように思いはじめていた。「死ぬまで」——それは一生の仕事、という意味であろうか。それとも別の意味合いがあったのだろうか。

一一月二四日の空襲以来、日々警戒警報やラジオの報道を意識し、事実として壕に逃げ込み、いつ自分が焼け出されても、また死んでもおかしくない状況下に置かれていた。「ただ徒らに敵の投弾を待っているのはやり切れない」「次の瞬間には自分たちが亡いかもしれぬといふ気もち[7]」と添田は記している。「敵の投弾を待」つ「やり切れな」さは、一二月二一日に、警報が鳴り、採照光がB29をとらえ、高射砲弾が光るのを、妻のキクが「ああ、これなら戦争だわ」といい、添田がそれを記録しつつ「よろし。正しく戦っているのだ。いながらにして戦争を見る素晴らしさだ[8]」と述べたように、「いながらに」戦うことを実感しなければ、とても精神的に耐えきれない、そうしたいたたまれなさを表現していた。こうした中で、添田は「『教育者』を死ぬまで書く」と考えたのである。

一二月三一日の日記には次のようにある。

「あら方正月の御馳走が出来た。ぢたばたせずともなり。ありがたし、ありがたし。日本のありがたさ也。此の日本の心をうけ伝へるためにも、仕事を以て応へる外なし。(9)」

四五年一月一二日の日記には以下のようにある。

「人間を作り直すことが、日本を建て直すことだの話。(10)」

そして次の日の日記にはこう書かれている。

「現象にかかずらっていたらくさくさするばかりだ。先へ進むのだ。それが文化陣営にある者の任務だ。文化戦の意義を思い深め、矜持を持ってその戦に生きよう。成否は別だ。それが体あたりといふものだ。その戦ひこそがわれ生けるしるしなのだと思ふ。(中略)群内の不円滑不愉快も、防空のことに限定するから不愉快なのだ。隣組教育と思へば当然わが任務の内となるわけだ。(中略)共に喜び、共に悲しみ、勇気をつけ合ってゆく。これが日本の心だ。文明開化と共にうすれた此のこころを掘りさぐり、盛りあげて行くのだ。(11)」

四四年一二月一七日に添田は、交替で隣組の群長を引き受けている。「群内の不円滑不愉快」は、それゆえの一層のものであった。しかし、添田は、自ら「文化陣営にある者」として「文化戦」に生きる、その決意をすることで、群内のことについても「隣組教育」と把握し、「わが任務の内」と捉えなおしていくのである。そして、その「文化戦」と位置づけた仕事の中心に『小説教育者』の執筆が据わっていたのである。添田は、「日本の心をうけ伝へるためにも、仕事を以て応へる外なし」と記し、また、「日本の心」を「掘りさぐり、盛りあげて行く」と言う。その作業を自らが行うことを通じて「人間を作り直」し、「日本を建て直」していこうと添田は考えていたのである。

二月二日には、小説の取材に大東女学校の守屋東を訪ねているが、こう記している。

「教育者を書きつづける心構へにつき話、賛成され喜ばれる。(中略)あらゆるものが、日本のありのままなる姿に立ち還ることだ。そこから、ほんとの出直しをする外はないのだ。教育からやり直しだ。遠いそのことが、最も近いのだ。(12)」

三日にはこうある。

「『教育者』は坂本龍之輔から書き出しているが、実はそれ以前からなのであり、これから諸々の人も出るが、結局真実を守り伝へた人々を書くので、主人公は登場人物にあるのでなく、『真実』『日本の誠』なのです。[13]」

明らかに添田は『小説教育者』を通じて、「日本の心」を伝える作業をしようと考えていた。「主人公」は「真実」「日本の誠」だという。小説の第三部の「後記」には、それを記す約一年前に亡くなった坂本のことを語りつつ、次のようにあったことを思い起こそう。

「『坂本龍之輔』は亡くなった瞬間から更に新しく生きるのだと思ふ。坂本龍之輔のいのちは、民族の血につながる永遠のものだと信じられるからである。[14]」

添田は、このように記していた。これは一九四三年二月に記されたものであるが、ここには、「日本の心」を記すという発想につながるものがある。第三部についてのノートと小説との比較に見たように、添田は坂本に対して、書換えや省略という作業の中で、実質的にはある種の抵抗を示していたのであった。また、一九四五年の二月三日の日記には、先にも引用したが、坂本の「人間悲劇」という表現が登場している。しかし、添田にとってそれはまだ途上であった。その添田にとって坂本はやはり、「民族の血」につながる、「教育の最も心核を攫んだ事業[15]」の推進者像の延長上にあったのではなかろうか。空襲下において坂本の存在は、「日本の心」を伝えようとした添田にとって、依然として支えでありつづけていたのだと思われるのである。

この四四年一二月から四五年二月はじめにかけての日記からわかることは、添田が『小説教育者』の執筆によって、人々に「日本の心」を伝え、「人間を立て直す」ということを考えていたということ、また、それを「文化陣営にある者の任務」として、自らの空襲下の「戦ひ」として位置づけ、まさに「われ生けるしるし」としての重要性をおいて取り組もうとしていたということである。

最初に紹介した、「お父ちゃんは『教育者』を死ぬまで書く」という言葉は、この空襲下で生き延びている限り、書くことによって戦い、また「投弾」を待つのではなく、戦って生き抜くという、そうした決意として読むことができるのであろう。添田は、疎開をしなかった。あくまでも空襲下にいて、そこを生ききった。空襲下の「日本人」としてそこの現実を生きたのであった。

(3) 敗戦と自らへの問い

添田の空襲下の日記を追って行くと、四五年五月九日からの日記の表題には「バカにするな」とあり、同六月七日からの表題には「夏寒し　それぞれの人間の正体悲し」とありそして敗戦の日を含む七月三一日からの日記には「秋風来」とある。敗戦近くなってきた時期、添田の日記には例えば次のような批判が登場する。

「配給の量では、みな幽霊の如くなってしまふだらう。(中略)闇に動く『物』があり、みなが肉体を保っているといふことは、どうやらそれだけの物があるといふことである。(中略)闇を作す者は誰か。机か判コか。ああ、人間がいない。(16)」

また、八月一一日の日記にはこうある。

「民を塗炭の苦しみに陥し入れて平然としていられる神経は断じて日本のものではない。敵はどこにいたかといふことは、これほどはっきり衆目にさらされているのだ。米英は二の次だ。内に此のやうな敵を抱へていたのでは勝てるわけはないのだ。(17)」

敵は「内」にある。これが添田の洞察であった。これは、「日本の心」を伝え、「人間」を作りなおすと説いた発想と通じるものであり、それゆえ、添田にとって敗戦は、ある意味では当然おこるべくして起こったことであった。

八月二九日の日記に言う。

「闇をやったといふことは、泥棒をしたといふことである。――大東亜の理想をかざし、共存共栄を高唱する。道義日本に、その裏づけがないのだ。言葉と行動とが背馳しているのだから、これは話にならぬ。克忌《(己心カ)》と廉恥心を喪失した時代だ。観念教育の馬脚だ。(18)」

三〇日の日記にも「観念教育の大効績《(ママ)》」として、「泥棒根性(19)」について述べていた。添田にとって敗戦は、「日本の心」を失った「人間」の問題であり、また、そうした「人間」をつくった「観念教育」の問題であった。こうして敗戦後も、添田は「教育」によって、「人間」を変え、「日本」を変えるという発想を保っていた。

だが、一九四六年を迎えた一月七日～九日の日記に注目しよう。

まず七日付けにこうある。

「中島と克女より来信あり。克女色々と帰宅以来の混乱状態を綴って来たが、仕事を手伝ふことを『曖昧』にうけとっていたといふので、おそれ入った、それぢゃいくら待っても来ない筈だ、独断だとやっつけて来た、やれやれさうかいな、（中略）唖然とした、しばし唖然としている(20)」

中島とは、増進堂の社員であり、克女とは、佐々木克子のことで、故佐々木味津三の妻であるが(21)、仕事を手伝ってくれるはずだと考えていた、この佐々木からの手紙が添田に大きな衝撃を与えている。

八日にはこうある。佐々木の手紙にある「あいまい」と「独断」について添田は考察する。

「『あいまい』といひ『独断』といふことについて。――空想の崩壊。やっぱりおれには空想は駄目だ。地べたを瞶《みつ》めて行かう。淋しい。がくんと落っこちたやうだ。（中略）――落ちた崖底から匐ひあがれない、思ひはめぐる（中略）人間交渉は結局独断と独断の鉢合せなのがそれが折り合っていれば支障はない、何かのはづみに折合点がはづれると、正相がそこに洗ひ出されるのだ、誰しもが、自分に都合のよいやうに解釈する、それが又ほんたうなのだろう。

人生は独断である。なんのことだ、スチルネルに逆戻りだ『相手にひざまつくこともそれの満足のためだ』と彼はいった、思へば十八才が己の人生の花だった、勝手放題にふるまっていた、十九才、童貞を捨てた瞬間の虚無感、それがその後のおれに尾をひいていたのだ、だからスチルネルを説かれても、なんのことだ、そんなことはわかり切ってるよ、と臥そべっていた二十代だった。

怠惰を覚り、己れに忠実ならんとした『教育者』以来それがやうやくかたちをとって、また、苦しんだ、苦しむことが生けるしるしと思ふやうになった。それが、四十五才となって、いやといふほどスチ公にひっぱたかれやうとは思ひもかけなかった、なんのことだ、われの人生は徒労であった、人生は独白である、思へば思へばさうである。仕事の意味がなくなった、何のための仕事だ、人のためでもない、自分のためでもない――食ふための仕事か、ひとり呟いて、ひとり死ぬか[22]」

長い引用になったが、ここには、添田の『小説教育者』をめぐる精神史が凝縮してあらわれているように思われる。添田は「仕事の意味がなくなった」と記しているが、それは添田が『小説教育者』に何を託していたのかを抜きには理解することはできない。添田にとって『小説教育者』執筆の仕事は、「虚無感」を抱え、「スチルネル[23]」を「わかり切ってる」と「独断」に開き直っていたそれまでからの、自己の転換をはかろうとした仕事であった。「怠惰を覚り、己れに忠実ならんとした『教育者』」と添田は言う。『小説教育者』は最初、坂本龍之輔の記した自伝にほぼ忠実に描きはじめられた。添田は、「教育の最も心核を摑んだ事業」として、「特殊学校」のことを記し[24]、「独断」の対極に坂本を置き、その坂本と「忠実」に向き合うこと、それを「己れに忠実」であろうとする自分への課題としても考えていたのではなかろうか。しかし、「以来それがやうやくかたちをとって」くるとともに、「苦し」みをも抱えはじめたと添田は記す。それは、これまでの解題で見てきたように、自らの思い描いていた坂本像と現実とのずれに起因する「苦しみ」であったものと思われる。だが、「苦しむことが生けるしるしと思ふやうになっ」ていた。それは、「日本の心」を描くことを通じて、「人間」をたて直そうと考えた添田が、その現実と理想とのずれで苦しむ姿でもあった。

ずれ、と記したが、これは添田が言う、「独断と独断の鉢合せなのが」「何かのはづみに折合点がはづれる」、その状態を指していよう。そのときに、「正相がそこに洗ひ出される」と添田はいう。添田は、日々の生活の中で見聞きする、「日本人」の「泥棒根性」を憂い、「観念教育」を批判した。そして、あるべき「日本の心」そして「教育」の在りかたを小説の中に描こうとした。そのことが、ノートに記された坂本に抵抗し、書換え・省略を行う添田の問題意識の背後に「苦しみ」としてあったことは、先にふれた通りである。がそのことは、事実として添田の期待する坂本像が小説として作り上げられていくことをも意味していた。ある意味では添田は、坂本についての「空想」を描いた。引用の最初に「空想の崩壊。やっぱりおれには空想は駄目だ」と記されたのには、単に佐々木との関係で期待した「空想」が「崩壊」した、というだけでなく、小説執筆において坂本を自らの期待する人物として描いたという意味での「空想」、それを否定する思いを込めて「駄目だ」と記したとも読めよう。「何かのはづみで折合点がはづれる」と添田は記したが、佐々木に期待し、それに応じない佐々木を責める気分でいた添田は、佐々木という「独断」の「槍」[25]でされることによって、はじめて、「折合点」が「はづれ」ていたことを自覚した。だが、そのことを通じて添田の苦しみの原因ともなっていた現実、周囲の「日本人」を責め、彼らを「教育」しなおそうと考え、『小説教育者』にその思いを託していた自分、あるいはそれを支えていた「独断」が根底から問われることになるのである。添田は、「われの人生は徒労であった」とまで記した。自らの今、そこに立っている地点までをも失いそうになるほどに添田は打ちのめされたのである。「四十五才となって、いやといふほどスチ公にひっぱたかれ」た、この言葉がそれを示していよう。

添田は、佐々木の手紙を契機として、『小説教育者』に向かっていた自分自身を最も鋭く問うことになった。しかし、それはさらに、坂本の「悲劇」の核心に迫る視点を獲得することにもつながっていく。九日の日記にはこうある。

「思へばわれはいつか専断的な教師になっていた、龍之輔のあの孤独風がこれだ、やっとわかった（中略）日本の立ち直りを希って教育者を書いた、どだいそれからして間違っている、それは命令になる、命令は反発をくふのがあたりまへだ、人間の孤独であるのは真実なのだ。ただ求める心の強弱が、孤独感の強弱になるのだ、あはれ色褪せたる『教育者』よ、（中略）人生は一人相撲である、情熱といへば響がよい情熱はひとり燃えるものだ、龍之輔の熱もそれではなかったか、これが『教育者』の結びだ。[26]」

さらに、一〇日の日記にはこうある。

「どうも『教育者』がいけないやうに思はれてくる（中略）色褪せてくればこんなものだ。龍之輔はひとり力み通して、さて淋しく死んだ、その力みを力み通してみるうちに、いつか自分が独断者、暴君になっていた、おそろしいものだ、龍之輔に日本人の悲劇を書かうとしていた自分が先に悲劇の主人公になっている、莫迦なものだ[27]」

佐々木との関係で自らを問い、それを契機に『小説教育者』に向かう自らの姿勢を問うた添田は、それと同時に、坂本の「悲劇」についても、おそらくこれまでとは違った質のものとして摑みはじめる。「やっとわかった」と言い、「先に悲劇の主人公になっている、莫迦なものだ」と添田は述べた。「いつか専断的な教師」となってしまっていた自分と、「いつか自分が独断者、暴君になっていた」坂本、添田はここに同質の構図を見ている。自らの中に、坂本の「悲劇」だと考えていたものと同質のものを発見した添田、坂本に切りつけたはずの刃を自らに突きつけ、ある意味ではその刃によって傷つくことを通じてはじめて添田は、坂本の「寂しさ」の根に自らの体験の奥底で出会ったのであった。

一月七日〜一〇日付けに記された洞察の最後に添田は次のように記している。

「愛情と酷薄なる生活とは別物だ、妥協点はない、多くの恋愛結婚の失敗がそれを示しているではないか、愛情が、生活を豊かにし、なめらかにする、さういはれもし、さう思ひもした、それは嘘だ、ただ思ふことによって人間は自らをなぐさめていたのだ、それは自分をごまかしていることだ、真実は涙の出るほどやさしく、真実は胆凍なほど冷酷だ、それをかみしめるのだ、冷酷に徹して、はじめて真実のやさしさをゆとりを以て味ふことも出来るのだらう」[28]

先に添田は、坂本の「情熱」「熱」を、「一人相撲」の「それ」ではなかったかと指摘し、それを指摘することが『教育者』の結びとなるのだと記していた。引用で言う「愛情」は、この坂本の「情熱」「熱」と同列のものとして論じられている。「愛情」、そう思うことで人間は「自らをなぐさめて」いるのだと添田は言う。先の引用で、「人間の孤独であるのは真実なのだ」とも述べていた。今回の引用でいう「酷薄なる生活」とは人間が結局「孤独」であるということ、そのことを指しているのではなかろうか。そして添田はその「冷酷」な「真実」を「かみしめるのだ」と言う。それに徹して、はじめて「真実のやさしさをゆとりを以て味ふことも出来る」と。ここでいう「やさしさ」はどういう質のものであろうか。自分をごまかさず、「冷酷」に徹することを説く添田にとって、「やさしさ」とは少なくとも、「情熱」「熱」「愛情」という感情とは異質の、また「命令」「反発」という関係とも異質の、「孤独」を自覚したものに映る、人と人との関係性の情景を指していることは確かであろうと思う。

(4) 第四部の執筆とその後――「教育の反省」

こうした葛藤をくぐりぬけて添田は第四部を、一月一四日に書きおえる。その日の日記はすでに紹介したが、こう書いていたことを思い起こしておこう。

「子供に教へられて進むのだといった彼が、結局子供をほんたうに摑むことが出来なかった。それはつまり彼がやはり観念の世界に止まっていたといふことだ。」

「観念教育」を批判しようとした添田は、ここにいたって決定的に坂本を批判する地点に立った。二月に入り添田は、一本の随筆を書いている。日記に「教育文化の随筆」[29]と記され、二月一五日の日記には「これは随筆でなくて断筆だ」[30]「どうしても『教育の反省』を草するよりないと思ふ」[31]と記している「断想　教育の責任」と題された一文[32]がそれにあたるものと思われる。これは、第四部をとりあえず終えた添田の、教育についての問題意識を如実にあらわしている。

ここで添田は、敗戦後の青年が、「ただ此の時期をいかに巧みに生き抜くかに専念」している様子や、子どもが「闇屋ごっこ」をする現状を憂えながら、次のように言う。

「今われわれの前に展開されているこれらの暗澹たる風景が、実に八十年の教育の成果なのである。（中略）何が斯く人間を骨なしにしたのか――。教育の観念化である。智識が頭脳を構成はしてもこれが血肉とならなかったからである。[33]」

添田は、子どもや青年をこうした状況にしたのは、教育の「観念化」の問題だという。そして、敗戦についても次のように言う。

「戦争の責任が追求されている。軍閥財閥にそれが向けられるのは当然であらうが、しかし真の責任はかく日本人を腑ぬけにした文教にある。[34]」「教育を反省し、教育が失敗の責任をとり、そして責任を持った教育がはじまらなければならない。（中略）学校は社会の一部分ではない。実に、学校から社会が生まれ、ひろがるのである。[35]」

「戦争の責任」についてその「真の責任」は教育にあると添田はいう。しかし、だからこそ「責任を持った教育」がはじまらなければならない」と説く添田の、その教育への期待は先に紹介した葛藤とどう関係するのであろうか。

添田は「日本の立ち直りを希って教育者を書いた、どだいそれからして間違っている、それは命令になる」と記していた。ここには「教育」の「観念化」ということにとどまらない、「教育」という発想そのものへの問いが孕まれているようにも思える。

だが、添田は「学校から社会が生まれ、ひろがる」と記すのである。添田にとって問われたのは「教育の観念化」であって、「教育」そのもの、あるいは学校ではなかった。「観念化」しない教育が学校で行われ、それが社会に「ひろがる」ことを期待した。添田は次のように述べている。

「しかし『教育する』といふ構へは不遜である。自己精進の裡から滲み出るものがやうやく真に教育の作用をするのである。人がその人の一個一個が、解放された『人間の自覚』を持つところに、はじめて正しい教育の出発がある。『教へる』ことではなくて自己を発見し、その『己を磨く』ことである。自己研磨の苦践がはじめて人を導きもするのである。[36]」

添田は「『教育する』といふ構へ」を「不遜」であると述べ、「自己研磨の苦践」こそが「人を導きもする」と言う。しかし、添田が天皇について「人間が人間を知らずに過ぎる」と言い、坂本について「子供をほんたうに摑むことが出来なかった」と述べたときにイメージされていた天皇と庶民、坂本と子どもとの関係性は、この「自己研磨の苦践」で解決されるのであろうか。「自己精進」「自己研磨」によって、人間を知ること、あるいは「子どもをほんたうに摑む」ことができるのであろうか。添田はまた、「環境、境遇の差ありては、真の情察は断じてあるべからず」とも述べていた。「環境、境遇の差」があれば成しえないとされた「真の情察」は、「自己精進」「自己研磨」によって成しうるのであろうか。

「教育——被教育が観念のリレーでは仕方がない[37]」とこの稿で添田は述べてもいるが、「教育」する側と「被教育」側との、「環境、境遇の差」はどのようにして「真の情察」へといたるのであろうか。添田が示した「自己精進」「自己研磨」という方向は、添田のいうところの「教育の観念化」を免れ得るのであろうか。

一九四六年三月一四日の日記には「五部の下調べ(38)」とある。添田は書く気でいたのである。『小説教育者』の結びを見いだしたはずの添田であった。しかし、第五部は書かれないままに終わったのである。ここには、日記で記した葛藤と、「教育の責任」論稿で記した内容との間にある、ある種の距離と関係した何かがあったのではなかろうか。

● 註

(1) 添田知道著『空襲下日記』(『添田唖蟬坊・知道著作集Ⅲ』、刀水書房、一九八四) 二八六頁。
(2) 前掲書、二八三頁、および、『続　敗戦日記』神奈川近代文学館蔵。未公刊の部分については、所収ノートの表題を記した。以下同様。
(3)『都会の神武時代記 (空襲下日記・続)』神奈川近代文学館蔵。
(4)『空襲下日記』、八四頁。
(5) 同前、二八七頁。
(6)『生けるしるしあり　空襲下日記』神奈川近代文学館蔵。
(7) 前掲書『空襲下日記』九頁。一九四四年一一月二九日。
(8) 同前、二四頁。
(9) 同前、三七頁。
(10)『生けるしるしあり (続) 空襲下日記』神奈川近代文学館蔵。
(11) 同前。
(12)『残すもの、残さねばならぬもの (空襲下日記・続)』神奈川近代文学館蔵。
(13) 前掲書『空襲下日記』八四頁。
(14)『小説教育者』第三部、一九七八、玉川大学出版部、二二八〜二二九頁。
(15) 同前、二二八頁。
(16)『バカにするな (空襲下日記5)』神奈川近代文学館蔵。

(17)『秋風来（空襲下日記7）』神奈川近代文学館蔵。
(18)同前。
(19)同前。
(20)同前。
(21)前掲書『空襲下日記』「主要人名一覧」、三三二〜三三三頁。
(22)『秋風来（空襲下日記7）』神奈川近代文学館蔵。
(23)神奈川近代文学館に寄贈された添田の遺品中には、「唯一者とその所有」を含む、今日ではシュティルナーと記されることの多い、当時「スティルネル」とされた彼の著作がおさめられた『世界大思想全集29』、辻潤訳（春秋社、一九二八）がある。
(24)「後記」（「昭和十八年二月下浣記」とされている）『小説教育者』第三部、玉川大学出版部、一九七八、二二八頁。
(25)『秋風来（空襲下日記7）』神奈川近代文学館蔵。
(26)同前。
(27)同前。
(28)同前。
(29)前掲『空襲下日記』、二九五頁。
(30)同前。
(31)同前、二九六頁。
(32)添田知道「断想　教育の責任」『教育文化』第五巻第三号、一九四六年三月。神奈川近代文学館蔵。
(33)同前、二三三頁。
(34)同前。
(35)同前、二五頁。
(36)同前、二四頁。
(37)同前。
(38)前掲『空襲下日記』三〇三頁。

七 添田の中の「貧民窟」
――「どん底の顔」が語るもの

『取材ノート9』のうち、小説に生かされているのは後に検討するが、山下域之からの取材部分のみである。そして、この『取材ノート9』で坂本からの聞き取り記録は終了したと言ってよい。『取材ノート10』『取材ノート11』は、坂本が残していたノートからの写しだと思われるもの、図書館などで調べた記録の写し、小説づくりのためのメモ等から成っている。

小説第三部、第四部の成り立ちの検討にとって、このノート10、11の検討は、とりわけ第三部、第四部にかかわる事項についての取材が多く記録されていること、またそこに小説第二部以前と対応する坂本のノートからの写しだと思われる部分が含まれていることを考えるならば、総合的に、またそれ以前の部との比較をふまえて第三部、第四部の検討を行う上では、きわめて重要な位置を占めている。こうしたことから、第三部、第四部の成り立ちについては、ノート10、11の翻刻を終えた後に検討することとしたい。

では、本節の解題は何を検討するのか。一つは、『取材ノート9』についての小説との書換え・省略についてである。これは先に記したように、万年小学校の教師の一人であった山下域之からの取材部分のみが対象となる。ノートのページ数で示せば、60〜69頁〔本書三一六〜三二一頁〕である。そしてもう一つは、前節の続きとなるが、なぜ準備しつつあったにもかかわらず、第五部は書かれなかったのか、についての考察である。

1　山下域之からの聞き取り――小説への書換え・省略

『取材ノート9』は、最後に記された山下からの聞き取りを除いては、小説に生かされないまま終わった。ここでは、この山下の取材部分について小説との対応を考察したい。だが、一つ考えておかねばならないことは、これまでの坂本の語り、あるいは回想録からの写しとの比較とは質的に違うものの比較だということである。山下からの取材を小説と比較することは、添田の山下像、また坂本を中心として描いてきた小説の中で、添田が山下をどう位置づけているかを検討することにもなろう。量的には山下からの取材は、短いものである。小説の中で坂本を支える二人の内の一人である守屋東とは、以前にも紹介したが、娘が、守屋が校長であった大東女学校に通うことなどを通じて日常的にも近い位置にいた。しかし、もう一人である山下については、手紙のやりとりもほとんど見られないため、(1)この取材が添田による山下への直接取材の唯一の機会だった可能性は高い。

以上のようなことから、ここでは、限られた分量ではあるが小説との対応の検討を通じて、添田の山下像、また添田が山下に与えた小説の中の位置などについても考察を行いたい。

山下の取材記録は、小説の第二部と第四部に対応している。第二部について少しふれておくと、第二部は、一九四二年九月二五日にはじめて錦城出版社から発行される。その後何度か出版社をかえて発行されるが、一九七八年に玉川大学出版部から再発行される際、その底本となったのは、この一九四二年九月二五日初版本である。(2)数カ所、漢字にふりがながふられたことなどの他には内容上の変化は一切ない。こうしたことから、ここでのノートとの比較に際しては、玉川大学出版部版を用いる。第四部については、前々節に記したことに基づき、一九四七年増進堂第二版による。

さて、具体的に対応している箇所を小説に即して示せば、第二部の40～41頁、109頁、第四部の143～150頁、160～161

頁、245〜246頁の各箇所である。以下、特徴的な書換え・省略について検討していこう。

坂本は、一八九四（明治二七）年一月に神奈川県高座郡渋谷村（当時）の高等小学校に数カ月であるが赴任している。(3) 山下はその村の生まれであり、そのときの坂本の教え子の一人であったが、(4) その渋谷村への坂本の赴任当時の様子が第二部には登場する。ノートと小説とが対応しているのはその部分である。ここでは、山下の発言は、生徒一般の感想として描かれている場合もあるが、ほぼそのまま生かされている。

では、第四部との対応はどうであろうか。ここでは、坂本の依頼を受けて万年小学校に赴任し、坂本とともに学校経営の基礎をつくっていく時期の山下が描かれていた。

次の書換えから見よう。ノートで「一時は細民の失望、手を出すものぢゃない。それが続く、やはり助けてやらなくては」（本書三一八頁）となっているのが、小説では言葉が加えられて添田による解釈が加えられたものである。少し長いが内容的に該当すると思われる箇所を抜いてみよう。

「しかしそこまで行く間には、何度となく匙を投げたことだつた。自分らの考へている教育といふこととはあまりにもかけ離れた蒙昧の世界である。これは底の知れない無智であり、無恥である。到底救ひやうはない。彼らが此の悲惨な境遇にあることは、寧ろ当然の結果であり、そこには更に同情の余地はないと思はれた。無智無恥にも程がある。（中略）これは手がつけられない。これが同じ日本人であるといふなら、己は日本人であることを辞職したい、とまで彼は考へた。

さうした絶望に陥るのを、校長の熱情にひかれて来るうちに、段々にわかつて来たことがあつた。まつたく此の無智と無恥は手がつけられないが、それは決して、ここに追ひつめられた人たちを責め、排済することでは解決はつかないといふことだつた。愛情を以てその子供たちを扱つてゐるうちに、それがわかつて来た。やはりこれは救はれなければならぬものだ。自分がそれらと同じ日本人であることを辞したくなるほどに、そこに恥を感ずれば感ずるほど、これらが血を同じくする同胞ならば、そして此の貧民窟が首都の一部であり、宮城の地につながるものであるならば、これは断じて救はれなければならぬものだ。」(146)

山下は取材の中で「親を子をくふから、子がその子をくふ。伝統的の貧乏人、貧民といふものは、国家の病気、優勢細胞は益々よくなるのと、同時に劣勢はいよいよ」〔本書三二〇頁〕とも述べていた。つまり、山下は「貧民」を「国家の病気」ととらえ、それは対応をしなければ、「劣勢」がますます「劣勢」になる、そうした問題だとして把握したのであった。山下が「細民」に「失望」しながらも「助けてやらなくては」と考えるにいたった背後には、こうした見方を獲得したことがあったものと思われる。

それに対して、添田は「これが同じ日本人であるといふなら、己は日本人であることを辞職したい、とまで彼は考へた」と言い、だが、返ってこのことによって「自分がそれらと同じ日本人であることを辞したくなるほどに、そこに恥を感ずれば感ずるほど、これらが血を同じくする同胞ならば、（中略）これは断じて救はれなければならぬものだ」と記した。ここでは、「同じ日本人」であるという「同胞」意識が強烈に押し出されていた。山下は「国家の病気」と捉えた。「国家」が「病気」＝「貧民」を抱えている。それを「助ける」こと、すなわち、「国家の病気」を治すことは必要なのだと考えた。数少ない山下の記録から単純に判断することはできないが、この「国家の病気」という認識は、添田の言う「同胞」意識とそのまま連続するものであろうか。筆者には、山下のいう「国家の病気」であるという把握は、「血を同じくする同胞」「同じ日本人」という同質性を必ずしも必要としないように思える。確かに「国家」を背負う「同じ日本人」である、という理解はありえよう。しかし、「国家」が「病気」であるからと言って、そのまま「同じ日本人」としての同質性という論理が入り込むとは限らない。「国家」の「病気」に対して「手を出す」人物は、「貧民」と「同じ」であるとの認識を持つ必要はないし、そうした存在である必要もないからである。

では添田はなぜ、「日本人」であるという同質性を強調したのであろうか。前節の解題で述べたが、そこには、当時の添田が抱え、またそれによって自らを支えていた論理、すなわち「日本人」である自分が、「日本人」がゆえに現実の「日本人」に対してあきらめず「日本人」を作りなおすという、その現実認識が反映されていたものと思われる。

さて、次の書換えを見よう。万年小学校の親たちの中に入っていくときの様子について、ノートで「ざっくばらんでいけばいいのを四角四面でいって失敗した。ざっくばらん、おいとっさん来たよ、と軽い調子、打ちとけにくかったのを、自然にわかって来た」(本書三一八頁)とあるのを、小説では、「しかしそれが正面から立ちむかつたことの失敗だつたと、自分から覚つた。(中略)打ちとけることが肝腎なのであつた。『やあとつさん、又やつてきたよ』と軽い調子でゆくのだ。それが自然にわかつて来た」(145)とされた箇所である。ノートの「四角四面」から「ざっくばらん」へという変化は、小説では「正面から立ちむかつたこと」から「打ちとけること」への変化として描かれた。つまりノートでは、「打ちとける」方法あるいは姿勢に関する変化に重点が置かれているのに対し、小説では、「正面から」立ちむかうことと「打ちとける」ことが対比され、「打ちとける」というその方向性を強調すること自体に重点がおかれていた。添田は次のようにも記している。

「『彼ら』と感ずるその距離感がいけないことを知った。(中略)友だちになることだ。いや、友だちになるのではない。友だちなのだ。困った友だちだが――と考へた時、山下にやつと微笑がのぼつた。」(147)

ここには、添田の言う「打ちとける」ことの中身がさらに描かれている。「友だちになる」のではなく「友だちなのだ」、やはりここでも、先に見たことと重なる「日本人」として「同じ」であることを強調した添田の考えが貫かれているように思う。そして、このことが、微妙に山下の強調点とはずれた描きかたを添田にさせたのではないか、と思われるのである。

160～161頁については、特別学級について触れたところであるが、坂本と山下のやりとりはほぼノートに忠実に小説に生かされている。245～246頁には、山下が坂本観を語り、視学に坂本のことについて聞かれた場面が登場するが、これらもほぼノートの通りである。ただ、坂本に直接、山下が辞職を覚悟で意見をしにいった場面の話の内容については、基本的に添田の創作である。添田は山下が坂本の家からかえるときの様子を次のように描いている。

「別れて出た山下は、肩が軽くなつたやうな気もしたが、なんだか木乃伊とりが木乃伊になつたんぢやないかといふやうな気もした」(248)

「木乃伊とりが木乃伊になつたんぢやないか」という表現には、前節の解題で見た、坂本の「悲劇」を描こうとして、結局自らが先に「悲劇の主人公」になっていると記した添田が反映しているようにも思われる。そして明らかに、山下の眼から見た坂本がこうした表現を通じて描かれることによって、坂本を相対化する視点がこれまで以上に押し出されることになっているのである。

2　『どん底の顔』の執筆と添田の中の「分裂」

前節の解題の最後では、一九四六年三月一四日の日記に「五部の下調べ[5]」とあり、『小説教育者』の続きを書くつもりでいた添田の様子を紹介した。しかし、実際には五部は書かれないままに終わったのであった。ここでは、この時期の添田の問題意識を探ることを通じてあらためて彼が『小説教育者』を書きつがなかった、あるいは書きつげなかった、その根にあったものを考えてみたいと思う。ただ、ここで注意しておかねばならないのは、添田は、例えば、玉川大学出版部から小説を再出版した一九七五年当時において、なんとか第五部以降を書きたいということを周りのものに漏らしていたという事実である(当時、玉川大学出版部にいて『小説教育者』を担当していた宮崎孝延氏や、添田の甥の入方宏氏の話による)。しかし私は、添田が結局、第五部以降を書かなかった、あるいは書けなかった根底には、敗戦後抱えた問い、それに対する答えを見いだしえないままであったこと、これがあったのではないかと考えている。それは、加賀誠一もふれているように[6]時代の変化という事情や、『人間の壁』のような小説の登場というだけでは説明できない、添田の「常にひっかゝる一点」、それへの答えが見いだしえないままであったこと、そのことと深く関係しているものと私は考える。『小説教育者』の玉川大学出版部より復刊第一部の「あとがき」に添田は次のように記している。

「私は日本の国民教育史なるものを背景に『小説・教育者』を手がけたが、常にひっかゝる一点があって、これで小原師《ママ》の意向を訊してみたいと希念してゐた。[7]」

小原とは小原国芳のことであるが、この「希念」は、小原の死によって果たされないまま終わっている。「常にひっかゝる一点」とは、それは添田の存在自体に投げかけられた問いでもあったのではなかろうか。その「ひっかゝる一点」は、そうした添田という人間自体が抱え続けた、その人物の存在自体に具現化されているような類の問いであり、その問いの中に添田という人物は生ききったのではなかろうか。言いかえれば、自らの在り方の根底にかかわる問として、その「一点」はあったがゆえにこそ、彼は、第五部以降を、記そうとしてもどうしても記せなかった、そして、その問を抱え続けて生きたのが添田という人であったのではないか、と私は考える。そしてその問は、敗戦後におとずれた、前節でみたような問の延長上にあったものと思われるのである。添田は、第五部の準備をしはじめていた。しかし、書き続けなかった。時代状況の変化もあったかもしれない。だが、この敗戦後の数年の間に、その秘密をとく鍵があるのではないか、本節では、この点に焦点をあてたいと思う。

敗戦後一〜二年の時期の、添由の『小説教育者』との関わりで抱えた問いを探る上では、一九四八年一月に発行された『どん底の顔』と題された小説が重要である。[8]と同時に、添田が死の直前に出版した『私の雑記帳Ⅰ 冬扇』[9]を参考にしたい。これはそもそもおそらく一九四七年に出版予定であったものである。原稿が紛失している部分もあり、それらについての若干の説明が補われている以外は、当時出版しようとしていたままのようである。「序」は「昭和二十二年猛夏」に記されている。

そしてまた、本節では、添田の甥にあたる入方宏氏よりの聞き取りが大きな役割を果たすであろう。(10)

(1) 入方宏氏にとっての添田知道

まず、入方宏氏について少し紹介しておくと、一九二四（大正一三）年三月二〇日生まれで、今年〔一九九六年現在―校訂者注〕七二才になる。妻のフクさん（一九二一年一月二日生、七五才）と今は二人で荒川区町屋に住んでいる。知道の妻キクの妹タマさんの次男であり、知道は伯父にあたる。添田は、一九〇二年六月一四日生まれのため、二十二才離れている。第二日暮里尋常小学校を一九三四年に卒業、第二荒川尋常高等小学校の高等科に一年だけいき、二年に入ったころ、渋谷にあった東京府立第一商業学校に給仕として勤めはじめる。新年度からは、その学校の夜間の学生となる。日給が五〇銭か五一銭で、通勤の定期券は学校が出した。給与日は当時二一日で、一〇～一一円もらったことがとてもうれしく、最初の給料で当時一〇円ぐらいした腕時計を記念に買ったという。学校は朝八時頃から始まるので、給仕はその前、七時ぐらいまでに着く必要があったため、朝五時半ごろ出て、日暮里か鶯谷の駅で山の手線に乗って通った。新年度、勤める学校の夜学に行きはじめてからは、夕方六時か七時ごろから九時ごろまで授業を受け、一〇時か一一時ごろ帰る生活だった。昼に学ぶ同年輩の者を見ながら、なぜ自分は雑用をして夜学んでいなくてはならないのか、と理不尽な思いを抱いたという。「時代が変わっていたら、戦争がひどくなければ、左翼になっていたと思う」という。

一九三九年、添田が二代目玄関番をやった堺利彦の売文社の三代目の玄関番であった古河三樹松（本名・当時平凡社にいたという）氏の紹介により日独書院で住み込みの店員を、次いで金星堂という書店で編集の仕事をはじめる。

「自慢しておきたいのは」と言ってオットー・ヨハンセンの『鉄の歴史』の翻訳本を鉄鋼統制会という半官半民の会から出した仕事について入方氏は語った。これは妻の弟が写真修正の技術者であったので一緒にやった仕事でもあった。当時まだ編集者や写真の技術者の名前を本に記す形になっていなかったのを、戦争に行くのだからと主張して名前を入れることになったと言う。その後一九四四年に徴用され軍事工場に通いはじめるが、空襲のため栃木の那須に疎開しているときに敗戦を迎える。

　戦後は、出版社がたくさん出来、また多数つぶれた、そういう時期であった。いくつかの出版社をへて、一九五三年四月に週刊サンケイを創刊する要員として産経新聞社に入り、以後政治部、文化部、「サンケイスポーツ」、文化部と渡り歩き、一九七八年に各部から人を集めて自費出版をつくる会社のメンバーとなる。「今から考えたら合理化だったんだと思う」と言う。そして一九八〇年、添田が亡くなったとき、その整理のため仕事を止めている。五十六才の年である。その後、新しくできた出版社の企画、顧問を勤めるが、一九八三年一二月からは文化庁の要請でできた社団法人全日本舞踏連合の仕事を引き受け、昨年一九九五年六月三一日に辞すまで続けた。

　先に記したように一九八〇年、入方氏は、添田の死を契機に仕事を一端やめている。それが一人で住んでいた添田の家そして残したものの整理のためであったことは、私にはとても印象的であった。編集の仕事をした経歴や親類の中では彼が引き受けるしかなかったという事情もあったのかもしれない。しかし、それ以上に入方氏自身の中で、あるいは妻のフクさんとともに添田という人への複雑な思いが大きく働いたのではないかと思われた。

　入方氏は添田について二つのことを語った。一つは心ひかれ、憧れた、そして影響を受けた側面である。「小説を読んで文章がうまいなあ、と思った」と入方氏は述べたが、それはまた添田が万年小学校にいったことを知って「同族」だと思って安心したと表現したこととつながっていよう。貧乏というのは本当につらい、と述べた入方氏にとってそれは、「同族」である人間が小説を書く、そんなことも出来るのだ、という自己肯定の感覚とつながっていたようにも思う。

それに対して他方では、「変なことをいうと怒られる」、添田の前では「陽気になれない」感覚があったという。これは、添田の妻の側の「村田一族」と「添田一族」の違いとしても意識されている。「村田一族」は学校に行っていない、ということもあり、「世界が違う」という思いがあったという。村田一族の者は、添田が亡くなったときも誰もいかなかったという。入方氏からすると伯母のキクさんは、入方氏の家に来たりしたときは、ビールが好きで、飲んで民謡などを歌ったりした。しかし添田の前では決して酒を飲んだり、歌を歌うようなことはなかっただろうという。キクさんと添田は後にのべる、「貧民窟」の中の「いろは長屋で出会った。キクさんは六人兄弟であるが、その誰もおそらく数年は通ったとしても万年小学校を卒業はしていないのではないかという。キクさんも芸者として働かざるをえず、行ったとしても数年であろうと言う。万年小学校の同窓会的性格を持った龍生会にはキクさんも入方氏の母であるタマさんも名前を連ねていたということであるが、「それは通ったことがあるというので添田が入れたのだろう」という(11)。

入方氏は添田の人生について「かなり疲れる生きかただと思う。はめをはずすことが出来なかった。唖蟬坊も似たところがあった」と述べた。「だけど女性には人気があった」とも。入方氏の妻のフクさん家族も、いろは長屋に住んでいたことがあるという。そして入方氏の母タマさんも、またその姉であり、知道の妻となったキクさんたち姉妹も、そして知道自身も、いろは長屋の住人であった。

ひかれながらも、他方でとりわけ大人になってからは近づきがたかったという添田。入方氏は、小学校五年生か六年生で自らすすんで洗礼を受けている。しかし、それらの決意もその後の内面的な葛藤も決して添田には語らなかったという。話しても叱られるだけだと思ったからだという。憧れていた伯父であった添田、しかしまた入方氏にとって「村田一族」にとって距離のあった添田、それは、『小説教育者』を書きつがなかった添田自身の抱えつづけた何かと、決して無関係ではなかろうと私は思う。だが、当然のことであるが、そうでしかあり得なかったのが添田であり、そしてそう生きたのが、添田であったのだ、と私は思うのである。

(2) いろは長屋

先に、添田がいろは長屋の住人であったと述べた。『啞蟬坊流生記』には、次のようにある。

「原子基が近くのいろは長屋にゐたので、どこか空いたらと頼んでおいたのだが、なかなか空かない。漸く空いたといふのでその長屋に移った。四畳半一と間。それが四十八軒あるので、いろは長屋だ。幸ひ先住者の山野さんが綺麗好きだった、その造作を四円五十銭で買って入った。

有名な貧民窟であった。種々雑多な人たちが棲んでゐた。[12]」

知道の父啞蟬坊が、いろは長屋に移り住んだのは、一九一〇（明治四三）年のことであった。そこへ知道をつれてきて二人で住むことになるのである。その後、関東大震災によって一九二三（大正一二）年九月一日、この長屋が倒壊してしまうまで、啞蟬坊は「十四年間この家に住ん[13]」だのであった。いろは長屋は東京市下谷区山伏町三七にあった。知道については、すでに一九〇八（明治四一）年に下谷区入谷町三七に移った頃から万年小学校に通いはじめていたという指摘もあるが[14]、添田がおそらく小説に利用するために作成したと思われる自らの年表によれば次のようになる[15]。明治四四年に三年生に入学、大正四年に卒業、そして中学に進学する。大正五年には二年生にあがるが「二年エスケープ」との記録から考えるに、この年の中途で中学校を退学したものと思われる。明治四二年の欄には「一年」と添田は記しているが、万年小に一年生で入学したかどうかは定かではない。一旦万年小に入学し「しばらくは各地を転々、欠席の日が多かった[16]」年間を送ったのかもしれない。だが、他のところでは「小学校は大磯だった[17]」とも語っている。いずれにせよ、添田はその年表の明治四四年の欄に「三年　入学」と記していることからすると、この年の春こそが添田の記憶の中では、万年小学校への「入学」だったのだと言えよう。添田は、万年小学校に入学し、卒業する。そして中学校にはいるが中途で退学した。当時の様子を『唖蟬坊流生記』は簡単に次のように述べている。

「駒子（木村駒子―別役注）に頼まれて、知道がその楽屋に行っていたが、新劇を止めた後も、五九郎に所望されてその楽屋に止まった。やがて小学校卒業に際し、坂本校長の斡旋で松谷天一坊の給費生となって中学に入り、新聞を売り、売文社に入るなどあった。[18]」

この五九郎というのは、曽我廼家五九郎のことであり、喜劇俳優であった。[19]その喜劇の出し物の中に新劇が入っていた時期があり、それに木村駒子が出演したことがあったということであろう。しかし新劇をやらなくなった後も、五九郎が唖蟬坊の友人であったということが影響したのかもしれないが、五九郎自身に望まれて楽屋に通ったというのである。添田の年表ではこの時期は「六年　五九郎」となっている。またその後「大正6」年は「夕刊売」、「大正七」年は「売文社」とある。[20]「松谷天一坊[21]」の家に住み込んだ時期や震災による一時的な仮住いなどはあるものの、添田は震災後の区画整理により、いろは長屋のバラック建が潰されるまで[22]、基本的には唖蟬坊とともにこの長屋に住んだのであった。時期を記せば一九一〇（明治四三）年から一九二八（昭和三）年[23]までという一八年もの長い期間であり、また八才から二六才頃までという、まさに少年期から青年期までをたっぷり過ごした場所であったのである。

(3)『どん底の顔』が試みたもの

このいろは長屋をおそらくモデルとして彼は戦後すぐに『どん底の顔』という小説を記す。その書き出しを見よう。「作者口上」と題されている。

「長屋といつたからとて長いものとはきまつてゐまい。（中略）四十八軒も並んでゐるとしたら、これは長いだらう。（中略）いろは四十八文字もおのづから行を更へて書かれるやうに、これは十二軒づつ四棟に並んでいる。（中略）間口は九尺、奥行は二間、あとにも先にも四畳半ひと間である。[24]」

「四十八軒」の「四畳半ひと間」が並ぶ長屋、これはまさに添田が住んだいろは長屋であった。この長屋を添田は小説では「ひようろく長屋」と名付けている。そして「作者口上」の最後で次のように記している。

「長屋自体がおしつめられてゐるやうに、ここに住む人間は、ひろい世間の四方八方から、追ひつめられてきた者たちだ。こゝまで追ひつめられたらもうどうにも身のかはしやうはないのだらう。ひようろく長屋といはれるのが、百千のひようろく玉がここによどみ集まつてゐるとの自嘲ならば、これもまた何やら皮肉に風流めいてくるのだが、さて。――そこへ行くにはめんどうでも、まづ明治四十年までさかのぼつて貰はなければならない。[25]」

添田は、この長屋に住む人間を「追ひつめられてきた者たちだ」という。そして「ひようろく長屋」という呼び名について「百千のひようろく玉がここによどみ集まつてゐる」との「自嘲」なら、その名も「皮肉に風流めいてくる」と述べる。添田のこの「自嘲」という視線に注意したい。この「自嘲」あってこそ、その名が「皮肉に風流めいてくる」というのである。『小説教育者』第三部には、坂本の「貧民窟」への次のような見かたが登場していた。

「ここに落ちた人々は、その環境にまったく埋没して、己れの持つ希望の貴重さを見出だすことが出来ないでゐるのである。蔽ひ隠されてゐるものを発見させるためには、彼らの眼をひらかなければならない。[26]」

ここにあるのは、「落ちた人々」が「環境にまったく埋没し」、「蔽ひ隠されてゐるもの」を「発見」しえないでいることへの、「発見」した者からの視線である。この「落ちた人々」が「己れ」を「発見」できるよう「眼をひらく」こと、このことが、坂本がつかんだ仕事の核として小説では描かれたのであった。それに対し、「作者口上」で添田が述べた「自嘲」は、「落ちた人々」自らの「自嘲」である。そこには、作者自身も入っているのではなかろうか。ここには、「蔽ひ隠されてゐるものを発見させる」という、「落ちた人々」をみつめる視線は、基本的にない。ここにあるのは、まさに「自嘲」である。しかし、この「自嘲」が、添田を強く縛り続けた一つの枷であったのではないかと私は思う。『どん底の顔』は「作者口上」を除けば、7つの大項目と7つ目の項目の中に8つの小項目という具合で、全部で15の項目からなっている。神奈川近代文学館に残された添田の遺品の中には、この『どん底の顔』のためのメモが数片残されている。五枚のメモと八枚の原稿用紙に記された四八軒の「戸口調査的叙述」とされた記録、そして一枚の長屋の配置図である。あるメモには、「A如何に斯く在るかの挿話篇」「生活分列行進篇B分列式生活篇」「C承前的挿話篇」「D壊滅行程篇」と並べて記されているが、実際、『どん底の顔』の最後には、「(長編『窟』の内・いかにかくあるかの小話篇)[27]」とあり、『どん底の顔』は、長編『窟』の一部として計画されていたことがわかる。また別のメモには、書く際の手法・ねらいを次のように記している。

「面白いこと／筋の面白さ／個々の面白さ／描写の新味／あらゆる手法、(雑然な組合せ)／一章々々短篇として独立させ得る／単なる事件の叙述でなく貧民窟の匂ひを匂はせること／音楽的表現と嗅覚的表現」(／は行替えの箇所を示す――別役注)

添田のねらいは、「面白さ」と「貧民窟の匂ひを匂はせること」にポイントがあったものと思われる。それは、「貧民窟」そのものを主人公として、そして「一章々々短篇として独立させ得る」とあることから、事実『どん底の顔』では、一章ごとに一人の人物、あるいは家族が主人公となっていたが、そこに生きる一人一人を、「匂い」を持った生活する人間として、主人公として描いてみようという試みであった。Aは「如何に斯く在るかの挿話篇」であり、まさに『どん底の顔』は「いかにかくあるかの小話篇」としてこのAにあたるものとして設定されていた。

メモに登場する三二並んだ「愛称」と四八軒の「戸口調査的叙述」と長屋の配置図にしるされた名前、そして実際の小説に登場する人物との間には、これはこの人物であろう、と検討がつくものもあるが、名前や長屋の中での位置などそれぞれの記述でのずれも多い。なお、添田は「へ」号に住んでいたということであるが、[28]「戸口調査的叙述」では、「須山幸吉　三十九才／子　たみ　十才（雲井学校通学）」となっており、明治四四年当時の添田父子と年齢を含め重なっている。長屋の配置図では「S」とされている。しかし、該当する家族は小説の中には登場していない。「戸口調査的叙述」のメモには最初に「明治四四年　月　日」と記され、またそのメモ中では、先にも紹介したが『どん底の顔』に登場する「特殊学校」の「雲井小学校」という記述がつかわれている。このメモは各戸ごとに住んでいる者をいくつか空白もあるが、ほぼすべて「イロハ順」に年齢・職業ともに子どもも含めて書き連ねたものである。明らかに小説のためのメモであるが、そのまま生かされているわけではなかった。さらに、一つのメモは添田自身の簡単な年表である。これは、神奈川近代文学館で「（窟）創作メモ、収録作品構想　一束」[29]とされた中にともに入っていたものである。添田は明治四三年の秋頃からいろは長屋に住みはじめたのだったが、自分の年表、また「明治四四年」という記述から見ると、基本的には当時の自分の見た風景をあらためて再現していく試みだったと言えるように思う。だが、小説では「明治四〇年」と設定した。それは自らの原風景を確認しなおす旅のようであり、また、時間をずらすことによって、少し距離を置いた向き合いでもあった。

（4）添田にとっての「貧民窟」――『どん底の顔』が語るもの

『どん底の顔』の大きな七つの項目をあげると以下のようである。

「転入者／さなかぱん／仲間になる弁／えつちゃん私娼由来／飯粒の恐怖／子供はいかにして自ら生きることをするか――その一方、特殊学校生徒吸引の法について／今日は今日の、明日は明日の風がふくといふこと」[30]

この最後の項目の中にまた八つの話があることは前に述べた通りである。「転入者」は「弁造は、いつたいどこへ行くのだらうと思つた」[31]という一文ではじまる。父藤助、妻その、姉のさと一五歳、弟の三吾六歳、赤ん坊のなか、そして弁造一〇歳という家族の長屋への転入が弁造の眼を通して語られる。そして「さなかぱん」では、この長屋の由来が、小池という車夫の歴史とともに語られる。「仲間になる弁」は、弁造という新入りが長屋の「仲間」になっていく様子が語られる。ここまでは、視点はしばしば弁造の眼にもどってくる。続く「えつちゃん私娼由来」は、えつの眼で、「飯粒の恐怖」は、ひもじさをこらえさせる手段として母親が子どもに、飯粒を食べるとおなかの中を食べられるとしつけてしまった背景を、「子供はいかにして自ら生きることをするか――その一方、特殊学校生徒吸引の法について」はまさに子どもたちの「生きている」姿を描いた。ここまでは、基本的に弁造の眼やえつの眼、そして子どもたちの世界が描かれる。それは、十才の弁造を介した、おそらく長屋に転入したばかりの添田の眼でもあったろう。

「今日は今日の、明日は明日の風がふくといふこと」からは、「いかにかくあるか」のそこに生きる大人たちの現実が描かれていく。だが、これら『どん底の顔』全体の叙述の中で、とりわけ添田が自らの感情を重ねているように思えるのは、子どもたちが長屋の外の世界と接した際の、その様子を描いた部分である。

「えつちゃん私娼由来」は、二年前に夫が死んで、一人で三人の子を抱えた屑屋のとねの家族の話である。娘のえつ一五歳は、奉公に出されることになる。

「あの露路の中とはまつたく違つたえつの生活がはじまつた。正直にいつて、はたきの持ち方一つ知らなかつたのである。いつも女中たちの冷笑があつた。[32]」

奉公先の家で、えつは「女中」たちの中でさえ、居場所をみつけられない。そのうち、金の工面にくる母のとねを「なつかしい」思いと「おそれる」「はづかしい」思いで迎えるようになる。そんなある日、奉公先の「お嬢さん」の発した言葉でえつは大きく傷つく。思わず帰ってきてしまった家の中で、母にむかってえつは訴える。

「どうしてもあんなところへは帰らないよ。嘘だ、嘘だ、みんな嘘ぢやないか。いい娘になるといふことは、あんなに窮屈なことなのか。どんなにバカにされても、ぢつとがまんしてゐなけりやならないことなのか。思ふこともしやべれないことなのか。のびのびと食べることも出来ないことなのか。音も立てずに盗むやうに食ひ、寝てまで肩身をせまくしてゐることなのか。——そんならあたいは悪い娘になつたつてちつともかまやあしないよ[33]。」

「なぜ屑屋ではいけないのか。屑屋の子のあたいの親が屑屋なのはあたりきぢやないか。これはどうにもしやうがありあしない。あたいは屑屋の子なんだ。それでいけなきやどうすればいゝんだ。あんなところへは死んでも行かない[34]。」

「いい娘」になることは、「屑屋の子」である自らを否定することである。えつの言葉にはそうした洞察がある。「あたいは屑屋の子なんだ」という主張は、えつの自己肯定の言葉であり、そして、奉公先の文化への対峙の言葉でもある。

添田はこのえつの結末を決して感傷的にも、また希望をもっても描いていない。隣の下駄屋の吉平がえつの家の者になっていた。えつは、間もなく「茶屋奉公」に出ていくことになる。先にみたえつの言葉に見られるような問いは、「子供はいかにして自ら生きることをするか」の項でも貫かれている。

「女は売られる、男は徒弟。それがおほよそ露路の子供を待つてゐる運命である[35]。」

そして添田は、横井のセイちゃんが足袋屋の小僧に、鶴田の千公がニューム工場に、あんまの勝が活版屋に、庄べえはおもちゃ屋へ行ったことを、また、口の不自由な「パア」は「乞食」を、塚田の太吉は大工の小僧を、バンとトクは灰屋の親父の代りをしていることを記している。この記述に続いて添田は「貧民窟の特殊学校。雲井小学校[36]」のことを記す。校長の嘉本重之進も登場する。明らかに万年小学校と坂本龍之輔がモデルとなっている。学校の取り組みを紹介しつつ、添田は子どもたちの反応を随所に記している。

学校は、垢と砂にまみれた頭髪を刈り、虱をつけた髪を丁寧にとかした。また、湯で洗った。それについて次のように添田は描く。

「が、子供たちには先生のしかつめらしいすゝめよりも、もつとぐいぐいとひかれるものがあつた。体をきれいにして貰つても、それがかへつて何やら窮屈でおちつかなかつた。なりふりかまはず、瞬間々々をもつと火花のやうに生きたかつた。（中略）第一九つにも十にもなつて、なほ『むだ飯をくつてゐる』といふのは親たちのうけがわるい。つまりは貧民窟の子供の風上におかれない。――さういふ空気があり、それが子供たちを支配してゐたのである。[37]」

体をきれいにすること、より根本的には学校に通うこと、これらは「貧民窟」の子どもたちにとっては「窮屈」で、「子供の風上におかれない」ことであった。「瞬間々々をもっと火花のやうに生きたかつた」というこの主張には、学校の文化がそれをそうでなくさせる、そのことへの批判が根底に横たわっている。

こうした中、校長の嘉本は、手工科を考えだす。子どもたちに工賃をわたしてやることができるようになるのである。この「手工科の効果」は次のように記された。

「ひようろく長屋では、サブが第一番にこれに応じた。学校に出る以上、名前は正確に呼ばれなければならない。秋山道三郎。だが道三郎だなんて貧乏人のがきらしくねえ。親からしてサブサブと呼んでゐたのだ。サブ自身、道三郎と呼ばれても自分のことのやうな気がしなかつた。呼ばれて、うつかりしてゐて、先生に叱られる。直立して道三郎になつているのはどうも楽ではなかつた。一歩学校の外に出れば、のびのびとサブになつた。またサブでなければ通りがわるかつた。そのやうなサブが、不自然でなく道三郎になるのはいつのことであらうか。しかしサブは手工が面白かつた。その課目には熱心だつた。[38]」

サブにとって、学校は「のびのびとサブ」でいられる場ではなかった。添田は「そのやうなサブが、不自然でなく道三郎になるのはいつのことであらうか」と述べている。この問いは、敗戦をくぐって『小説教育者』を書く自分と向き合った添田の、心の奥底にはりついた、しかしようやく言葉を持ちはじめた問いだったのではなかろうか。

サブは手工を面白がった。しかし、それは学校の持つ文化に「のびのび」としはじめたということとは別のことであった。手工自体の楽しさとの出会いであり、後の記述に、工賃を得たことで「一人前になつたやうな気もち」を持ったことが描かれるが、ここにも「貧民窟」の生活の論理が貫かれていた。

『どん底の顔』はこうした「貧民窟」の生活の論理を一つの家族に、あるいは一人の人物に即して、しかも、その「匂い」を描こうとした。その存在を勝手に切り刻むことを許さない、丸のままの、こうでしかあり得ない現実を描こうとした。「いかにかくあるかの小話」とは、「かくある」現実を誰の善意ある、または悪意ある評価にも解釈にもさらさないその決意である。我々はこうした存在として、こうしてあるのである。その宣言のようにも読めるのである。

添田は、こうした方法で「貧民窟」を描いた。それは、坂本によって評価された「貧民窟」観に抵抗を示してきた添田の、坂本への一つの解答でもあった。だが、ここにあるのは単なる「貧民窟」肯定ではない。そして、その肯定に身をゆだねる文化でもない。

一人一人が強烈にその存在を主張しているのである。「貧民窟」という視線そのものを拒否する一人一人の存在の主張である。学校の文化とそれを拒否する「貧民窟」の文化が対等に存在を主張しあうような空間は成り立ちうるのだろうか。このように「貧民窟」を描いた添田は、「特殊小学校」をどう描いていきうるのであろうか。私は、この『どん底の顔』こそが、添田の敗戦直後の葛藤にまともに向き合ったところから導き出された一つの解答だと思うのである。

（5）「自嘲」の意味と「学校」へのこだわり

先に私は、『どん底の顔』の「作者口上」にあった「自嘲」という言葉にふれて、この「自嘲」が、添田を強く縛り続けた一つの枷であったのではないかと指摘した。

添田は、戦後すぐに出す予定であった『冬扇簿』の中で、学校、また学問について次のように述べている。

「学校制度が備はって、それが次第に発達するに従って生じ長じて来たこれは文字のうきあがりである。おかげで観念の世界と、現実具体の人間とが、はなればなれになってしまったのだ。（中略）

それは学校が、人間を養成するところではなくて、学問の切売場であったことだ。(39)」

「学問が特権の具であった。学者が幇間《ほうかん》であった。かういふのは何も自分がさういふ学問が出来なかった腹いせの罵言ではない。講談浪花節にやっと興ずることしかしらぬ無智無言の日本の民衆のために、そのひとりとして泣くのだ。智識を、学問を、日光の如くあらしめよ。空気の如く、水の如くあらしめよ。(40)」

「指図によってでなく、人間が解放されるところに、この歪んだ教育の真の解体もおこる。（中略）まず校長が、教師が、人間に還らなければならぬ所以である。（中略）

だが、学校が社会の一部なのではない。学校はその社会を生むところである。社会の母体なのである。(41)」

ここには、これまでの観念化してしまった学校への批判、学問は現実具体の人間とくっついてこそ生きるのだ、という主張がある。そしてまた、学校に対して、観念化しない在り方を期待する添田がいる。

添田は「講談浪花節にやっと興ずることしかしらぬ無智無言の日本の民衆のために」という。これは、先に紹介した「自嘲」の視線でもある。自らの育った「貧民窟」に「日光の如く」に学問がもたらされていないこと、そしてその結果「無智無言」の中にいるとされる「民衆」。それへの批判は、逆に学校への期待とそこへのこだわりとしてあらわれている。実は、社会が学校をつくっているのかもしれない、その反映でしかないのかもしれないのである。しかし、この添田の学校へのこだわりは、学校という存在だけが「貧民窟」側が拒否こそすれ、「貧民窟」を差別しない存在であったからかもしれない。

だが、この「貧民窟」を学校の文化にさらした現実が、実はそれなしに生きられなくなるような現実が、「貧民窟」に同時に「窮屈」をもたらしたともいえるのである。それは『どん底の顔』に明らかである。

入方氏が、添田に感じた二つに分裂しているようにも見える思いは、実は、添田の中の「自嘲」とかかわっているように思われる。添田は、どこかで観念化しない学校との幸福なかかわりを夢に見つづけていたのではなかろうか。それを達成しえなかった、中学校を中途で「退学」した自分を彼はどこかで「自嘲」しつづけていたのではなかろうか。

しかし、違う、と添田の中で叫ぶものがあったはずである。それが『どん底の顔』の、解釈を許さない子どもたちの描きかたにあらわれていると私は思うのである。

添田が『小説教育者』を書きつがなかった一つには、この『どん底の顔』でつかんだ感覚と「学校」に期待しつづける「自嘲」の入り交じった感覚を添田が抱えつづけていたこと、そこに由来しているのではないかと私は考える。

●──註

(1)山下が添田にあてた書簡は、添田が保管していたものとしては一九五三年一〇月九日付のはがき一通のみである。龍生会主催の会への誘いに対し、身体の具合を理由に断るはがきである。交流が全くなかったわけではないと思われるが、本文の取材以後に山下から聞き取りをした様子を示すものは、日記も含めて今のところ見いだしえていない。神奈川近代文学館収蔵『添田啞蟬坊・知道文庫目録』(一九九四)の「添田知道宛書簡」のうち「山下域之」の項(一三二頁)参照。

(2)一九七八年、玉川大学出版部から小説が再版される際の担当宮崎孝延氏の保存されていた第二部の底本用複写(これが本文記載のもの)に添田が手を入れたもの、また宮崎氏からの直接の聞き取りによる。なお、この底本については現在、宮崎氏によって神奈川近代文学館に寄贈されている。

（3）坂本の履歴書には、一八九三（明治二六）年一一月一一日付で「南多摩郡町田村日新尋常高等小学校訓導ニ就任」後、次の年一八九四（明治二七）年一月一五日に同校を「（眼病其他為）退職ヲ命ゼラル」とあり、次いで同年二月一五日付「南多摩郡稲城村済美尋高訓導ニ任ゼラル」となっている。そしてさらに同年五月四日付で「眼病為同年十月三十一日迄休職」とされている（添田が「昭和十六年十二月六日上野小学校ヨリ借出、同十日写了」した万年小学校『学校要覧』に付された「坂本龍之輔　履歴書」による。神奈川近代文学館蔵）。しかし、『取材ノート10』一頁には、坂本が渋谷村に赴任した様子が記され、また山下との関係を考えても、小説に記された経緯がおそらく事実であろう。

（4）『取材ノート6』52頁。〔本書二〇二頁〕

（5）添田知道著『空襲下日記』（『添田啞蟬坊・知道著作集Ⅲ』、刀水書房、一九八四）三〇三頁。

（6）加賀誠一「小説『教育者』の世界」加賀著『道なきを行く』（西田書店、一九九一）六一頁。

（7）添田知道「あとがき」添田著『小説教育者』第一部（玉川大学出版部、一九七八）二三四頁。

（8）添田知道著『私の雑記帳Ⅰ　冬扇簿』（一九七九、八、一〇、素面の会発行）限定五百部発行とあるため、身近なものにのみ渡ったものと思われる。神奈川近代文学館蔵。

（9）添田知道著『どん底の顔』（一九四八、一、興栄社）神奈川近代文学館蔵。

（10）一九九六年二月二日、午前一一時半過ぎから午後五時半ごろまで、地下鉄千代田線町屋駅近くの喫茶店で行った聞き取りによる。

（11）添田の遺品中、・龍生会の出した創刊号から第一二号まで、及び号数のない二冊の会報には、二人の名前は見当たらないが、一九五七年「坂本龍之輔先生記念碑」建立の際の「建立有志」の名簿には、「入方たま」「添田キク」の名前が、又、入方氏の母たまさんの兄にあたる「村田万三郎」「村田市太郎」又、姉の「西村こと」の名もある。キクを入れた兄弟六人のうち、五人までが、名を連ねている。会報、記念碑建立名簿とも、神奈川近代文学館蔵。

（12）『添田啞蟬坊・知道著作集・啞蟬坊流生記』（一九八二、刀水書房）一九九～二〇〇頁。もともとは一九四一年三月に刊行されたものである。

（13）同前、二三六頁。

（14）「添田知道年譜」『添田啞蟬坊・知道著作集Ⅲ　空襲下日記』（一九八四、刀水書房）三三五頁。

（15）『取材ノート11』。

（16）前掲「添田知道年譜」三三五頁。

（17）対談添田知道・安田武「『無翼』を生きる」『歴史読本』25－7（新人物往来社、一九八〇）、二四四頁。

(18)『添田唖蟬坊・知道著作集I　唖蟬坊流生記』、二二九頁。
(19)小沢昭一「〔解説〕浅草と『浅草底流記』」『添田唖蟬坊・知道著作集II　浅草底流記』（刀水書房、一九八二）二七〇頁。前掲『唖蟬坊流生記』二〇三頁。「曽我廼家五九郎」『日本大百科全書14』（小学館）一三三頁。
(20)『取材ノート11』。
(21)他の箇所では「『天一坊』といわれた兜町の松崎」と記している。前掲対談、二四〇頁。
(22)前掲『唖蟬坊流生記』、二五三頁。
(23)前掲「添田知道年譜」、三三七頁。
(24)前掲添田著『どん底の顔』（一九四八、一、興栄社）七頁。
(25)同前、八頁。
(26)添田知道著『小説教育者』第三部玉川大学出版部、一九七八）、八九頁。
(27)前掲『どん底の顔』二四六頁。）
(28)前掲対談、二四五頁。
(29)『県立神奈川近代文学館文庫目録8　添田唖蟬坊・知道文庫目録』二三頁。
(30)前掲『どん底の顔』（頁数なし・目次）。
(31)同前、一〇頁。
(32)同前、六四頁。
(33)同前、七九頁。
(34)同前、八〇頁。
(35)同前、一〇〇頁。
(36)同前、一〇二頁。
(37)同前、一〇五～一〇六頁。
(38)同前、一〇九頁。
(39)前掲、添田知道著『私の雑記帳I　冬扇簿』、六五頁。
(40)同前、六七頁。
(41)同前、一〇四頁。

2

『小説教育者・取材ノート』翻刻

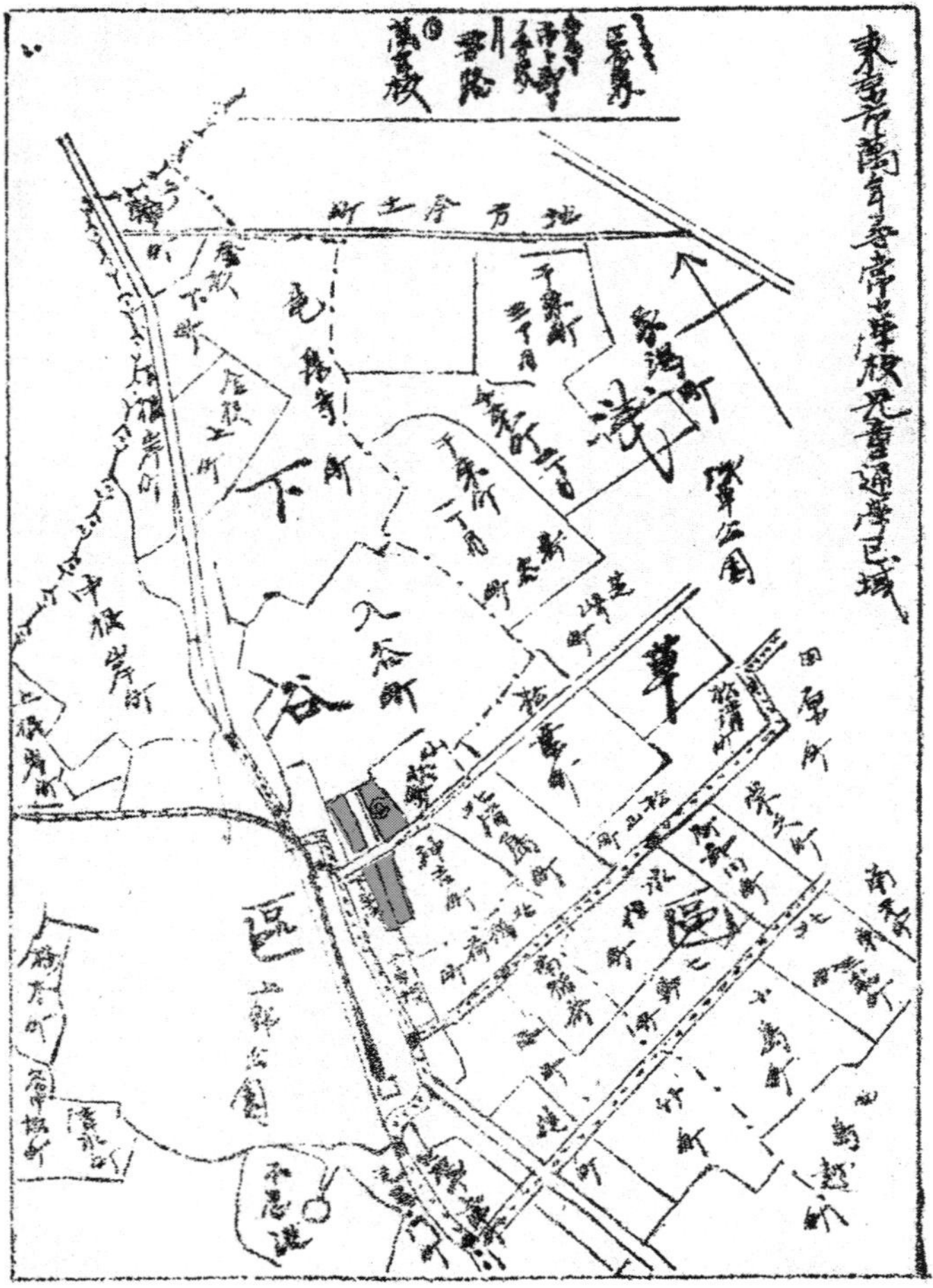

東京市万年尋常小学校児童通学区域

（出典：『東京市万年尋常小学校要覧』1908 年頃）

神奈川近代文学館所蔵。万年尋常小学校の設置された下谷区万年町 2 丁目は上野公園の東側、北に入谷町、東に山伏町、南に神吉町に接していた。隣接する浅草区からも児童は集まっていた。万年尋常小学校の位置について、別役論文中の地図（本書 339 頁）も参照。

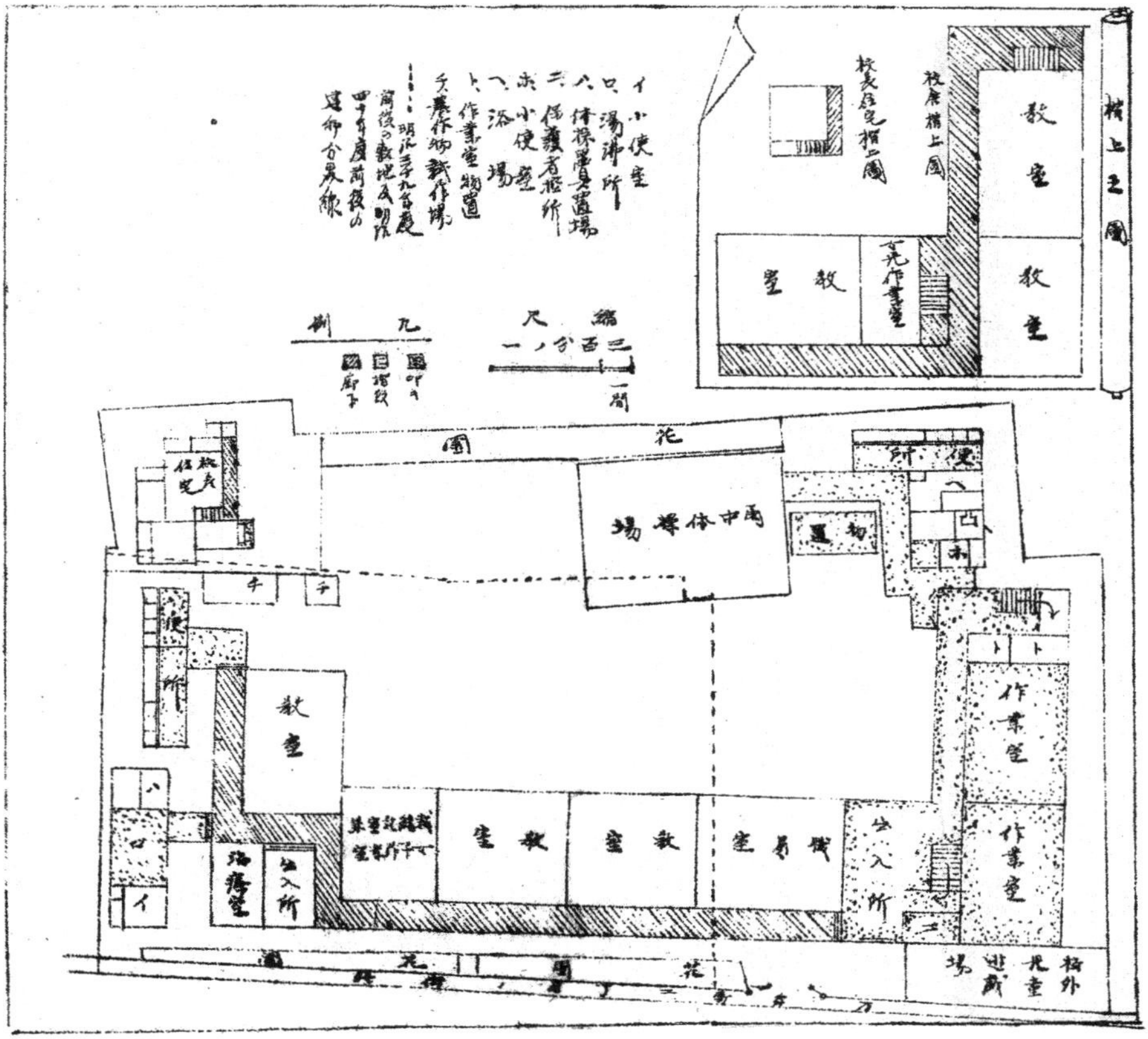

東京市万年尋常小学校見取図

（出典：同右）

神奈川近代文学館所蔵。左下側の点線で囲んだ部分は開校当時の敷地をあらわす。『小説教育者・取材ノート』中の学校平面図（本書 202 頁）はこの点線内を示している。その後、東側に 2 階建ての建物を増築、北側に教員住宅、雨天体操場、浴場などを設置した。

『取材ノート5』

東京へ
練塀小学校
出来ない女生
風船と綱引
薙刀体操
理科の実験
男生の矯正
博物館
卒業式の服装
教授細目研究会
棚橋源太郎
島田俊雄

山田久作
戸野修次《(二)》郎
危い宮川校長
お犬様
万年増築不正工事
戸野の暴言
野々山宏《(幸)》吉
校長住宅
机・腰掛
カンテイ官
物品係の嘆願
福沢・人をいやしくする

歴史の嘘・戸倉校長
和泉屋のお化（古里）
脳と夜行（古里）
カルルス煎餅（古里）
四足の蛇（古里）
親・小掻巻（師範）
修身教典（万年）
行軍順次（師範）
和洋合奏（師範）
生花（師範）
馬の臆病（少年）
小鳥好き（少年）

無尽の集金（少年）
帰郷の連れと学校火事
（師）
大沢の母校ストライキ
応援（師）
須田先生討論法（師）
夢中に話し込むと（南）
子を愛す
無銭徒歩
有畜農業のその後
暑休二分（南）
府師範同窓会に睨まれ

る
府教育会にも（南）
算術はたやすい
碁将棋をせぬ・天神さ
ま
父の死体と母（少）
田舎の校長（少）
秋川神社（少）
幼年囚徒監（万）
制裁と愛情（万）
児童の権利だ（万）
絶江開校式（万）

高師附属第三部
鈴木米次郎先生と邂逅
附属の空気
教授研究会
体操受持
学校園
風と校舎（南）
黄色燐とケガ（南）
早稲田の茗荷畑（南）
茗荷畑（南）
赤門学校（師）
残飯と藤林（万）

カラの仙台幼稚園（万）
訓導歴訪と失望
村田宇一郎
算術について
二部教授の研究
男女合級論
運動会について
退職
米沢の女囚監
万年準備
実情調査
神吉町、万年町、山
伏町、入谷町、貧
乏市
協同学校
山伏学校
竹矢来
訴へれば尻をまくる
工場付帯案
皇室のために
どこに建てる

●練塀小学校

「長いことぢゃないそうだから、出来るだけやります。不敏乍らリクツ屋。不正をぐぢく為だから。腹蔵なく云って下さい。受持、高三四の女子、南村へ帰る。三十四年十月二十四日に出かけ、本郷新花町下宿屋。南村出のおばさんの下宿屋で。首座金沢要作（長の師範）高橋信道第三席。高橋が男の三四。金沢は高一。校長曰く、見かすめるやうですまぬが、修身科だけは自分が受け持つ、全部やってるのだから不悪。唱歌はお出来でせうが、東京では小山ハナ（長の）女訓導（高二）と組み合ってやってくれ、小山の習字をこちらで。体操はこれまで通り暫く今まで通り小山に。」

●出来ない女生

「十月二十七日から。三年が出来ない。四年は十二三人、これは出来る。遍歴中開朦より出来る。算術など、見当が違ふ。校長に見てくれ。教案も見せてから。宮川、見に行かなくてもいい、あの級が悪いのだから、三を高一までひき下げて見た。一人半しか出来るのはいない。宮川、粥くべて、居残り、必ず。過去の受持のことを調べてる。云ひ訳のやうだが、此の通り受持訓導が変ってる。根元調査。回復したい。算術は順を追ふてるんだから、途中からぢゃダメ。加減乗除、四則からはじめて。宮川いやと云はない。」

「三学期の二月半ば。課外教授、宿題をどしどし出して力の補充を計って、――ダメ、父兄を呼んで、来学年もつづいて私に受持たせる（二十四人）なら、進級させよう、そして基礎から叩き直す。も一つは、移動するなら仕方がないから落第。練塀の名誉に拘る。坂本受持、国家に申訳ない、いい意見。毎日呼ぶ。つづけて通学するといふ。なってみると六人位足りない。川端玉章の娘竜子もいた。三越の支配人の娘、気位が高い。身動きしないやうな。富臣、東京音楽学校の事ム員。悪い着物。質素、片方は紅白粉。富臣の答案をみんなで写していた。それでないといぢめる。学用品をくれる。

なぜ転校したか。あなたにぶつぶつ云はれるのが――」

「休暇時間には職員室であたってる。自分は運動場に。高橋、地位を脅かされて、皆、いやな顔。

●風船と綱引

十一月三日の天長節。宮川、田舎でどうした。金はないが何か出来ないか。（たしか皇太子が立たれた）風船をあげ、つな引をやらう。やれば出来る。職員の気風では、私が先立ちでは反って行はれないだらう。いえ、思ひつきはあなたにある。学校長としてそれがいいからやらうといふのは校長の責任。他の思惑を考へないで――グヅ校長らしくない意見、美濃紙、薄手の西ノ内、何十帖（へんの部分消したあとあり）タコ糸――直径九尺、丸くして、高さ二丈、長楕円形の紙袋。（師範時代に、小田原出の人が素人細工ではることを）女職員に張らせる。高一、藤浪（枚）――小柄の（長師）、尋常が三人」

男生は――小使に藁縄を買はせて、よらせる。職員も不平、手に豆が出来た。校長見に来る。――ソバ馳走になった。

学校に運動道具ない。風船、天長節を祝す練塀小学校薙刀体操（後に荒川五郎（代ギ士）武道を体操にとり入れる建議案を出している）

［牛込小沢卯之助に挨拶。牛込西五軒町に家をかりてた。俺の仕事もやってくれ。薙刀、木剣の体操をやってる。会津学校へゆく。講習をうけた。修業証書を得。女職員まだ服さない。白眼視。

理科の実験講習をしてくれといひ出す。それから心服、薙刀をやる。］

●理科の実験

［理科がカラ駄目。生徒をためすと、四年に至ると実験などしていない、国語同様。宿直室の寝台のワキの棚、材料はある、校長に帳簿を見せてくれ、頭をかいて、まだない。あけてみると、ホコリだらけ、錆びて、――東京では使ってない、自分が訓導時代にはやったが、――ぜひ使ってくれ］

［修繕からはじめる。教授、水は何と何とで出来てるからはじめる。男高二の受持、斉藤七左ヱ門（検定）どうも曽て実験のやりやうを知らぬ、見に来ていて、淡白に云ひ出した。三、四もぢっとしてられなくなる、高橋、休んでしまった。

田舎のムク犬がなんだといふ調子。

宮川、三四を一緒にして理科を教へてくれ。両方一緒にして時間外に教へませう。男女一緒は規則であるから、他に二三人カントク旁々教員も出てくれ。

大きな教室。――高一からやるやうなもの。宮川が見張ってる。金沢、マが悪さうに、――だんだん男女共に招かずして来て見てる。小山と藤浪《（牧）》、昼休みに、実験方を教へてくれ日曜の午前に行ってしてやる。――地位を高める］

●男生の矯正

［三四の女子は凹字型の学校、玄関右の小さな教室で中庭隔てて、高三四のが二階にある。廊下に近いところにいればよくわかる。みんな騒ぐ、手がつけられない。長柄の箒で頬冠り「高橋のバカヤロー、くたばった」と葬式のマネ。半分校長受もち、修《（ママ）》しやうがない。私がやれば修《（ママ）》ります。教室カンリの範囲で直すのは、わけはない。校長弱る。女子三四の受もちがない。窮余の一策、英語科を設ける随意科にして、時間外で、それを僕に受けもたせる

いくら毎日受持が休んでも、あれでは学校の恥辱。自分の子が悪いと思ふのが十の八九。

生徒と約束。学ばさんが為に来るのだらう、遊ばんためではなからう。一つの級で教へる時は、一人でも規則に従はなければ全体にその弊をうける。「みんな、困ります」といふ。「どうするか」みんな笑ってる。仕方がないから、さういふものは室外へ出して授業をすすめる。然し教へないのではない。あとで教へる。衆議にはかる。——ではさうしやう。

注意事項に従はないものは——ちょこちょこいなくなる。父兄が怒って来る。宮川が引き受けている。二週間を出でぬ間に直る。」

●博物館

「博物館利用の実物教育。「地方に於てみると、標本に不自由、博物館へあこがれた。上野は近い。あれを利用せんのはわからん失態だと思ふ、宮川怒らない、二人だけの時。青筋立てて気の毒さうな顔になる。云訳のやうだが、さう信じながら、ぐづぐづしてるんだから辛い。実用しよう。出来ますか。しようと思へば出来る。あなたは消極的、退嬰《(ママ)》的萎縮的。やってくれますか。やります。私利私慾に関係ない。——昼休みに上のへ行く。理科の教授用の調べ。教場を臨時に上のに移す。教授要目にある。弁当を食ってすぐ、博物館。苦情外部から、小山はなが、「大変ですよ——今卒業生の内の女子が四五名が来て、校長へ。フダン着でつれて行かれちゃ困る。嫁にも行けなくなる。」「ですけど東京では卒業生の団体は強いものですね。」「只今帰りましたか」「途中故障ありましたか、館内はどうでしたか」「なるほどねえ、断じて行へば鬼神もさく」——市内の眠気ざまし」

●卒業式の服装

「卒業式の服装改革——大任を果して貰ひたいが、「わたしは痛快でたまらん、小成に安んずるやうに云はれていたのだから——」「改めたくて改められないのは、卒業式、服装の点で欠席者が多い。」「バカバカしい」はじめて耳にすること。高等十三人、だまってれば五六人が欠席だらう、太田の如きは、勿論」

着物の競争会になる。嫁入用の模様を作ってしまう。(宮川さん味をしめた)方法は随意でいい、今晩考へてみます。鰻飯の御馳走はごめん。故障のタネ。どこに敵があるかしれん。他日の御馳走に。本郷台所町、僕は牛込五軒町。あけの朝。カンタン。「質素であるべきだ。質素ケンヤク論が先生の修身とティショクしなければいい」

「服装は風呂敷と同じ、重箱の中が馬糞ならキンランで包んでもしようがない。米の団子なら紙で包まうと何だらうと、」あつぶきでないものは止めて〔「あつぶきは止めて」とある文章の「き」と「は」の間に挿入の記《(ママ)》しがついて「でないもの」とあり、このように記したが、「あつぶきは止めて」をより説明する言葉として「でないもの」が挿入されたと考えられる〕銘仙以下としよう。垢、ほころびのない限り、新旧を問ふことはない。

宮川さん、目を潰って、ナナメに空を見る。考へる。おまかせします。――心得として話す。これにたがへば品行点を0に近くする。先生のいふことを守らなければ操行ゼロ。伺ひが来る。――さうですと校長。

（太田が一席、欠点ない、一つの石板を一年から高四まで）残らず出席した。はじめてだ。――女子卒業生不平。かういう着物をこしらへたからと写真を、ごらん下さい。」

●教授細目研究会

教授細目の研究会がない。一週間毎に教授予算その研究がない。それを宮川に話す。一般研究もあるが先づ細目研究から。「やったが私行上に人身攻撃になる、感情に」「どしどし転校を促していいでせう」

何からやるか――理科が一番遅れてるから、先づこれから。宮川発表、ボクの思ひつきは表にせぬ。職員唖然。実験しながらだと時間が足らぬ。皆暗記だからわけない。

「難しく考へるのは坂本さん一人だ。」「教へ切れない。――」。みんな責任を以て一年から四年までみてるから。――小さな学校ではよくわかる。一人舞台。高師へ行って意見をきいて来てくれ。理科の本は、高師の棚橋（男子の教論訓導）源太郎、樋口（女子・同）勘治郎共著が教科書教へ切れると思ふから本になってるのだらう、なるほど、きいて来よう。運用に時間が不足だから、棚橋に逢ふと喜ばれた、はじめてださういふ意見は。――やさしくてしやうがない、もっと教へるには何を。といふやうなのばかり来る中に、「君、今夜どうだ、――今日忙しいから、――来てくれないかね」本郷台町。行った。話してみると、こちらの見解が正しい。教へなきゃならんことで、有効にするには――掛図を多くして補ったらどうか。――男女教材を異にする必要がある。修身よりは理科と算術を異にするべきだ」――考へてくれ。（中山に女子用算術をつくれといって、肯かれた）行く度毎に理科の話。本をくれる。ギロンに来てくれ。高師へ来ないか。

（青山師範の充実を待たず）

七〔六と記した後に万年筆で訂正されたもの〕月止め――十〔九と記した後に同じく訂正されたもの〕ヵ月。目に見えた改革

●島田俊雄

三十七年、島田俊雄、市教育課長、帝大出たばかりの二十五、梅ケン《（謙）》次郎の推薦で――ノーテンキ、帝国の最高学府に於きまして法律を学んだ――」何かやってみたくてしゃうがない。東京に九十何個の小学校の大異動、二十人の校長を動かした、「嵐々」といはれた。大地震。その時宮川が因循枯《（ママ）》息で首を切られる第一候補。

●山田久作

第一次課長、肺症（で細君もなくなった）山田久作、癒り切らぬ内に、島田が来た。課長心得で山田がいた、山田、ボクに訊く、暴挙を島田がやる、宮川が第一、君はいい校長だといふぢゃないか。何故か、――「私は練塀を改めたが、校長が立派、人をよく使ふ、自由に行動して、責任は自分で有っている。」

●戸野修次郎

大正初め――四五年頃?特殊小学校後援会（専務理事――〔後援会の文字の横に左の行の「戸野」のところから線を引いて書き加えられたもの〕）のことで、下谷区長戸野修次郎《（二）》（島田のあと市教育課長をしていた）校長の交迭を行ひたくなった、区長になった時、
小池何四郎（青山出）これを（教育課にいたことがある）これを区役所に視学（学事掛の中に）にをいた

●危い宮川校長

これが仕事に、――自宅へ行った。〔前述の「戸野」のところから線が引かれている〕――これがききたいことがあるが、宮川君をほめていたが、しようがないといふぢゃないか。小池が笑ってる。同じ青山師範出が悪くいふのはよほど悪いのだらう。錆びて金ではない。」「意見を」「私は吏員ぢゃない、係があるのでせう、秩序紊乱ですよ」戸野、毎朝人力を練塀へ廻して、参観して区役所へ出る、二ヵ月ほどして呼ばれて区役所へゆく。「坂本君、どうもむづかしいものだな、宮川君は良校長だ。なるほど君のいふ通りだな、危いかな危ないかな、増俸しようと思ふよ」

大正八年。使ひが来た。「君、死馬を五百金で買ふといふ話があるな。宮川が止める。湯場の流しで辷って洗棹で後頭部を切った。止めて貰ひたい。宮川感激している、あぶ

なかったのが、つながって、増俸で。――下谷区長は己れを知ってくれるから、私は死ぬまでいる。」困った。

後進の途をふさぐだけではない、校の生活力をなくする、止めて貰って然るべきだと思ふ。伜工学士、娘女子師範を出て、教師になり、母御も、なくなっている。恩給で先生の生活には困らない筈。」戸野「君は古武士の風格、お礼をとっていない、今以て知らせないんだってな、

行った、宮川さん、既によく知っている。頭を下げてひょいひょいと来ない。「坂本さん、再々御厄介になったが、今度は止めた方がいいと思ってる」と向ふが云ひ出した「御静養がいいでせう」――その時百六十円。百八十円が一級上俸特別な場合は二百四十円まで出し得る。（東京教育課長　文学士森《（守）》□（一度書いて上からおそらく「屋」と書き直したものと思われるが）恒三郎）高師出に押し廻されて戸野、日本橋京橋だけに優遇をやられてるのはつまらん、市へ二百四十円を出した。一級位ならとに角と、森《（守）》屋ではダメだ――法はないかやってみませう。――お話なかったとしてやりませう

優良教師が去る時に、優遇の法を、

勲六等位にしたい。今まで奏任待遇でないのはいかん一府県で奏任は三人。教育功績状も貰ってない、正確に分を守ってるものは投ってをかれる

東京府知事、内務部長東園子爵に信用あるのを知って僕を――。府庁へのり込む。井上に話す、――宮川氏たる、これが第一回にをされていい、勲、功績の点で、交際上手、世渡り上手が、責任、勲、功をとってる

不都合、カントクはどうしてる、宮川退く、この際ぐんと二百四十円。功績者と今しても間に合はぬ、勲六等にしてくれ。勲八等になっていないから、とべない。退職手当二千円。

●お犬様

補

狼、二十四年、小丹波、そこいらにいると信じてる、夜、冬、縁先にいた。大きな眼を光らして、――外便所、驚いたお犬落し。――鹿、猪、体をくひやぶられて負傷したのが沢へ来て、水をのみ、息絶へていることがよくある。お初を□の一切れを、盆にのせてをく――よくあった。お犬様こわい。御嶽山「大口真神」のお札、ヤマトタケル東征の砌の犬の後族といはれている。尊敬と恐怖心。悪口をいはぬ、おどされる、山かつ、樵夫、大斧で、刃わたり一尺、束の

はじで舌でペロペロなめてみる、その豪胆者が、逃げて来る。出くわしたことがある。とびつくおどかすのは第二第三にをいて、非常に獰猛な犬がいるといふのはたしか。和泉屋で、お化を調べに行った、十時頃帰ってくる。いつもは弥一郎もいない。寝ちゃったのだらう。初縄沢、その頃は天狗岩へかかる桟道の下に納屋のやうな小屋〔この後に挿入で「人がいない」とあり〕が北側にあり、南に水車小屋〔この後に挿入で「人はいない」とあり〕。寿寿屋まで杉の森。三十丁。だんだん斜に道をあがって楮道。左は大きな岩をけずって、右は断崖の下多摩川。天狗岩の楓の木。左へ百八十度の角度で沢へ。角の向ふは何にもない。夜でも見えよいわけ。考へながら歩くくせ。ひょいと、原島嘉平が浪人に会ったのは、ここだな角に、黒いもの、犬がつくねんと。あなどられないやうに。十間位も突進。ナイフ持ってない。外食で、提灯をひっ込ませて——地蔵堂。

●万年校増築不正工事

田沼組、藤田支配人、万年校増築の地盤がダメ、地切りですぐ建てるキケン、教育課長戸野——営繕課、設計者と遂行者、はじめの平家も、途中で歪みはじめた位、工事中止予算とりなほし、八月着手十月の予定が、来年になる〔□□の狂ひ〕(十月十四日付、辞令の出る手続)戸野の自宅へゆくと、工学士の設計だから大丈夫だ、土木のことを知らんくせに、役所へ行って、ひらき直る、投ってもをけないとなり、営繕課との交渉をしている実務の者が、——藤田が来て、安心になりました。あれあの通り木が入って来ました。ローソクざし、その上へ石ををく、九尺の木、杉丸太、雨の中を入ってくる。それなら絶交だぞ。あの丸太の費用がどこから出る、即ち不正工事、人を蟻けら同様に扱ふ方の役人上役、藤田に、今に見たまへ、キウをすえるぞ、あいまいに葬る方へは加担は出来ない、後悔するな。柱へ大梁が通っていない、ひっかけてある、注意しても威脅するばかり、「ぐづぐづいふなら受取ってからいへ、管理の範囲が来てからにしろ」と戸野、二階へゆくと、ガダンガダンとゆすれる。四寸五分の梁が、ヒビが行き合っている。その間三寸。カントク仙台高工の卒業者、田宮これぢゃもつまいといふ、笑っているばかり、はっきりしない非常口は天井まで六尺ない、通れない。他日道徳上の責任を負はなければならぬ。

●戸野の暴言

間違ひがあっても、百か二百の金ですむと思ふだらうが、こちらにすれば、陛下の赤子をあづかって、生爪一つはがさせない、なら公文書で出せ、出す、キケンを説く、調査を討究を、それでも進行しちゃった。十二貫内外の時、それでゆすれる、生徒七十人を揃へたら、反動の力、机椅子、千貫のものが、たへられるか。

建築終了の通知もない、いつかの間に人がいなくなっている、市役所から帰ると小遣いが色んな役人が来て、検査がすんだんぢゃないんでせうか、当直がいた——それもいなくなる。小使へ鍵ををいて、市役所へ行くと、落成。検査がすんだから、生徒を入れろ、受けとれません。——そんなことは（事故）出来てからのことだ、疑神のレイだ、「バカッ」「あんな貧乏人」の口ぐせ。強盗の子であらうと赤子だ、たってさういふなら、争ってはならぬが、争はねばならぬ、（上奏の気もちを）どっちにしろ私を破ることは出来ません、あやまちがあるとはいへんが、ありさうでならないのだ、——天井をはなして見なさい。生徒、六ケ学級、四百二十人用意はしてある八月。視学が来たりして、なだめる。大御所、高橋義信、尾崎市長の椅子をふり廻した、義兄弟の約のある者か、土木建築委員（「建築」の横に「常設」と添え書きあり）、市参事会員が君の首をチョン切るといってるぞ、暑中休暇中、学校を見せて貰ひたいといって来た、新校舎は校長の管理に移ったか移らないかわからぬから——づかづか応接へ、いや市に関係があるからと、

●野々山宏《（幸）》吉

野々山宏《（幸）》吉（明治神宮参道の不正工事をあばいた）市参事会員、実着でことに明るい、白地のカスリに夏羽織だけ、背の高い、普請が好きだから、見せてくれ、公ではない、あぶない、ホゾが通ってない、釘だ、——万朝報へ書いた。

●福沢諭吉いやしくなる

福沢——人がいやしくなる、須田先生にいやな顔をされる、金を使へ、使へば儲けるやうになる、尊徳と反対

大問題になる、「増築校舎ノ儀追而　未だ使用相不成」と通告来る。府政カン査会、はじめて出来た。市会議長?大岡育造、金子堅一、参事?、来て、キケン明瞭、柱の下をほってみろ、と主張。請負人ばかりが悪くなっている。カントク不行届。杭（使用設計にない杭）横梁三つ、タテ梁一本、真ン中に二本、下をセメントで、鉄パイプ——手工教室、タタキを五六回もぬりかへさせた。箒ではけば、とれてしまふ始末。工学士は逸早く転任。技手は（菅井）罰俸。下請をして儲かったものはない、入口の下足場を作っ

てた大工（「木ッぱ貰ひに行くと）三度つくり直せられて羽目、六尺だと思ったら四尺五寸にさせて、お使ひものが少いので現場カントクにいぢめられる。

校長住宅

住宅も同時に出来た。塀の向ふにカントク人の控所、植木をうえていると、「校舎の羽目板のことで話してる（深川から板が来ている）藤村が、とてもそれぢゃやり切れません。損がしきれない、それならそれでいい、と検査が通らない、百円位出したらしい。片方は三百円出せといふらしい。

軽子人足、大工の――先生、申訳ありませんが、ノリを流すかしれませんから、神聖な学校内で――おゆるし下さい。聞きずてならん。「つい此間まで静岡で監視人をしていた。馬だって可哀さうぢゃありません、悄々としてひかれて出てゆく。なぐっちまふ」「止せ、校長は分限外のことはせんが、守るところは守るゾ、含んでをくから、まアまア」一時間。「先生、先刻は失礼しました、談合がつきました。少しのことで、丸く収まりましたから――」

机・腰掛

机・腰掛で――、巣鴨かん獄で作った。（立案の二倍以上の値でないと、作らん。）いいものが出来た。増築の四百二十箇、入札、見本にはスガモ製、雑巾で磨いてウルシがへってる、断り書いて、ウルシ、春慶下地、三重塗れ。（コクソーは困る。）木ウルシ、下はスミとシブ。請負者が来て、うるさい校長だからと見本板を三つもって来た。別に人いぢめぢゃない、正直に大切をとるのは結構だ。皺だらけのをとると、こっちのが一番いい、アルコールでふかせると、とける。ラッコは。第二番だといふのは、とれない代りに、キリでほるとゴフンでぬってる、コクソ。叩けばハガレる。時計はいりませんか。と各職員にいふ。買はなかった。持ち込んだのは偽物。受けとらん。――お使ひ物。市から、納入の机の検査にゆく。（学校で請求すると、入札、納入、校長が検査）校長に検査が出来る筈がない、何も知らずに。

カンテイ官

日曜日、カンテイ官、篠原。用度課〔横に「購入係」とあり〕の者、土屋といふ教育課のもの請負人の一人と四人。篠原が、一体学校で黒塗りの机を使ふことが間違ってる。黒いのは汚れてもわからん、ゴマカシ教育。非教育的だ。土屋義行〔横に「甲州人、興津のもの」とあり〕にいってる。ニヤニヤ。「土屋さん、此の人は誰ですか、――教育課の問題でせう。こちらの請求を至当と見て、だから、責任逃れはせんが、さうでせう、市役所の問題。教育課とカンテイ官とかと、——黙っていてもいいやうなものだが、断じて非教育的ではない。折りを見て公表してギロンしませう。明かにしませう。

購入課のものは、難しいものはをいて、——篠原「校長は者を知らないからいけない、汚されないものを作れといふのがいけない。」「小使、机を一つ持って来い」「これは見本にした机、ぬれないものなら、なぜ此の見本に依って落札したか。しかも、説明してある」ひらき直って「土屋くん、迷惑だらうがあなたに話している。これが春慶仕立で出来ないとなれば日本工業上の問題だ、美術学校へ行き□□□、漆工科へいこう。私は断言はせんから、行って見よう。漆工方の見本を見せて貰へば」「日曜日」温旧会に、漆細工を見本をかりて来て、生徒に説明したばかりのところ。宿直人にでもいへばいいのだから。チウチョすることはない。校長、堂々たる市の役人ぢゃないか、わけはない　請負名ギ人だらう、待ってくれ、お金が安いから、出来ないものではないですが、——土屋もとりなす。「も一ついふことがある、請負人に。それは入札するかしまいといふ時にすべき問題だらう、どうしてもやって合はないのなら、なぜ引受けたか、違約金は些々たるものではないか、」「出入を止められるから」「身から出た錆ぢゃないか、（「《ママ》請負った人にいふが）辞退したらいいぢゃないか、口をきいてやるよ、増築予算が少いから、指物師に来て貰って自分で日当を出して、□債計算をしている、一脚ならいくら百と集まれば、一割は違ふ、二三日なら二割まで、指物師、ぬしやにきいてる、一脚ではムダが出るが、多ければ、ムダがない、下請を世話してやるよ。——アイマイで帰る。直さないでをいて、同意させようとしている。野々山来て、机、元道具を扱ったから、ここはこう、ここはこうと説明してくれる、偽物、作話を云って、これは絶対に受取ってくれちゃ困る。職員用のも、ラック塗りだ。各区に一人宛あなたのやうな校長がいてくれれば、市の費用三割は違ふしっかりしてくれ、今日は個人だが、市の為にたのむ、

物品係の嘆願

夜、市の物品係の下ッぱ。傭、十一時過ぎ。ぜひ通らしてくれ、僕らの首がとぶ。野々山の口きで、納入するやうになったのだから、告口されると、桜田本郷町の親分だ、——それなら安心だよ。

歴史の嘘・戸倉校長

戸倉学校（五日市隣村）歴史的文献の価値、真実が伝はらず虚偽が。府下に於けるモハン教員として、校葬で最初、疋田浩四郎、模範村〔前行「戸倉」から線を引いて矢印あり〕——ほんとの試験勉強。幇間教師の代表者、ドビンで酒、資格はない、教員検定シケン問題を古里村へ持って来て、やうやく資格。山方のものは酒をのむ。

戸倉が革った。自由党員で悪い者がいた。財産つかひつぶした。村を毒した。山の蔭に集って改革の相談をした。だんだん整頓。風評のあてにならぬこと。

和泉屋のお化（古里）

和泉や。人が羨しがって、ばあさんをひどい目にあはしたからお化けが出ると云ひふらす。講習の帰り、長ばなし。泊る。ぢいさん、商売人は帳合ひをしなくちゃならんから先に休んでくれ、渡り廊下で下へ下りる、酒造所が下にある。途中に部屋、土蔵がある、二階、四畳半に二畳、小さい間に煙、障子、床二つ、ばあさんが出て酒をなめる、渓流の音しみる

大橋乙羽が天下絶景だと紹介文に依って、——ミシミシ廊下にそふて障子、すーすーとあく。入ってくる、女、行灯の上から見てる、こっちをみて、——しめて出てゆく。大抵が風聞だけで物をいふが、それだけたしかめてくれるのは。

脳と夜行（古里）

脳が悪い。青梅へゆくにも夜出る。氷川局の集配人の帰りがこわい。一緒に行ってくれ。

カルルス煎餅（古里）

すず、カルルス煎餅に適す。

四足の蛇（古里）

古里村、木村助役の話、和尚も、——ソダをとりに納屋へ行くと三尺ほどの蛇に四足ついてた。

親・小掻巻（師範）

親のありがたいのを知ったのは、三人の親孝行のいる家、世間には孝行者といはれていたが、親のいふことはきくものだと叩き込まれていただけ、無意識。師範、二十一年の六月になると大きな荷物、軽い。舎監怪しいとみると、見ている前で開封させる　藤田先輩の前であけると小かい巻、手紙が入ってる、「お前はまことに夏あつさに負ける。毎晩夏になると目をさまして掻巻をかけてやったものだ。今遠くでかけてやれ、規則ではいけないさうだが、ネマキと

して用いよ。」先生考へて、ゆるし。誰も笑ふ。恰好を。月夜。十九の夏のこと。

小さなジュン、父の戒名をかざる。

知ったふりでいて、誰も知らぬ。それを知らせる工夫をしなくてはならぬ。有意的孝行を。どうすれば教へられるか、未だに解決出来ぬ。

●修身教典（万年）

万年、修身、親が大切にするから、子が親を大切に、——それは違ふ。そこに孝の出発点ををけば、——教科書を持たせられん。忠ギ、国家の恩恵によって、父母が生き、それで自分も。——万年の父兄はいづくに国家の恩恵を受けているか。——この書は使へない。今以てわからない。

修身教典、貸与品、何が故に忠ギでなくてはならないかの説きようがない。忠孝の根本観念は——、外から説くのは知らないでの行ひ、くづれやすい。

正月の餅ところが食べられなかった時、母に叱られた。

父にはヤケドの時叩かれた

●行軍順次（師範）

行軍順次、戦闘順次、土手から卒倒して落ちた者もある、

夏

●和洋合奏（師範）

［和洋合奏、早い着目。二十四〔「四」の横に「三」とあり〕年一月。野毛山〔「野毛」横のに「伊セ」とあり〕、茶の湯のケイコ、花の話。源氏流をやってた、あっさりしたむづかしい。そこではコー道、ばあさんは東山流、陳列してみたい、おぢいさん、月琴ですね、二絃琴、それで和洋合奏をしてみたらどうでせう

学校では先生うけつけん。鈴木米次郎（東洋共《（音）》学の校長）当時、師範。「やりませうよ、面白いでせう、やりませうよ——」校長にも談じて、楽器が悪いんぢゃない、詞が悪いんだ、で押し切る。西川楽キ店。日本一の。製造もした。その子を附属で教へた。グランドピアノをかりて、オルガンも、食堂で」

［絵の小泉先生にバックをかいてくれ。唐紙へ六枚、のげ山で琴二、三味一、おぢいさん、一絃琴二絃琴。職員は鈴木一人、傍聴者はない——同人同志だけの音楽会、川戸今吉、内田——十人位、

●生花（師範）

［東山流、中婆さん、枇杷の枝、武骨ではない、島田が大勢来る。——九レンカン、カスミか雲か、

オルガン、ヴァイオリン、「うぐひすぼたん」川戸はうぐひす並にぼた餅、――「来よ来よ来よと囀るものは」〔右側に「ひばり」とあり〕「食え食え食えと――」ほうばるものは、――我らが友よ、来りて遊べ、」

●馬の臆病（少年）

馬好き、博労が喜ぶ、草刈に行く、厩へ入れて、臆病、一升の肉がつく、尻の肉で見る九合にしたトキ（寸をキ）五尺、九ノキ八キ、小さい、
さうなると兄と二人ではひき出せない。雷、稲妻こわがる。タテゴ、（馬の頬冠り）長屋の納屋の隅にをく　主家から土蔵の廂を通って納屋へ――馬がいない、隅へ頭をくっつけて小さくなってる、今度は脇の下へ首をつッ込んで押してくる。

●小鳥好き（少年）

小鳥――六十三籠、小学校時代、十六七の時、兄は小鳥なんか勉強のジャマ、母は気保養によろし粒餌のもの。ヒバリ。□江の三左右ヱ門、各家のオヤヂ、二人で弁当もちで、上の原へ。大和田へ（八王子の河原）モソー網でとるのがよい。オトリがないと、――タテ三尺巾四尺五寸、五尺六尺、三分の目、西脇へ篠竹――鎖で地へ、センバハゴ、青竹の皮を細くサイて、モチをハゴへツけて。
麦畑の中へ、三月頃、――目白、
土蔵の上屋へつるす、
目白よくなく、芸をする。――表の木へかけてをくと、蛇がのんで入っていた。

●無尽の掛集金（少年）

無尽のかけ金集め、十一から、頼母子講。昔は救済のために。――東秋留の方へ。――「兄さん来ても受取がかけるかい」「書けなければ来やしない」実用的になければならん
体験から来る実用主義

●帰郷の連れと学校の火事（師範）

「川井の宿屋で偶然津々井吉野の佐々木（四年）円吉〔この後に挿入で「ワイドン」〕と、大房春之卯〔この後に挿入で「落第して同級」とあり。しかし、また上から「落第して」を消してあるか〕（三年〔その上に線を引いて消してあるか〕）と落ち合ふ、（両者漢藉《ママ》がよい――数学物理化学、形而下のものはダメ）山野沢徳二郎〔左側に「三年」とあり〕（勝瀬の生れ）中野の大塚弥三郎（四年生）火事を見て、走る――二十五年一月六日」杓子顔」

●大沢の母校ストライキ応援（師範）

南村へ師範生、大沢広吉が来て、ストライキやるから応援にたのみに来た、教師排撃（卒業生和田が舎監で）（四年生だった）藤田先生、須田先生――寄宿舎の寝台の下、

●脚気転地と須田先生の討論法（師範）

脚気――元箱根の宿、三軒に分宿、夜の討論会
須田先生討論の有効の方法は質問をして、自己の意見を最終に。――塾では講談師を呼んで研究した。

●夢中に話し込むと（南村）

南村。訪問者と一生懸命話し込む。くりかへすあやまち。煙管の首と口をまちがへてヤケド際々。小川金次郎代用教員が笑ふ。カラの茶碗を幾度も。

●子を愛す

子供を可愛がる。それを子供嫌ひのやうに。理性一点ばりのやうにいふ人がある。トホルが生れた時、その晩、家内にあづけてをけぬ、鼻でも押されちゃ困る。田舎産婆七十の、――抱いて寝たサラシをさいて近所の者が、かたい腹帯。まさか生れるとは思はなかった。ぬってくれた着物がかたい。ネルを買って来た。

子供日誌をつける。発育状態。校務で出るのに、ふところに入れて出る。佐藤喜市《(二)》や村長亀吉のところへゆくと、「いつお生れだ?」作男に「鎌を持ってお供しろ」刀で送って来る。お宮詣り（三十日）のすまぬ間は、母の匂ひがついている。狐がとんで来てかみつく。家の中まで入って来ることもある。それで連れ出さないことになっている。

「家内は乳をくれる道具だ」教案かくにも抱いている。泣く。乳。泣く。抱く

●髪結その他が見ておどろく。

林八郎（現村長）の父常助、芝居をみに来てくれと日曜に。その間に赤子脳マクエンのあとで、看護疲れが出ぬやうに来い、子をつれてゆくと、泣いてしやうがない、林が抱いて走って来た二つの時。

子供に駄々をこねることを教へる。よしやのばあさん、およしなさい餅やでも。子に遊び方を教へるのだ。あとを追ふて困る。先廻りしてる。

すしやのばあさん、校長先生はキタイだ、子供は先生をこわがってること驚くばかり、教室はあはあは笑声がきこえるからすぐわかる先生はキマリが悪いと教へない、気がつまってもいけない、笑はせるケイコはしんとしている。附属のケイコもあったが、子を持ってそれがある。「自分の

子を可愛がると同じによその子を可愛いがっていれば間違ひはない。」五人の男の子に体罰はしなかった「自分で子を持ったケイケンがなければ小学教員にはなれぬ」といった者があるが、至当也。

無銭徒歩

外出に苦心、小使がない、八王子群《ママ》役所へゆくにも（六里）一銭も使はないで——冬はいいが夏は参る、茶屋で休むには。昼飯たべるとしてもさうだ、くたびれれば林の中で休む。空腹の時は串団子を買って、歩きながらか、林の中で喰ふ。ヤリ水の道中などよく休んだもの。林の名誉にも関する道路より深く入って休む。——蛇に襲はれないやうに、寝息を吸はれると活気がぬけちまふ。生涯直らない、煙草を膝にをいて寝る

空腹の際、

有畜農業のその後

有畜農業奨励。痩地で生産力が少い。一反に小麦一俵の小作料。いいところで二俵。地が痩せると櫟を植えて六七年位、炭に焼く、そして畑に。表面は火山灰。ケモノを飼へ。豚がはやっていない。食はないから。牛、馬。排せつ物で肥料に。三浦に負ける。牛をすすめる。村長は乳をしぼる。宇山川が一番反対。成績的に。ところが前年（今から六年前）亀吉が死んだ噂。佐藤ふくから「父がといふ手紙。家内と二人で八月、行くと、坂下の佐藤は当時家をしまって、神奈川でくらしてる。葬式はどっちで行ふかわからぬ、先づ南村へ。原町田から歩いてゆくと、かいくれ様子がわからぬ。

村方へ行くと、「何かの間違ひでせう」菩薩寺は大谷円円〔「円　」の右側に「エンジョー」と読みが記されており、その右側にはさらに（三井□□）とある〕寺泊る。小川に、牛の乳の協同搾乳場が出来た。宗太郎は糸とり場を、二号品の繭から、生糸を——小川へ行ってみる、バスが原町田の方へゆく。原で下りる。事ム所の方と、しぼりたての乳を——一斗カンのフタへ、又佐藤長松が赤い牛をひっぱって来る、——森永のためにしぼっていたのを、八王子へ三多摩一円のしぼり地が出来る。

暑休二分（南村）

増産報国、勤労報告《ママ》など古い南村、八月休暇を二つにわける。二週間養蚕休業に廻す。日限は学ム委員会できめた自由サイレウがゆるされなければならぬし、精神に反かぬ限り、仕事をせなければならぬ。時期のよろしきをせいせね

ばならぬ

●府師範同窓会に睨まれる（南村）

府の師範同窓会に睨まれる原因。南村へ職員の待遇改善の共同運動カンユー。八王子高等小学の錚々たる連中。（教育会へ行ってるヒマはない）高等では十八円以上、平訓導十五円以上、容れられなければ同盟辞職――連判帳を出す、笑ふ、教員は怠けてる、魚釣りや囲碁にふけってるヒマはない筈だ。巡視、訪問などして。教材を新たに。――まだ早いよ、要求の前提、基礎として、高めざるを得ないやうにしやうぢゃないか、その実行を求めたい。それで要求しなければ投ってをくなら、はじめてやれ、その時はハタモチをさせて貰ふ御飯時。どこが此の待遇でいいか、標準をどこにをくか。――統計を今とってないが、とって見れば、世に出るまでの準備費を考慮して、総計算してみればわからう。――現在の勤めぶりなら、きっとよすぎると思ふ。代用教員でさへお嫁のなり手が多い。社会的によい地位を占めてる証拠。女がほれたはれたで騒いでる内は、待遇が悪いといっても通らんぞ。と、笑ふと、怒って帰った。

●郡教育会にも憎まれる（南村）

――風当朔《(朗)》郎、伊藤房太郎らに東京府教育会の総会を八王子で、学用で不出席。角喜。会のあとで懇親会、南多摩郡の教育会長土方篠三郎（七生村の人）名望家、政治家、（自由派有名森久保村野常右ヱ門、（昌幸、石坂鎮四郎）三人が中央まで知られてる、石坂が先輩（群馬知事になった）土方が二世、上品な笑ってばかりの温厚なので、森久保、村野がとやこう云はれてる

郡の殿様ですんでいる人、土方、懇親会の主人役、東京から来た者は、なんだ田舎の教育会長、尊敬はしっこはない。言葉の行き違ひでケンカになる。ビールビン、土方の額にあたる、東京府知事に難題、みんな罷免せよ、南多摩教育会で運動を起す評ギ員会をひらくからの通知ぜひ出ろと又。郡役所の用を兼ねて行ってみた。気狂ひ沙汰。陳情に出る云々。私は場所にいなかったから、審判的にいふのぢゃないが。会長も穏かにやってれば、ビンもとぶまい、府視学三人府監事三人、ケンカ両成敗でよかないか、双方にキヅがつくのぢゃないか。自重的に向ふでやってるだらう、こっちも穏かに――御用党が、何か怒ってる、教員はたのみにならぬ、居合はせないからそんなノンキなことをいってるのだ、止めちまへ、願ったりかなったりだ。雑言飛ぶ。――帰って来る。同窓派でない連中からもかくして睨まれ

るやうになる。

●算術はたやすい

算数科、性質及教授法上の疑問。算術が一番むづかしい。それを疑ふ。そんなにむづかしいとして騒がるべきぢやない、初教課目中一番易しい。我々人間は、ちょっと物を知るとなると同時に数の観念を離れることは出来ない。もう一杯のみたい、即ち数。従って複数と研究の材料が一番多い。生きてる限りつづく。むづかしかるべき理屈はない、進歩し易い筈、諒解し安い筈。微分積分、縁遠くなれば、

——平算は優しい

どうして難しいとされるやうになったか。算術科で学んだものが実生活に結びついてることを忘れて教授している。復習も研究もない。改良して本来の面目に戻すにはその点から考へなくては。——古里村、代用教員を使ふのだから、あやまちのないやうに細目をつくる。細目運用。一年の算術は二十までの、数の取扱ひ。こんなバカバカしい容易しいものはないといってる単に数への二十はわりない、実用されない、これを応用すれば、加減乗除、分解し綜合すれば、一年中に教へ切れない沢山の問題が出来る。一時間二十題位では。五十何週間には。一万。石を集めての容積をきいても、先生にはわかるまい。その数へるの何十分かかるか。万億は口の上の数で実際を離れちゃってる。樋口寛次郎《勘治》（後に衆ギの運動した）日本人の頭には数と量との観念がぬけてる。数と容積が不明僚だ。進むことをあせらず、占めたところを絶対に忘れぬやう。

●碁将棋をせぬ（少年）

勝負事をしなかったから、時間の余裕があったから色々考へた

●天神さま（少年）

母の発明、家庭教育のおかげ。

体の弱い自分が熱中して勉強をするのを止めない、寒中水をあびるのを止めたことがない、曽戸村山田の天神さまに詣って来る、高等を出た時お礼に植えた梅五本

●父の死体と母（少年）

拝島東河原田中に父の死体が上った

玄関に子を並べて「お帰りなさいませ」

おばの夫、母方のシュク父、村長（戸倉）

油平の父方の瀬沼安兵ヱ、村長、疋田村外六ケ村長

五日市勧能学校へ聯合シケン　オカッパ

●田舎の校名（少年）

金松寺（真照寺にあった）
大済（東秋留）智進（草花）啓蒙（増戸）共和（西秋留）
板倉郡書記——加藤（塩舟）氏学区取締、政子（十銭賞与）

●秋川神社（少年）

秋川神社（山王さま——ヤマトタケル）四田から天明洪水に流れて来る、馬の魔除（大婆サッタ）（ムササビ、モモンガ）二月、初午、二ノ牛、三ノ牛、百頭位出た、飾りつけた馬、宮の週りを廻る
五月はサルの日を祭、智□の神さま、ミコが笹を持って舞ひ、その笹を屋根にさすとよい
神明が村社だった。井上知《(友)》一府知事の時、神社合併、秋川神明神社となる（大正元年？）
乙竹岩造「明治初代の——」学位論文

●幼年囚徒監（万年）

横浜監獄有馬四郎助典獄
小田原、幼年囚徒監——分監長肥後正彦
在監人名簿——万年半途。三人、乞食の子〈　〉、桶屋の子〈　〉
四十年、保ゴ所に静養、応接へも通さん
井上晃（南村で教へた）監守《(ママ)》をしていた
司法省監獄局《(課)》長真木と講演で会っている
昨夜脱獄——八人室に六人いた一室の年長者、成田、空気穴を網をひろげて、生徒に説諭してくれ、
「清水定吉、針金強盗（アンマを装ふて）法廷で告白大勢の人に話して下さい、これを一年三百六十五日に割ると、五十銭にあたらない戦々兢々とくらす位なバカなことはない云々」
細君子供と保ゴ室へよこす
研究会をしたい、講習をうけたい、おこがましい、座談的にけんきゅうしよう

●制裁と愛情（万年）

有馬が「神は愛なり。愛情を以てすれば制裁はいらない」の空想論
川越に定年未満を全部。小田原出来てから
十七才以下を小田原、それ以上を川越
川越でも「抱いて湯に入って洗ってやりながら話すのが一番」といってた——川越から来た生徒にきくと、川越は打ったり□□り、ゴーモン、
「制裁なしの可愛がりは無効だ」制裁をなくしてしまへば

愛の愛たるものがなくなってしまふ、愛するが為に制裁、制裁の裡に愛がなければ、復讐的の制裁は絶対にならぬ」反対する「奥さんを呼んでごらんなさい、（お父さんおぃでなさい云々）をどうして教へたか訊いてごらんなさい」「頭をもって教へる、お辞儀をしなければよい子ではない、お利口でない、それは制裁ぢゃないか、オミヤを上げられませんよ。

「そこで諸君、制裁があってはじめて事のよしあしがわかる、制裁不要、有害論は虚飾である。カゲで体罰

●児童の権利（万年）

後、小菅典獄になる、

大場茂馬、司法省参事官、法博、ドイツの感化事業を研究して来た、寄ってくれといってると、有馬から、

権利義務などの西洋かぶれはいやだ、又そんな言葉を使っては一大事だが、事実上児童の権利、それを守る児童に義ムありや、父兄の義ムだ、

奈良女子高師校長、参観に来て、法令の上に文字が抜けている「貧困な者には就学の義ムを免除猶予す」

●大場賛成

父兄に力がなければ、自治体、更にその上の自治体、府県の力でも及ばなければ、国家が——、それでないと、将来、国法を以て臨めなくなりはしないか、就学権を蹂躙してをきながら、

●絶江開校式（万年）

絶江開校式でその祝詞演説、問題となり、戸野

菊川小学校開校式には総代にしない、三笠、黒沢道五（太）郎某を総代に

東京市として当然しなくてはならぬ

恩恵ではない、卒業生の自身の問題

小野省（正）造が感謝してる、竜生会の時に、

三井の早川千吉郎、蹴る、

●高等師範第三部

［高師附属小学第三部村田宇一郎、第一部は高い教育をうけさせるキソ。男ばかり。附属中学に連絡の目的。部長棚橋、第二部、小学校そのままの研究をするキカン、男、女級ハ別、佐々木吉三郎、部長。

三部は単級部、高等も尋常も、単級小学校の研究

出来はじめは貧民部といっていた。職員が小使で、子供の世話。質素。全国には単級校が一番多い。教授法なり心構へに、腕の磨きどころ。志願］

［教場で時間を省いて、掛図ををいてと。然るに理科の掛図はない。共同著述にしよう。案を立ててくれ。女子の理科材も必要だ。女は勝手元をする。理化学の智識がいる、洗濯にもいる。

実用学校ぢゃないが、小学校だけで終るものも多いから成程、その通り。——自著をくれて、女子用教科書を作る話。附属へ来い。］

鈴木米次郎と邂逅

［鈴木米次郎、池の端で、途中で逢って、小学校唱歌の研究、童謡的なものを、——埴生の宿、蛍の光も校外ではうたはん、日本的なお月さま幾つ。——それがよい

体操に疑ひ。——進歩せん。うたと一緒に、体操も考へてくれ。唱歌体操。もそっと大きい女の子には、コッコツで拙い。舞ひのやうにしなやかなものを、舞踏加味の体操ロンドンの女学校から送って来た。赤表紙の小本

奥さんイソナ、訳してくれる、それが丁度しなやかな運動を伴って——、高師附属へ行けば楽だ、鈴木も三部へと、仕事は多い、理科掛図、女子用理科書、女子体操、中山民生との算術教科書、女子用教科書、——修身科と歴史科を合併した教科書をほしい、開朦時代から。

地理科の教科書は古い、川崎の桃、内閣統計年鑑をみても日本のありかたを見せることにならぬ、生産面で、わづかに鉄道のことを気をつける位。人文地理を主として、自然地理をくっつけたい。］

附属の空気

［附属の空気。——教室は本郷昌平黌のあと、教育博物館の裏、孔子廟の横から、入る。上段（高等科）一段上に尋常（儒者のいたところ）教師と生徒の間がよくない。親しんでいなければいけない。遊びながら話せばよくわかる。うけとり方がわかる。——生徒がうれしがる。からまる、投げる。教師と生徒の差別がなくなる位。訓導、高等（露口）、尋常の各一人。各訓導授業熱心。新しい教へ方の時は皆参観、合評もある。参観人に対する態度。質問に答へも親切だ。これで進歩するのだな。研究教授。——以上三部の話。］

教授研究会

［一部、二部は一つ橋にあった。二部の研究教授、教授そのものは感心したものはない。批評会となると、解説につづいて批評。いつの間にか、授業をとった者をそっちのけの部長論争となる。

音《（乙）》竹岩三《（造）》、佐々吉《（佐々木）》三郎、その他の論争になる。」
［智識據り所をタテにやってる、
主事森本清蔵はニコニコしてるだけで、ギロンさせる、「ま、今日は此の位にしてをきませう」又次の日
それで和気靄々、君はああいったから、こういったが、あれはこう云ったらいいんぢゃないか、――と仲がいい議論と研究〔「研究」の上に消すような跡あり〕感情を別にしているのはカンシン　森本笑ひながら「後藤〔右横に「ドモリ」とあり〕訓導の教へ方をみてると、間違ってばかり、岩《（遊）》佐君のは、ピシンとして無駄のないやうに見えるが、私の子は一人は後藤、一人は岩佐。どちらも参観、後藤のは覚えてるが、（春風教授）岩佐君のは覚えていない、大風教授といふかね、豪放だが何も残らない。」

●体操受持

［体操受持。智、徳、体の三育。体操の効果は考へられない。体育の声が盛んなのは、学校の中でだけだ、校外では没交渉。兵式、徒手体操は、骨格の不整を直す、体をよくするには他の方法を考へなければならぬ
忍耐、規律は他のものでも養へよう。学校外でも子供が集れば遊べるもの、子供は今何をするのが好きか。尋一――四――に面白い遊びを書いて出させた。それをキソに遊戯を組立てた。日本的で風俗習慣をもとに、――歩き方、疑問、研究会にもかけて見た、本校体操教師に来て貰っての話、忍術、胸に半紙をあてて落ちないやうに歩かせる。速歩、膝をまげる奴、膝直角は長もちしない、腰から上を直角に、体を進めて足を伴はせる。」
普仏戦争の際、プロシャ軍が疲れて歩けない時、ラッパを吹いて進んだ、見てキレイだ、からといふ説
［竹《（武）》田千代三郎（山梨県知事）体育好き、歩くのは脳神経に関係なしには歩けない、即ち疲れる、脳に考へさせないで歩く、自然に。」

●学校園

［箱庭作り、尋常科教室裏手に空地、開墾して畑となし古盥を埋め水田にギし、西を林とし、東北の平地を果樹園、算、国語、図画、手工の実習、地理、理科、歴史の一部も付随さした
学校園、木を植えなければといふのは観賞を主として、教科目に関係あるものは植えろ、キソを。畑がなければ植木鉢でもいい。山、川の模型を作って。」

●訓導歴訪

〔有名訓導本校職員歴訪。――南村の教材で話す　難しい理屈はいふが、自分の経験しないものは、ない。新式の言葉を使はないだけだ。術語を学べばよい。辞典。如何に子供に役立つることが出来るか。講習を受ける必要はない。自信力が出来た。〕

●村田宇一郎

〔村田宇一郎（西五軒町にいた時、先生は築土八幡）実地家だと自認していたが、高師を出てすぐ宮崎県の尋校へ行った。笑はれたが、それは空疎、徳島へ、意外を求める、著書の欄外へ、――著書に新規の言葉用語は止してくれ、止むを得ざる限り。日本の教育をさまたげる。言葉の学問で追はれて本当の勉強はおルスだ。〕

露口悦次郎、生徒を〔「を」の上に消すような跡あり〕ケガをさせる、優良教師と云はれている。

●算術について

〔尋四――歩合算〔右横に「彼の任」とあり〕（二分作、五分作〔「作」の右横に「?」とあり〕、三分の損云々等日常）少数算、十進分数とまでいふから、分数を教へた上でなければダメだといふ説、分数から入るのは困難。一厘、一割は十分の一だ。一尺差、十分の一は一寸だ、十分の一が一割だから分数で教へなきゃいかん

会ギで屈しない、露口が、椅子を覚悟か、

自信がなくてアヤフヤでは教師として恥づると退席、徹夜意見書を認める――二分の一といふは安いが、それが五分といふ新しいことを教へなきゃならん、部長へ辞表、〔後の挿入――「退職願書持参なら逢はぬ」〕――折衷案を作って、

〔後の付加――行間および後の空白部分に〕

明恒緻密の教案と教授上の想定録を――子弟問答体にて――軽挙妄動にあらざる所以を明かにせんと期するなり

第三回会ギは本校より数学専攻の士の説をきく、小数は十進分数なりと、向ふの裏書、しかも、彼の初年級に教ふる方法の誤りを指摘し得ず

彼□形式を教へるのが目的ではない、日常生活に応用すべき

荒廃の家、紙片散乱の中の部長、「君、その風呂敷をとく前に、これをみてくれたまへ、徹夜して書いた」歩合算の教授案、「彼」を経とし、他を緯としたもの「何もいはず此の案で教授してくれ」〕

〔後の付加――上部に〕

単位をきめて、その何分の一かを更に命名する
分数算を基礎といふ
物尺、寸を単位として算せしめ、次に尺を、そして尺と寸の関係に於て、寸が尺の十分の一なるを自覚せしめ、これを金銭に移して十銭は一円の十分の一の確認せしめることの捷径と、進んで何割と称する際に起るべき錯覚を論ず

●風と校舎（南村）

［風、蓑笠で見廻る、モチヤとスシヤに来援をたのむ、障子雨戸をはづすと、二人は外からの風は大丈夫、内へ風を孕むと倒れる、あけ放しては大変。――天井を吹き上げてもちやげる、しめなくてはいかん、丸太で防衛――秋になって、風がふくと、僕の寿命はちぢむぞ
小川の反対でまとまらぬ、最後の鍵の手の大きな校舎で風を受けちゃたまらん。防衛工事――十五円投り出して、あとをなんとかやってくれ。委員会が、一月分キフされると、我々は百円位宛キフしなくちゃならん、先生のをあとにしてくれ、いくらかキフを貰ふが、――常助いひ出す、横濱水道の針金を投ってある
三十五分末口、元口（三間半）一尺以上、電柱（電話）設計に移る、藤沢から、仕事師、専門の、ヤラズ（トラズ？）柱のゲタから、斜めにやって一丈五尺の杭を打つ
六尺棒を打ち、六寸直径の鉄棒
柱六尺毎にヤラズをやる、二間に一本、僕は一本毎にの説
人足三十人、暑休中にやらう、三十日を二分したのだから
八月の二週間にといふ。三十年、トホルの生れる年、九月一日が日曜、二日始業、一日にあと片づけ
心祝ひに酒を出す、これだけの工事はしたことがない、木遣をお開きに入れよう
三日の夜、暴風雨、原の方へ行ってモチヤのとっさん、恐ろしいやうだぞ、行くにや行くが、心配しないで先生、あれだけの工事。大丈夫、白々あけて来た、重信
土蔵の上屋がいたみ出す、縄を出して、ワラブキ土蔵、学校があぶない、事ム所がやられてる、小さいから大丈夫だと仕事師もさういった。間口六間の真ン中へヤラズ一本建てた］

●黄色燐（南村）

［黄色リン、親指位、空気にふれさへすれば火を発する
油へ入れてしまっとく、原町田の学校、（小島校長）師範出
貸したのを前晩持って来た、床下の土の中へをくのを、戸

棚の中へ入れてをいた、家が歪んだのをみて、天井バフンバフン。リンに気がつく、雨がやんで来た、床の上ヤリが外づれて、バフンバフン、とび込んでリンのビンをもって、出る、足がつめたい、町田やに注文して裏へ石裏、四枚、ガラス戸倒れて（玄関の）踏みぬいて、合わせ目からつきさした。□□中。表へ。木の根へ、泥をうめて、原の大工、校舎建築した、息子がはじめ知らせて来た。二度目に来て、足から血が、左、垂れる、いたくていたくて子をつれて、すしやへ家内避けていた、のが顔色をかへて、周りで騒いで医者へ医者へ、縁へ腰かけて、——あとの始末のつかん内は自分の体のことをいふべきではない、風見舞佐藤喜市（二）、頭からかみついてる、何のための委員か、宮本八十吉二番目、早く来べきだったが、山裾にいるせいか、大したことはないと思った——君らは生えつきの人間のくせに見廻らんとは何事だ。すまなかった。ところでどうだ、諸君が大丈夫だといふから、こんなことになったのだ、二本かへばよかったのだ。新奇な校舎あの柱が皆曲っちまったが、どうする

山出し五寸角、五寸五分、見っともないが、建ち前を一尺一寸、柱が曲った、棒ちきれで飛んで行った

六尺平方に何十貫の重みの風、仕事師が見に来て、ああよかった。概ね潰れた。学校一つ、製糸工場が幾つか、

ヤラズと桁との間を動かんやうにしとけ、仕事師は二番線でカラゲてをけばいい、——生徒に錠やその他の廃物を持って来させた、それをコーテツのカスガヒを作った、それよりは鉄線の方が強いと仕事師、鎹はチ切れた、折れた、針金は無事

あとが困るから医者へ行ってくれ、——校舎のあとの完全が見届けられなければ、動けん。急に委員会。人を走らせて、経費はあとで何とかするとして、なんとかしよう。屋根も破れた。営繕工事、今日から着手——土台が五寸ひっ込んだ、委員会が引きうける、はじめて俥にのって、宿（左に「視」とあり、右に「シヤ」とあり）屋君に探って貰ふ、紙の上に並べる、ガラスを、医者がいいといってから尚やらせて、三回破片が出た。それでも残った。癒って、体操をやるとチクッと来た。ヘチマの芯、ゴムで穴をあけて、あばれる。米粒位のが、外の教授、——」

●二部教授の研究

［村田宇一郎（部長）法令の上には半日教授を得とあるが、

附属では研究してない、しよう。露口が、全日教授より利益があるかもしれぬなどと。二部教授、くさすべきでない。校舎を二回使ふ。第一に、通学時間の報道。太鼓を叩くもよし、釣鐘もよし
二部の者は来いといふ。報時の法が第一。五日市あたりでもやらぬ。午後の生徒が十時頃来てワイワイ。キケンと妨害、時を知らせたにしても、早く来たがる。待合所を用意しなくては。雨天の時は、どう。材料を買ふことはない、杉皮もかりて来い
雨風しのぐところを作って、そこにいろ、教師のあまりがあればカントク、小使でもいい。五日市の実況では、川へ行って遊ぶ
野をあらす、二部教授のヘイ害を云って、学校側の不用意をいふ者がない。用意の鐘、いよいよ出かける鐘を叩くことにすればよい。
時間をはぶくこと。一教授時間が少ない。物ををくところの工夫がいる。机の上に板。子弟共に時間をいらぬやう、キチンと、生徒の頭を有効、一年生は十五分でいい、頭を殺している
時間だけ縛って、押しつけて、机へ向はしている、損な話頭の働くのはせいぜい二十分。惨酷だ、それで先生は芝居で踊っているやうなもの、室内で遊ばせる、外へ出なくても三時間位はつづけてをいてもいい、工夫はいくらもある、どこでもしていない、二部でも全日でも同じだ、教師の教弁物、準備用品、全部完全に慥へてをかなくては、――五時間を三時間ですませるのだから。これを精細にやったので潔く兜をぬいだ。」

●男女合級論

［男女混合学級でなくてはいかぬ。一つ橋の方へ行って（附属）みると一部の生徒は中学へつづく男生のみ、殺伐なもの、雨の日で晴れて来ると、傘、合羽を投ってある。第二部、男女いる、級は違ってるが、運動場へ出れば入りまじる、ずっと違ふ。いたはり合ふ、男子でも、女子の方でも、しっかりしたところはある、第三部、一学級に男女混合、男に慈愛の精神、女子に男のゴーキの気性が現れる、アリアリと、
他の部長森本、その他の訓導に話すと、賛成された」
一番困った、北京の大学堂からソーキウシロ、参観に来て、不審を打った。わが国では七才にして席を同じうせず、――どういふことか、文部の者が説明に困ってる、小声で、

なんでもない
こちらは固執しない、支那は固執だ、今ここでは研究的にやっているのだ、法律では級を別にしろとあるが、そろそろ高師でも信用がついて来た、訓導に、熊本県視学にならんか、遠くへゆくのは母の反対。
〔付加――上部欄外へ〕学校を社会の一単位
小学教育中は性別を眼中にをかず、平等に両性間の懸隔を助長し、互に相知る機会を失はしめ国家社会の損失
主事は認める、法令は単級でないとこれ不可、将来の変革を期すのみ

●茗荷畑（南村）

早稲田の茗荷畑。（東五軒町当時）ざわざわと四尺位の

●赤門学校（師範）

赤門、大きい、境内広い。正門の脇、間口六間、奥行三間半、和尚たちが教へてる、藤田先生に相談、ハマの私立学校から派出してくれといはれても、揚足とられちゃならん、念を押す、
日曜と火木土、の外出してから。

●残飯と藤林（万年）

熊本、藤林虎五郎、師団の残飯、くさいのは川で洗ひ流して貧民に売る、知事夫人などの慈善会でその仕事をとってしまふ、病気で泣いて語る

●カラの仙台幼稚園（万年）

仙台幼稚園、坂口のインチキ、内ム省へ立派な報告にも拘らず、県庁でその所在も知らず、市と県から一人五円宛うけとっている
婆さんが二人、日給十六銭を稼ぎに来ている、

●米沢の女囚監（万年）

近藤、女囚、羽織〔右に「帯止」とあり〕の紐などを作らせる、実物を見に行く、米沢言葉が通ぜぬ、俥にのって、ルス、監獄へ、典獄ルスとて門前払ひ、近藤はいない、司法大臣の特別参観許可を得なくては女囚の中へ入れぬ、電報を打て、――私は囚徒の湯に入れないだけで、飯は食ふ、独房、暗房へ入って寝てみている、天井へ上ってみる、破獄をどうして、空気窓、囚徒の持ち物、ちり紙多く、その中に物をひそませる、触ると知っている、――労作物、監守長と相談、典獄が――米沢織、看守長、僕、典獄、女子指導員――前後へぱっと庇ふ。色情狂でなくても、見つけぬ男を

みると、とびかかる、獣性になる、その為の人垣半紙をすいている、藁、上で大釜がぐるぐる廻ってる――見にゆくと全部が仕事を止めて、みている。

近藤親繁〔「親」の字の上に消した跡あり〕――紐工場、ここでは男の匂ひにそれほどうえていない、事ム所に来た男がわかって、仕事をしている手つきが違って来る、多く性慾関係の犯罪。

松山伝十郎、教育時論、実力、雑誌（空論でダメ）

●実状調査　神吉町

〔愈々実際調査、第一に神吉町へ。何を話してもうけつけない、嘘か方便、知人を訪ねる風にして、子供たちも妙な顔で返事もしない、三度も四度も、菓子をくったり煙草の火を貰ったり、差配できいたらわかるでせう。――行くと、きまって、おかけなさいともいはぬ。「そんな者はいねえよ」屈せずブラブラ廻る。ひどい場所一ケ所、万年一丁目の東裏にあたる、いやな目で見られてなぐられやしないか、測々と迫る。人足で足を洗ってる、鳥井菊次郎、井戸端、話にのった。手をかへて、家をかりて暮らさうと思ふ。人気はどうだい、ここは「地蔵長屋、円満長屋ともいふんだ」せんには浅草で持ってたが、ないないといへば強てとらないから――バチがあたった、地蔵の顔も三度、戸ハメのこわれたのも修さない、今度の家主は、三日滞ると、戸を釘づけにした、閻魔長屋になった。家賃が収まる。人をよくしちゃくらせないよ、買ふとしたって、さうだよ、日がくれて、大降り。くらやみ、長屋のヘリの溝へ落ちて、足を折りさう。ないことをかまへていたのだから、手をかへないと、女房を質にをく、といふ話をきく、バクチで負けて、嬶アよこしてをけ、「そんなことをして子が出来たらどうする」「向ふのものだよ」

●万年町石井

〔万年。――一丁めへ出て、怪しんで、きいてもどこでも相手にならぬ、一番親切らしいのが、宮本菓子屋、夫婦共親切者、人を訪ねたっていない者、差配、医者石井老人、方々差配している。石井登《（昇）》。上りバナで立ちばなし、「ふうん、そんなのはいない」。岩松兼経。気位たかくて尚ダメ、「衛生組合事ム所」の看板。〕

〔石井人、今度は正面から、身分と仕事を、調べた上で学校を、百難を排してやっている、なぐられる覚悟、戸籍にない者を、区役所で投ってあるものを集める。はじめて「お上んなさい」ほんとうをいふとくさい家。薬の匂。それだけぢゃない。ムカムカして来る。茶がぬるくて赤くて、弱る。——朝、顔を洗っている内に、物をとられてしまふ、焚いたメシまで、アンマ稼ぎ高をフトンの上で算へる、音がすると狙はれる。二丁め、人気が悪い、血を見る毎日、わしより嬶の方が強い。どんなものでも抑へる。家賃を収めるのはバカだ、子供も親子か兄弟もわからない、ここは願人坊主の本場だから、箸にも棒にも、山崎町、御家人くづれの多い、慶安太平記時代。宮さまへ罪をのがれる願人、隣の御徒町だから、六尺雇仲間の本場、お士の名で、手が入らない、かくまはれる、逃げ込み場所

（合羽橋の先に左手、「願人」の立張、カリンの木があって、玄関へ）だから、くらしいい、困った者同志だから融通し合ふ、山伏町の通りの夜店、一銭で、茶も鰹節がかへる、長く話していると、不快になる、靴をぬすまれた。

子供の売買、（又腰ををろした）只ぢゃ集りません、みんな働いてる、赤ン坊ほど給金が高い、乞食の材料、七八つになれば、ちょろまかしを教へる、八つ九つ、食ひ稼ぎ、奉公に、

困れば女房を云々はほんとうだ、ええざらですよ。」

●山伏町

［山伏町、参った、こわい、なれない、露路を、キョロキョロ、目ひき袖ひキ、合図をする、——いまいましい、山城屋、貸屋持ちのところへ湯、土蔵庇へさしかけ、店子連中が、据風呂を共同で、下駄の古いのなど、燃して、五十恰好の婆さん、——お前さん、泥棒町といはれるところだ、］

●入谷町

［山伏、入谷、松葉入りくむところに、南北の路の合ふところ他には家なし、六尺四方の小屋、持ちやがるやうな駄菓子一軒。おばさんが山伏町を泥棒町、万年を乞食町、ウカツなことをお云ひなさるな、——出前は持ってかない、ソバウドンを食って、道具を売っちまふ。万年町もそんなこと朝ッパラですよ。貸しふとんや、寝ている内にとりに行かないと質に入れられてしまふ。子の売買、房州から、横浜から買ひに来て、「人買ひが来た」「かどはかしが来た」といはれた、それが反って悪かった

実は私は——まア子供を寄越しませんね、一切をやればとに角。皆泥棒に限ってはいないだらう。さうですよ、それで困るんです

表店はよい、裏でも巻煙草の工場へ行ってるものもある位

だが昔からさう云はれているから——

衣食住まで考へないとダメ。話している内にもヒョイヒョイと見に来る。「旦那様——（となる）その筋と思ってるかも知れぬ、気をつけなさいよ、様子を見に来るんです」内々話だが、スリを教へる学校、場所がある。山伏町、どこだ？笑って教へない。どんなことをして集める、菓子をやって遊びに来い。」

入谷町、通りに添ふての家だけで裏は水うみだ。露路一つ。人家二三十戸。キケンを感じる。左側、南入谷、話がなりたたない

右側は七八戸あるだけ、左側（北）距離で一丁、もう水溜り、人家の中へ入ると、兵営のやうに家が並んでいる。ある資産家が一定の方針の下にたてたものらしい。——ルスが多い。きいてもダメ。山伏町を北へ行って、新坂、入谷、人家わづか、池、大蛇でもいさうな、〔前田利同の裏、半島型に植木や、何も話さぬ

荒物や、差配（豊住町へゆく、斜めの道の角）五十位のかみさん相手になって、思ひもよらぬところに、豊住と新坂の間の南側は万年二にくっついている、貧民窟、——ここはくらしいいから人が寄る。ここへ入れば容易に走跡がわからん。世を忍ぶ者には絶好〕

貧乏市

〔ここに市が立つからです。夜店です。日がくれる。「旦那、そろそろ店を張り出しますから」見ておいでなさればわかります、口のかけたドビン、ヒビの茶碗、わづかなことで身性道具は五十銭もかければもちはじまる。ひめのりを五厘、一厘でも売る。重宝なところ。茶を貰ってのんだのははじめて。莚半枚もあればしゃがんで地面で売っている。ローソク。手ランプ。古着や、ボロをまとめて、下駄もチンバ。」〔（柿沼——下駄をそろへて、台をツイデ）塩魚、乾魚、穀類、コーコのクサッたやうの、千住から荷車の野菜物、三人位、人参牛蒡芋大根、安かった

板台へ、鮒、鯰の一年子、ザルで、十銭で一ぱい、旦那、一銭下さい

笊のこわれを持〔左に「買」〕って来た、烏貝のうでたの、屑拾ひの拾ったもの問屋から買って来る、売れさうなもの、飯を売ってないだけ、〕

〔付加——欄外上部〕柄のない庖丁、破れ帽子、へりたる下駄、袖なき衣類、一円で袷の小児用衣服二十枚

十銭で小供の帽子、穿物、衣服帯を調へ与へしことあり

●協同学校

［万年町に学校ありときき、協同夜間学校、（今大東小学校に渡辺（六郎）学校とあった）の分校。政策上、渡辺学校の人気を煽るため、売らんかな主義。本校へ訪ねる、万二（　）下谷学ム委員をしている人の親戚、持ちあつかっていた、適当な時に、手放したい時だった。快く話してくれた。正しいことを教へるわけにはいかない。バクチをしてはいけないと教へたら、オヤヂが家で丁半やっている。そんなことをしちゃいけないよ、子供を罵る、私服刑事がきき込んで、ドサ。学校で教へたからだと、嬶ア連が、食わせてくれと、云って来た。身の毛のよだつ話ばかり。］

●山伏学校

［山伏尋常小学校、いろは長屋と山伏町との間に、和尚がやってる慈善標榜、てんきりうけつけない、ケンカじかけ、松波、（後に養老院をつくって、内ム省でも重く、見た。）離れたところに寺、下谷の新井《（荒）》宗夫《（雄）》（有力者）君の応援で、机などを揃へて――建物、机、一切を東京市へ売り込むつもり、生徒まで、江間俊一とレンラクあって、政治上の関係で、そのことといふと「今にわかる」と山田久作。高い値の売り込み。バカバカしいから買はぬことにした、市に建てさせるものかと妨害。尚更よく調べてくれ。］

●竹矢来

［ごく粗い案を立てた。市が予算。建築にかかった。万年からはじめよう。建築物、始終廻る、「特殊学校建設地」竹矢来、いつも不完全。お役人さんに云はれるまでもないが、いつでも抜かれてしまふ。物干に使ふだけではなく、売る。小言をいふと仕事をしていられない。弁当、道具を持って行っちまふ。仕方がないから補っているが、根気くらべになるやうに、］

●訴へれば尻をまくる

［万二の草履屋、旦那さま、此の辺ぢゃ仕様がありませんよ、店先でかっぱらはれる。捉へれば大変。此の向ふの米やで、毎日米がとられる。気をつけてみると、子供、つかまへてひっぱたいて帰す、又やる、交番へつき出す、尻をまくって来たオヤヂ、ガキが何かとったといって――したから、交番へ呼ばれた。」怒鳴ってるから、お客が来ない、営業妨害。又やる。金を出して、あやまる――とられ放題、アタをする。］

●工場附帯案

［衣食住三者の給与がないとはじまらぬ、経費がゆるさぬ

工場を附帯して、働いて金をとらせる、これも同じく経費が足らぬ
十の七まで、状況に添って作った案は、ダメになる
学資給与、備品貸与、（筆墨紙）使ひ捨てるものはくれる。鵜的だが、逐次に――。不ユカイ。気のりがしない。そんな生やさしいことでは――。生徒一人に対して毎日十銭宛の費用で、どの位の学校になるか、三十四年の十月、八］

●皇室のために

若月が迎へる、短気を起すな、皇室の為に、死んでくれ、誰も何もしてくれんので、それだけの丹精はしてくれた、市は気位が高い、内幕はなってない、さういっちゃなんだが、田舎出の無名の君を、君も我慢して、はじめてをいて必要に応じさせる
市も八百万円の歳出入の内で、どうにでもなる
市の割の三割増の職員給、そこまでするのも山田の骨折

●どこに建てる

［どこに建てるか、万年、蛤、新網、鮫ケ橋、――花町、妻篭町もやりたい、二つの内で、どっちか、音羽ゴゴー寺前、人気が悪くない、数は花町位、三つの内のどれかをきめてくれ、ぢゃ大勢の意見に依ってもいいんだね。ええ。
――十二月にきまった（高師止め）、委員会、］
実行予算の問題。
市役所へ行って仕事をすることになった、教育課長の隣へ卓を据えて、（打って出るには著述の余暇と便宜があって高師がいいが）

●退職

［露口帰郷、その後任にと、村田部長より、露口退職の因は、表に柔和、裏に児童虐待の状、某紙に暴露、その記者参観の日、元小学教員たりし記者、旧知なれば相語る、これを以て、彼の活動と推するものあるらし、よって露口のあとを襲ふを屑しとせず
熊本県視学のはなし、同県員参観に応待せるところよりなり］

●運動会について

東京府師範学校運動会、附属へ案内状一部二部蔑如として意に介さず三部に廻される。
村田部長も沈思するのみ、彼懐にす
三十五年五月四日、午前九時、青山校庭、来賓席、神師在学中の追憶、曽ては殆ど無経費各自の努力苦心にて装飾、運動用器材も調へられしを今や、生徒の苦心に成ると覚し

きそれらの何も発見し得ず、第一の淋しみなり、彼自ら運動者たりし時と又指揮者たりし時と比較し、競技開始の合図が肉声より号笛に代り、所要時間を時計によりて計る外何ら異る処なし、経費と準備時間の豊富なるを除かば何ら進歩なし生徒その他の意気に至りては却て索然たるところあり、感慨にふけるところ、批を求めらる

一、同一児童なり生徒なりについて前年とも比較を見居れりや例へば前年に於て若干距離を走るに要せし時間と、今年に於ける其時間とを計較して教育資料となし居るや如何、此計較の結果は生徒の教育上各方面に亘りて非常に貴重なるものならずや

一、児童並生徒、――箇々の体力に拘らず単に同一学年なり同一学級なりとの故を以て僅かに身上順によりて競走なり競技なりの組合せを行ふは不合理ならず

一、運動会の真意義を何処にをくや

○単に来賓、来看者への一種の興行物視せしむる為か

○将た一定期間に於ける発育状況の公式検定事業視するか

○生徒の為の大興楽事業視せんか何らの興味を感ぜざる下級生或は幼年者を一定の席にあらしむべく強制するは如何、苦痛を感ぜしめざるか、目的と称するところと反対の結集に終らざるか

接待員答に窮して体操科担任者を呼び来りしも何ら要領を得ず、彼は、訪問に来れるにあらざれば他日の研究改善を求めて辞去せり。

半日学校

交通往来の途拓けざれば、之を少数の学校に併合すべくもなく、一村内に三乃至十ケの小校分立する実状をみる、東京府下にして然り、全国にわたりては其状想像に余る。高師附属にして思を此処に至さざるは欠陥といふべし、彼は理論に終始する迷想漢にあらずして理論を応用せんとする実践家、日々に実際に基いて理論を発見せんとする者、会ギに提出

一、目下我国大多数の小学校に適応すべき理論と実際に適応すべき研究を開始すべし

一、半日教授が法規上公認されある今日なり、交通機構が整備して一村一校の原則制実行を見る迄の応急処置としても之を等閑視すべからず

一、児童の精神活動状況たる一年にありては十分間以上同一課目の連続教授に堪へ得るものにあらず、四年に於て

も二十分を以て最大限度とす現下一般四十五分乃至五十分を以て一教目の教授時間となすも該時の大部分は有害無益に終ること多く、非凡絶倫の教師と雖も、教授の直接目的以外に其力を浪費する――半日制、二部制、尋常科にては可なり

半日学校若くは二部教授制実施にあたっての設備と注意

一、登校準備着手、時刻

一、通学団体、長幼相扶、雨具下足置場に特殊の設備

一、学用品収蔵の混乱をふせぐ、机の下に一段設ける

一、学用品の備へつけ、校費による支給を期す

一、一、教科目の教授の時間的単元を二十分以内とするを原則、二、教科目は教室内に「連続継行」只中間に約五分の精神界休養の途をとり方向転換を行はしめる為に説話、或は机間の簡単なる体操的操作

その後教室外へ出す

一、教授案の作成上に十分の注意

○間口は少く、奥行を大に、項目を少くその徹底を

○言語の重複晦渋冗漫を警め、児童の精神に俊敏なる機会に投合すること

一、教授用資材（一般に教便物といふ特定語あり、彼之に従はず）を整備し、教授者は機敏に処理し、時間の徒消を戒む

『取材ノート6』

万年学校準備時代
養子となる
産婆中野に寄寓
新花町下宿
西五軒町
萩の餅
若月使者
糊売婆
ボール長屋
既存学校
教化の至難
期すべき効果とは
予算案
学校の配置
特殊工場
行政外の者
実況調査・お茶の水
泥濘に仆れたる者を
神吉町・閻魔長屋
かっぱらひ
乞食婆にきく
職員俸給
経営案ほぼ成る
校名案
市会通過
校長に成れ
机・腰掛
石につかへた土竜
巣鴨監獄
表簿
経費運用について
御用商人
煙草工場
お貰ひ（小沢の話）
赤城の子供
松谷の子供
直営校の基準
校名をめぐり
医療設備併置論
三井病院
石橋直吉の画（花園の動機）
貧者放任論
入浴について
職員住宅の件
独立東京市の人たち
学齢児童調査、区役所にて

煙草職工反対	差配の妻女を篭絡	訓導山下域之	備品給与品購入
警察署にて	石井昇	小使上田軍司	半日教授
各戸調査	大矢明誠	児童の収容	入学した子供
児童隠匿	就学を厭ふ理由	妨害三項	始業式
入谷は一大湖沼地	特殊風俗由来	収容の規準をどこに	服装・身体
鉄道馬車線路掃除夫と娘	窟形成の因	区役所訊問	精神状態・言葉
校医三枝	山伏町夜店	戸籍上の異態奇趣	訓練
入谷三六三の長屋	校長辞令	収容児予定	授業開始
三木屋長屋	監督権と管理権	大矢の裏書	開校式
老人欠席	校舎竣工	他の四校	

●養子となる

若月熊次郎（教育課、学校経営主任）

［父の従弟北多摩田中村、（昭和村田中）矢島昇兵衛方に養子として彼夫妻の藉《（ママ）》を送る。母の事後承諾（父と従弟との内約による）、妻、四才の徹、次男悴《ヤスシ》（牛込にて当年出生）を伴れて、北多摩に移り練塀訓導斉藤が仲御徒町二ノ四〇産婆にて寄寓者を求めるといふ、若主人夫婦は次子をつれ、

山梨県の病院に、六十四の老母、七才の孫と共にある、産婆を業、見習生若い女のみなればとて、即ち寓す］

●産婆中野に寄寓

［中野美代、（埼玉白子の人）三十才、夫を逃れ、遺嘱を完うせんと親戚の反対を尻に、一男健三郎を医師たらしめんと、三女子を伴って上京、貸布団屋を営む、女のみと侮られて料金のみか布団皆売られ果たしぬ、果物の露店、戸

板で、御成道、仲徒三の漢数私塾、月謝一円、食費は学僕として雑ムに従って支給——月末月謝をとりに来ても、ない、売れのこりのいたみ果物を与へてだまして帰す
亡夫医師、見聞を元に附近の分娩者の世話をする、若干の報謝、遂《(ママ)》次ひろまって、業ム化す、後認められ、長女は髪結
健三郎、田代病院の書生、——医師の資格　二中老婦人に産婆の資格をとらしめ、末女にも、客は二代三代にわたる、毎日平均九名の分娩を扱ふ盛況——日曜には派出その他の任に当る
一、馴れから入った産婆、潮の干満、いくら迎へが来ても悠々と茶を、哀訴をききかねて、催促すると、早く至って産婦の心を刺激するは不可、診察の百発百中（練塀町、帝大出の婦人科医、木庭先生）分娩危態《(ママ)》と認むれば、木庭先生を聘せしめ、自己妄信をせぬ、立ち合って一名の死亡者なし、
隣室に見知らぬ婦人、背低く、腹大きく、坐礼不能、双子ではないか、否といふ、——洋風の流行、胎児を十分に発育せしむるには腹帯不可といふ、中野反対、——今夜は孫をつれて親戚に泊ってくれ、お銀さんが生まれるから、——学校会ギで遅く帰る、孫寝てゐる、十二時なれば、そのままゐると、妊婦の苦悶と襖、孫が泣いてとび込んで来る、屋内震撼——炬燵櫓によらしめ、張板二枚鴨居に、母子安全、命名を乞はれて、東京一の巨大児ならんきくままに「京《タカシ》」]

●新花町下宿

[新花町の下宿、妻は木炭の高きに驚く、番茶も一々料金、一人一食六十銭

●西五軒町

[牛込西五軒町四〇、三畳、六畳二間、一坪半の炊事場、家賃三円六十銭、東は人力車夫、妻は封筒はり、西は砲兵工廠の職工長、妻は十七八才の娘と共に裁縫を業とす、前には五十坪に余る三尺併用の庭、屋後《(ママ)》は弘文学院との問に二百坪ばかりの空地
内職、家庭教師をすすめる者あるも従はず
村の模範、妻の頭髪は油気を失ひ、こぼれ毛の顔を覆ふなきのみ、」]

●萩の餅

[昼食は生徒と共に、教室にて、作法の実習を期す、彼の主張［「の主張」の右横に「率先」とあり］と実行、フタをと

れば小形なる萩の餅、妻の手製、副食物の簡単と費用の節約、生徒は年長の女子、互に副食物を盗みてとかくの批《（ママ）》議、生活程度を打算する風あり、これが匡正の心労、それを避けんとする妻の心、飯には挽麦を混ぜられぬ、遂日《（ママ）》麦の量は増す、萩の餅として赤豆の餡をつけたれば生徒はその実質を知るに間なかりしも、生徒中上体を屈して顔を伏せ、食物を隠蔽すること甚だしきもの十数名
食料品に関する講話、食後に行ひつつ、彼自らの萩の餅を両断してその内容を示し、高価なるもの即ち栄養に富むるはあらずして、
家計の苦辛中、第二子は安らかに分娩、三十四年一月四日、年始休業中なりしは幸なりき、怜《ヤスシ》、彼の喜び、妻の顔一抹の暗翳、養家へ赴く、家計上の労をなからしめんとする点——養父酒に親しみ、家産を治めず、門閥に憧れ、豪宕頑固、指弾される交《（ママ）》る者なき男、彼女の労や（養父の暴励《（ママ）》に徹の萎縮なからしめんと、母、その膊下に伴ひたること屢々）」

●若月使者

［三十四年四月三日、神武天皇祭とて、茶を喫しゐたる時、若月、山田の命にて来る、

貧民教育機関を設けたりの虚名を博して往事に止れりとするには可ならんも、真に国を思ふ者の為すに忍びざる処なるべし」

●特殊工場

特殊工場、経済原則以上に賃金を給して、子弟を就学せしめ、工場附近に一校、学用品を共同購買せしめ、父兄の生活用品も亦、家屋も連帯賃借せしめ、これに充てる家屋を建てよ

●行政外の者

三次案、普通行政の範囲内に於ては就学せしめ得ざる者のみを収容するものとすべし——そんなものはある筈がない、その説明、
ある、事実を如何、収容の上、行政面百万《（ママ）》緒に就いてその施設を要せざるに至らんか更に進んで、前述の如き——理想の実現

●実況調査・お茶の水

三十四年五月五日、お茶の水街道に現る、ボロ店、人馬往来立ン坊、迂遠とて嗤ふ者多し、若月も無効なるを挙げて中止慫慂
九段坂下より、眼鏡橋、和泉橋、浅草、厩橋——神田、牛

込、小石川、本所の一部、下谷浅草は全区、談話をきき生活様式を研究

不潔と不衛生、商品は砂まみれ、扱ふ手は、器物は汚し、人々に触るるも嫌悪の情、戦慄なり、

漂浪者を装ひ、縄のれん、樽上の一客となる、話題は両性間のこと、金銭貸借の機微、恩讐その他、倫理道徳観にわたり

南入谷、浮草一面の大池沼、

［餅のつけ焼、（露天）屋台、大福餅、串団子、狐すし、良い店、水道橋北角、春日町北角——縄ノレン、講武所裏、三河町、不快不安なし

小石川宮比町、ドンド橋西角㊂と障子に大書、うどん一杯二銭、量多し、労働者も二杯以上食へぬ、

坂本二にも㊂、大福餅、あべ川、つけ焼、餅に海苔をまく、雑煮、団子、昌平橋㊂、清潔、ひろし、赤飯、狐すし、のり巻、大福（球形にて餡にも蜿《(ママ)》豆の丸粒を混じたる独特）きり餅、あべ川、つけ焼、時に柏もち、鶯餅、桜餅をお菓子の名を附して売る、品質堂々値は二銭、こわめしを一食分とする者多し——次第に汚なくて］

性来弱し、飲食物調理の吟味を要する者がこれにあたる困難、貧民窟ではよせつけず、婦人老人のみの住居でも、唖然とするのみにて、意志の疎通はついに能はず、——言語と交際法とについて、下層労働者の天真ランマンな情緒を発揮する飲食店入りをはじめる

［普通語を解せざるにはあらざるも、時に普通語で話された時は、応へることが出来ず、凝視するに止まる

暴言も、親愛の情、——普通語は不便、生意気、きいた風なことをの反感

□腹第一、性慾第二、理性なく、感情が主

服装その他の異る彼が、彼らの慣用語を以て接すれば、喜び遇せらるることを知る、平等的態度を以てその感情面を支配する方途を得た］

●泥濘に仆れたる者を

後年内ム省高官連に説く、「泥濘中に仆れたる者を扶け起すにわが身の泥にまみれんことを虞れ、遠所より杖を出して騒ぐとも何程の効があるべき、近づかざるべからず

●神吉町・閻魔長屋

［神吉町、子供に菓子を与へて、

家主の監視、根太、床板、羽目板、薪にされる

全家、寝てゐる、空腹

夫婦喧嘩の因は食料問題、
帰宅後の夫の動静で収入の多寡が窺はれる帰宅早々の元気は――」
「同じ兄弟姉妹で似ても似つかぬ顔の者が何よりの証拠」
［閻魔長屋、三棟、十八戸、便所別棟、六畳間、押入なし、土間入口、一畳分、物置たり炊事場たり、家賃一円八十銭、婦女は「袋貼、マッチ貼り、日収二三銭、体を働かせれば腹がへる」］

かっぱらひ

［時にさしみを食ってゐることがある
「出世前の子供を交番につき出して傷者にしてくれた、如何なる有難い幸せ、お礼に来たぞ」尻をまくり酔態を粧って毒舌、幾時間、かっぱらはれざるやう注意するに止まる
「とり得、とられ損」
飯を盗まれる
井戸で米をとぎ、赤子の泣くのを見に行った間に釜ごととられる
「旦那なんですか、どんな奴ですか」逃がせる
子供もそれを見知る、利口、智恵者は偽ることに長ける
良い子とは、最も偽る者の謂なり］

山伏町

乞食婆にきく

「五厘！」と毎朝叫ぶ子供、与へなくてはならない、不正不良の行為をされるのが恐ろしい、といふカミさん、米一粒ない時でも、大人、男女、時に大人と子供の着物の共用夫が死ねば、直ちに後夫を迎へ入れ、そのふところ金に依って葬式の真似事又その稼ぎ人の周旋、近隣にて、（生きんが為の途）
特有の警戒心理――平然たる風をせねばならぬ
［山伏の露路、雨、土間焚火の老婆、「何も悪いことをした覚えはないから旦那方を恐がることはない」警察の者ではない、学校を、次第にうちとけ、男は「御免なさい」と会釈して燗鍋を出して、
人間は色気と食気、相当な人もうはべを奇麗に飾ってゐるだけで、内幕をさらけ出せば、同じ人間だもの変ってゐる筈はない、俺達だって、はじめからかうぢゃない、年寄になって上部を飾る必要がない
お貰ひに出る時は、相応なナリをするが帰ってくれば酒ものむ、うまい物も食ふ、年をとってたって「いい人」があるよ、仲よく絡ム寝る相手が、人間つまらぬかざりをなく

すれば苦労はない、土の上に坐ってお辞儀をしても職業と思へば何でもない

年をとると若い男を相手にするほど楽みが多いものだ、若かった頃のせちがらさを思ふと、今は気楽、生きてる間に思ふ存分愉しんでをけば死際なんかどうだっていい、いくらいい家に住んで高い薬をのんでも死ぬ時は死ぬよ、」

体の何処を働かしたって使ったってお金を得るための仕事だもの、とや角いふところはないわけさ、――ただ一寸困るのは、つい此近所のことだが、嬶が金の為につれて行かれたが、その家の男が好きになって期間が切れても帰って来ない、それが亭主の家の近くで、毎日何度となく顔を合せる、御亭が紙屑拾ひに出たあとで、三人の子供がおいかアかアと向ふの家へゆく、亭主気弱だから、いいやうなものた《(ママ)》。

「尻を売るといふが、日髪日化粧、十円二十円の仕送り、堅気では月に五円も持って来まい、女の子が生れると喜び、大切にする

ともかく此の辺のものとよくつき合って生活や考へ方や心の中をよく承知なさってからでないと、怨まれたり憎まれたり、間違ひの元になりますよ」

入谷

●糊売婆

「日雇一日十五六銭、三十銭、平均二十銭、日数は二十日、雨と仕事の切れ目あり、「怠けてゐる」のではない質を入れて、食ふ、食ふことが資本、即ち必要、明日を考へたらきりがない、気病みになる、飢に泣く子の為に、救ひの神、糊売り婆さんの口で、目をつぶって、悪い夢を見たと思って、と淫をひさぐ。はじめは子のため、次第に、夫が張番をするやうにもなる」

●ボール長屋

入谷西北部、ボール長屋、猫つり、猫の皮はぎ多し、「山伏夜店、かっぱらひ多く、捉へんとすれば、又かっぱらはれる

●既存学校

入谷の渡辺学校〔「渡辺学校」の右横に「尋高」とあり〕、台東になる、下車坂、天海学校〔「天海」から線を引いて「徳三郎」とあり、また「天海学校」の右横に「尋高」とあり〕ミカンで生徒を、西町、学校

山伏（松波神達）真言宗の坊主、下谷に七つ、

新《(荒)》井宗雄（江間俊一の親分）が山伏を何万円で売らうとし

てゐる、」

●教化の至難

［娘の（貞操を重んずべきことを教へしに）醜業を停めるならば、衣食住費を支ふるに足る正業を周旋せよ、その力なくして誹謗攻撃するは不都合なりとて、酔漢、土塊石礫を投げ込む、授業妨害
警察殆ど無効、極め敏捷《マヽ》、
顔役を通じて金品を与へ、妨害させぬやう
人倫道徳に関しては形式に止め、読書筆算に重きををく、
郷に入っては郷に従へ、
生命につぐ物資、得るに手段を選ばず、この間の事情に通じざれば、一切の交渉不可能なり、与へずんば率ゐる能はず。
彼らを愚物視するはよからず、常規を以て律すべからず」

●期すべき効果とは

［三ヶ月にわたる探査、先づ下谷区を対象、如何にして学校を創設せる効果を収むべきか」
効果とは如何なるものなりや
［効果見るところなからんには市費の浪費なり、此の事業の動機上、恐懼に禁えず、単に文字計算の啓発に止まらんか、社会を毒する方面に利用さるべし
一、独立自治の精神を涵養すべし
一、収容せる児童を介して父兄の教化――家庭の教育を期する方策として先づ児童を教育すと看すべし
一、学校の命数は五十年を以て終らしむべし、換言すれば五十ヶ年間に学校附近の貧民窟をして普通市街たらしむべし更に詳言すれば五十ヶ年に収容する児童家庭の生活面を向上発展せしめ、貧民たらざる普通世帯者たらしめ、学校より普通一般の同施設に転ぜしむべし
山田課長その雄大に驚く、難色
市長は喜び、実行を熱望すと伝へらる、三十四年九月一日」
第一の暗礁、
山田は将来ギム教育云々――（前帳）十月十日、

●予算案

［予算案――試験的概案を立て、細目に至っては事実に教へられて加除しつつ、学校生活開始後第二年度以降にはじめて所謂経費予算なるものを計上するの他なし、大綱
一、児童並其父兄の目に触る、器具類は華美に陥るは因より不可なりと雖も東京市内有数なる学校に比して遜色なからしむ可し――聖恩の洪大、東京市の真意を知らしむ

ると共に従来貧乏人貧乏人と人外視され来りし心を伸べしめ、進んで向上を期せしむる刺激を与ふる手段として

一、給与すべき学用品は毎人月額十銭とす

一、奨励費――

一、理髪沐浴の設備を整ふべし

学校附近の当業者と交渉して其結果に俟つも可なり

一、雑費として毎人年額五十銭を計上すべし

［父兄会を開くこと毎学期一回は必ず其要あるべく、時には被服或は医薬を給与する必要に迫らるることもある可く、校外教授を行ふ必要亦存すべきも其経費たる事前に予定し得られざるを以て最初の第一年度にありては漠然不徹底の嫌ひあるもこれを一括して雑費と名づけて計上す

市では若月熊次郎此の創設学校事ムに当ることとなり、彼が課長と折衝して定めたものを、成文化する任務］

学校の配置

［学校の配置――

職員俸給

職員給問題

献身的なる語は、完全なる天涯孤客にしてはじめて

一、栄誉利達なるものを眼中に置かず貧民なる者の友となり親となり師となることを終生の天職と信ずるもの

一、繊細にして敏慧たる感情と必賞必罰的理性とを有する者

これを得る為に

一、衣食住市費、一、家庭の疾病、一、子女市費教育、一、俸給なし］

［山田、奇想天外――唖然、普通の俸給生活者を夢みる者には任じ得ざるところなり、討ギ十数回、山田――理想上正に然り、市政の全般上より推して到底急速に実現し得べきもなし、将来そが実現を期することとし、現下の急に応する臨時処置を講じて――結局二割高（標準二十円）二十四円となる

経営案ほぼ成る

経営案ほぼ完成、これ勿論想像推定に依るもの、之を実際に適用するに当って逐次修訂して大成を期すべきもの、即ち試案、三者の評に曰く、――当時一般に貧民は貧民として遇すべし、之を相当市民として遇するは不可なりとする差別観に囚はれていたのだから、松田市長の卓見なかりせば、彼が志をのべる途はなかった、その市長と雖も山田の

口吻をかりれば、「面目観に止まる、事業その物にかかる本質的観念の出発なりしや頗る疑問」と、]

●校名案

[直営特殊小学校――茫漠たる名称下に経費計上

一、職員及その待遇、一、収容児童と待遇、一、設備上の注意

一、労役作業　悪癖を矯正し勤労の興趣を喚起し、独立自存の尊さを悟らしめ、身体上の故障を予防、修学と共に生産的業ムに従はしむる方策をたつべし

一、父兄の教育　寄宿舎を設けざる限り、児童の学校生活時間は校外生活時間の数分の一に止まる、単に学校生活のみに云為するも効果なし、父兄を教育し、生活上の改善を奨めざるべからず、児童の教育は寧ろ父兄を教育する為の方策たるの見地に立つべし

一、就学と生計との調査を計るべし――就学せしむることによりて受くる生活上の苦痛を招かしめざることを図るべきも、多額の経費を要す、先づ子弟の就学によりて起る生計上の苦悩軽減を期すべし

一、学校経営の目的と学校の使命――創立経営の真目的は、救《ママ》極誘掖貧民なるものの根絶にあるべく、学校の使命は可能的最短期間に其存立価値を失却するにあるべく、東京市内を転々として全市域内に其必要なきに至らば中等程度以上の学校経営若くは其修学奨励策を採るに至らんことを期すべし

一、要するに学校経営上の参考資料なき今日たり、而して前人未踏の難事業たり想像推憶も全く夢幻に等しきが上に侮蔑嫌悪の偏見、貧民は数多し、彼ら貧民にして権利を主張するに至ることあらんか、自発的と他発的たるに拘らず真に由々しき大事を招来せん、謬見を打破して救《ママ》極教育国家の前途に資すること難事中の難事なりと雖も、――先づ大綱を定めて開校し細目に至っては事実に即して臨機研究逐次大成を期すべし、徒らに名を求め功を急がば百害ありて一利なき暴挙に堕せん]

●市会通過

[三十五年三月、市会通過、芳野世経、楠本正隆、肥塚竜(曽て府知事兼東京市長)、江原素六]

●校長になれ

[校長たれ、

志望者、簇出の際、自ら立案しながら器にあらずとは反ってその器たる証左なりと市長の懇望もあれば山田、村田

宇一郎よりのすすめ、——高師卒業、学友皆中等学校へ、ただ一人〔「学友」以下の右横に「中等教員不足にて各地より招聘旺」とあり〕宮城県下の一尋常校に、後師範職員、徳島県師範附属小学主事業蹟同県下に現はる——素朴野風、歴々に伍して、〕

〔市役所内執務〕

●机・腰掛

〔先づ机腰掛の製図にかからんとすると、課長、それををき他の備品の調査を要求す、詳細なる図型をも、繁鎖《マヽ》あきれたり、錐、箸、飯茶碗、草履に至るまで、一読明瞭のものを、説明つきで、（市の物品購入には情弊あり、苟も教育事業、毫末も暗影あるべからず）断乎新例をひらかん熱意

机・腰掛、練塀にて見本、質実剛健——優美堅牢、四円五十銭

一、十人分三円五十銭

一、二部若くは三部教授実施に備へてあるべし、

机の蓋、松の仕上げ、六分五厘板、墨と柿渋にて黒色ならしめ、厚さ三厘以上の生漆をぬる。蓋をあくれば大小の二区、小は硯と筆墨ををく場所、大は竹薄《マヽ》石盤等底板の下に巾三寸厚六分の板を横に渡して堅牢と脚の長さに応じて利用、腰掛、松の仕上一寸板の中央に浅き凹所

机の甲板以外はすべて赤味を帯ぶる春慶下地の生漆塗、高さ大中小の三種　立面、側面、斜面、見潰《マヽ》しの四図、色彩までの製図

課長憂悶の色——旬日、微笑して二階より降り来る

「きまった——予算額を超えぬ条件付で——」

謬見——貧民の子弟を学ばしむるに普通の小学校と同規模は〔「小学校と同規模」の右横に「（高師の石橋など）」とあり〕以ての外、机腰掛は地上に打ち込みたる杭上に板をわたせば可なり——といふ者あり、

委員会——先づ渡セ富次郎《（瀬寅二）》、賛成、江原素六又、東京市自身始めて経営する小学校たり、斯許の物ならずんば他を率ゐるに足らずと断言——委員会承認

第二義的不安、三円五十銭で出来るか

彼は幾多の工匠について周到な調査をへてゐる〕

●石につかへた土竜

〔調度課では、一組五円を下らず、或は七円か

物品購入の夢想だに及ぼぬ経緯、彼の探した工人商人は種々なる障壁に跳ね返されて、ダメ、教育課員「石に問へ

た土竜」と私語す」

巣鴨監獄

［巣鴨監獄、加工料は囚徒出獄の際の資本となる、三円十銭でよし「地中の竜」となる］

神保町、東京府教育会役員選挙事ム所なる立札

表簿

［表簿、——学籍薄《ママ》以外は市内でも統一がない、範例を作れ、これはわけなし、学校生活に要する全般の表簿たちどころに成る

経費運用について

経費運用上の系統並必要文書の様式作成」

［山田私宅にて——他言は憚るが、市会計の運用上には遺憾多し［「上」以下の右横に「市は蛆がわいてる」とあり］

万一神聖なる教育事業にしてその余波をうけんか由々し、他の模範たるざる《ママ》べからず、市長の切なる期待あり、その意を体して会計経理の系統を樹て、之に対する諸方策を制定せん

生立ち、師範の状況を語る、山田感動、市長に説き、市立の師範学校を、特に東京市に適切なる教職員養成機関を——貧民学校経営の途立てるの暁、進んで、作成されよ」

御用商人

山田は事ムの簡捷を期し現金二十円を校に交付しをき、十五円以下の物品は校長任意にて処理すべき意向

学校側の御用商人なる者よりの収入莫大、中元、歳暮、あからさまに要求するもあり、商人もこれを普通とす

［某校、屢々にて、青楼、豪遊、商人警戒、某日、楼主の予定の金額ををいて帰る、団体は熱をあげ、やがてそれを知って紛糾、急を知人に派してその場を逃れ、俸給中より分割強要、家計の支障、妻女の知る処、紛争］

御用商人の株、

浅草区の某校、就職希望者多し、即ち吉原に隣に、楼主の子女、校長と担任者招待、人事を以て歓迎され、翌朝辞去に際しては墨画、骨董、工芸品陳列の室に案内、持ち帰るに委す、大籠ほど、如何なる校長もそれを拒否する者なかりし

［市費濫費となる御用商人の弊風、学校側より罪人を出すは不可、万全を期し、不便なれど、学校は全然購入の圏外、必要品の請求に止む］

煙草工場

当時、下谷浅草に五ケの煙草工場あり、低廉、昼間作業指

導、監督計数、金銭の授受は夜間、大蔵省の所管となり、民間工場は場外工作所となり、毎月十日三十日、五ケ所より一名宛所命の帳簿、持参出頭、早急には払はれず、午後となる、午後ゆけば夜まで待たされる、運動嘆願、五ケ所一名代表にて、しかも尚全日を費される。

●お貰ひ

小沢卯之助曰く、下谷なんか行ったってマシャクに合わんよ、

なんとかして日本橋、京橋、神田の方へ行くことだ。お貰ひが多い、砂糖その他着物なぞ家族で着切れなくて売る、

禅宗の乞食坊主みたいなことをいふな

当時は、それでも、お師匠さんだからといふ意味が多く、

買収的意味はなかったやうだ、

●赤城の生徒

改代町の家主〔「家主」の右横に「又原大五郎」とあり〕のところへ家賃をもってゆく、四つの徹をくっついて歩く、「あがれあがれ」「先生は高師へ行ってらっしゃるさうですね」

「ぜひ自分の子を付属へ入れたい、正面からはうけつけない、俥で往復の子たち、——赤城小学の区域で、学ム委員をしてます、一年から優等でゐた、第一高女のシケンを受けた、三年でいいのであるが、二年のシケンをうけて、ダメ、尋三の力だらう、といはれて。失敗、もう男の子を赤城へやる気がない

●松谷の子供

かきがら町、松谷元三郎、（明治御大葬の時）、家庭教師をたのまれて、断った。なぜか。五万円積んどく。子供のために。

あなたはあまりに礼ギを知らん。私に対する服装はどうだ、

袷じゅばん一枚

女中にタオル、股をふいてゐる、それで学校長と逢ふのはどうか、わしは片輪《ママ》だからしやうがない、「早稲田へ行かれる時に、仙台平に紋付で、大きな羽織の紐で重々たるものだった。大隈へゆくときにはさういふ恰好が出来るではないか。礼ギ、一個の坂本は渺々《ママ》たるものだらう、学校長といふ職責をもってゐるのに、——」「心安だてだから」「さういふ心がけの人に、いくら家庭教師を世話してもいい成績があがらない」ビッコのやうな足音が廊下に、今通るのは息子さんですか、少し脳がビッコです。——ちょっと前へ来てくれ、奥さんの前でも話してくれ、奥さん入って来る。「ゐずまゐ直す、今更着物を着てもはじまらない」

――「なア奥さん、足音でわかるといふが、「頭の恰好がどうかしてませんか」、「おそろしいですね。分娩の時に、二昼夜かかった、キカイでひき出しはしないか、頭が長すぎる」、なほるまいか、――碁が強い、推理判断がある。たのむ。いやだ。あの子を現在に至らせたのはあなたですよ。カンカンに怒る。己は大切にしてゐるのに。――楓川学校、幼稚園、秀才と銘を打たれた、毎学年優秀生として、中学受ける時、きいたら、どこの中学でも大丈夫。附属中学（高師）願書を出した、第一日でダメ。数学があった。学校へ押してった。坊ちゃんのやうに出来る人が落ちる筈がない、何かの間違ひだらう。一中。ダメ。日比谷、大隈の添書をもって、不公平ではない、父が相場師だらうとなんだらうと、――尋三、四のところ、――私にあづければ来年入学出来るやうにしてあげると、その教師。バカにしてゐる、尋五とでもいふなら一年で補充することも出来るが――、三人家庭教師がゐる、信ずることが出来ぬ――子を大切にせぬことはない、――これは奥さんにきいた方がいい、これは小使ひだよと紙幣で、ホレ、などと投りつけやしないか、物をくれるにしても投げるやうに、――尊敬する人のことでなければ信じない、覚えない、きかない。――子供をバカにしてるのは、それだ。改めるから――、俸給を出す時、水引を出して、盆にのせて、献金ぢゃあるまいし、三宝にあげなくちゃならなくなるぢゃないか、三宝でもいい、――うやうやして師を尊敬して、はじめて子が師に従ふ

大塚を世話する、

●直営校の基準

［学校経営の実費は意外に乏し、彼は窮乏極まる地方に於て、管理者としての責任を帯して来た経験――児童及家族の眼に触るべきものは一として其精神に影響を及ぼさざるはなし、全く無名の教師たればなり、

山田は彼が図案文書を輯録整理、これを直営学校経営の規準として保管、

一、必要品目と数量、説明つきの請求書を出す（半紙半切型用紙）

一、教育課は予算薄《（ママ）》と照合、之を用度課に廻す

一、用度課は市一般の規程により購入、これを校に送附すいい、小数金額の多寡を論ぜず、三名止むを得ずば二名の当業の見積を

一、納入品の適否は、市側（学校と）に於て定むべく、学

校と納入者とのみの直接交渉なからしむ
（将来此点、幾多の波瀾あり、納入者と結托する市吏が不正を黙認、公認し、学校側に当り、反駁されて遁辞なきに至るや責任を学校側に転嫁せんとし、学校と市との係争を惹起するに至る」

●校名をめぐり

「新聞記者に、「今度出来る市の学校」「新設学校」「新設の風変りな学校」「新設なる貧民学校」
特殊小学校（特殊なる施設の学校）
東京小学校、帝国小学校――数字を創立順に
「一時の興奮にかられて禍根を将来に残すべからず、現在貧民子弟もやがて堂々たる東京市民たるべく、教育せざるべからず、概括的には特殊小学校と呼ぶも、個々に至りては従来普通の校名と同一形式に――児童に差別的観念を抱かしめんことは由々しき大事、地名をとって――平凡、真理」

●医療設備併置論

「出勤以前退後、窟《ママ》の指察、購入品に関する実際調査と立案の資料蒐集――医療の途をひらくの必要
一、疾病が貧民の有力理由
一、児童の眼の皮膚は放任し得ず
医療設置併置の主張、――開業医によるべしと山田
○開業医は施療を拒み得ざると雖も、実際上悪臭紛々の垢面」
「繿衣の出入が一般患者を遠ざけるを以て、施療にあらず普通の来診を乞ふも、医師は貧困者の診療に従ふことを極度に嫌ひ、警官と共に来る際の如き土足の侭にて枕頭に蹲みながら診察する暴状」

●三井病院

「三井、三百万円寄附、用途の指定なし、図書館創設のギ、高級幹部連にあり、即ち施療の件を山田にもち出す、反対あり、半ば決定、変更出来ぬ、国立図書館一ケ存在するのみ、市設なし、市の不面目、六時より三時まで論戦
仲御徒町へ途《ママ》歩、頑迷固陋の課長なり、課長からすれば政界の実情を知らず猪突盲《ママ》進、偏見狭量的狂漢。「余憤を治めて更に一層の資料を集め一段の論陣を張らんと決意して心気の颯爽たるを覚えし時は、夜の幕は揚りて足は漸く寓所の門に辿りつける時なりき」
市の方針一決、施療病院を起すこととなり地を和泉に、三井慈善病院――和泉橋病院――院主舟《船》尾栄三《太》郎（三井代表）

大矢明誠（渡辺校主の親戚）〔右横に「伜、良太郎（国民記者たりし）」とあり〕万二の五にゐて〔左横に「ツキは悪い」とあり〕、土所家作もち、区の学ム委員、公平穏か〕

●石橋直吉の画（花園の動機）

石橋直吉の自由画、菜ッパと蝶々、千住から御徒町まで新聞を貰ひに通ふ道で見た。菜園をつくる動機
雨、テンテンを画く、
店だてで、をいて行ったものを石井が植ゑる
子供に入谷田甫、上のから、キレイなと思ふものはなんでもとってきてうゑろ

●貧者放任論

〔貧困者を救極《（ママ）》して良民たらしめ国家に資せしめんことを夢想とせず、貧民の為を計るは国本を蝕ばましむるものなりと、与論の正反対
彼を狂人視す、憤慨すればそれに従って反対は気勢をあげ、冷静を粧へば道に屈服せると観じて、貧民排擠論、貧民を対象とする価値なしと放任論
謗者任汝謗　嗤者任汝嗤　天公克知我　不覚他人知〕

●入浴の件

〔山田、若月、折衷案――一種の切符を作り入浴料減額、或いは全免するを浴場主と協定
不潔、乱暴、貧困者はその料金を倍加するとも、ごめん
山伏町四五路地内、家主差配の土蔵的建物の一側利用の風呂桶　古下駄類を燃料、他の労に従ひ得ざる老媼、五厘、修繕実費に广令違反のものの、物置場然として看過す　即ち入浴希求の念なり
学校備品、大一番の盥三ケ、湯沸用の釜と竈の大なるを、しばし時勢の変化を待つ間の処置〕

●職員住宅の件

〔感化教導なくて文字計算は犯罪助長
貧民の心理及びその由て来るところを、単なる叱咤厳罰は復仇的反抗をかふ、学校敷地内に校舎を繞りて教職員住宅を設け、家族の生活状態を模範たらしめんと、――医療入浴の経費すらなき秋、
「学校長兼ムの訓導は校舎より二丁以内に住む、住宅料五円支給」の漸進主ギ――小学教員住宅料の起原〕
〔職員は毎月給料の百分ノ一額を、市はその同額を、醵出、蓄積しをき、教職員及家族の疾病に、不時支出、退職の給与に職員その端をひらけば後市に於て補助せんの約束に止まる

全部に影響する問題だからとて——互助会事業の濫觴」

●独立東京市の人たち

特別市制廃止の独立の新しい市、市参事会に大隈下の改進党員肥塚竜、楠本正隆、芳野世経（市会ギ長、髷を頭上にのせてフロックコート、シルクハット）自由党の江原素六、星亨、

尾崎行雄、自由平等、大人気、山田久作病み、島田俊雄、帝大、卒業早く、鳩山和夫の推薦で教育課長となるや、特殊教育、寧ろ危機、戸野が次で課長となると、

森久保作蔵、（南多摩の自由党士）の胆略、犬養毅の知弁を兼ね備へると評されたりき

●学齢児童調査

「十月一日、区役所に。開校準備、収容すべき児童調査乞食街と通称の万年二ノ五十四番地、万年小学校」

●区役所にて

「区長以下冷淡、敵視、貧民窟学齢児童の状況を知らず、教育課員共に出張して職権を以て資料を提出せしむ学齢簿を積ましてみると、不就学児童は寂廖々実地の所見と甚だしく相違す——徒労と感じつつ、万、山、豊、入、竜、金、三、竹、稲荷の不就学者の住所氏名年齢父兄職業を抜萃し、更に戸籍薄《ママ》の提出を求めて対照すれば齟齬矛盾　彼此有無相反——旬日にわたる調査は水泡に、調査を元に実際にあたったみる《ママ》に、一致するは絶無、学齢薄《ママ》上の児童、何処にもなし、何時頃、如何に住ゐしやも、架空の氏名、

区吏員の反対妨害、山伏校の売込に絡り、（巻煙草工場と小銀行とを有し、職工蒐集頤使の機関として私立学校を起せると風評ありし）」

●煙草職工反対

荒井宗雄、山伏町に万銀行、老壮士、

開校後、山田課長が彼の労を犒《ねぎら》ひつつ、語りき煙草製造を課外の課として陳情的要求ありしにより、〔先の「荒井宗雄」のところから「陳情的」のところに矢印あり〕「衛生上有害と知られし煙草製造を校内にて行はしむるが如きは不可なり」断乎拒絶、その時の江間君の顔ッたら不思ギなものだった、と

●警察署にて

「交番所の現住薄《ママ》、万年、山伏、豊住、入谷の交番歴訪、署長の許可なくしてはと応ずる者なし、区役所の調査の結果をあげて問へば、「帳薄《ママ》上になし、転住せるならん」

下谷署に出頭、署長新井《(居)》友三郎に面会、依頼、傲然、椅子に、態度語気、罪人に向ふが如し、「公薄《(ママ)》なり、其筋の者以外はなちぬ、況や抜萃をや」
市長の公文的紹介状を携へて再び、
貧民の移動、朝に夕に、正確到底期しがたし、特別状態を諒して帳簿の価値を公表しなければ、
［撃剣道場の一隅、古机、半ば壊れし椅子を供するのみ
例年より早く寒気の襲来、雪霙、火鉢なし
現住調査薄《(ママ)》を抱へて報告に来れる帰るさに立ち寄って机の前に立つ
査公たちも寒さに、此暇潰しとて訴ふるが如く罵るが如し
思ふに冷遇して早く此調査を中止せんとの計画と見えたり
夜に入りて灯火の準備なし、遺憾ながら帰宅、翌早暁途に菓子パンを求め、喰ひ、歩み、黒門町なる署に、――破れ椅子に］
報告に来る査公の携へる簿の抜萃をつづく
一名の査公、炭火の種を運び来り、場の一隅に焚いて煖をとるを見る、
上司が専横の怨嗟の眼は却て彼が身辺に集中して往々悪罵の声、［一碗の湯一服の煙草を口にせず、時を惜みて、薄暮
万年一、二、豊住、金、竜、入、山、竹の抜萃、浅草の神、清、千、新谷隣続地域をと思ひしも、朝夕に移動するの言を想ひ、先づ万年　山伏、入谷を実地照合すれど、愕くべし、区役所に於けるとひとしく、なし。首府たる江戸の三百年、名実共に首府となる三十五年、明治の聖代、天が下不学の徒なからしめんと仰せたまふて幾年、
戸籍薄《(ママ)》の此の始末、人誰かこれを信ぜん、しかも上層に及ぶに従って、聖代を称へて光明到達せざるところなしと見るが如き
向ふ十ヶ年の生命とは幾多の医師の言
恃むは市長と山田課長のみ、何人もが遁走、悶死、降伏を予想
重囲突破、活路をひらく快感］

●各戸調査

他力を藉らんとしての失敗、各戸調査、出発せんとするや、課長は単独行動の不可を述ぶ、下谷区役所にその旨を通ぜん、区吏を同行すべし、と。害ありて益なからんといへば、区内五校に余る私立校が、市の方針、君の本志を知らず、自校の存立を危うすると、団結して妨害妄動を起す、君の

根気のみにてはダメ、不測の難
学事係、頽齢上品の一老人、「どちへ行こう」「心当りなく、命に従はん」。携帯品一物もなし、□に従って、風格弥々高し、半円に達せざる日給を得んための、頤使に甘んず、如何なる感懐を蔵するや
無能の人を派して彼が行動の支障をはからんには、ただ伴随するのみ、容喙、反抗、不快の色もなし。発言するは只人なきところにて血気の勇に逸ることの不利を諷するのみ
乞食町にいきなりつれてゆくのをはばかり、入谷、竜泉寺に赴く

●児童隠匿

［入谷六及その附近、児童隠匿、
及豊住の裏は入口を知り得ぬ奇妙なる貧民窟、
帳簿面の居住者、実になきを、老人不思議がる
通学せざる児童の有無を問へば、なしと衆口一致す
通学如何に拘らず、七八才——十二才の兄の有無を、なしといふ
「すべて徒労なり、帰るにしかず」と老人いふ、正午なり、豊住の裏、比較的清潔に見ゆる、ソバ屋、二階にて、ソバガキ四人分、老人審《ママ》り問ふ。性来の嗜好なれど、場所柄、衛生を、老人首肯して、行厨を開かんとす、抑へ、煙草を喫ひながら、児童のあらざるにあらず、あれども隠して、心意未だ貧民たちの警戒心を解き得ざるに依るのみ、屋外にありし洗濯物、屋内に脱ぎ捨てありし衣類、穿物類の散乱状態より見て、相違なき家、少なからざりし、強行訊問は却て警戒心を煽りて不利なれば一と先づ、信ぜし体をなせり
貧民心理の実習に従ひし思はじ徒労にあらず、有益なる勤めなり、強壮体の見本といふべき女中、運び来るを捉へて貧民窟の児童の有無を問へば「随分多し、火遊び、喧嘩をはじめると、危険で仕方なし、折々忍び来りて家具穿物何たるを問はず掻っさらひ行く、困る、昨日も買って間のない下駄をさらはれた、貧乏人の子沢山といはれる通り、おどろく」と訴ふが如し］

●入谷は一大湖沼地

［入谷三六三に於ける、不就学状況
午後又特に裏にあたる路地、さきに通りし処を通り、古桶修繕を業とする家の前にて、業ムについて対談を交はし、東は新坂、西は入谷、俗称山伏大通に出で、入谷三六三に

赴く、南入谷といはれるなり、六区に通ずる（九尺、両側雑草に茂れる、土面の表はれし部分三尺二尺に止まる）道路の南方は大部分一望の湖水にして青き浮草］鶩《アヒル》の游ぐを見る、北側は、三分の一宛と覚しき、東西を除き、中央部は小川に似たる堀、濁水、南側の湖水に流るるあり、×

「入谷の鮒つり」といふ語あり、

帯芯や二軒、ゴフンをぬる、くさくてききに行けない、前田邸の裏三二四（校長の家をかりる）

朝日湯が島の中にある感じ

小林馬肉や、

山伏町の大平理髪やがポツンと一軒、

入谷の荒蕪地に飴会社が出来たのがひらけるはじめ、

光月町に古道具や並んだ、合羽橋辺に車庫があった

●鉄道馬車　線路掃除夫とその子

鉄道馬車の線路掃除夫、三枝某の女房、子をつれて来る、姉がをいて行った、顔にブドー状の斑点《ママ》、汁が出てクサイ、足にも大きいのが、ノド、鼻、隔膜がない、フガフガ、医者に見せる、レプラではない、花柳病だ、伝染の惧れはない。　をあきれるほど飲ませれば匂ひはとまる、徳右ヱ門町から伯母が現れて引きとりたい、

●校医三枝安太郎

三枝校医［右横に「キリスト信者」とあり］と虱、品のある細君産婆［このあとに挿入で「済生出」とあり］帝大研究所、警視庁検疫医、皇典医学研究会？

後山伏町に開業

フダン薬をのんでいないから、バカにヨク効く（一日五銭の薬代）面白いやうに癒る、新坂本の角（松平子爵別邸［左横に「ナマコ塀（瓦の）」とあり］ソバの長屋

●入谷三六三の長屋

［×新坂の東を南北に通ずる路の東沿ひの一区画、兵営のやうに相似形の長屋南又は北向に東西に長く、間隔三尺、比較的新しい

隠匿、穿物に指摘、困惑至極の態「反抗狼藉の気配なきに乗じて追求すれば」未だに戸籍《ママ》に入れないから、手続を教へ同道してもよし困惑いよいよ、又会談を約し、近隣皆同じ、通学しをるは皆無、あとは皆不在になってゐる、叩けど応へず、二棟宛長くつづくもの五列、約百五十世帯――皆同じ、将に来らんとする時、十才ばかりの少女、他りか《ママ》へりて、家に入らんとす、服装整ひ、貧民窟のものと思へ

ぬ品位あり、言葉を柔らげてきけば、父は出家、修業に出てをり、母は附近の仕事場にあり、一人ルス、向ひ側の友だちのところに行ってたといふ応答よろし　ここに移りて二年といふ他要領を得ず、最後に「此の長屋より学校へ通へる者ありや」「一人もありません、遊びにゆくか、煙草工場に行く者ばかり」老人に、公薄《ママ》のウソと、不就学児童の意外に多いことを上司に具申するやう委嘱して、此の日の調査を中止、中途、袂を分って、踵を返し最初にはなせる家に赴き雑談、その危惧を解くべき素地を造りて帰る、該家は夫婦共に籐の細條をあみて、表を作る内職、他よりの失踪者なるべし、要点にふるをさけ、内職に関してきくのみ、訪問回数を多からしむる用意なり」

●三木屋長屋

翌日、区役所、又老人、鷹揚なる風丰、かたちは甚だ卑下、徒労をいひて中止勧告するものの如し、吏員に実情を知らしむるにても意味あり、徒労に似て徒労にあらざる所以を語りつつゆく

入谷の東北、吉原遊廓の西裏に接し、一部は竜泉に属し、一部は浅草千束に属す、竜泉表通りより、吉原に向ひて入口は露地、東に向って巾六尺の路、巾三尺の石だたみ、横道あり、宛然、一市街、外部より容易に存在を知り得ざる別天地、入口に近き家、児童なしといふ、さうらしい

「隣家、あり、まだ六才を最長といふ、――他は昨日と同じ結果、横丁然たる道角の駄菓子に憩ひて主婦にきかんとす、老人、瀕りに帰らんといふ、

差配人にしてその実所有者なりといふ三木屋の門口に到りたれば、老人を強要して訪ふ、女中は主人夫妻共ルスといふ、素気なし。老人の不満を買ひたるのみ、帰途往路とは迷ひ、大なる金魚池の側に出で、所謂大音寺前の金魚屋なり、老人を慰藉し、風雅な門柱を入りて、老人元気恢復、金魚について、家人と談話す。――三木屋長屋の児童には閉口する、いたづらにて、うっかりすれば下駄穿物傘類まで盗まれ、下手に咎めだてすれば、池に石を投げ込み、毒物を投り込まれる

入谷三六三、と三木屋長屋の存在は、現住者調査薄《ママ》を持ち来る警察官たちの談話によりて知る、漫然巡歴すれば、甲は工場附属物とも見るべく、乙は全く存在を知り得ざるべし」

●老人欠席

「老人、遂に病と称して欠席、その後該所にその姿を現れ

ず、推せば、何ものか老人を刺激してその任に堪へざらしめしものありしならん、おそらく貧民なるものをみて、処世上の敗残者たる己れの陰影を示さるものとして無情を感ぜしには非るか

二日の報告、課長に――偶々訪問記者両名来る、課長これを語る、記者ははじめ冗談とする、課長熱心に説く。遂に瞠目慨噴《ママ》、創立の意義の重要さを論じ、課長を激励す、課長記者に彼を紹介せず

単独突撃をはじめてゆるす、勇躍」

●差配の妻女を篭絡

「四次の行動、神吉町四〇、差配人を訪ふ、框に立ちたるまでの妻女は、無頼の徒を迎へたる如し、冷然たる白眼に対して、土間にたてるまま醇々と協力方を求む、やうやく腰をかくべく請ふ、婢に命じて茶を、

「児童の遊戯をみるに、附近の迷惑実に多大なるべし」

「人々の気風より推する、家屋の耐久力、家賃納入方に及ぼす影響軽少ならざるべし」と刺喰《ママ》すれば、喋々幾ケ言、実情を罵る傾聴数刻

「衣食住は給与し得ざるもその他の修学必需品はすべて給与教育すべし事業の緒につくに従って労役を課し、経済的原則以上の賃金を給す即ち賃金の名によりて現金をも給与して衣食住費でも給与せんことを期す

「児童をして父兄その他一般大人にも人道と勤倹の道を教へ

家賃の不納等、義ムを怠るを無きに到らしめんことをきす

「これ、聖恩奉酬の市の新事業なり　敢て差配人各位の協力を要望す

利を以て誘へば細君得々として協力を誓ひつつ菓子をも出して」

●石井昇

「神吉町方面は此妻女の宣伝に任せて」万一の有名なる石井昇を訪ふ

医を業とす、妻女は姐御肌、畏怖、毀誉半ばする一家、偶然その前を通りて、――万一の窟、下車坂との間の草原、――折よく在宅、坐敷に招ぜられておどろく、粗茶、何となく汚穢悪臭の感胸をつく体格偉大の老人、尊大、稚気嗤ふべし、不快を抑へて来意をのぶ、共鳴するところなきが如し、辞せんとす、老人怫然として「乃公を措いて他を対手とすとも事貧民窟に関する限り成績を挙げ得ざるべし」出づ、女中か親戚の娘か、彼を追ひて席に復せんことを

――再び室に入りて坐につく、老人幾分愧づるところありしか、参考のためにと、人情風俗を細話す、未知の事項ありて益を重ねき〕

●大矢明誠

翌日、万二に赴く、住民に質せば、学校建築場の前通り通称二丁目、通りは概ね石井の差配、西なる中町通は大矢明誠の差配多し、大矢は協同夜間学校渡辺六郎の姻戚ときく、下谷区学ム委員たり、万二ノ六の住居は建築場より半丁、旧家なり、家屋持ち

信望もあり、課長の特別警告なくんば夙に訪ぬべきもの、昨日偶然ながら石井に会ふ、おくれなば感情上如何――快く迎へざるも妻女愛想よく待遇す、夫妻ともに優雅上品、重石《ママ》になる特質か、多くを語るを好まず、微力を致さんというのみ

入谷六を差配する小荒物店、山伏町を差配する専門差配の二軒

全く神吉のそれと軌を一にす――やうやく差配訪問になれて、機微をつかみし彼は、毎日、僅か一二戸の差配をも訪ふ、その姿を貧民に親しましめんためなり、差配に瀕々出入する彼を見たる各長屋の彼に対する警戒は遂次《ママ》にうすれる如く、露地深くまで通過し得るに至れり

●就学を厭ふ理由

〔一、収入減少、生活費の増大を恐る

小児の貸借、乳幼児は大人と等しき賃金、九才頃より時に七八才食ひかせぎとて無給料住込みの子守、年季奉公

二、教育不必要観

各自過去の体験より、その必要を自覚しをらず、只々早く職を覚ゆるを利益なりと確信、

三、他日の要求発生を惧る

従来無条件の他の好意をうけたることがない、反対事象のみなり

特に女児に関して、その警戒甚だし、相伝へて欺かれざらんと網をはるが如し、彼を追はんと計る、露骨の言動

四、誘拐の杞憂

戸薄《ママ》に登録されざる者、警察薄《ママ》に記載されざる者、或は記載と一致せざる者多きとき、犯行あるも検索に間なかるべく、現行犯以外に検挙の機会たる偶然の僥倖に俟つのみ、一方児童は誘ふに菓子等を以てすれば

易々たり「人買ひ」「人浚《さら》ひ」の警語、子をこらすに「人買に売ってしまふぞ」人浚ひにつれてゆかれるぞ」の通語――彼ら、さらはれたる子は多く横浜にて支那人に売り渡さるると信じをりたり。後年、買人は勝山の漁師頭、売人は意外万一の篤志家を以て自他任ぜし人、金額は児童一人二三円、場所は合羽橋袂入谷田圃畔、売人は乞食にして、適当なる児童を発見、通告、事実の売買と、誘拐――漁師は、一人前の漁師に養成してと豪語して義侠家を以て任じをるも、一種の奴隷売買に属すといふべし」

五、犯跡隠蔽

逃避場、戸藉（ママ）薄不正確の原因にして、結果、結果は原因となりて循環す罪は重軽様々なれど、児童に関聯あるは性的関係のもの多し、やうやく安住の地を得て、児童を就学せしめんか住所氏名の明かになりて犯罪暴露の端緒とならんを惧れて児童を隠匿――友人の子供を托されたり、親戚の子女、遊びに来れるなりと主張す、屋外に於て児童に会ひて一応探知を得てあげて諄々説く遂に児童の不具疾病を理由として猶就学を拒まんとす

入谷三六三、同四〇八にはこれがためなるべし、隣人にも語るところなく、理由も推知されぬ急遽窃かに立ち退くもの十余家族に及べり

六、私生児に関する誤解と杞憂

意想外に多し、殆どすべて無藉（ママ）、真相いかなる口実によるも摑めず

私生子それ自体が一大罪悪と信じをられ只管隠蔽、遁れんとする風熾烈、説得実に容易ならず、尤も姦通罪、重婚罪に該当する者多し、そのつれ子を有すもあり、――多くは単純なる同棲生活の結果か現同棲者のいづれかが、以前に挙げたる私生子を伴ひをるものなれば、犯罪者を自認し杞憂するは滑稽

七、万年山伏其附近の特別風俗の由来

●特殊風俗由来

慶安太平記の山崎町、寛永寺の近きより、該寺の坐首に坐はす宮様に哀訴せんとして足を此町に留むる少なからず、(普通の方式によりては訴ふる由なき不幸者)、御徒町近し、武人多く、文筆に□す者も多く哀訴状を認めやる者、出願の順序明かなる者を生じ、生業とするもの生む、願人。三十六年、下谷に接す浅草区内に願人と大書せる大高張一対

厳しき玄関の石に
武家屋敷の下郎部屋の賭博、——一般貧民窟とは成因を異にし
一般的精神界にも亦特異性ありき

●喧嘩

石井談
毎日喧嘩のない日はない、出刃庖丁、匕首、血、——その治療中々繁忙、ごくあらましの手当だけで治癒、実に不思議な体の持ち主共だ、
ケンカのさばきたる、理非を正すよりも感情の鎮撫——家内がいつか彼らに姐御と呼ばるし《ママ》に至りしは彼らの気風をのみ込みをりて、闘争の中に割って入るため、夫たる自分の方が此の点では無力
万年二ノ三四に上野勘次（通称勘坊）暴漢、常に出刃を、横行、十人をも傷け自らも負傷すること殆ど毎日、その内妻と一女児、酒なしと怒号、包丁にて妻を脅迫、止めに入らんか、不測の厄に遭ふ、警官に保ゴをたのむに、彼は仕方がない者だとて、処置を講ずるところなし
妻は一女子と共に上の公園の樹下石上に夜を明かすを常とす

●かっぱらひ

万年大通り、商家の主人主婦は異口同音、昼となく夜となく、品を浚はる、子供が犯人なり、大人の命令示唆——居据り——一、二日の拘《ママ》争後は同じく営業の妨害、

●父ちゃんお止しよ

渡辺学校〔右横に「幕府時代より」とあり〕にて、——賭博の法にふる悪法を説く、家庭でやってゐる
「父ちゃんお止しよ、今日先生が云々」「生意気こくな」罵り騒ぐ、折柄巡回の巡査、同僚を誘ひて包囲検挙、翌日数名の婦人、子供をつれて学校に来り、「余計なことをいふため、宿六達があげられ、家族は食ふ物を得ず、米塩一切を与へよ」と強請、頑としてきかず、玄関占領して動かず（小使と偉大なる杖を携へたるは此のため、もとより万一の場合は効なし）

●窟形成の因

一大貧民窟形式の因
一、罪業隠匿、
一、貧困生活を営むに適切なる機構備はれり
一、松魚節を削って五厘一銭と売る、以下準ず
一、身元を詐りても家を借り得られ、料金少額なり

山伏に一、二人でかつげるやうな家あり、入谷には、水溜りに塵埃を投げ込んで、日をふるに従ひ、浮島をなす、次で中島となる、木材の切れ端利用、恰も山林の猟人の小屋の如きあり、

一、四畳半を普通、往々三畳、二畳に止まるに同居人をくあり、

一、家賃日掛制

一、金融機構の発達？

質屋類似の家、朝飯たき後の釜鍋を、夜寝たる子の衣類を、

カラス金、時の金――夜明けまでを期限として金を貸す

一、手段方法を選ばずして入手せる物を容易に金に代ふる途あり

一、人を担保としても金を借うる意外なる脈絡機関あり

●山伏町夜店

山伏町の夜店（5―70）

夜店通り山木屋、味噌醬油、品質佳良ならず、一種類のみ、廉価驚くべし、同じ通りの幕府時代よりの名家朝倉家に於ける半額にも如かず、その繁昌、午後四時頃より延々長蛇し

味噌樽どんどんカラになって軒下に積み上げる五ケを下る日はなく、往々十ケ以上有馬元次郎店主――堂々たる大商店となりき

●校長辞令

他訓導任用の躊躇

区役所、警察署、交番との交渉瀕繁となるに従ひ学校長たる資格の必要を痛感、課長も同感――各方面より無資格なる一個の猟奇狂者が来りて事ムの妨害を醸すとの苦情、市役所に致され――

衣服着用明日午前九時、市役所に出頭すべし。三十五年十月二十四日。〔「二十四日」の「二」の右上に小さな×印あり〕山田に導かれ、市長室、礼装厳然たる松田市長椅子を離れて起立、無言、一葉の紙片を渡さる「東京市万年尋常小学校訓導並学校長に任ず」一揖、課長更に受くべきものありと低声、市長をみれば市長は等しく無言のまま、一葉の紙片、待遇上の辞令書なり、はじめて市長発言

一、特殊学校経営の準備漸く成れるは大なる喜びにして局に当りし人々の労苦を多とす

一、小学校を設立し経営するは東京市としては今回が最初

にして其成績如何は将来に対して非常なる影響を及ぼすものたるのみか此種小学校の経営は全世界無比の創挙（ママ）と聞く――慈善家又は慈善家団体の力によらず自治体自身が設立経営に任ずる意味に於てはの意味ならん――殊に聖恩の万一に酬ゐ奉らん為の事業として格段なる意味あることを牢記されたし

●監督権と管理権

一、小学校事業の監督は府の任ずる処なるも、其管理は市長の任と法定さる従って教授訓育等の点は本職の容喙云為以外に属するも物品の管理其他経理事務に関しては深甚なる注意を望む、蓋し本市は幾多の事業ありて其経理には動もすれば欠陥、若くは其嫌ひあることなきを保せむるが、万一教育事業に関して遺憾《ヰカン》の点を生せんが決して他の方面を律し得ざるが故なり、市長の管理権限内に於ては全市業の模範たることを以て任ぜられたし

（後年、教育課長若くは視学が教育の内容に立ち入りて地方長官をも凌ぐ程に権威を弄して憚らざる実情を照合して感慨不堪殊に島田俊雄――両権の分界に全く盲目的法治国云々を口ぐせに市民に法律思想の必要を、教育者に嘱望するところ火の如くでありしに、彼は市の教育事ム担任の第三助役室に於て、法治々々と叫び、

彼以外一名の訓導もなく、事ムは逐日繁多、任用方を請求するも、容易に進渉（ママ）せず、理由を追求すれば、各方面各種の情報綜合、児童の収容覚束なし万一職員数と同様或はそれ以下の如きことあらんか市の体面を如何にせんとの杞憂（山伏小学校を売りつけんと期す一部の策動未だ鋒を収めざるものなるべし）即ち極力説破に力めて僅かに一名の訓導任用の手続を了したるは十二月十五日なりき、

●校舎竣工

校舎――三十五年度の開始早々建築事ムを起せしと聞く校舎は万年町二ノ五四、五三にわたる三〇八坪、土地建物の買収、移転（狭隘なる此の地域内、移転費を給されたるもの二〇三世帯、附近一帯約千人の人口減少、結果土地の衰微を招来すとて反対せしといふ）総建坪百二十四坪（教室三、職員室一、出入昇降用の一区画を主要なるものとし、小使室、湯沸所、物置所を兼ねたる付属舎、便所の三棟、木造平屋）着手は八月一日、同月中に竣工の予定が、将に柱立てに着手せんとする際地下工事の不完全を発見、工事費の追加予算計上等幾多の手続を要し、地下工事改修、意

外の日子を要し、十二月末竣工、
三十六年一月七日彼の管理に帰し校ムは校舎内にて
訓導一名、小使男女（夫婦）の住込を、

●訓導山下域之

訓導山下域之、高座郡渋谷村の産、同県師範、教員養成科出身尋常科正教員、二十三才、活気横溢の壮俊、候補者各方面より集るも、意にかなふ者なし、健康にして不摂生に堪ゆる体軀と意気を有する者ならざるべからず、曽ての教へ子、家庭の事情環境、理想に近き人物と信じたれば、山

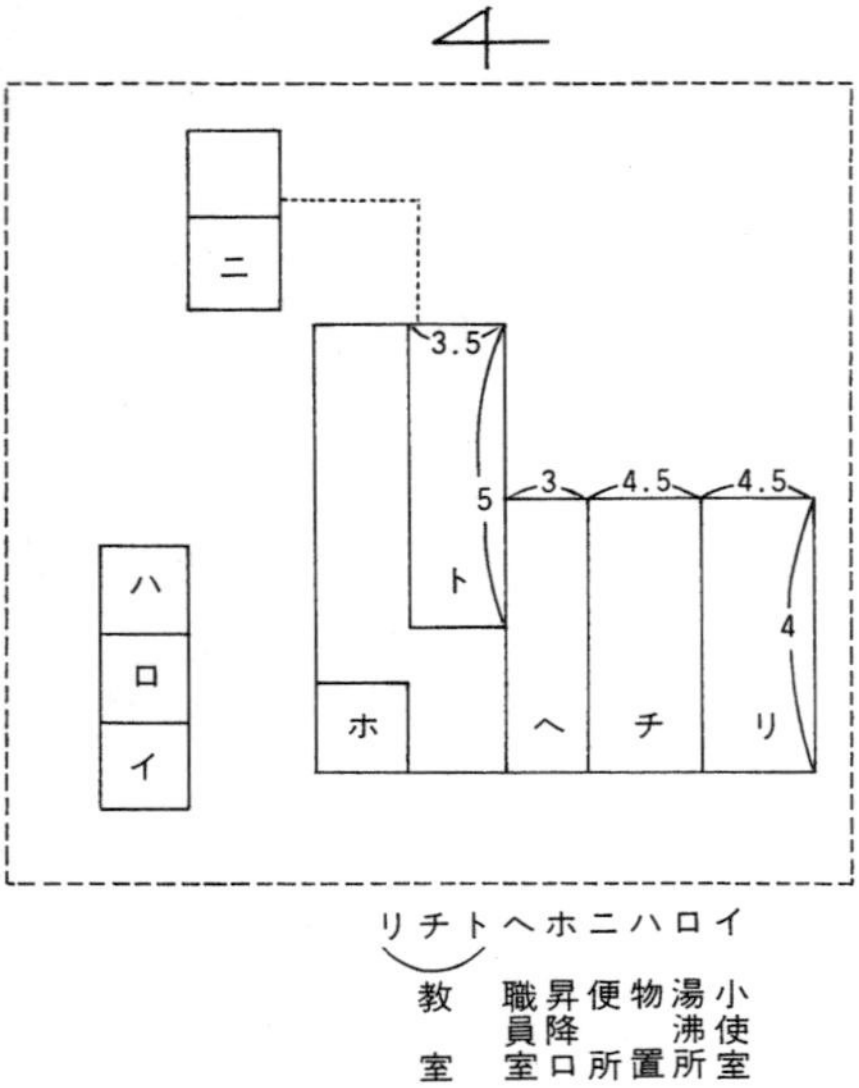

田課長を説きて、
当時他地方現職者を決して聘用せざる慣例、若年無経験と目さるるを、非難の中の課長の苦心——渋谷小学校を辞せしめ府に交渉、無試験検定の内諾を得て

●小使上田軍司

小使　上田軍司、妻たつ、三十三と二十七
戸倉村の産、門閥家の次男、父兄相次いで産を治めず没落体格雄偉、風□温雅、学力充分、教職員たるに堪ふ志願し来る、如何なる困苦も、郷里の人目にふれざるところに凌いで独立したし、「戸倉地方にては幾何の資金あらば中流以上の家たりうべきや」確答せず、「千円にて如何」瞠目挙をふるはして、「戸倉百八十三戸の地着者中財産をあげて金に換ふるも千円に達する家は皆無とは耳にするところ、その半額にても上流生活者に伍し得べし、空ラ山は最上の所に一町歩六十円、下等地は二十円以下平均二十円乃至二十五円なれば之を買ひ若くは借りて植分け——黒木山（杉檜等の常緑林）を造らば管理年限の生活費さへあらば」といふ
忍耐精励せんか千円貯蓄の責任は必ず負はん、約十年、帰郷の費用も要せん、十年に千二百円の貯蓄をなす決心を揺

がすことなくば

●児童の収容

収容方決定の困難――児童の探査発見は主として肉体的苦痛。家庭の生活程度の測定は主として頭脳の働きに係る、私立山伏校は当時解消滅亡せず、形骸のみとはいへ存す、学藉《ママ》薄然たるものを示して之を市に売り込まんとする運動続行され、万年校が新たに収容する児童なからしめんとする妨害行為、――攻撃者は

●妨害三項

一、年齢不足者を収容するは法令違反なり、法令の満六才以上の者たらざるべからず、区役所の学齢薄《ママ》になき児童の年齢を如何にして証するか

一、無薄《ママ》者は東京市民にあらず、市費にて教育するギムなし、市が義ム上要する経費は多岐にわたりて頗る多きも、その無きに苦しむ今日たり

ギム内の事の整はざるに、――浪費なり、濫費なり、市会の問題たらしめよ

一、貧困者以外の子弟を収容せんか、特殊学校設立の本旨に違ふ

課長の憂惧、市役所方面に有力なる手段の講ぜらるるを知る、課長は第三項には特に介意、――律すべき設定の要求しきり。

●収容の規準をどこに

一定の規準を定めてよらば太だ可なり、これを設定し得ざるを如何せん、強て項目を羅列すと雖もその運用に際して必竟《ママ》事に当る者の良心的判断による以外到底有効適切なる途なし、例へば、

家屋の面積及賃借料をとりて規準とすと仮定せんか

其家族の員数によりて生計上の難易一様ならざるべし

収入金額をとってみんか

前項と同様特に扶養者の有無如何によりて生計上の難易に大差を生ずべし、且つ此種の調査統計絶無なる我国の現状にありては年額なり月額なり、其人其家の収入額を計上して単に好奇的話題たらしむるはとに角、現下の必要に応ぜしむべく適確なる権威あらしめんことは決して望みても得べからざる処也、

学校の活動開始以後長きにわたりて鋭意探討正確若くは正確に近きものを作りて行政上学術上の参考たらしめんことを期するのみ

要するに精神上の問題たり

僅々二畳、三畳、四畳半に、戸も壁も屋根も破れて惨状の家に住みながら悠々自適多少の貯蓄も有しつつ子弟を就学せしめざる者あり、相当なる技能を有して少からざる賃金を収得しつつ飲酒と賭博にふけり妻子を飢寒に注がしめをる者あり、乞食窃盗等を日課として貧民窟裡驚くに足る衣食に奢りをる者あり、刻苦精励感歎すべき勤労を敢てしながら幾多の事情よりして飢餓に喘ぐ者あり、その困窮の一時的たるあり、永続的なるあり、規矩準縄を以て律すべきにあらず、その子弟を教育する力の有無も必竟(ママ)は精神界の問題たり、形象を以て測るべからざるところのものなり

●区役所訊問

課長に説明すると共に、区役所に出頭して区長に面会を求めしが不在と称す、上席吏員水野氏を訪ふて前記三項の攻撃点を挙げてその真否を質せば之を肯定するのみか本来温厚の質なるに拘らず、昂然眉を上下、これを布衍(ママ)す、彼を威圧し逃遁せしめんとするものの如し、謙虔(ママ)を旨とする彼、態度を一変せり

収容教育すべからざる者を収容、市費濫費の不都合、よく之を知る、説明さるる要なし、極貧其他特別事情に制されて普通小学校に通学し得ざる児童のみを対象とすべく主張し努力し来れる自分に於ては市会の問題にするせぬ等の論議に拘泥するまでもなく固き決意の下に十全の注意を払ひをれり、他人の注意を、収容資格を律すべき標準反言すれば

貴下達が収容す可らざる児童なりと制定する規準あらば示されたし、これに依拠して処理せば我が労苦は幾十分の一に減ぜん、これを秘蔵して他を陥れるの用にのみ供せんとするは卑劣に止まらず公吏として市政区政に任ずる者としては恕すべからざる看過すべからざる不都合ならずや

水野、赧顔、沈黙、

貴下たち区内の教育事ムに従ふ者にして、該規準を有し居られんか予をして従来の労苦を敢てせしむる必要なかりしならん、曩日市吏員と共に調査抜萃せる当役所の学齢薄戸(ママ)藉(ママ)薄記載の事項も之を住民の実際と照合せば如何、公職にあってそれあるが為に俸給を受けをる者、心に恥づる処なきや否や苦心惨憺只管実際の調査探討に努むる者を誹謗し攻撃する余裕あるべきや否や

入谷三六三、二百世帯中よりは一名の通学児童すらなき事実は案内の当役所員の知悉するところならん、小学校令、同施行規則の実際運用方について如何なる所見か、明確な

るお答へを人或は無藉《(ママ)》者なればといふ。然し戸藉《(ママ)》薄上の有無はとも角下谷区在住者たることは事実なり之を捨てをくべき或は捨てをかざるべからずとさる理由ありや。明確なるお答を聞きたし

反対に威嚇す、怩忸《(ママ)》たるのみ、書記にして学務係なる木村誓頭《(ママ)》梁危しと見てか、走せ来り、公用に託して会談を中絶せんとす

かれ即ち答弁を留保すると共に特殊学校現出の本義に稽へ其成立は勿論成績に対して充分なる協力を為し得ざる迄も妨害的醜行なかるべく警告し且今次会談の逐一を区長に致さるべく要求して辞せり

●須山

浅草区役所学務係員にして下谷区豊住町に住む須山某、粗野の風あるも少壮にして事ムに適し更に処務上熱心と快捷を以て称せらる背後に有力なる推輓者を有し（市政上勢力ある輩は毎に有能なる市区吏員を羅致して諜報の蒐収《(ママ)》と立案に任ぜしめをるとは後に聞くところなりき）地位不相応なる権力を弄しをる由なるが、辞を下谷区内の風評に藉りて上述せる三項について屡々山田課長の前に論陣を張る由なるも豊住町に住むといふのみ浅草区役所に勤務する者なれば――彼も失脚して憐みを乞ひ来ること一再ならざりし

●戸籍上の異態奇趣

収容児童戸藉《(ママ)》上の異態奇趣

学校としての活動開始は、収容事ムに依って起されぬ

普通小学校にありては区役所に於て通学区域を定め該区域内に住む児童名を通告し来ると共に児童の家庭には其者を通告するが故に特別なる事ムはないが、万年校ではすべて彼にかかれり

収容予定の児童名はとに角記録し得たり、親権者と目すべきものを校に招致して学藉《(ママ)》を作らんとす、小使の訪問通告に応じて来る者は何れも婦人なり、男子は労働、出校し得ずとは口実にして言責を免れんとするが真相なり、無教育なる婦人たちとて其の云ふところ不正確にして児童の身分を知ること困難なり、

（甲）作意を伴はざるもの

㋑本藉《(ママ)》と寄留薄《(ママ)》との区別欠除、戸藉《(ママ)》なるものの観念なし

古来の通語たる人別なる称呼に由て該張薄《(ママ)》に載せて貰ひあることの有無を問ふも役所に届出ありと聞く云々の程度にして捕捉なし、出世地《(ママ)》についても、文字を知らざる人々なれば国名と郡名は地理書に探り得るも村名に至り

ては自治制実施以前のそれ以外知るところなきを以て如何ともすべからず、発音を基として仮名にて表しをく以外に法なく、（本藉《ママ》寄留の別全く不明）長期にわたりその知人等を訪ねて――学藉《ママ》簿を作成

㋺警察の現住調査と寄留又は出生届出との誤解
巡査へ答へしところを以て出生の届出と解す、年齢等茫々漠々

㋩内縁生活と適法結婚との差別を知らず
便宜上或は必要上より同棲して子をあげをり年を経て何人よりも苦情異議を受けざるを以て正当なる夫婦と感じ平然たり、子の戸藉《ママ》について訊ぬれば、我ら二人の間の実子に相違なしと主張するのみ、（適法の結婚か否かを糺して後（イ）の苦心を払はざるを得ず
四子を有する婦人の第一子を除ける三児は父を異にするも、正当なる結婚を行へる現夫の実子なりと主張するも、単に戸口調べの巡査に話したるのみにて出生届を行へる様子なく頗る曖昧なるかど多し、幸ひ校の近きところに実母ありとて之を呼び来らせ、訊せば、「父違ひの長女たりし故、十分なる面倒をも見得ざれば貰人あるを幸ひ、嫁にやりぬ、単に仲人を立てたのみ、人別を送ることなきも、一児を挙げて無事に暮らしをれば幸ひなりと思ふ内に婿は病死、娘は只の体でない、手内職一つ出来ざる上に一児を伴ひをれば生活費も容易ならず、余裕もなき私の手許（即ち異父弟の許に引きとれねば、思案にあまりをる際身重連子を承知で来るる（人夫の意）者ありとて世話あればこれを仲人として私も立ち合ひ、葬式をすましたその夜より同棲せしめたるが今の夫なり」――「食ったり食はせたりする方法上止むを得ざるなり、旦那は不思ギだと仰有るが此辺にては普通のことです、若し三十五日、四十九日を過ぎねばといってゐたら、どうして生きて行けよう」同じ家に住はずして米を送ってくれる人はない」後の亭主になる人にトモラヒを出して貰ふ人さへあります」

㋥氏名を知らざる者、仮の呼び名に終始して恬たる者
わが子を単に松、竹、由という（公を附す）それが松三か松吉か松太郎か更に知る処なし、甚だしきはヨボ、チビ、チンピラ、エンコなど綽名のみを呼びて本名を知らざる者あり、本名の必要なきに由るべしとはいへ、

㋭発音不正なる為充当すべき文字の推定に苦しめらるる者
あり、父祖の代より貧民窟に住む者、純粋なる江戸ッ子

と称すべしと雖も該地内に住むこと久しければ簡潔雄勁を尚ぶアクセント、符牒的略語――特有語となる、上京移住者はその地方語を、はじめ嗤笑するも、珍として奇として好奇的に使用しをる間に何時とはなく、一般的通有性を具ふに至れるもあり

的確の材料発見まで臨時、符表として記帳しをく外なき者

㋬年齢の不明並大（ママ）陰暦慣用上に由る誤謬

児童の生年月日を明記する者は皆無、臍の緒書に依りて探らんとするも之を知らざる者あり、曽ては存せしも亡失して今は無しといふ者あり、依頼せし産婆について検出せんとするも或は依頼せずと云ひ、（夫、又は懇意なる婦人に扶けられて）或は産婆の尓後の消息を知らずといふ、考へさせるも単に、七つ八つと概算するのみ分娩の月日を問へば、初午の夜なり、お盆の十六日なり、お節句の前夜なり、正月の某夜なり、十五夜又は十三夜なり、など年中行事と聯絡する記憶のみ、更に太陰暦に依る、

年齢早見表と、太陽暦を用ゐし地方表とを作成して机上にをきて検索上の簡捷を期したるも到底短時日に正確なるものを得べくもあらねば主として児童の体躰（ママ）上に見て、就学義ムの如何を決して記帳し、出生月日は他日の調査に待つこととせるもの大多数

㋣附記――此の戸籍上の曖昧不完全が、犯罪を――詐偽、脅迫、屍体の遺棄、隠匿、――人身の売買、交換、誘拐

乙、作意を蔵するもの

㋑野合の結果なるもの――私生子を罪科を処せらるべく誤解しをる者、曽て脅迫威嚇され若くは其事実を関知、言葉を濁す、これは容易に事実を語らしめ得るも、

○有夫の婦人が他の男子と野合失踪して密かに同棲し居る者、

（前夫との子を連れをるに往々あり）

○失踪にあらず、単に本来の夫を措いて他と同棲する結果のもの

（本来の夫たるもの亦法定によるものにあらず、）

等事情の伏在する者にあり、百万言を弄し――

㋺住所隠匿中に出生せる者、頗る多し、糺明すれば言を左右に、殊更に不明を粧ひ、自宅に帰りし侭、再び来らず、身元を知らるるよりも子弟を無教育に終らしむるを以て勝れりとなす

㋩犯罪に直接関係あるもの
有夫の婦人が有妻の男子と出奔隠棲中出生せる者、内縁の夫婦中その何れか正当公式の配偶者を有するに拘らず野合中出生児たるあり、——又夫婦何れか、或は両者共に罪を犯して逮捕を遁れんが為に来り住める者の不明を装ひ、故意に偽りて真相を秘せんとす（待つに問ひ詰むれば言を構へて帰宅し、如何に招くも来らず、往訪しても面会せず遂には転居して踪跡を晦ます者ありき）

㋥養育院其他の里流れと称するもの
その言ふところのみによれば、養育院其他より哺育を託されたるを転居移住の為、手続きを怠り、其侭日時を経過、一切不明、養育院に照会、一家を創立し院長渋沢栄一氏が親権者たりと明白するもの一名ありき

㋭内縁生活中出生届を行はざる内に夫婦中の何れかが死亡せる者
何れか死したる後、更に別人と内縁生活を開始し、漫然嬰児なり幼児なりを養育し来れるもの故真実を知るに由なき者少なからざりき

㋬死亡者名の利用によるもの
如何なる理由か、概ね逃避生活に基くものならん、亀、松と略称するにより、徐々に問ひ質せば、本名は別に存すといふ、曽て戸藉《ママ》薄に登録されたる者の死亡せるの名を充当利用しをるといふ（云ふところに従って戸藉《ママ》を探れば、二十八年出生の者が、二十年、若くは十八年生れとあるなり、八、九才が十八才廿才ともなりをるなり）同胞のみに止まらず、叔姪伯父母甥、親姻戚を辿るまでありし

㋣兄弟姉妹の混交利用
逆用充当。——芸娼妓たらしめんとする時の年齢制限に対する術策と兵役に関する脱法準備なりと目すべきものなりしが、根本に於て戸藉《ママ》法を無視しをる彼らの思をここに致しをることの不思ギなるも附近の者の示唆によって無意識的に

●収容児予定

二〇三名の収容児童を予定す
勧奨と説諭訓戒、——児童母親の服装のひどさ、頭髪異様、男児にて禿児の如き長きあり、女児にして短きあり、（衣服の色によりて女児と知るし《ママ》のみ）全く野生の小禽の巣の如きあり、
概ね眼病、皮膚病、疹瘡の滲出物に塵埃附着、甲《カブト》を被れる

が如きあり、衣服の破れ、裂け、垢はさまで胸をつかれむるも、顔面、頭髪、下臂、下肢の様相、正視にたへず、臭気強く、四間、三間半、十四坪の一室は全部の障子を開放して特別に、風を入るに非れば僅々十余分時間にして呼吸に堪へがたからしむ（一母は数児を伴ふを常とす）恐怖を呼んだのは床上、机上に落ち、やがて渠の靴を伝はりて下肢に這ひ込む半風子なり

天刑病者の多きは――系統病にあらず細菌による伝染病なるを知りをれり、

（春日町アカシア十数本、西、癩患者を負ひて石に掛ける三十才位蓬髪垢面の男、老婆に食物を喫みて口移しに、親子の情愛、山伏町、別れて別の家に入る、夫婦の如く見ゆる同様なるを見たり

三十八年夏休を利して九州、熊本市外妙本寺境内に薄倖なる病者と語り或は外人経営の患者収容所を訪ひて種々質問

●大矢の裏書

決定せる二三一、――二十三の不参

造言蜚語乱れ飛び、課長の面上暗翳ありし

不本意を忍び、収容予定者名薄《ママ》を携へ、大矢明誠氏を叩き意見を徴しぬ、杉原江間両派間、不偏不党の位地、氏は喜び迎へて仔細に検閲、「克くかくまで調査されたり、放任しをかば不就学に終る者のみなるは太鼓判を押して保証せん」

彼又事ムの進渉《ママ》に伴ひ戸籍薄《ママ》寄留薄《ママ》と対照して誤謬を訂し、無藉《ママ》者を相当処置せんと胸襟を開いて

●他の四校

市は万年の不評妨害に懲り、第二次建設の深川以下四谷、本所、浅草、芝方面に於けるものはすべて仏教家或はクリスト教派の団体が設立維持しをりし学校様なるものを買収改造するに止まり、次で小石川、本所、深川等に設立せし、第二特殊小学校即ち全部給与制度によるものと部分的給与制とによる二様の児童を収容するものの既設小学校の買収改造に止まりしは、貧民の優遇と解して其の蔓延と罪悪の増大を惧れて、特殊学校に反対する気運

下谷（万年）深川（蛤町）四谷（鮫ケ橋）芝（新網）本所（花町）

第一次建設予定地、――課長は前四ケ所は古来人口に膾炙とて賛同したが四谷は難色を示して進渉《ママ》を阻み、実現予定よりおくれ、芝区は反対を表面化せるより予定変更、本所区を先にしたるも、猶事情の疎通せざるところありしを以

て、浅草に玉姫小学校を建つ（浅草は区の教育費軽減に着目して代って請求するに至れるものの由）
蛤町校、花町校、新網校等の名を冠するもののなかりしは既設の学校様なるものの変身転化により、深川、霊岸校の如き、藪学校として呼ばれ、久しきに亘りて訪ぬべく道順を聞くにも此俗称によるにあらずんば用を弁じ得ざりき

●備品給与品購入

給与品、請求書、用度課へ、思ったやうなものが買へぬ、予算が足りぬ云々、そんな筈はない、筆紙、備品、シャボン、ハケ、スキ毛、消毒薬、

●半日教授

教授時間、午前午後、昼飯、こしらへ手がない、包んでくる風呂敷がない、食べに行くが、親がゐない、全日教授は出来ない、
半日学校にした。午前。教室、教師の少い二部教授ではない。三学級に五人の予定が、僕と二人、（通学上の便宜）予定の十分の一も集らない。他の半日を稼がせる意味もある、事情を知らぬ委員はうるさい、
三十五年度の経費予算（見あたらぬ）
山田久作が、校史を作ってをかなくてはいけない、（法律的意味もあったと思ふ）
九十数校にもそれがないから、モハンに作ってくれ、
井上友一、日本的社会学を委嘱、

●入学した子供

収容上に、三学年以下でなければ、半途廃学者があっても、四年以上の者は収容しない、三学年から一年教育出来る、それでなければ意味ない、教へたものには全責任を持つつもり
第一回卒業生の成績が悪ければ〔この行の上部に「十三才未満」とあり〕、此の仕事がダメになるから、卒業生の信用を考へなければ、ほんとの教育は出来ない、役立ち〔「役立ち」という言葉全体が○で囲まれている〕の実力を備へさせるところに
視学との間に意見が合はない、卒業させさへすればよい生徒をつれてくるまでは、頼んで、来て貰ふやうな立場つれて来てしまへば、張薄《ママ》記載、一変、厳乎《ママ》とした位置貸与品給与品机類を先づ見せると、父兄びっくり、こんな立派なものに、
教え放しではいかん、玉子をかへしても餌をくれなきゃ

―

一人前の人間になるまでは手をゆるめんがどうか、わしの子だ、否やはないか。よろしくお頼みもうします、卒業しただけではダメだ、二十五位までだな、兵隊がすむまで、女は二十二三。――卒業しても、あんた達の自由にさせんぞ、どうだ、はい、はい、誓約。それでなければ教へません

正直でなければいけない、これで一貫する。嘘も方便といふが、親御さんと相談の上でなければ、スリの手先、なんでもかくすな、入学式の前、

●始業式

二月三日〔「三」が○で囲まれている〕、式、着席させて、宣誓的に、着物は悪くてもいいから洗濯して来い、働け、怠けるから困るから、悪いことをする、保ゴ者は、――戸藉《ママ》のことはすべて問はない、いふ通りにしてをいて、精神状態〔先述の「保ゴ者」のところから「精神状態」のところに線が引かれている〕、直言するに忍びない、蔭事《ママ》をしてをいて、学校学校と、正直正直と、オレッチは一日だってくらしていけねえ。卒業するまでといったって、喰ふにしやうがねえ、子にするッたって、俺たちが育って来たんぢゃねえか、――先生は我々の事情を知らねえで、夢みてえなことを考へてるんだ、寝言を

普通の保ゴ者扱ひは出来ぬ。うはべで従って、憤懣、見のがさなければならぬ、知ってゐながら知らぬふり。すでに己れをいつはってゐるのだから、

帰す時、廊下の隅で、――喰ひ物を、着物を、どうしてくれる

着せないで喰はせないで、親といふことがあるが、とゐっている、

子供を残らした。授業開始式の前へ教へなくてはならぬ、

●服装

服装、なんともかんとも、背中に穴があいて見えてるのが幾人も、

あったかくなってもハンテンを着てる、ぬがせたら、背中がアミ、三枝、ぼろぼろと涙をこぼした、心がけのいい家

ツギがピラピラ、――臭くて臭くて、汗と泥とで、寝小便、

開始の少し前、訓導申請にやうやく市も賛成、山形の一人、茨城の女子師範が一人、専問《ママ》一人

●身体

体は頭にカブトを冠ってるやら、デキモノ、虱がくひついて尻をもちやげてるのが見える、手には疥癬が、耳だれ、

皮膚病、眼が悪い、一人で四つも五つも病気、三枝が皆病人だ、手がつけられない

●精神状態

精神状態、いぢめッ子をする、弱い者を、特長、人の痛がる、苦しがるのを喜ぶ、（動物虐待？）ちょこちょこッと行ってなぐったり蹴たりして、知らん顔をしてゐる、

●言葉

言葉がけろッとしてゐて通じない、はじめは遠慮をしてゐるのかと思った、さうではない、こっちの話が通じないのだ。

言葉の数がない、ぼーッとしてゐる、観念用を足してゐる、足りる、

戸籍、承前

自分の名を知らぬ、略称で、

開始、（ちょっと待ってくれ、先生、苦しくなった）

芝浦（日曜学校）鮫ケ橋（仏教）絶江も同、三笠〔「笠」から線を引いて「黒沢君」とあり〕（花町学校）霊岸（藪学校）

半特殊（林町）猿江小学校

始業式、市来ない区（水野）——淋しい式、

無学文盲が、殿様の使ひで、本所へ、舟から落ちて文箱がぬれて、それを船バナへ張って干す、和尚が、——油ぎった太った男が見つかったから、こないだの刀をためせ、僕の話、

水野が、——勉強しなくちゃいけないよ

●訓練

児童訓練、式場へ入れるにも、お互の呼び方、言葉、お辞儀、教場の出入り、運動場、——山下も参った。女の先生、唖然たるばかり、坐らせることがダメ、法がつかない、机の蓋で打ちっこ、全職員で五人しか世話できぬ

鉛筆、石筆の使ひ方も、——姉さん、兄さんなりが学校へ行ってれば扱ひを知ってゐる

便所の心得、女の子が入ればあけて騒ぐ（即座師、しみた帯、キ□ヒサ）

山下官〔「官の右横に「亀」とあり〕吉、（渋谷村）

●授業開始

授業、君ケ代、——譜もカナもわからない、——線の高低で教へる、（霊岸校が先、買上げ、君ケ代もすぐ教へられる、）

修身、国定教科書では逆効果、孝行の件、

出世談——人倫五常をチクリチクリと入れる、信濃屋。万

年二、紙屑拾ひから問屋、古道具や、——手近の例で。上の敬吉（練塀）養子、養父母、紙屑拾ひ、亭主は、拾ひためて三文鉢、朝顔を売る、つましくやって、家作もち、地主、女の子一人、浅草学校奉職の人を養子、
読方、書方、勘定のし方、
遊ばせながら、——心をやさしくしてやらう、腰をかけてゐられればいい、行儀が悪いと苦情をいってやるのは、可哀さう、——四十五分腰かけてゐるのは絶文《ママ》の苦痛、子供の身にならなければ管理訓練は出来ない
有名な訓導に来て貰っても何にもならぬ。
三月六日少しよくなる。
霊岸、三月開校式（三ノ宮）——大した学校ぢゃない〔「大した」と「学校」の問に挿入で「あんなことならこっちでも」とあり〕。周りの攻撃の静まるのを待ってやらうと市の意見

●開校式

三月十日、開校式をあげて後、校長の手に渡す学校だと山田、
式をあげなくては学校がない。〔「式」につなげて「までは市長のもの、」と別の行にあり〕——市長と校長と連名で案内状。
——生徒を扱ふのはどうするのだ、準備がことだ、天幕夜張っとくと細引を切られてしまふ、当日では支度は出来ないぞ、幕もとられる、
上田小使徹夜、校長も職員室で、山田課長、司会、勅語奉読、千家府知事、出雲大社の神宮、男爵
市営繕課長、工事経過報告
市長式辞、
文部大臣式辞
市会議長、その他一括
校長答辞
君ケ代二回斉唱——うたへといふので大騒ぎ、教ふべきだ
来賓へのくばりもの、本所の藤村、八寸〔左横に「一尺」とあり〕、角切りの杉柾の箱菓子が五つ、羊羹、打菓子《ママ》、
——二円五十銭
児童父兄、赤飯の折詰、魚うま煮、
式の直後、知事すでに控所へ行く途中、義経袴の壮士がとび上がって政治上の不満、
山田課長、涙をこぼして喜んだ、来賓の残り、「今日の式よく出来た」
ケモノ見たいなものをよく直した。——教育のおかげ云々、
文字計算を授けるだけはキケン、不幸の種、

折がいくらあっても足りんだらう、実際に何倍こしらへたらよからう、貰ひが多い、葬式の時など、切符制、

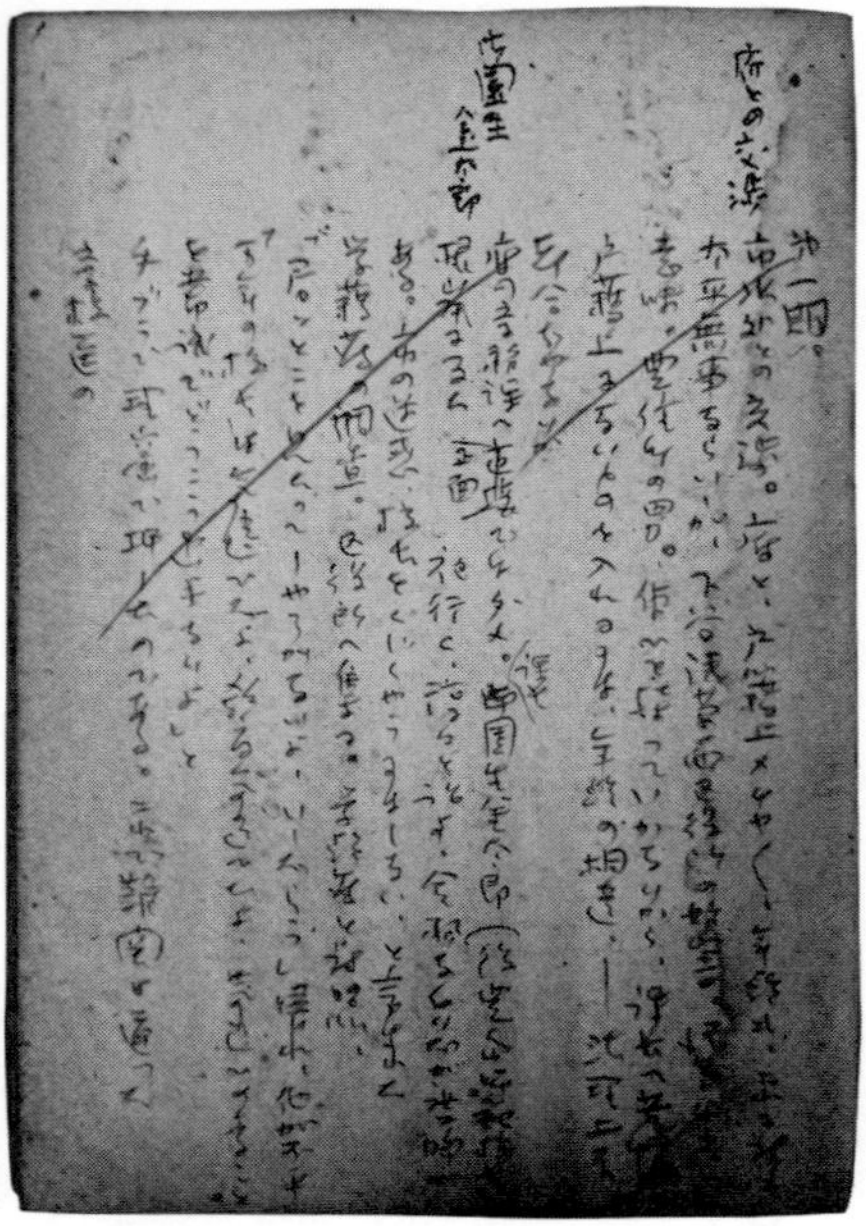

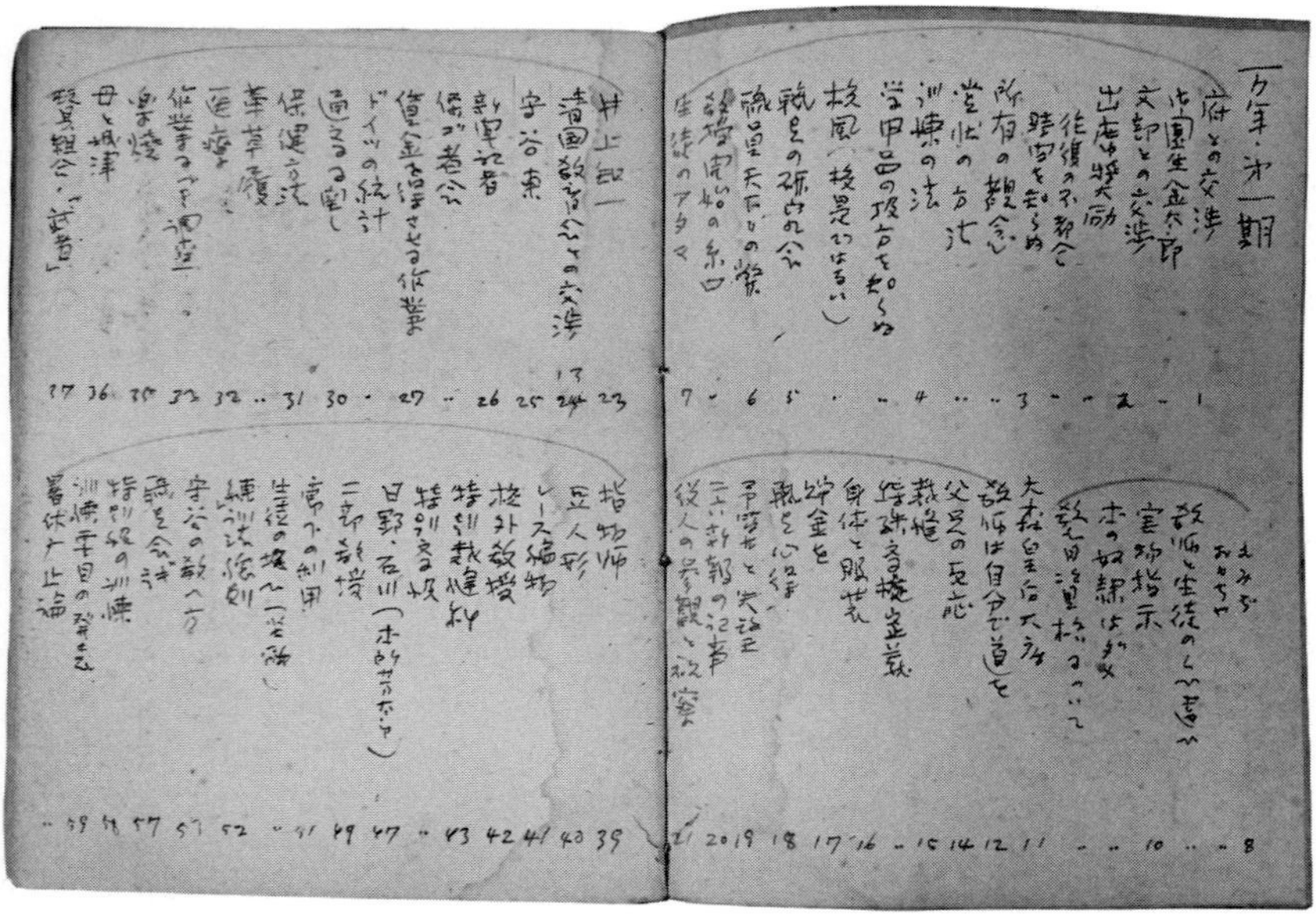

『取材ノート7』の本文（上）と目次（下）

神奈川近代文学館所蔵。目次冒頭には「万年・第一期」「府との交渉」「御園生金太郎」と記されている。本文では上欄に「府との交渉」「御園生金太郎」を見出しとして記している。本文上部、薄く引かれた斜線は、『小説教育者』で利用した部分にほぼ対応している。本書では斜線部分を［　］で示した。

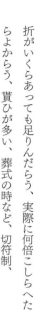

『取材ノート7』

万年・第一期
府との交渉
御園生金太郎
文部との交渉
出席奨励
　往復の不都合
　時間を知らぬ
所有の観念
賞状の方法
訓練の法
学用品の扱方を知らぬ
校風（校是ではない）

職員の研究会
　もみぢ
　おもちゃ
教師と生徒のくひ違ひ
実物指示
本の奴隷はダメ
教育資格について
大森皇后大府《（ママ）》
教師は自分で道を
父兄の反応
裁縫
特殊学校定義

身体と服装
貯金を
職員天下りの弊
教授開始の糸口
生徒のアタマ
職員心得
予算と失望
二六新報の記事
役人の参観と視察
井上知《（友）》一
清国教育会との交渉
守《（屋）》谷東

新聞記者
保ゴ者会
賃金を得させる作業
ドイツの統計
通学に関し
保健方法
革草履
医療
作業につき調査
楽焼
指物師
豆人形

レース編物	職員会議	博覧会出品・校の任務・商	柳金太郎
校外教授	母と城津	人	児童会
特別裁縫科	玩具組合・「武者」	島田との争	美術展覧
特別学級	特別級の訓練	結核予防・校の方針	教育講談
日野・石川（〈　〉）	訓練要目の発表	ボール長屋から生徒	動物標本
二部教授	暑休廃止論	特殊夜学部	島田の信認
廊下の利用	夏休日誌・校長会	夜間小学校・御園生金太郎	特別手工科の認可
生徒の扱ひ（奨励）	教員互助会・理髪・生業	卒業生選抜教育	島田の宅で
練レ訓法総則	職員難・慈童院・松葉杖の	茂木末吉	第一回卒業
守谷（屋）の教へ方	子	小山まつ	温旧会

［第一期。

●府との交渉

市以外との交渉。府と、戸籍上メチャメチャ、年齢も、これに対して太平無事ならいいが、下谷浅草両区役所の妨害。浅草は違った意味。豊住町の男。使ひを持っていかないから、課長へ苦情。戸籍上にないものを入れるのは、年齢の相違、――法理上不都合ぢゃないか。］

●御園生金太郎

［府の学務課へ正面〔「直接」と記した上から消して「正面」と書換えたもの〕ではダメ。課長御園生金太郎（後豊島師範校長）根岸にゐた、夜行く、諄々と話す。貧弱な顔だが度胸がある。市の迷惑、校長をくじくやうにはしない、と言はれた

学藉（ママ）薄の調査。区役所へ集る、学齢薄（ママ）と対照、

「君ンとこを見たってしやうがないよ、いいだらう」帰れ、

他が不平

「万年の校長は気違ひだよ、教育気違ひだよ、気違ひのすることを常識でどうこう出来ないよ」と、手ブラで理窟で押したのである。これで難関は通った

学校医の」

●文部省と

「文部省と――修身教科書、用ゐないで行こうといふのだから、

普通学務局へ、その内に追々、といふことで諒解

男女合級、（御園生さんとも話す、）三ケ学級、区別が要る、師範〔「師」の右横に「高」とあり〕での話をして、当分間の黙認を、」

●出席奨励

管理訓練事項、

「出席奨励、放任すれば来なくなるばかり、巡回を要す、家庭訪問の基礎、訓導にやって貰った。校長廻るヒマがない、難問題が起こった場合は出て行く、七つから、八つにはどんどん奉公に、「見よう見まねです」督促はむづかしい、山下が人の前に立って話すのはクセがあって下手だが、父兄との話し合ひは中々うまい。四角ばってはいけない。」

●往復の不都合

「往復の訓練、早く出て遊んでゐる、キッチリは来ない、欠席すると、どの位授業にさし支へるものか――学級は揃へて進まねばならぬ。欠席者があると、穴があいては、生徒もわからないからと、来なくなる　帰る時も、ブラブラ、早く帰る必要もないし、（上のの山の巡査が生徒と大人と同じに上ので性交のマネをすると注意された）

通学団体、権力者を作ると、いぢめて困る、作れない」

●時間がない

「集合方法、鉦をならすわけにいかぬ、家庭に時計はない、両親は外に出てしまふ、（小使をくれてをいて）近所の者は誘ひ合せて来い、まとまって来ぬと途中いぢめられる、生意気だ、学校へなんか行きやがる、山下が早く起きて、週《ママ》った、」

●所有の観念

「所有権に関する観念、手近にあればなんでも使ふ、俺のだ誰のだといっても向ふ気、腕力の強い者が勝つ、新居与作が職員慰安会をやらうといふと、万年の店（浅倉など）が、学校の為なら二円や三円、惜しくない

ガミガミいふなら、学校へなんか――通学をいやがらせないで、教へるのは骨が折れる」

●賞状の方法

「教室の出入り、運動場の――気をつけ、集れ、職員総がかりでやっても
賞状に、お友だちと仲よくするのが感心、小さい子を大切にするから感心だと言文一致体で。」

●訓練の法

「教はったことではダメ、目の前のことをなんとかやらうといふには、自ら発見して行かなくては、どんな本にもないことだ、

「訓練はどんな方法で、キカイがありますか」と参観者が聞く、笑ふべし、人に聞いて、楽をしてやらうとする、守屋が、有名参観人に驚かれた。高女、音楽学校ヴァイオリン半途退学者、――資格と年齢がとやかう云はれても、それはゴマカシだ――生徒に応じてゆく、」

●学用品の扱方

「学用品の取扱方、筆墨紙、鉛筆、突っきッこ、硯でなぐりッこ、物本来のもつ、使命のままに用ゐさせるのは大変、真ッすぐな半紙をもってゐたことなし。

下足場、ガタピシ、渡り廊下はかつぎ出す、幕はもち出す、やかましくいへば来なくなる、学校のいふことをいいとは思ってゐない、オトナしく《ママ》てしてるからいぢめられるんだ、なぐって来い」

●校風　校是ではない

「校風をつくらなくては（ごく大まかな）校是などといふものではない、理窟なしにおぼろ気に生徒を包むもの、心もちのよいものは、「学校へ行くんぢやないの、困るぢゃないの」といふものもある、工場へ出て働いてたものあり、秩序いくらかある、社会生活になれてゐる、それをひろげてゆくより仕方がなかった
「学校の生徒だから――」と、これ校風。
（なまじな教師は、これがないとダメだ。）山下、守屋はその樹立に骨を折ってゐる」
「泉田あやといふ先生、小さくて、落ちついた。（東北？出）市役所から来た、生徒を率ゐることは出来ないが、左右されることはなかった、茨城師範出の附属の訓導、教員検定員をしてゐた後藤《(五)》ゆか《(ゆかり)》、四十近い、どうすることも出来ぬ、泉田のあとへ来た、授業がとれない、大きなことを言外に、

生徒に向っては〔この後ろから前行の「どうする」の頭に線が引かれている〕

時々見廻ると、先生のキンキン声、足音で自分で《ママ》知られる、——机の上に拳を出さして、先生と生徒と睨みっこ、（一生懸命なのだ）これも方法〕

●職員の研究会

〔始終研究会、職員たちと、——（進歩的、高師にゐたおかげ）はじめから立派な訓導にはなれっこはない、何をしてもダメだから強く握り拳をつくらせた云々（脚気になって止めた）

熱心な訓導は、十分間でもそれを話し合ふのが喜ひ、愉しみ。

不熱心者はいとふ、タネを持たない。応用欲もない

その研究会の様子で職員の質がわかる、苦労してゐてもよく校長知ってくれると、——さうでないのは困る、

「燃え」のあるなし、上べだけよいといふのは、父兄でもゴキゲンとりだけ〕

●職員組織　天下りの弊

〔職員組織、市にも悪いクセ、府は尚のこと。貧民学校だから悪い教師でいい、山田ははじめさうだったが、逆になった、課長の力はリョーリョー、他〔「他」の右上に「外」とあり〕の有志者の力が強い、持ち込んで使へといふ、教員のゴミ捨場、教育を冒瀆するものだ、（自分の資格確定以前のこと）

教育会を相手にいふ。

適任だと思ったのは、山下だけ、他は天下り式〕

●教授開始の糸口

〔教授をはじめなければならぬ、その小口がない、いくらか学校生活したものあっても、長いこと休んでる、筆を持てといっても指が働かないから、工場で指を使ってるものはまだよい、子供にはじめ箸を持たせる、中々出来ない、あれだ。

棒でかたちをこしらへさせよう、山下以外の者はバカなことをと思ふ

そんなこと〔「こと」を四角で囲い、その左横に「苦労」を同じく四角で囲んでいる〕をしなくてもいいといふ気が先に立つから、だ。

左利き、左文字のクセ、（特別手工の調べの時、刃物をもたせるとあぶない、面倒でも鉛筆をけづってやらねばならぬ、それを職員はいやがる、——必要上から——ケンカす

る折に、――鉛筆は貸すことにしたのは、間にをくと、ケンカの材料、石筆は折れるが、鉛筆はキリの代り」

生徒のアタマ

［生徒のアタマを調べてみなくては、どんなことを考へてるるか、墨をすることが出来ないから墨汁、、、、雨（足あとみたいなもの）線を伴はない、国旗の逆〔「逆」の右横に「六七人」とあり〕、どこから来たか、開校式の旗だといふ、それがたのしみ、石橋直吉のオホバコみたいなもの、お月さんの出来そこなひ、これが圧感、

これでは授業なりたたぬ、カンネンを豊富にしなくてはならぬと塀内へ色々植ゑる、

住宅から、夜店から、――山下も往復で見つけては、そんなことをするから運動場がせまくなる、とりはらへ、と山田

石井昇が、――色んな考への土台をするもの、他に方法がない、言葉がない、それを覚えさせる、それをはらへといふ、――私にもよくわかる、やさしいといふ気もちもない、草や木はいい、――わしがなんとかしますから、石井が勝手にして、とりはらはないと言ってくれと、――古煉瓦でかこって、日ぽりの土を入れて、子分にやらせて、」

もみぢ

［生徒はどれをみても、もみぢといふ、草木共に、上のの山で、もみぢのヒコバへ――自然物に対する気もちがある」

おもちや

［おもちやを買ふ、（教授標本として）凧を買はうとすれど、太鼓、みな市で反対される、若月に骨を折って貰って、――休みの時間を利用して教へなければ、カンネンが豊富にならぬ、一週間で、一ケ月で、子供の頭が変るか――ひろがり、精密になること――と、やらせた。勝手なものを書かせる。」

教師と生徒のくひちがひ

［教場廻ってみると、山下以外の室は、生徒と先生の考へがへだたってゐる、一致しない、参観してみても、息が合ってない、脈絡がない、教へる方も辛いが、言葉そのものを教へてをかないから、一般の見当で、臨むから、生徒の方に言葉がない、注意してることが出来ない、虱、ぢっとしてゐられない、つぶしておもちやにしてる、三枝がいふ、十分間もぢっとしてをれ、などは拷問に等しい、出来るわけがない、要求がムリ、――一学級に職員三人、いため合ひがとまらない

言葉の数が少ないと同時に、その言葉の範囲〔「言葉の」に続けて右横に「もつ内容」とあり〕が非常にひろい。興味を持たせながら教へてゆけといふが、――僕のいふのは、精神的活動を伴ふ興味――一般にはただ面白ければ、虐待をたのしむといふ連中だから、先生の推察は外づれる口で訓導に云ってもダメ、――自分で授業をとってみよう、見廻りも困難な位、――泉田の一年乙教室、（学校生活にケイケンのない者）モハン的にやらうと思ふ、職員見てゐる

爪をもってく、糸目が、骨がといってわからない、キヨロンとしてる、この見当が先づはづれた、見さとく、機敏に、なぜ子供に徹しないか、その原因を調べなくてはならぬ、コレを糸目といふんだぞ、言ってごらん、糸目、――骨と紙の区別、――わかるからついてくる、生徒にきくと、ソレがコレがで用を足してゐる、」

実物指示

「鍋釜鉄瓶、底、フタ、ツル、土、みなわからぬ、実物指示ですませてる、言葉がいらぬ、家がせまい、品が少い、生徒にぶつかって、どういう風にこっちの――反応を見て、それによって子の頭をたぐりたぐり、こういふ場合はこう、と調べてかからなくてはならぬ。」

本の奴隷はダメ

読むことは参考、左右されてはならぬ、自分で発明しなくては、視学その頃なし、カンリカントク者が本さへよめばいいと思ってる、沢山よむ必要はない、又その時間もない筈、――東京なら先輩を訪ねて質問すればよい、一応の解決、文書できいてもいい、本の奴隷になるな、

教員資格について

市役所の者と、教師の資格で争ふ、山下を困らせようといふ

尋常科の正教員は役に立たん、師範本科〔「本科」の左に傍線が引かれ、「（高等科と俗に）」とあり〕正教員でなくてはいかんといふ、尋常の教師たるに、尋常科の免状なのに、なんでいかん。――府知事が資格を与へてる、それを市の方でとやこういふのは越権――尋常で、二十七円とったのは山下が最初、これを三十円にしたのも、三十五円にのぼる時も、四十、四十五、尋常の最高給はいつも山下、

大森皇后大府《ママ》（滝――四四年六月から）

大森皇后太夫〔右横に「大坂府知事」〕、滝捨次郎を眼につけた（尋常科正教員）（山下は品がないから損、）昼間は尋一、

控所へ来た時、「あれはなんといふ人ですか、——夜になって、折角見て下さっても、どういふところに住んでるかを見てくれなくては、学校の教育の根抵がわからないから。夜学もあるから、見てくれ、——市からついて来た者がびっくり。よからうとなる。夜、滝が尋五の修身をやってたやはり第一教室、「あれはなんといふ訓導か」
御礼言上に行くことになる、スミノ宮さまに博多人形で、皇后宮職席でもその話、——市役所へ行って、滝はこないだ、増俸して貰ったが、（六月増俸月、四年経たねばならぬのを）二十四円から七円にして貰った、十月のこと、田川大吉郎の席、秘書猪股、土谷（屋）、——三人、土谷（屋）さん係、これが巡査軍人ならすぐ引き上げられることだらう、実績をあげてゐるのだから
十一月末に増俸申請、（高等科正教員にはさういふことがない）
部下思ひだな、——ツトメざる人にはどんなにダカツ視されても仕方がない
山下は下手だから、大森、知事で親任待遇のはじめてだらう、東三条（参事官）御室戸（三）ケイコー、（貴族院で言葉がかるいと排斥うけた人）
市役所の視学、西村光弥先生、

●教師は自分で清国の教育者

「本がそのまま生徒にあてはまるのではない、その原理原則を生徒の個々に応用しなくてはならないのだ、そのくわしいことが本にあらう筈がない、教授管理は教師自らが発見すべきもので、大誤解をしてゐる
清国から来る教育者が、みなこれに参った。教育者になるものは万年を視察して来なくてはならぬとされてゐる、推服して来たなと思ふと、「お国の人たちはバカバカしいことをしてゐる、——バカだ、もと教育といふことは国に依り人に依って違ふべきだ、原理原則は宇宙を貫いてゐる、これを人に教へるといふ手段にうったへる時は、違って行かなくちやならぬ、欧米流ぢやダメだ、
私はお国の学を知ってない、論語をよんだが、孔子がお弟子を説くのに、一人々々にやり方が違ってゐる、——バカといったのはすまんが、
よだれを垂らすやうな笑ひ方、
僕らは日本でもキチガヒといはれてる、日本もだんだん目がさめて来るだらう、東洋教育法を樹てよう、お互に研究

して、——
政治家と見られた、外ム省、通商局を通じてよく人が来た。」

●父兄の反応

［父兄に教育の必要を感じて来る傾向
鳥井菊次郎、山下、一番先に喜んだ。カレンダー暦がよめるやうになった。一月二月、入梅だとよめる
山下、面白な《（ママ）》って来た、オレハ暦をさかさにみてみ《（ママ）》たら、
お父さんそれはさかさだと云って、
登校をいやがる子を叱るおやぢ、——早く行って手紙をよむやうに、——人によんで貰はうとすれば、すぐケイサへ《（ママ）》へひっぱられるやうなことぢゃないか、お父さんの首を守るためにも早くや《（ママ）》めるやうになれ、
ここまで来ればぼ、ラク
どんどんこっちから希望を出す、お母さんが主に来る、
働きに関係すること、一つはオヤヂ怖がる、
生徒の観念をホーフにするのは、おもちやを喜ぶ
ムダ費では害になる、くれなきやならんなら、おもちやを持ったことがないから、オモチヤをやってくれ、金をやらないと、スリやかっぱらひをする、あしたたくべき米のない時でも、これだけは、と五厘宛でもはねのけてをかぬといかぬ、悪いことを教へられる、しつけられる、——とって来い、泣き泣きやる銭
学校の先生はキラクを云ってる、万二の風呂や、散々ボクの悪口をいってる、校長野郎が、生活の様式の違ふところから来て、それを教へる、自分たちは月給とってる、オレたちは違ふ、」
着物をよく洗濯してやってくれ、切れたら綴れ、

●裁縫

三枝が、針をもつことは出来ないんだろうか、職員もぬってやるが、——出来ないものが多い、女には裁縫を、特別に裁縫科に力を入れた、

●特殊学校定義

特殊学校の第一次の定義——とは〔「特殊学校」に傍線が引かれ、そこから「とは」に線が引かれている〕なんぞやといふギロン、——〔前行「特殊学校」の頭から線が引かれている〕とは、文部省小学校令なり、地方準則に大骨は依ってはゐるが、生徒の、アタマに応〔「アタマに応」の左側に並べて「能力に適応」とあり〕じて教へる、——を特色とする、教師たるの資格、免許状によらぬ、修めた学力の高さにもよらない、

ただ子供によって導かれながら子供を導く方法をみつけようとする心を持ってゐる人を以て教師の資格とする、
教師のステ場といふ井（ママ）ケンを排する
視学が黄白によって動くのだからダメだ。
教師は提灯もちだ、自ら道をひらいて、行かなければ、行く筈だ

●身体と服装

［身体服装、学校では一番先にやりたいのが普通
もっとキレイにすべきだ学校は、と世間でいふ
はじめからやったら、生徒は来ない、むづかしいことといふと、
幾分反響を、父兄がたのしみをみつけ出してから、そこではじめる
衿にぞろぞろはってる虱、
盥で湯で、洗ふ、亀の子タワシでこする、手拭ではぬるぬる辷ってしやうがない、ぐっとやると段がつく
髪の毛、バリカンが動かない、石が入ってる、カチンカチンくしでほぐして、ていねいに、それからバリカン
頭に白い筋、水が出てゐる、バリカンを突っ込んだのだかとおどろいた、垢を、だ、水は虱の、
泉田はまっ先に逃げた。
女の子、工場へいかぬ子は、もづの巣、虱、毛穴に二三匹］

●不潔

統計のとりやうがない、百人の生徒に百八十の病気
はじめて身体検査、茶碗をソバへをいて三枚虱とり、「ぼくも虱をたけたことがあるが、キモノをぬがしてもゐる体についてる虱、強情な虱、
シツ、ヒゼン、――草履、ハンケチを与へる必要
費用がない、雑費の項目、

●貯金を

［貯金ショーレイ、むだづかひはおもちゃ、次は金で貯へろ、
菓子をかへと、かへないといはれたら、銭を見せろ、だが使はないと、
卒業させてもキモノがない、それまでに夏冬キモノを作れるやうに、――これは父兄にもわかる］

●夜尿症

寝小便で奉公から帰されるものが多い
小便くさい子供、（汗と油ではない、）しみ込んでゐる
箱、（内ム省で実物見本にかりにくる）七十人の学級、区

分された箱、
第二定ギ——、身体の状態が特色であるから、その状況に応じて教へるところだ。(治療機関未だ——)
三井へは、行かぬし、行ってもソガイされる

●職員心得

[職員は、特に、普通校と違って、児童の環境を調べること
飲食店を見て来い、毎月一回発表する、状況報告、校長が方針を立てても、職員が知らなければはじまらぬ、職員大きくかまへて、フン、フン、フン、と不作法、対話対談が下手、父兄のとこへ行ってもダメ、下級飲食店見廻り、のち訪問すれば話がわかってくる——いやがる、
一日の長、自ら調査したから、——山下、守谷《屋》、いやがらぬ]
[雑項、]

●予算と失望

[三十六年度予算を立てることになる、
市で重大視——山田が若月をつれて、ソロバンを持って来た。特殊学校ヨサンを、万年校でたてる、実地に立って、こちらでは、待ちに待ったこと、仕事の上で、足らぬところを云々といってたのだから——、希望のべたことは、(失望)教員互助会、作るから市から補給してくれ、それがダメ、金を出すだけに政治者にリカイがないから
児童の写真をとることが、一年に三回とりたい、一人の生徒の、教育を受けるに従って相貌の変るのを、自らも知らしめる、自覚を呼ばないでは、充分の効果を期し得ない、二枚、一枚を校に、一枚を当人に、
修身教授用掛図、ダメ、特に作らないと、自分で書くと云っても中々ダメだから、活動写真の代りに、尊徳、多助、百枚はいる、——掛図では一枚五円、治療室もダメ、
動物を飼ふ、ダメ、六尺に九尺の金網の家
バラ園の畑をかりよう、方々のホテルを調べた、鹿明館《ママ》、匂ふバラは一輪五銭で買ひますと云った、悪くても二銭五厘、当時買ってるのが十銭位、無尽蔵にいる子供に一日五銭やりたかった、食物が得られる、衣服も、一反歩、二百十輪づつ、生徒にとらせたい、これもダメ]

●女子大自治寮の内職

佐官やの土舟をかって、タメシにやってをいて、六尺の此のマネをしてやったのが、女子大の自治寮、苦学生をたすけた

カンザシにした、ハサムやうなのがついたカンザシ、枝の切り口へ

水苔かダッシメン、ジヤコー水をつけて、真鎮《ママ》の細いはり金でまいとくと水をあげる一日はもつ、

ここの生徒に葉《ママ》ラン、オモトは作れませんか、生花用、一把五銭丁《ママ》さいよくして来るだけだから、五七把買って、使ってる、

生けるやうにしてくれれば一パイ分二十五銭に売れます

桜井（女先生）生徒へ自活費のことで苦労してるといふので、ききにきた。（湯島の待合へ入る女子大生）

［山田課長の淋しさうな、苦しまぎれの答、気の毒、フダンは八百万円云々が、出るが、――いざとなると協賛を与へられないから、若月、中をとってその情勢を云ってくる、怒れない（三十円の校長）忍んだ。］

●二六新報の記事

［二六新報が悪口をかいた、学校経営の方針への反対記事、かへって世を悪くしないか、万年学校への俗論を代表する記事、その前に（野の字のつく記者［「野」に続いて、右横に「沢」左横に「崎枕城」とあり］）滝沢慎吉、目が片方小さい人、訪ねて来て、万朝報へ二三回書いた

二六を押しかければケンカになる、

参観に来た者のところへ、牛込旧殿（矢来を西へ入る）「困るぢやないか、ボクの方針は……」記者の内幕、「我輩ははじめ校へ行こうと思ったのは久しい、結構だと思ってた、豈計らんや、実行しない内に、万が三回書いちゃった、同じことは書けんから反対に書いた、応じない」取消せ、四時間も話した。だんだん、もともと悪意はない、営業政策だ、うめ合はせをするから（取消は苦しい）記者にはさからっちや損だ、と若月。］

●役人参観　視察

［内ム省、――開校間もない、久米金弥農商ム次官［「官」の横に「大きい」とあり］内ム省書記官井上知《友》一、衛生局長平井良成――参観に来た、年若く色白し、はじめは四角ばったが、次第に不平を云ひ出した金が足らぬ、はじめたからにはとフンガイ談

貧民窟を見たいといひ出した、どういふところに住まってゐることを知らずして、此の学校の――万年はよかった、入谷との界、衛生局長が騒ぎ出した、此の井戸で此のながしで、よく病気が出ない、水は七色の油、――出る、どこでも此の井戸、ここは二三十戸、キボの大小は別だが、良

否はどこも同じ。（将来、井戸と住宅を律するキソになった）山伏町の共風湯《（ママ）》、物置然、お役人は机上の空論、これがいけないといふなら、これに代るものを考へなくてはならん、見てみんふりしてゐてくれ、――一分間も投ってをけないといふだらうが、とりはらったら、どこでどう、体を洗ふだらう、諒解出来たのは、うれしかった

そこへ行くまでのオシメのトンネル、頭へぶつかる、久米さん背が高いから、雫にふれる、「万国旗の下はつらいな」山城屋、巾二尺ない、道に便所が一つ、糞尿で水田の如し、とんで歩く、ころげたら大変、誰か、ステッキ一本、それをたよりに、平井が大不平、ボクが一々弁ゴ、己れを以て人を律したってダメだ、これだけの世帯数にこの便所で足りるか、いくら小言をいっても――校長として気がついてるが、実情を知らずに、とやこう、――私は味方になってるつもりだが、尚反感を抱かれる、月日と共にへるであらうが、「行はれるやうにしてをいて行はないければ《（ママ）》ダメでせう、政治は――」

●井上知《（友）》一

その後、使ひが来た、井上から、「市役所へ来たついでででもあったら、内ム省へ寄ってくれ」合の子手紙、市役所へは毎日のやうに行ってる。――内ム省へはじめて行く、五十恰好のソマツな服の男が、玄関にガンバってる、ちよっとお待ち下さい、給仕をよんで、案内させる、――応接室、話の末、「校長さん、見て貰ひたいものがある、――文庫、これをごらん下さい、二十四冊草判厚い本、「僕にはわかりません」イギリスのロンドン、〔この後に「ホワイトチャペル」とあるが、上から線を引いて消されている〕小学校長の著、英国流の独立した社会学がなかった、ドイツからもって来てゐた

東部ロンドン、貧民窟、職業を調べあげた、これに依って社会学が出来た、一小学校長の丹精。日本にも社会学がない、あなたの意気と抱負で、此の本と同じやうなものをこしらへてくれ、君、もっと見解をひろめてやってくれ、――純粋学問の上に立ってやってくれ、――新たな生命を吹き込まれた、――自分のはそれを明かにしなくては、教へることが出来ない、――不及ながら、」

●支那教育会との交渉

［清国教育会との交渉

支那公使の代理、劉潜《ナガイ》　三十六年頃の公使ならその名刺

随行十六人、馬車で大通りまで、拱手の礼

性質から成立をしゃべる——市費が通じない、色々な内ム省、大蔵省、まで、徴税まで説明しなくてはならぬ、支那は私立学校ばかり、個人の好意的だから、公立がわからない、孟慶栄、左手利きの人、おぢいさん、侍談（宣統帝の）対幅を送って来た。（姫路の伜に）厳知崇〔「崇」の左に「怡」とあり〕、親子留学生カントク、チヨクレイ道の長官、楊澧

後年、支那に師範校が出来る、候補、高師が出来る、その都度来る、早稲田、高師（コーブン学院、嘉納治五郎の）卒業して帰るとき視察にくる、

マシマロー氏曰くで外国の例をひいて物をいふ人が多い、自分の流ギでやる、学生は目を燃やして来る、あとで来る、引率の教授レンは苦い顔してる、

カンウンホー、志士も来る、弊国へ来てくれ来てくれ」

●守谷(屋)東

〔後、島田俊雄、法律一点張り、教員の推薦は市にある「その管理カントクは校長にある」争ひ、「いくらでも廻しなさい、その代り、ダメなら一日で帰すかもしれん、

守谷(屋)、十八、教員になりたいと来る、履歴書を持って来ましたか、そんなもの要るんですか、高女卒、ヴァイオリン中途、それだけです

資格なんかどうでも、真心でやれば、いいんだらうと思った、ここの学校は別物だからと思ったが、やっぱり、そんな資格なんているんですか、それぢゃやっぱり他の学校と同じですね、参観いいです。欠員、いつまでも毎日サンカンに来ます。好きだから、——弁当もちで二週間〕

●新聞記者

〔小さな字で欄外に「十八日」とあり〕〔新聞材料になるやうになる、記者が多く来る、

「記者はひろい意味の社会教育者だと思ふ、——自分で到底校長になれないと思ったし、他にも一人として…衆知を集めて、援助して貰はなければ、他方面から、一々の〔「ある」と書いた上を線で消し、「一々の」と書き換えられたもの〕事実に応じて、導かれて進むより——校長は侮られては困る、が、方針を立てるには、どんどん云って貰はないと。

社会記者の最初の実習場とされてゐた。

命(名)倉《ナグラ》聞一（朝日）よく来た。」

●保ゴ者会

〔保ゴ者会を設く、——長い訓話、一時間以上二時間、各

学級教室毎に生徒の成績物を陳列、そこへ校長が大体の方針を話して父兄は各室へわかつ、成績物を土台に話す、どんな秘密でも児童に関しては教育上、話させる、子供の行を悉く知ってゐなければならぬといふので、色々な話が出る、未だにかういふ会はないだらう。家庭の懇談といってもカチがない

各級個々でいかによく行はれても一部分、まとめて万年校としては帰る時には、成績物を持たしてやる、絶大な喜び、図画、習字、裁縫、綴方、来なければやらぬ、届けるべきものではない、各学期末に、

ある時は、授業をみせる、時」

●賃金を得させる作業　ドイツの統計

「賃金収得を目的とする作業、煙草工場へ通ってるものは衣服、血色、よし、半途退学がない、

熊谷五郎、社会教育学、（最初）自費、ドイツのもの、ホンヤク的なもの、各聯邦の、働きながら来るものは体力、学力品行共に悪い、ミュンヘン、ザッツブルグ、統計からみると、自分の考へてゐたことはメチャメチャ、高師附属へ相談に行った。佐々木吉三郎に話してみた。卓見家といはれる、博識家、「調べてみなきや、わからんなァ」大家連も訪ねた、得るところない、

万年独自の調査、表（青表紙）考へが先に立って先入主で争を作ることのないやうに大体に於ていい、体力稍劣るが。

働く法がいい、迷ひが起った、結果を以て棚橋、佐々木、音佐《（乙竹）》竹等を訪ねた、——煩悶、先進国が悪くてこちらがいいといふのは、ベルリン、ミュンヘン、市街地ほど悪い、

考へてみればなんでもない、ドイツでは学術が進んで統計のとり方も進んで精密だが、例へばベルリンならベルリンの就学児童を全部つかまへて考へりや、貧困者は劣るのはあたりまへ、貧富を一緒にすれば、——きまってることだ、

今特殊学校で苦しむのは、上流のことではない、貧困者の中でだけ見て行けばよい、その部分での働く者と働かない者との差を探ればいいのぢやない。キソが違ってくる。時間の制限をうけるが、賃金を得るから食物がとれる、不平均がない、思想智力体力、働かずにゐて乞食カッパラヒの真似をし、食ったり食はなかったりでは悪くなるのはあたりまへ

賃金をとらした方がいい、校長としての度胸はきまった、

三四ケ月苦しんだ結果。

人は誰も統計の尊さを知って来たが、——統計のとり方に

依っては、これ位人を誤るものはない、」

●帰朝者反駁

「内ム省、井上、帰朝者の報告会に呼ばれる、校長さんどうです、ときかれる、海外へ行って来た時は、小学校長となると優越を感じてる、少く共大学を出てゐるから、あなどることが見える。統計のとり方で違ひはしませんか、それで論断するのはキケンではないか。向ふは怒る、行政事ムに携ってるものは、殊に怒る。楯の両面、云ひ出しやキリがない、が、とに角これだけはいふ、外国は外国、日本は日本、自分で実地で調査しなきや安心がならぬ。想志をかたく持たなければならぬ。——へこたれては一時はとにかく、真理を発見出来ぬ、真実をつきとめることが出来ぬ」

久米キンヤが来てゐた。帰朝者、一つ橋の学士会、終ったあと、晩餐、主人は井上、主賓はボクををいた。正式の作法は知らぬ、久米と井上の話で、正四位五位、現世では正一位はない、従五位井上、勲等の話、」

●通学に関し

「通学に関すること、団体を、弊害が少くなった、どこの学校でも、団体長が力む、

家庭訪問、一種の制度、——欠席には団体を経て届けさせる、理由がわからないと受持がゆく、出席奨励の訪問。マが悪くて来られない、不正行為、他の人の不正行為を知ってゐるためにいぢめられる、何かをよこせといふ時、なくてやれなかったりしたり、——これらの事情を知ることが大切、」

前、山下、小使と上田の働き、入学候補者をみつける、親を

五年のくれから六年へかけて、雪が多かった、小使菊袴穿

「どこかへ行っちまやしないか」——様子を見に廻る、

「父兄となじみになって、導く、その精神の有無に依って、教員がいやがる、出かけるふりして行かない、訪問録を書かせた。（市一般に訪問なかった）これを怠ったら万年では生徒が集まらない、変って行く、——校長憎まれ役、徳がない、教員を虐待といはれる、（話しながら、欠伸）」

六年〔「六」の左に「七？」とある〕八月頃、（守谷《（屋）》）

山田課長、病気三ヶ月、島田、

内国勧業博覧会、出品（守谷《（屋）》手伝ひ）

●保健方法

「児童保健方法やうやく緒につく、

浴室が出来た、盥で〔「盥で」に続けて別のところに「小使の

土間や、寒くない時は外、」とあり〕困ったのは女の子、女の先生いくら熱心でも洗ってやれない（守屋来た時浴室出来てゐた）

校長住宅と第一教室の間に、六尺と九尺の小さい浴室〕

●革草履

〔上履を与える、皮草履、一足五六十銭、雑費の内では買へなかった。麻やワラではすぐダメにする、三十何銭で、（京橋六間堀、荷上げしてゐた、皮草履、大阪出来、船頭とはなす、――それから兵営の古靴、払下げ営業者から買うと、一足が二三銭、靴が、――それで草履一足つくってあまる、鼻緒が馬革のナメシ、五六銭で作られる、屑が出る、それが売れる、悪いところは千葉埼《ママ》玉の肥料になる、八銭で売れれば利益があがる、深川の敬雲堂、筆墨紙屋、教科書、学校用品の御用商人、市へ出入りする――私の考案で、十二銭位にして儲けた〕

●医療

〔沃度〔「度」の右側に「化」とあり〕加里、イヒチヨール、（三枝）療治といはず、黙って買ふ、それを治療としてはっきりやる

文部省省令、学校医は学校で治療してはいかぬ、――下谷の学校医連中がブツブツ、一般医者は自分で治療するのをイヤがったくせに、分野をサンショクされるやうな掛《ママ》念で反対、

備品費がかゝる、各室へ医療箱、主なもの目ぐすり、校医の処方で、職員が、つけてやる、

消毒法、確立。手水鉢も消毒薬、便所、下足場へまく、ショーコー水、教室入口に、水盤、六千倍にして生徒は手をひたして、硯石板書範は共通だから、すぐふかせない、すぐバイキンは死なない、十分間位要す、手ふき、机のわきへかけさせてをいた、

帰る時は、水盤の水で、机腰かけ、鴨居、窓ガラスをふいた、雑巾がけに使はせた。〕

●作業につき調査

〔賃金――作業。緒につく、

授業をはじめるから調査してゐる。あちらこちら、浅草、現在仕事をしてる人の話はあてにならない。利益がないといふ、同業者がふえては困る、反対に、かついでやれといふいい加減。あてにならぬ。間にうけた、はじめは。他に問屋めいたとこではひやかされる。年期でも入れてヒビアカギレを切らして来なくては。――曽てその業ムに従事し

てをって止めてゐるものにきく、信用出来る。人をみつけるのが、大変。犬も歩けば、三文菓子や、おもちや屋を探して提灯の骨あみ、ローソクの芯作り、（糸しんだが元は、紙より）

団扇の骨作り、さく、編む、別、張るのも、ボール箱、煙草の口紙〔「草」のところに線を引いて「木綿針」とあり〕、下駄の籐表、鼻緒、袋貼、――これらは調べただけ、極端に賃金が安い、子供らも親もやらない、

いくらか利益があるといふのは提灯骨、団扇の骨は熟練技能がなければいかぬ、刃物やキリを使ふものはあぶない、

（煙草工場で聞いてみてもそうだと云った）下谷に新井《（荒）》宗雄の工場と車坂の菊世界の工場、浅草二つ

高尚でいいと思って佐竹原の貧民窟を調べたところ、小さな商業家が多い、幸ひと思った、毛糸細工、いくらでも買ふが、馴れない内は損をしますよ、三十四五のおかみさん、――自家用はたやすい、営業用は材料少く、見ばをよくする、ハカリを出してかけてみせてくれた、子供の頭巾、正札、三十五銭とみる、目方がどれほど、毛糸が一オンスいくら、僅かな差、それが利益、なれなと糸を切ったり、こいて細くしたり、屑をおそろしく出る、つめないでゆるくやるから、恰好がつくが、目方が倍かかる、お客はさうは買はぬ、売れません、

狸、浅草ちんや横丁、造花や、いい仕事だと思召すが、利益がうすひ、手前どもも苦心した。キカイをつくり、人手を少くして、やうやく。こちらは手細工、材料を廻してくれ、お断り申します、とうに心がけた。荒っぽい子供は、汚され、ムダにされてダメ、女の子にはいいのだが、――家がせまいから、子供はやる気でも、他の子が匐っててダメにしちまふ、――馴れてしまふまではダメ」

●楽焼

［妻込、竜泉、――楽焼のおもちや、鳩ポッポ、お膳、お椀、しやがみ込んで話しても、ほんとのことはいはぬ、バカに儲るやうにいったり、まるでダメのやうなこといったり、家内が来ない内、矢島にゐた。母が長男つれて入谷の家へ来てゐた。孫をはじめは可哀がったが、何かの拍子でいぢめ出した、ぼんやり考へながら帰ると、母厳重で玄関へ出る、足音で。縁先で挨拶。顔色が悪いではありませんか。どうかしたのですか。別に悪いところはありませんが、塩茶、かくしちやいけない、心にかかることがあらう、なんでも話したらいいでせう」

●母と城津

［公けのことにせよ、口に出すと気が晴れる、――寿町から妻込、龍泉、おもちやの話、相手にしない、嘘ばかり、一体あんな人たちは、――止めてる人を探すより他ない。考へながら来たので、――うしろの城津磯之助さんで、こしらへてるよ、面白いと思ってゐたが、お前行ってみてごらん。台所から、靴下で下駄はいて、露路の向ふ、上のさんの家、三二六――城津さんでき家をかりたのだから、――やってた、楽焼玩具、夜、着かへて行った、かくさず話してくれた。わしが稽古してみよう、夫婦と、足りないやうな男の子十七八、女の子六つ位、上品な人たち、元通運会社の課長？月給とり、社運傾いた時、余波でとび出した。（欠伸）毎晩行って習ふ。

一通り材料の買ひ方、岐阜の蛙目《カヘルメ》の土、漉して使ふ、一月もかかった。（三十日）

教育的、手、頭、目の練習申分なし。開校はじめ、泥をこしらへること、ツメルこと、キララの粉を使はんと抜けぬ、ほし方に依って焼く時に、干しが足りぬと割れる、カマ、焼く段がむつかしい、強い火ではユガム、馴れればなんでもない、薪が赤松、損な、木目の真ッすぐな筋のない、不平均のないもの、］

●玩具組合　問屋武者

［割るのが厄介、普通の五分の一に割る、楽焼玩具製造組合、三十四軒で、出来るやうになって、組合員のところを廻ってみる。「作業」をやらう、一文なし、道具がゐる、型、何百、何千、箱、――市は鼻っぱりばかり強い、金はないくせに、――キフなんぞみつともない、（キフの仕手もない頃、）第一に、問屋から出させやう、並木町「武者」取引ひろし、昔流のおもちや、なんでも扱ってる。話してみると、風格の違ふオヤヂ、バカにするのか尊敬するのかわからない、戻って、城津と話してみると、アレは食へないオヤヂだ、なんといっても畳半分を持って夜店をして歩った男だ、苦労して出た男だから、尤もだと首肯けば、びっくりするほど仕事をしますよ。とりつけない。断りやうがうまい。つかまへどこがない。話に感動もない、乗っても来ない。結構なことだが、甲斐がありませうかね、と。――石油箱一杯いくら。いくらにもなるまい。馴れぬ内には材料費が入ればいいのだが、――逃げちまふ。市がキフ金を廻して来た。（開校式について、招かれたがをいて行っちゃった、イヤといへぬキフ金）二百円。

●指物師

［乾燥箱を作る、（市では五百円も）棚箱入りで、
鬼子母神のわきの標本屋、小鳥の剝製品を売ってゐる、
安い、その台をきく、五軒町の植木善次郎、指物師、――
仲間では箱一つ五十銭とキマってます、胴廻りを三つ、棚
を三つ、箱は価格一つだが、三百はいる、下の真鎮《ママ》あみ、
市の入札は五百円が、ここでは百二十円、夜来た植木
色々話す、きっと扱はしてくれれば、一割位ひける、元札
入れて、「旦那」くひ合せにする、厚くしてもうすくしな
ければいいだらう、（仕上げ六分の指定が四分になる市）
――桐箱を出した、なんだいこれは、笑ってる、十円の鰹
節券、一割に近いもの、いらん、われわれの規定だ、大学
でもなんでも、御用を仰せつかれば――冥利が悪い、いい
ものを、数作って来たらいいだらう、
（慶雲堂、ビール大箱、怒る、母のところへ、入谷の家へ
をいて逃げる、うくべき理由がない、そっちも礼をする理
由はない筈だ、運送費を使っても送りかへす、新聞記者に
話す）
型、石膏、木、油［「油」の右に「赤」とあり］土、――粘土
をかぶせて、二つに切って、――楽焼のは赤土――八十円、
（城津がキフしてもいいのだが）
他の職員に教へる、遊び、
二月もたって、やうやく、一つか焼く、
普通教室で机のフタを裏にしてやってた」

●市川

市川作治《（次）》郎が役に立つ、御嶽教行者をした苦労人
大和村草柳（尋正）
（相州鶴間のソバ。（帝国生命の者が来て、）
［金にはならぬが、見当はついた「手工科」女の子に向か
ない、出来ないことはないが、他に適当なもの、彩《さい》色を、
分業的にはまだまだ、」

●豆人形

［人形、勧工場へ行ってみた。豆人形に着物、チリメン、
絹物をキタノモアルし、銘仙甲斐絹もある、三寸の人形、
二十五銭もあれば、五銭、三銭もある、話をすればメンド
クサがる。十入りの箱の卸やが来た、盗み聞き、心にはぢ
ながら、――チリメンは卸十五銭、（二十五銭売）――（欠
伸）――他のおもちやにもある、負けるのをメアテに三
十五銭といってゐる。
三寸人形は、裸の一番いいので一銭五厘、（玉）眼がガラス、

髪の毛が絹？（千住で調べ）百ケ入一円五十銭、千個十円、ごく安い、目は描いたのなら、四厘五毛位、――平均一銭は、縫ってキモノを着せて十銭に卸したって、――しめた、松阪や、主任、四十恰好のオヤヂ、同情して、代金はいらん

人形のタケはカネ〔「カネ」の右横に「曲尺」とあり〕、捨ててゐた、仕立工が――あげませう、

今日明日とはいへないが、五十、人形買って、女教員は縫って貰はうとすると、大人では細いもの、出来ない、縫へない、合羽橋通り、卸しに来た、人形ひろげて押問答、寿町、番地をきいて、行ったら、遅くなる、一時頃、前田邸の前を行くと「こら」警官、クソおちつきになんだい、これはなんだい、風呂敷、石橋の上、松平の下屋敷の灯り、」

●レース編物

［守谷《（屋）》、九段坂を通ると、レース編の看板をみて、聞いた、守札入れる編物の袋、レース糸の一寸の一寸五分、鶯茶、紐が長い、肩から腋へかけるやうに、――一つ一銭位になる、「先生々々、こんなものがあったから、やってもいいでせう」

運動場の腰かけの上で、一尺五寸、両方からかけるやうに、浴室の脱衣場のせまいところで教へて、――女の方が先に金をとり出した。父兄の気もちが変って来た。仕事が忙しい。」

●校外教授

校外教授、――聯合運動会、沙汰の限り、役に立つ運動会をやりたい、皆あきる、見ることを強ゐられてゐる。町に育ってる

［自然物を知らない、前進運動、新鮮な空気、心もひろく快活に、休みの時間に、フツー運動会みたいなことをやれない、予定案、――どこで何を教へるか――出たとこ勝負でなく、並ばせ方も、――実地踏査、学年毎に違ふ、事柄、品物、訓導苦しがる、春、秋、教科目と対照して、甲乙の学級をあちこちに、――職員会ギで方向を、時間、校長同道、周りのものにいぢめられるのを防ぐ為にはじめは――

教授のカントク、帰って批評会、利益な仕事の筈だが、いやがる、中食、――（旗、測量もした）宮本、こわめし、鳥の子餅、

旗を立てて境界線、解隊、訓導交代で三十分宛、ツナ引、ハタトリ、マリナゲ、一学級毎だから、一人で七

八回も
金魚を見に行った。日ぽり火葬場のわき、喜んでぢいさんばあさん、「子供の面倒を見て下さるんですもの、餌をまいてヨセテクレ、土産も、」

●特別裁縫科

[特別裁縫科、年齢を元として学齢によらず、規則〔「規則」から線を引いて「(三学年から)」とあり〕によらず、教へた物議を起した、張板、洗濯盥を具へて、新しいものぬふより古いものをつくらふことにはじめ主力を。一つ身、ジュバンが一般には手はじめで喜びであるが、それは一二銭で買へる、父兄の好学心を誘導する上によかった（開滕でもやった、受持よしやばあさん）後《(五)》藤ゆか《(ゆかり)》少し、いやいややってた、守谷《(屋)》から、虱だらけウミだら《(ママ)》の物を扱ふ、父兄の信頼、]

●特別学級

[特別学級、（低脳児学級といふのが嫌ひ。）開校間もなく、「児童の脳力相応」ヘンチキリン、経費要求、増築したかった、小さくても、一教室つぶしてもいい、いい職員を配置しなければならぬ。」

●石川千代

[石川千代、高師附属出、参観に来た、（音楽〔「音楽」の右に「ピアノ」とあり〕教師を今してる）内気な女、東京音楽学校、一ッ橋に分教場があった、その小使の娘、気立てよし、利口、教師たちも可哀にいが《(ママ)》った、□□科、音楽家として立つには金がいるし小使の子だからのびない、府教育会、教員養成所、（伝習所？）一つ橋にあった尋正、（裁縫科専科〔「裁縫」の右横に「尋と」とあり〕、高正はなかった）浅草の一小私立学校にゐた。教員伝習所の教師に松田茂といふのがゐた、第三部の高等へ来た。それが石川千代を教へた、松田は画が上手だった、小学校用の画が、児童心理学にもとづいた画、性情を現す、〔この後に「伝習所でも教へてた」とあり上から数本線が引かれて消されている〕石川は恩義を知り、研究心が強い、松田からの話で、紹介、上品な女、どんな丹精をする、守谷《(屋)》の後輩、朗か、ある職員が迫った、赤城、築土か、牛込へ転任、二年か一年半、足かけ三年？]

●遺伝梅毒　北里

[遺伝梅毒が多いとみてゐた。調査して根本治療、市へ交渉、ろ頂骨のかたちから云っても、北里伝研から交渉あっ

た

痘菌をつくりたい、新式、以前は買ってた？牛にうつして血清をとる、動物では成功したが、人体で試みなければ応用出来ない、試験物がない、神戸でやって問題になったことあり、先生の生徒を見下すのぢやないが、乞食、ほんとかい、問題はそこだ、貧民窟の子だからといふのなら、――決してさにあらず、学校長としての答へ、二つ、一つは国家人道の為、天然痘の血清が現れるか現れぬかは大問題、第二に卑しい、万々一間違ひがあつたら、実験に際しておこした故障を排除する保証をするか、市なり周囲は中々諒解しないだらう、子供の身体検査をしてくれないか、普通の身体検査はしてゐる、遺伝の検査だ、それが出来なければ此の学校のキソが出来ない、教師の丹精も効があがらぬ、純粋な教育の見地からして、やる必要がある、――承知した。（金を要求しやしないかと思ってたらしい。）三十四人の検査、その内三十一名？遺伝梅毒、医者三人、途中で、止めませう、健康なものはたった三人、学術統計的には、百パーセントだ。

生徒が多くてしやうがないからと、はじめの職員室をはらって生徒の昇降口がバカ大《（ママ）》かい。それを半分に仕切って職員室にして四間四面教室を、三間四間のものにして、重ね戸棚でカコッて小教場、金がなければ教員定員をふやさなくても、女をふやして、裁縫専科を、――児童を選む、特別学級へ廻されればどんな徒《（ママ）》でも気もちがよくない、親と子と名誉心からいって、各受持から普通教授にたへないものを出せ。成績物を、探求、――歩かせてみる、どうしてもまっすぐに歩けない

三枝が相談にのってくれて、（音竹《（乙）》〔左側に「留学――低能児学級の研究に」とあり〕、今の文博、文理大の）どうしてもいけないのは、二人〕

大阪天王寺師範で、あとでやった、村田宇一郎が校長になった、

特殊訓練

［棒をひかせてみる、鉛筆のもち方、校医の意見、四十人位、程度を下げて教へる、逆に進めてみる、他から受けとった生徒もある、子供に諒解出来る程度でふみ止まってそこから出発

父兄の怒ってくるのを、出来ないものをムリに教へたってしやうがないぢやないか、とっさん考へてみろ、羽もないのにとべとべと云ったってはじまらないぢやないか、百貫

目背負へといったって背負へまい、三十貫背負って赤味ばったって、軽い荷の者と一緒に歩けるか、自分の子を何しに——こうしなければ、子供が進めない、

山下、——後（五）藤にやらしてみると、とてもしやうがない、石川に、熱心、その前は尋一、教案をみせる、みてくれ。高師式、かうしてみたらと思ふのでと、熱心、終るととんで来る、意見を。——先生、私もほんとうをいふと、昨夜松田先生に伺ったら、浅倉先生も、十八九、特別学級には若すぎる、守谷（屋）の教へ方、

●石川・日野〈　〉

〈　〉が立たせてくれといって、〔「くれ」の前に挿入する形で「わざと悪いことをして」とあり〕先生にねじよる、他の女訓導だとそんなことはいはないが、石川はいふ、——教卓のそばへ立たしてをけ、——いい匂がする、他には別に性欲がのびてはゐないらしい、——日野波江、はばかりへ行くのについてくる、ややもするとあける、中のサルがなかった。（女子にはあった）女子用は二つ、一つは職員用、〈　〉待ってる、——先生のとこへ遊びに行くとついてゆく、〔次の文字の右上に「□□」とあり〕目の大きい女の子、入谷から来る、お母さんが、納豆売り、わけのわかった女、生徒がウチの女の子を、犬のやうなことをして困る——をかしなことを此の年して、——学校へ出たがらない、〈　〉十三、六の順序を逆、石ころで、二つ以上は数がダメ、——十までやっと、十一にはメチヤクチヤ、見た印象を統括する能力がない、話はする、かわったところはない、弟もさう、兄ほどではない、親にきく、母、近所に乞食の若い女がゐた、阿呆、それに気づかず、銭をくれ、菓子をくれ、抱いて寝た、それ以来始末に負へぬ、お母さん、さまで驚いてゐない。〕

●特別学級　廃止

〔百方手段がつきた、大学、元田ユ（良）ー（勇）次郎へ相談、脳中枢が破れてる、救ひやうがない、彼我苦しむだけ、そのままで世に出すより仕方ない、ガラス瓶あらひ、他はだんだんのびて来て、二月で普通学級へ戻る、半年で大体癒る、かうしてみると、〈　〉みたいのは別、それをのぞけば教師の不行届、早くそれに気づいて、補ってやればいい各教員に話す、不快がる、しかしさうぢやないか、個々の能力をみつけて、それに従へば——教員の原則、進歩が遅れてゐたのだ、それを助けてやる、——よい訓導を配置し

なければならぬ、生徒を三分の一にして、訓導の恥辱を現すものだ、
脳中枢のやぶれたものは、小学校ではダメだ、分野外だ、見出だすことは任務の内だ、――せめて高師教授なり大学の助教授なら、風靡したのだ」
村田先生参観に来た、新しい（経験を得たか、発見はなかったか）ゴーマンではない、僕の真骨頂は、廃止した話、その次来た時、――僕は、普通の教授時間ではなく、朝十五分、早くとか、あとで十五分残して、やるやうにしたよ、

●二部教授

［二部教授、実行。市でせつく。予算は勝手に、六学級に俄然、八ケ学級組織、校風なりたち、教場へ二人ついてゐることもなくなった。登校にも、面倒がなくなった。予算の時、希望条項の時ダメだったから、鏡を買って、見ることにしたが、効果はなかった、家庭訪問がなければ、一緒に教師が説明してやれるが――いふべくして行はれない、結局みっともなく髪がほつれなく、云々ぐらゐ。
学業の臨時決算、学年をはしよる。学期末のものを臨時にやる、年をとってる、出来るものを、いつまで低くをくことはない、（俊才教育、十六位で高等学校を出る者がある、九州に）
物議をかもしたが、断行。就学ギム開始の時に収容したものが、卒、〈　〉が四ヶ年を二ヶ年二ヶ月か、〈　〉が二年〔この後に「十ヶ月、二十ヶ月」とあり、その上から消してある〕業《ママ》する時の年齢に相当する、
御園生、批難《ママ》おこってから、「やってきたまへ、やってきたまへ」事もなげに、特殊夜学部を設ける根拠、就学ギム開始年齢引下げ論の根拠、尋一の課程、二週間ですますものあり、半年ではわけない、」

●廊下の利用

［廊下利用の諸品陳列棚、生徒の観念界がせまい、学校の教授用の道具、標本その他の備品を全部並べてをく、おもちやも、雨の日に」
日露戦争はじまって、成績品を慰問品に、軍艦盤〔「盤」の右横に「岩」とあり〕手から生徒に二十円送ってくれた。歴史画掛図、ボール紙に貼ったのを
［動物飼育、エライケンカになった、一尺の筒、金魚を入れて陳列棚の上へをかり《ママ》、島田大反対、自費で三つ買った。教育上必要なものだ（給三十円の時）後に市で買った。課長変って、鶏も買へない、ハンバーグ一交で自分で買って、

金網小使が作った、兎を御園生さんがくれた。」

蜜蜂、鳩の塔、あとで、

●生徒の扱ひ（奨励）

「生徒の奨励法実施、生徒をまとめてみると、小言をいってもダメ、物三分、子供はきいてゐない、各訓導、子供とケンカしてるやうなもの、悪いことは、単簡明瞭に、悪い、といってをく、片方でよいことをほめて行く、悪いことは軽く扱へ、ああいふことはよくないな、止めような、――学術操行共に優等なるを賞す、の漠然、部分々々が集って全となる。小部分をみて行くこと肝要。各職員の腑にをちぬ。「先生、これが落ちてゐました」よいことだ、正直だ、「算術が前より出来たことは感心だ」「女らしくなったことが――」「だんだん綴方が上手になったことが――」

三分の一宛、全部書く、訓導がいやがる、カナで書く、親によませる要がある。」

奨励がなくては大人でもダメだ、――守谷《（屋）》、石川、ほめてくれ、授業後に呼んで、ほめる。――叱られると思ふ、〈〉、鉛筆云々、使ひかけでも、やると喜ぶ、

●訓練法総則

「児童取扱総則、（訓練法）、参観人がほしがる、（山下に在り？）校長たりうる者はない云々だったから、研究実験の集成
一、生徒は尊敬されない人から教へられても覚えない、尊敬は威厳から、苛酷からは来ない、親切から、親切からでなければ、厳粛、規律、厳粛と苛酷は違ふ、親切の権化が威厳、
一、子を罰しちやいかぬ、――何れの場合にも教へるだけのこと、――その場合、制裁は必要。教へるために必要の制裁、
一、秩序と勤勉と正直――校訓のはじめ、
この基からこそ忠義も孝行も
一、教へながら導く、訓導の言葉、
一、根気くらべの決心、――村田先生、僕に餞けしてくれた、どんなことがあっても肚を立ってはいかぬ。君が教師としての実際家ではあるが、忍耐、カンニン」

●守谷《（屋）》の教え方

「守谷《（屋）》の松葉町？の石屋の子、十三、男、一年生、力が強い、悪いことをして、弱い者いぢめ、騒いでる運動場で女の子、なんにも理由のないのを叩いて泣かせた。何重三郎〔「何」に傍線が引かれている〕、さういふことをするぢやない

よ、だって、——だってめんどくさいもの、——それはいけない、さういふ時は先生のところへ、おらめんどくさい、私と話してもめんどくさいとて叩くか、——うん、と叩いた。

つれて来なさい、いふことききませんよ、私が行ってはあなたが弱くなる、つれて来なさい、二人で角力とりみたいだ、なんとしてもきかない、守谷《（屋）》さんが（を蹴上げるのをひっぱってくる）廊下を一尺が大変だ。敷居のところで、睨みつけてゐる、近くまで来た時に手をひいて、引き込んだ、泣いてもなんでもかまはない、到頭折れた、行儀を直させて、諄々と説く、守谷《（屋）》先生もゐる、お礼を云っていけ、お辞儀をしない、いつまでも投っとく、守谷《（屋）》が教へる、校長先生にお礼を云ってゆけ、

先生、今日——ほめてやって下さい、誰かが足を出して蹴らうとするのを、止めた。はじめはケンカをするのかと思ったら止めてゐた。「やさしい心が出て、えらい」古筆をやった。そばにあったものを、「——手にくせがついてるんだから、もう惜しいから、止めよう」守谷《（屋）》先生におかげでよくなるからお礼を云ってをいで、守谷《（屋）》が校長先生に

——根気くらべ

肚の中で万年を止めて、父兄の、学校の補助機関を、職業紹介、授産場、施療所——よい校長を選んで、——西多摩郡随一、（下田先生の話で）神師出の、教育会、三つに別れてた。各郡毎に、教授研究、それで随一、郡全体の実地教育、研究会で一番、年配も私より上、

市は郡部から招聘が面倒、その間上の級に欠員、尋四受持、増築をやらうといふ時、会議の結果、守谷《（屋）》、一年とサイホー（準訓導）

●守屋の教え方

首座が来るまで、——私には当分間なのですか、と目を皿のやうにして、私には力がないといふのですか、しかし義ム教育を終へる時の重要キンムなんだから、——わかりました。今に模範学級にしてみせますから（と中ッ腹）

教室の出入りに号令もかけない、一二一二もかけない、生徒にまかせて、級長にまかせて、一週間もたたぬうちに、守谷《（屋）》ついて出なくても、やってゐる、他の訓導のひきつれよりもよい

第三教室は南、板塀との間の一尺もない間を通るキウクツ、第二、第一、職員室の前を廻って出るやうな下手な設計、それを一尺のところを出るのが、完全にやってゐる。

その間守谷《(屋)》何をしてる？必ず、紙の黒板、（附属では浅倉などが）（前以て書いてをいて教室へ持っていく）紙製小黒板へ何か書いてる、（他は明日の〔この位置についで「前」とあり、消してある〕分もやってない）

授業の支度に、

守谷《(屋)》がどうして実地教育がうまくなったか、虔虚《(ママ)》な教師は、はじめ自分の模範を出す、経験の少ない人にはよけいに。素直で、心はしっかりしてゐて、女だから尚子供によい、罰してはいけない教へ導くのだといふのが、女だといい、佐々木吉三郎、村田先生が見に来ても、天王寺師範の主事が来ても、あれは、どういふところから来た人かと訊く、あれがほんとうの遊戯だ、子供と一緒に、チンチンメクラ、遊戯の精神を体にあらはしてゐる。

各参観人に話す、おのれを空しうして子供に学は《(ママ)》ねば、子供に導かれれば、自ら堂奥に入る、自ら発見すべき、白墨一本持ったことはない人だ、私だけ、あとは生徒に教へられた――かうしてゆきや、上の学校へ行きたがらなくても、――理科学の実験だけが、うまくいかないが、本だけでは、」

●職員会ギ

「訓練要項つくり方、職員会ギがすんだあと、校長としてこれをとって用ゐるまでは、校長と思はず、同輩とみてくれ、強ていへば先任者、校の命令だといふものは、「校長先生、そんなバカなことは出来ませんよ、実際と違ふ」などと守谷《(屋)》、「校長をバカは困る、校長は神聖」一訓導だよ、失言の大なるものだ。ほんとにさうだわ、「校長先生の先生」「坂本先生、」などといふ、バカも時に仕方がない、調子では。何々と決定する。そして出来上った総則。

ある視学が、恐れにかかって、ある訓導をそそのかして僕が短気で、訓導をソロバンでなぐって、と風評を立て、戸の課長が僕を呼んだ、乱暴ぢやさうだ、「ありません」「お気の毒です、生徒にさへ体罰はせん人が――」僕に不平があれば、一訓導の時に云へるはづだ。言論の自由。

実地に調べて下さい。職ムは二つ

小山ハナ訓導も、バカなどといふ、面白い、」

●特別級の訓練

「特別学級、生徒の為に考へた道具。針金の一番線七寸位のと一尺のと、二十分輪を一定の長さに、輪を並べてをいて歩かせる。精神の働きへ、体の動きから外からクセをつける、桜の木で、二寸の正三角柱、長さ一尺七八寸、ナマリを入れて、一つは峰《ミネ》が巾三分に落す、一つが二分、一分、五厘、一つは溝に。
ドドロキ盤、金の盥のミゾの□が動く
おもりを、どっちが重いか、同量を、どっちか重いといった」
元田《(良)》勇次郎、心理学界のオーソリチー、児童心理学が必要だと、市の学校長を集めて、元田《(良)》が色々道具を持って来ての実験、

●訓練要目の発表

訓練要目の発表、（朝礼、とはいはぬ）校長が忙しくて直接教授をとらないと、かざりもの、——生徒に直接教へてゐなくては楽みもない、五分、先にはじめる、その日のかくありたいと思ふものを発表、——それに依って各訓導の標的は立つ、校長はその日の学校生活の大目を示す、訓導はそれを具体化して生かす

●暑休廃止論

「暑休廃止、三十六年の夏、万年初の夏、生徒に怠けくせがつく、訓練は少らず破壊される、賃金とりに行って働いてる子も、学校へ来ながら行ってれば、半日は学校、全日労働になる、子供の受ける不良影響は二倍、働かぬ者は悪いことを覚える。家庭が環境が、悪い
学校にゐる方が涼しい、キケン、衛生上も、学校内の不平はいへない、——職員の多いのはダメ、——五人の職員、他の学校三校霊岸、三笠、鮫ケ橋が、反対、卑劣で頭が上らない、かげへ廻って悪口、市は全市をはじかる
金子堅太郎子爵が、アメリカ帰りで、二ヶ月間休む、生徒の身体を養ふ、（当時四十日）孤軍奮闘、足元の特殊学校から不平が出てるのだからかなはない」

●休暇日誌

「一年ためしてみようとなる。山田も、若月も来て、一年だけケイケンに休んでみて、一歩譲ってをいて実蹟をみて、悪いからと実施しよう、夏期休業中復旧、休暇日誌を——日割、はじめてこしらへた。軽便印刷器で、松田茂の意匠がある、」

●校長会

「特殊学校長会
島田がこれを認めないといふ、市は市なり、僕らは僕らの、相談「僕らの、相談」の右横に「研究、勉強」とあり」
視学、吏員がジャマ、校長を唆す、

〔前行、「視学」から線が引かれて以下に続く〕が三笠校長、佐藤正作（高師卒）坂本とケンカしてぶっつぶせといふ、條件、つき合ってみれば悪くはないと言った佐藤自身が、新規の研究をつづける、――市が妨害〕

●教員互助会

教員互助会――病気になりがち。山田も尤もと云った。小学校だけへ積立するわけにはいかぬ。、《ママ》二百分ノ一、特殊学校教員は積み立てる。必要に応じて貸し出す、（一円につき月一銭の利で）（後に、炭を買ったり服を作ったり活躍）これが全国で最初

●理髪申込謝絶

〔理髪業者から申込みがあった。謝絶した。我々は親だといふ立場だから、自分で刈ってやれ、情愛がのらん、女生は女職員が、他校では喜んでそれを受ける〕

●生業調査

職業調査を（界隈の）してゐた――例へば大福の原価計算、社会学を樹てる立場からも、

内ム省で金を出して、大きな辞書を作って、交番に備へつけて

明治書院にも（鈴木友三郎）話した、凄い経費調査に依って、生きた学問、教育

実業学校といっても、材料がない、当時はゼロ

●職員招聘難

職員の招聘に困る、皆相当野心を持ってし、わきへゆくことを目的にして、熱心な人を集めるには待遇が悪い、それを見破らなければならぬ。

●慈童院

寄附は受けるな、寄附願書を出させる、慈童院、石井昇が作った、院でキフを貰って、キモノ下駄にして困るものにやる、

早川千吉郎（三井銀行）――（井上の考へ。）前田藩の人、書生をつれて参観に来て、「毎日一時位に小使をよこしてくれ、食事時に見すみす残すものを――滋養を。」腹を立てた。乞食主ギはいかぬ。〕

●松葉杖の子

〈　〉といふ乞食の子、松葉杖でとぶ子、足は公園の方へゆく道、市電気局の仕事、電柱、二十円位の見舞怒って、（品川近くの事ム所、井上啓次郎）苦情のむしかへし、三年も前の、義足を作らせた

●博覧会出品

第三回勧業博覧会へ特別手工科の製品を出品した
三等銅牌、（青山師範と万年校だけが）
これで手工が世に出た、

●特殊校の任務

特殊校の任務、能力に応じた教育を、が最初
今度は救済事業を伴ふ――生徒を仲介として父兄の生活を改善、
補助機関、授産、職業紹介を従属させて。横外れしたと攻撃もあった。
市の方では突っ込んで来る、背馳する。

●商人との争

市の商人と対抗することになるから。
博文館の小供《ママ》絵本、一冊五銭づつで余るから、二冊、それへペケをくれる、高いものを――御用商人を援ゴする、見積を出した本やと顔を合はされなくなる
市で慶雲堂の、わざと一回か二回、安くする、不当入札
草履、色蠟筆、筆記帳、高くつく、工夫して、
商人、万年校長を止めさせてくれと公然といふ、

●島田との争

尾崎、島田、（二十四五）世間知らずの法律一点ばり
ヨコハマから高尾（女職員）を呼ばうとした。市へ申請した、履歴書を添へた。横田といふ吏員の手に。いつまでたって返事なし、サイソク。わからないわからない。三度目、島田怒って、校長に推薦権はない、我輩にある、権現《ママ》外のことを――、越権ではない、相談にしてゐる、車夫馬丁でよければそんな越権は言はぬと悪罵、横田、何故黙ってた。
「校長さん、先刻の話、申請しませう」と島田が来ている。
「あなたこそ車夫馬丁におとるぢやないか、下僚のつッこんでゐるのを――」青い顔からニヤニヤして来て「――まァお互に――」横田に、「君だっていかんぢやないか、」守谷《屋》の話――。

●結核予防の事

感心することは、我々校長へ、仕事をしてゐても、をいてちゃんと挨拶した、島田。
呼吸器病が職員中に流行って弱った。（毎年一人二人死んだ）万年は肺病になるからいやだ、といふ噂はびこる。辻（鹿つめらしい顔）大口、小山、山口、――死ぬ
状袋を誰が作るのか、菓子折の木版刷、手刷、細民窟で皆

つくる、それが上流家庭に入る――予防法の注意、日本へ対する大きな仕事

●校の方針

特殊校全般の方針を立てるのに――、人がノーテンキ、ゴーマンといふ。「私には万年はじめ特殊校の方針はほんとに立たぬ、今は手あたり次第、――西洋流の慈善事業、岡山の孤児院、（留岡幸助のカン化院は小さい）秋田の観音講、井上からきいた。日本的の慈善事業、百年の歴史。肥後熊本に貧児寮、日本的のやり方、此の三つを調べる研究して、――東京の特校を如何に。応急の対症療法だけで、大本が立たぬ。

●ボール長屋から

［ボール長屋、光月町に近い、竜泉寺に近い。小林馬肉店の出来ぬ前、入谷と光月の間に堀川があり、水じみた道路があった、道より西、入谷は湖水じみてゐた、気味のわるい水溜り、半島型にゴミを埋めて陸地ありき、六棟？三棟で、二側、一部は池に沈みかかるやうであった、巡査も気味悪がって入らない、単独では入り得ない、長屋脇の広ッぱ。子供が遊んでゐる、護衛つきでは戸がしまってしまふ。］場合をみて、独りでとび込む。別に一棟、みな閉まってる、一軒、戸を下ろして上があいてる、覗くと、子供の下駄がある。話声。西で南へ寄ってる家。「たのむたのむ」とムリに押しあける。四五人、トバク。任務を話し出す。彼らの顔、やはらぎ出す。子供の影が見える。来るとゐない、どうしたわけか。――先刻の家、莚が敷いてある、それが切れて、藁ごみの中で、子を抱いてしよんぼりしてるおかみさん、髪ぼさりとして、（お貰ひ）――よこせ、教へてやるから、（ナエ次郎吉）明日、オヤヂがゐた。懇々話す。可愛らしい男の子。体を洗って来る、不忍池で石を枕にさせた子供へ、オヤヂが「どうぞや――」と

南入谷では煉瓦で）

［家の仕切り、羽目がボール。壁がボール。一戸が二世帯、五月幟のひっさばいたのが、界。そこから大分来るやうになった。

山下が、ボール長屋の入口で、白墨を盗んで、楽書を発見、］

●特殊夜学部

［特殊夜学部――年とった子をつれて来る、進むが早い、まだるっこい、覚えるに従って、形式を教へればいい、二週間で一学年すむ、四ヶ年教目を二年で終はらせよう。

北清島、お母が面会を、夜、妹を一年生に収容した。その姉が煙草工場へ（十七）それが肚を立って、お守にやらせ、工場へやって働かせて、――字も知らない、妹は字を知り、勘定を知ってる、姉妹喧嘩、親子喧嘩。昼間は稼ぐし、大きいなりをして小さいの中に交じってははづかしい。よし、それでは夜、教へよう。灯をつけなくてはならない。市役所応じない。経費がない、あぶない、などと。（瓦斯会社へ行ってキフさせたかもしれなかった）第一教室へ瓦斯灯を五つ。（一年未満で四年を終った者あり、）
商店の屋号、駿河屋、伊セ屋などから、実用的から入った。教科書に依るより、看板の字、組み立てた。実用文書。寺小屋《（ママ）》式に、（野々山宏《（幸）》吉が喜んで）十九、二十頃の者まで来る、――覚えたくてしやうがない者に、ひもじくてしやうがないものにくれるのと同じ、吸収、消化が早い、こちらも面白い。昼間部への参考にもなる。小学部は押しつけになる。子供の要求に従って、やるから、有益だ」

●夜間小学校（四十年三月）

「東京府学ム課長、御園生金太郎が、参観するかたちで、「市ではここを各種学校にするといふ意見のやうだが、知ってるのかね」と云って帰った。根岸へ行った。「修業年限六年に延長の話あり（家庭の都合で、それに耐へられるか）それを考へてる最中）特種学校は延長しないで、四年で、小学校の資格をなくす、云々」

夜間でやっちまへ。

小学校令、同施行規則、府の同設備細則、「半日学校といふ文句がある」何時にはじまって何時に終らなければならぬといふのはない。十八時間をへらすことは出来る。――根こそぎやられるぞ。

同僚はたのみにならぬ、下手をすると、向ふのスパイ、棚橋、佐々木吉三郎などに夜間の意見をきく、

「貧困者だからといって、特別の教育でやったら、今に、精神的統一を破ることになって、一大事だ」「文部省普通学ム課〔「課」の右側に「局」とあり〕へ行って話してみろ」と佐々木の名刺
先に修身教科書の問題で、わかってゐたから、「公然とはいへないが、責任は負へぬが、いいと思ふ、始終業時間の規定がない以上はいいだらう」」

校長会、諄々と説く。あっと云った顔をしてゐる。神師出、霊岸、三ノ宮尤《（文）》三郎、（四谷にゐた）鮫ケ橋、長の重三郎

（宮城師範主事）、市へ持って行って。勝つ。三笠、夜間に義ム教育を〔「義ム教育を」の左に並べて「小学校をやってる」とある〕――、全国から参観する者多し

●卒業生　選抜教育　茂木末吉

［卒業生選抜教育、貧民窟で卑屈になってる気風、大人小《ママ》供共に、それを暢達にせねばならぬ、第一に能力がなければいかぬ。一つは家庭でその子を生計上必要としてはいかぬ。二大根拠理由。――茂木、小さい時、へへえと笑ふ無邪気なところあり、のびやか。年とってから来たから、四年の課程を、一ケ年八ヶ月で終った、オヤヂが酒のみ、キレイな生活、別当をした。傭《ママ》中間、六尺、当時は人力、器用な男で、夏、灯籠や舟へ稗を蒔いて、売った、気のきいた風をしてゐる、兄弟大勢あるから、「へえ、よろしくたのみます」夕景、ハダカで肩にひっかけて、（竜泉寺）］

●小山

［小山マツ、（万年町）ノミとゲンノー叩き大工、姉、浅草藪そば女中、兄二人、一人は砲兵工廠へ働きに行ってる、人力か鍛冶や、マツと父と二人、しがない生活で、人がいい父、「物にして下さるならして下さい、親甲斐がないから、煮てもやいてもいい、あてにせぬから」卑しいところがない、」

●茂木書生

［坪谷善四郎、博文館にゐて、茂木に学資を出してくれ、貧民はダメと見てゐた。あせった。理学士、支那政府の顧問に招聘された、上海か天津、気象台の技師、――参観に来た、よく暑休に来た「外国の人は互に扶け合って勢力扶植をする、日本人は隠れっこをしていかぬ。」小作りな、人のいい人。家内を一人残してあるので、書生を一人ほしいが――、志を養ってやりたい、境遇を変へながら教育したい、――茂木をやる、第一の足じて《ママ》卒業せぬ内に。根岸」

●小山マツ

［守谷《屋》がはし渡し、小石川高田老松町、ブラックマーホーム、ミッションスクール、主事ミス・アーズマン、（後に朝日の記者、竹中しげ子、　《フク》主人、守谷《屋》がアーズマンつれて来た。竹中が通訳、「私の力で出来ることがあれば――」高い教育を受けさせてみたい、ただ学者を作りたいのではない、ここの教師にしたい、貧民窟から出て、苦しみながら人となる、それを教師にしなければならぬ。ヤソ教のために働く者を作るのではない、それでもいいとなったその時、外国人の手がたいやり方、本人を呼んで、医者に診断させる、三月もかかる、事実その気もちはないんぢや

ないか、日本の医者でなく、アメリカの医者でなくては――など、」

小山、茂木にしても、ただ自分で偉くなった気でゐては困る、あの人たちだけをやるのは不公平ぢやないか、普通の丹誠苦労ぢやない、――貧民窟のために働かせよう、といふ気だから不公平ぢやない、人にも大口で説く、「万年の生徒のためには熱烈に説くが、身辺のことでは要求をせぬ」と評

自ら説明してくれなくてはならぬ

●柳金太郎

柳のためには、国民の記者に怒られた、〔この後「茂木」とあり、上から線で消され、その右に「?」が記されている〕が一高、(帝大)〔「帝大」の右横に「?」あり〕に入った時、学資は清水石松(かきがら町)励《(ママ)》売所そばやがある、大勢の話では、豊山中学を出た、一二席では、仙台か名古屋なら、やっても、本人は一高を受けたいといってる、どうしたものか、出資は柳を以て終りとする、年が年で、末を見届けられぬから、試験につまづかせるとあとがまづい、(二十三人位出してゐた)「とっさん、こんだわしも加勢しよう」と通信社へ柳が一高を受けると、――国民がやって来た。ほんとか、ほんとだ、――大隈が来て、清水へ――)一体柳はどういふ子だ、それは話さん、今に大学が出て、講座を担当するやうになった時に、三日間の公開演説をする、自分が前座をし手、柳に話させる、

新聞記者の天職を知らぬか、知るから、出来ぬ、社会で迫害を受けることがなくなってから、――時機の来るまで、バカ校長、柳のことを万年町を調べて来た。よくわかった。校長の志もわかった、宛然たる社会小説だ、一ヶ月連続二段ぬきで、書き切れぬ、校長が承諾して、出させれば、一ヶ月位の保養をして貰っても、但し、このことたる、各社が来るに違ひない、これを同じに、

ミス、ハサベー、(アーヅマンの後の主婦)これが小山、吉岡の媒酌人

●児童会

児童会、――おのがじし生きてゐればいい、それを改める、学校としての一大家族として、その精神を養ふ、外の悪い空気に染ませないやうに、手品、切り抜、その他の娯楽、市役所で話してもダメ、無料で芸人をたのまなければならぬ。飾りつけは職員、学校だけで日をくらさせる、一月十六日、三十六年七月十六日、社会的性質を帯びさせる、

●第一回卒業

［卒業生はじめて出す時、三十七年三月の春、速成的、卒業生の祝に字引を買ってやった、いろは辞典、のびに支度に（七人）
式辞（校長）皆が卒業してから悧巧、はしこいといはれたら愉しみとせぬ、バカ正直といはれれば喜びとする］
出しても、頼み手がない、教育の価値がないことになる、たのみ廻る
乞食町と泥棒町から出た子をたのんでも仕様がない、寝小便をしてしやうがない、ぢやためしに、ローソクの芯巻きをする一人の他はどうぞこうぞ、たのみ込んだ。

●温旧会

藪入の会を温旧会として、歌を作った。「勤勉なれや物事に――」〔「なれや物事」の右横に「伊藤先生知ってる」とあり〕はげませるために。雇主を訪ねて、気に入られてるものは、早速ホービを出した。学力の復習、綴方、読方の軽便印刷器で格言を廊下にはり出し、帰りに持って帰す

●美術展覧

美術学校、文庫からかりてくる、陳列、美術品を、
一高の寮祭の如きものでもあった。記者も七八社も来た

●教育講談

後産物、教育講談、天野雅彦、（島根師範の卒業生）野々村雲平《（運市）》（文理大にゐる）修身教授は講談の方がいい、木村重成、茶坊主が重成を叩いた。
鈴木巴水、（明治法律学校出）木下藤吉郎長短槍試合、下谷西町易《エキ》者、松平学園、岩淵がたのんで来た。
浪花高峰吉（入谷にゐた）
琵琶、豊田旭穣
長島辰五郎、柳原洋服商組合頭取、フラッと温旧会の時に来て、帰る時に、「金がいれば、仰有って下さい、キフをしますから」池の端生れ、困って長じて来た。
五十円キフした。毎回、

●動物標本

生きた動物標本。金魚。

情操教育。観察と共に可あいがる、やさしみをもたせるために、兎は飼ひはじめは死ぬ、簞《（ママ）》の子を飼ふが、二三回買って、荻原といふ小使は扱ひが悪い、他の小使がかくれて世話する、それでも死なない

●島田の信認

［課長交迭による異変、

島田、非常に信認されて来た。市の暴風雨、大地震、校長大異動、新規校長の採用は事実上僕、校長にぜひ逢ひたいと云って来る、山下へ申し込んでゆく者が多い、逢ってみると、東京市の教育の批評をする、そんな広範囲の話は、ヒマな時にしませう、――島田が先生〔「先生」の左横に「校長」と丸をつけて記入〕のところへヘンな男が行ったでせう、校長志願の、九州から来た男、市には小学校がないとまでに悪口を云った。胸クソが悪い。万年へ行ったか、行かぬ、行けといった。「あの人をどう思ふ」「正直、就職に際しては何をいふかわからぬが、見たところ、大した間違ひはあるまい」「島田、笑って、「これを見ろ」出した万年参観記、悪口もある、実情を知らぬ、敢て咎める必要はない、」これを校長にしていいか、どうか、わからぬが、――私だってわからぬ。成績を上げればよし。あがらなければ退職の約束をしたらいいでせう。――下谷の校長にした。

校長候補者が沢山来た。山下が「又来ましたよ」

特別手工科の認可

［特別手工科、勝手気ままにやってゐたのを、市に認めさせないと経費の点で困る、半紙二十枚位、市へ出す、中々」

島田の宅で

［うまくいかぬ、いつまでも島田、なんともいはぬ、もう少し考へさせてくれ、もう少し考へさせてくれ、小半年、業が煮えて来た。すまないが今夜自宅へ来てくれ。本郷弥生町。今読んでゐるんだからいいとも悪いともいはぬ。大きい殺風景な家だ。火鉢に火が少し、茶もくれぬ。ぽつりぽつり、わけのわからぬ話を。――あのことはどうなってませう、「読みは読んでますかね――」二時間、怒って帰らうとすると、客が一人来た。「や、待ちどほしかったよ、何故早く来なかった」はじめて西洋菓子を出して、茶をはじめて、磊落に話してる、教室内の体操（机間体操）を発案して、承認して貰ひに来たもの、各学校へ行ってやることを。「坂本君、これはどうだな」と批判させる。一時間半、体操の利害得失だから、「あーよかったあーよかった、僕にはわからぬ、そこで坂本君に判定して貰った。や、坂本君、ありがたかった」やってよからう、「そこで、私の方のは――」「あれはいいことになってゐたんだがな、松山伝十郎君もいいと言ってゐた。」〔「松山伝十郎」のところに線が引かれ「学ム委員」とあり〕

日下部三之助の（教育雑誌）

『取材ノート8』

戸野新課長
東京市視学
視察旅行
若月憤慨
校長住宅
水害救ゴ会
御園生の寄附
孤児院のウソ
高松漁師校
熊本貧児寮
　チボ町・長町
経師三十年

門司・京都平安孤児院
日露役・出征家族救ゴ
特殊学校後援会
落選画会
旅行の目的
大阪市福島授産場
神戸
　部落
　花畑のアダムス
視察旅行を認めさすべく
つたや・仙石原の学校
成田・佐倉・浦和—疲労

小田原・尊徳をたづねて
四十年水害
東北視察
宇都宮特殊部落
白河
（　　）・娼妓に売ら
　れた卒業生
福島
民報の記者、岡山孤児院
　を憎む
山形・大演習
酒田へ行けぬ

新庄
米沢
秋田
感恩講
那波三郎右ヱ門
弘前
孤児院あけび細工
青森
孤児院の惨
港の巡査
旅行の必要・本と実際
函館・永井先生

慈恵院・八幡浜貧民窟　亀井総監
殖民地の菊　住宅成る
盛岡　増築成る
塩釜・母の代参　炭・御用商人
陶育院　文松堂
千秋公園・気象旗　筆つくりの女房
能代　浴室・竈
松島・舟を仕立てて　鳥の塔・教室の鳥と鉢
仙台・越後の三助　雨天体操場
授産場のインチキ　手工・小野徳次郎
社会事業・外国流は不可　浅水目薬
戦争と玩具商　米屋三軒・団子
問屋・武者　見舞来る・自治制
レース編・補給金　ローソクと弁当
清水石松　菓子・ちり紙・団扇
四十三年・洪水　巡査配置
玉姫へ　三井・父兄作業
校長夫人　大隈伯参観
鳥井菊次郎　入浴問題
巡査派出所　比佐勇（祐）次郎
避難者来る
田川助役

●手工・博覧会

手工科・市川作次郎受持、宛もよし。三回勧業博覧会、市へ出品相談すればダメ。棚を作って、学校一覧表を作って（守谷（屋）が）女の子に編物させながら罫をひいて、山下が書き入れて、粘土細工を下にをいた。会場で表の写し手が多い。

●戸野新課長　東京市視学

［課長三回目、戸野周（二）次郎（高師出、長の視学官などした）政治家肌、（三土忠造も高師出）はじめは僕を信認してゐた。校の方針確立なし、調査旅行、赴任旅費さへ払はぬ位だから視察費どころではない、戸野、それはいい、予算はない、予備費から支出しようとした、関西、（岡山、熊本）学ム委員会へかけた。東京市視学をはじめてをいた。浜幸次郎

（高師出）戸のと兄弟分文学士、政治家方面から入った、北多摩の西村石井、［「西村石井」の右横に傍線あり、「西村」を上から消した跡あり］、二人視学。委員会は視学をやつたらいいぢやないか、となってしまった。］

●視察旅行

［戸野、公然と大勢の前で云ふ。気の毒なことになった。課長としては君に行って貰ひたいんだ。旅費がないから行ってくれといへぬ、旅費はいらん。夏休中に出かければいい。任地を離れるからその届さへ出せばいいのでせう。浜、西村が奏任旅費をとった（判任旅費）二人で四百円か二人に、箱根を越へたことがない、ぜひ一緒にたのむ、いつ出発ですか、いつかわからん、別の方がいいだらう、といやな顔］

●若月憤慨

［若月が怒って、渡瀬虎次《（寅二）》郎に話して、出張辞令書をこしらへて来た（旅費を支給せず、と附記）どうだ金の都合はつくかと、若月がいふ、いや用意しました。見送って来て、金のことで。東京府市の校長の視察のはじめて。］

●校長住宅

住宅も、戸野できまった。万年はあと、他を先に作らして、最後に四十二年三月に作った。（四十一年度経費で）

●水害救ゴ会

水害救ゴ会。四十年、玉姫、霊岸、三笠がやられた。八月二十六日に、五日から降り出して、吉原土手の向ふは一面の海、

家庭訪問の先生たちからきく、公園から吉野橋を渡って白泡立って水がくる、角力とりがあとから来た、千住の方へつれて行ってくれ。かぢりつくやうになって、わけを話して、別れ

着物を頭へのせて、首たけでゆく、巡査の舟、乗せてくれ、ダメだ、玉姫の児童四百のためにゆくのだ。おのんなさい、六尺五寸の棒杭の上をのり越して、窓へへさきをつけて、入る。生徒はゐない、校長のみ、ぼんやり、水は増さない勅語謄本をあづかって、小使室の屋根にのってゐた、大伝馬を呼んで、乗って帰る

●御園生の寄附　特殊学校後援会　四十三年？

御園生、翌日視察に行った、子供に、百円か五十円をキフして帰った。どうしやうと相談に来た。三増《（町）》豊作、（島田

が入れた、島根同郷）市へゆくと、神田の婦人会から、二百円、市ギ　清兵ヱが持って来た、戸野さん、これでなんとかうまくやらないか

臨時特殊学校児童水難救ゴ会、校長会できめて、着物、下駄、その他を支給した。金が七十円位残った。無暗にくれるのがいいのではないから、――慰労会、紀念品を作らん、市で、戸のさん、金が残ってるさうだな、無暗に使ったり、飲食したりしてはいけない、よからう、恒久的に何か作ったらいいぢやないか

ぢや作れ、特殊学校後援会、――此のキソにするために統計を作った。鈴木文治の友愛会、温旧会に鈴木が朝日記者（「朝日記者」の左横に「（四十二年帝大卒）」とある）で、新入、四月の七月だから、机へ腰かける文治、それは困る、資産家は搾取一点ばりで、貧民のためを思はぬ、経済戦争が起る、その前に融和させなくてはいかぬ、鈴木あした又来る、外の連中が寄ってたかって、中傷、新聞記者に礼をするのが市の例、坂本は記者を操縦するのに二千円も使ってゐる田川助役が出て来て、会長坂《(阪)》谷特殊学校後援会をとってしまった、戸のさんも打ちとけなくなった。疚しいところがない、逢はない、立案はさせられる、実用は秘密、後援会で長屋を作った、市長が寄附金をとったから。玉姫の方へ、水縄持って行って設計したが、話もなしに、どしどし建築にかかる

手工科も邪魔をする。小野徳次郎、博多の人形の教師、ぶちこわしをしてゐる、戸の先だちで、後援会評ギ員

寄ってたかつてムホン人扱ひ、――百円以上の人二三人、六百八十か八百六十の後援会の給料、

●落選画会

文展の落選画会、山本寛治、市に成島寛吉、友人、前年二六でそれをやって儲けた。それを後援会でやっちやどうだ、

――いやだ。他へ行って話せ。又やって来た

戸のさんに話すと、そりや面白い、やってくれ。――いつでもとり上げてしまふぢやないか、――忍ケ丘学校が他へ移って旧校舎画会をやった。キソが立つと、師範の古手を月給で百円でたのんで、五十円、三十円の下を入れて、風評悪くなる、後援会、――坂《(阪)》谷、戸のを訪ねて、私はもう物を云はぬ、悪人視されて、――罪人が出るやうになる、社団法人にしたのだから、間違ひが生ずる――

どうです戸の先生、これから一々争ひませうか、人の非を鳴らしたことはない、今に心に恥ずるだらう、正しいこと

は今に光ってくるだらう。だが、際限がない、通俗談話会、不正工事のことなど例

戸の、視学はじめ御殿女中の臭ったのみたいたな。まア隠忍してくれ、大事になるから、ぢゃ約束を、悪口があっても、それを訊さぬ内に、离《(ママ)》問されないやうにしてくれれば、

●旅行の目的

［目的三つ、一、生徒に就学〔「就学」は「発達」と記したものを消して右横に記されたもの〕を妨げないで自活させる方法ありや

（半途廃学多し）食事は一日五銭でよし、三食、衣類日額僅か

一日十銭とれればよし、大体七銭をとれるといい、

一、孤児院みたいにすべてくれてしまって、いいか。大人になりさへすれば多くの人は気がすんでゐる、それは一部分、人心に影響如何、六区に子供を並べて、お辞儀をさせて、金を貰ふ孤児院、乞食育ててみたところで悪影響

一、孤児自体への影響と、それが世道人心の上への影響、
　里子と集団との比較

●大阪市

出発を明かにしない、大阪で落ち合はう、となる、

駅前の宿屋に泊る、視学の宿へ電話する、ゐるといふので行く、一緒に泊られちや迷惑といふ、府庁へゆく、名刺「坂本君出さなくてもいいぢやないか」視学官、森本清造《(蔵)》（高師主事だった）森本さんは視学を眼中にをかぬ、概覧印刷を出した。森本、喜んで、府視学を呼んで、見せて説明して、市へ、——名刺、学務課長、——話の種がない視学、うきよ話、遊びに行ってるやうな、

強ゐて宿屋へつれ込む、浜、坂本君のおかげていい恥をかいた、一人で力んで喋っちまふから、折合せて質問事項を分担しよう

はじめ東京へ出る時の話ならいざ知らず、

そこへ大阪市の視学が訪ねて来た。遊びに行こう、舟遊び、二人は喜んでゆくといふ、ごめん蒙らう、明日の仕度もあるから、

翌朝出かけてゆくと、もう物を言ってもいいでせうか、ときいて、

授産場、洋傘の柄

出獄人保ゴ事業、（朝日山とかいふ、親分）

西洋料理店へ学ム課長が招待、（ゼイタク事業の日本橋小学校、幼稚園の保母を百円まで出すから紹介してくれ、チリメン布団、人さへあれば金は惜しまぬ、）飯をくひながらも森本はこちらとの話、特殊夜学校の必要を説く、（出来る前）東京では伺ふと、夜学をやるにも経費がないといふが、と視学へ質問。そうだ。大坂《ママ》では違ふ。みな金を出して、やってくれといふ。日露戦争で遼東半島に行った大阪者が、学問のないことを嘆いて、――大阪は金に困らぬ、人に困る、

宿へ来て考へた、無断で行つちまへ、手紙で。大阪福島授産場へその日は行った。東京へ参観に来た、］

●福島授産場

［おぢいさん、出征軍人警察官の遺族家族を集めてやってゐる。寄宿舎もある、家賃をとるにはとる、家族を単位、細君が残っていないのは、六畳へは二家族入る、一円五十銭の家賃が三円になる、家族六八人は二た間でも、一円五十銭、九才以下は食料をとらぬ、九才―四才、半人分、十五人以上は一人分茶の湯もある、西洋人が考へた設計、事業者はみや古〔「みや古」の右に傍線を引き、その横に「早」とあり〕染の元祖、儲け、資本五万円、メリヤス工場、インド支那へ輸出、場主は無学文盲、物もろくに云へない万年従属社会事業に、］

●神戸

［神戸、赤池濃、県庁に書記官、知ってる、訪ねるケイサツ三つ見た。苑路に貧民窟、トラホームが多い、葺合ケイサツへ予防注射――□食の□□□で一とばん乞食と話してしまった

神戸で一番悪い人間はオンボーだ、湊川の土手の上で乞食と話してみる。あしやに火葬場がある］

●部落

［岡山へ、トキワ華壇でいい宿なれば、――駅前の宿で飯をくひ、新平民部落、近くにあり、茶漬で、すまして大きな市街をなしてゐる、ラウヤぢいさん、部落へゆく人、

「やアお客さん案内して来たよ」

思ふ存分、話して来た。ひがみ根性が強いだけで、決して悪いことはない、しいたげられてゐるといふヒガミ

僕が気もちが悪いことが一つある。うすぐらくて時に日は西に。紡績会社が近所にあるさうですね、送られてゆくと、トロ□で渡って

長屋の管理それを調べている間がなくて、お物貰ひの長屋

をあちこち覗いた、キケン、とり巻かれた、弱った
顔色ヘン。裏から入ったから、どっちへどう行ったかわからない
どうにもかうにも仕様がない、殺気立って来る
親方一人、床屋の椅子へふんぞり返って、ゐるのへ、下駄をぬいで、出たらめに、カツケで九州へ家内のサトへ行くつもりでここまで来た、何か仕事はないか、子供に読書でも教へたらと、ここはダメだ、ヤソ教の婆さんが菓子をくれて、教へてるから
ダメだ、ほんとに金がないのか――ない、――それぢやこの先の六十の婆さん乞食のところへ厄介になれ、その上で、体をよくして、働くなり、なんなりしたらよからう
婆さんに、泊れといはれたら泊るんだな、

●花畑のアダムス　孤児院のウソ

［茶の木の間、（花畑）ジヨンアダムス、アメリカ婦人が布教、施療をしてゐる。［「茶の木の間」の下から線が引かれて］
駈けたら、長屋門につきあたる。学校勤務の職員の家だった。そっけない、めんどくさがってる、どっちへ行けば交番所か。やうやく安心。宿屋の浴衣で、書生に逢って、ステーションにつれて行って貰って、トキワ華壇に行くと、まだ来てゐない、十二時すぎになって駅の方から電話がかかって、今夜泊るつもりだったが先に九州へゆくから、云々、――朝、孤児院へゆく、石井重次(十)院長、鄭重な扱ひ、なぜよそへ泊った、夫婦で出て来て大騒ぎ、インチキくさい、「教育と両立する稼ぎがあるかないか」「集めて育てるのの、影響」「慈善心、自己陶酔でやってる人がある、その影響を考へなくてはならない、冷静に」お気に障るかしれぬが、――報告書にはかかなかった、ひどいインチキ
木炭部、院児に売らせる、他日独立させるために、――これが当業者にやらせてゐるので、院児のものでない
畳洗ひ、――西洋洗濯、
花畑へ行く、夏休中、学校は見られない、施療所、岡山県庁の衛生課、専門学校の生徒が手伝ひ、患者一人四厘二毛の実費、
岡山の失望、――高松を思ひ出した、香川師範校長岩永五郎(一)市、マッチの軸木を並べさせて、云々を］

●高松

漁師町の子弟を集めてやってゐる、マッチ軸、教育は二の次として、二銭、労働を主にして、バラック建、生徒ははだし、

●**熊本貧児寮**

［塘林寅《（虎）》五郎、熊本貧児寮、妙本寺の癩患者うようよ、〔「塘林」の頭から線が引かれて〕面会謝絶、赤痢、縁へかけて、障子を細目、泣きながら東肥婦人会が此の春出来た、知事夫人が会長、塘林は事ム員にされてしまった。軍曹だった、熊本鎮台にゐた、乞食の子をみると可あいさうでならぬ。師団司令部で御飯があまる。捨てる。それを食べさせれば、腹ふくれる、除隊になると、はじめた。残飯売買がはじまって、只では悪いのしか貰へなくなった。

寺《（ママ）》小屋式の教育と、ちりはたきざるを作って売った。三十人、大勢の時は六十人、その時分は染物もやってゐた。昼働夜学、後援会が出来て、資金を寄附して、廂をかして主屋をとられる

建物、事ム所、三棟、十数年やってたらう

やはり一日二三銭のもので、望みはない

癩患者は二組しか妙本寺にゐない、中々話にならぬ、言葉が通じぬこと、遠慮］

●**チボ町**

［六高の生徒、白線を巻いた。路をきく。親切に、丁重に、天刑病のことをきかうと云ってもダメですよ。外人が療院を作ってるから。――立派な設備をみる必要はない、こちらは。

熊本に、チボ町があるさうだが、岡山、高松できいてゐたが、それに対して県なり市なりがどう処してゐるか、――ああ、それは〔「は」と並べて「ぢゃ」とあり〕長町だ、行って上げませう、廻り道でもないから、］

●**経師三十年**

箱崎町の加藤伊兵衛〔「伊」に続けて「単」ともあるが上から消してある〕、宮内省御用の経師屋、奠都五十年祭便殿の額、勅語を市の各校生徒に書かせて集めて表装、出来ない、戸野のあとの課長、森谷文次郎《（守屋恒三朗）》、――市高橋助役、羽生正、カントク、老職人がひきうけた。経師は少くも三十年やらねば一人前にならぬ、私が加藤家の先代のお若い時に、入った。わくがよく出来て腕が進んで、漫心、主人が独立させてくれないので――とび出して、寺、神主の筆、名古屋へ来て、気がつきはじめ、奈良へ来て、参った。観音の相違に依って、キレ地色模様を考へなくてはならぬ。京トへ行って、三十六年、何を云はれてもハイといへるやうになった。女にかかって、瘡毒にかかって「郷送り」になった。日本橋加藤、千住か板橋まで来て、膿汁流れる

担いで来られた、大旦那が受けとってくれた。廂の下に置いて療治してくれた、握り飯を遠くからつき出す女中、癒った。御恩返し、僕と羽生、加藤家のいい座敷にゐる、二間の床の間、掛物をひよいひよいかけかへる、「きいた」どういふわけだ。笑ひ出して、申し上げますが、同じ軸、同じ裂で作って、十五円□□百五十円でも貰ふ。金もち相手にむしり取るやうにいふが、むさぼるのではない、岩崎と三井のを、二た月も前に出来てる、念を入れてお納めする

根岸御行松へゆく時の岩村〔「岩村」の左横に「永田」とあり〕

豊吉、西行

●長町・二本木

［長町、言葉を慎むべきだ、六本木川をわたってゆくと、いい、チボ町などいはん方がいいですよと云って学生別れる、一本道の片側に流れ、タバコを買って、「おばさん、此の辺にチボ町ッて、此の辺ですかい!」さア追って来る。あっちからこっちから出て来る、貸座敷、折鞄をくわへて、飛び越した、廓、巡査つッけんどん。スイガン寺を見ろと巡査が教へた。視学と逢へぬ、長崎へ行った。］

●門司

［門司へ行くと、石井にひよっこり歩いてるのに逢った、浜君と一緒に歩くのがいやになった、石炭担ぎの話、岬になってゐる下に、何千といふ、蜜蜂の巣のやうな家々、休んでゐるのが、ぎよろりぎよろり見る、駄菓子売る家へ「大野八平はどこだ」と探す風で、］

●平安孤児院

［京ト、平安孤児院の話をひよいと聞いた、大仕掛で、財政も豊か、沢山の着物を貰って倉庫にびっしり歩く、亡くなった人があると、お葬ひに、孤児をつれてぞろぞろと行って、カタミを貰って来る、――院を出て独立する時は資金を出すことになってゐる。男、女、が来た。単なる給料とりではない、三週間かかった。（最初の夏）］

●日露戦役　出征家族　救ゴ

［三十七八年戦役に際し、――国民が眠ってゐた。敵愾心はあったが、出征者のことを考へない。父兄の出征者はあるが、結婚届がしてない、その手続をとってやる、兵営、区役所を歩き廻って、――（法律相談所みたいなものがほしい――日頃から考へてゐた）――簡単なものしかやれな

い、留守宅の食物に困る、俸給の内から（山下も）出して応急の処置、誰もみてゐない。生徒の血族関係――軍人、人夫として行ってる者の数、六百人、国防上如何に強く働いてゐるか、といふ主張、下谷兵事会、新居与作だけ、耳を傾ける、「貧民さまさま」だねと、ひやかすものもある。今の救ゴ費の主張、兵役をいやとはいはぬ、そのために家族が飢ゑてはいかぬ、――物にならぬのは、若しさういふことになれば、義ム制でなくなる、兵役を免れたものは金を出せ、不公平だ、

戦が終わって、廃兵のために、はじめて愛国婦人会が働き出した」

●視察旅行費

視察旅行費、公然としたくなった。皆どんどん実況をみせて考へさせなくては、校長会できめたことを裏切ってゐる。権限争ひ、――なさねばならぬ当然の仕事、特殊学校は。慈善事業ではない、他はたんなる給料とり、おヒゲのチリ払ひ、若月君と話してみても、どんどんやってくれ、旅行実行してゐる内に、なんとか――校長同志で相談して。

●つたや沢田

神奈川県、つたや、底倉へ泊った、足柄郡二の宮、陶育院をみて、（小田原囚徒監）銘々つみ立ての〔「立て」に続いて「たし」とあるのを上から消してある〕、自費だし、キゲンをとってをいてと、沢田鉚義、府師範、神師の後、ここにエライ学校がある、

●仙石原の単級校

仙石原に、単級学校、神奈川県に於ける教師の流罪地、ところが近来すごい成績、その卒業生をウチの子守にしてゐるから、みてみろ、三月から。あなたの村、戸口、人口、夏のですか冬のですか、男、女の数、一々明快に答へる。夏は杣が天城の方から入ってくる。それでふへる。青年会、処女会、国民教育が出来上ってる。材料を与へれば、客うけも出来る、惣菜もすしも出来る、どうして覚えたか、校長は一人、その人の細君が準教員の裁縫教授、卒業間際に人参、大根、アブラゲを持って来いといって、料理を教へる、それを思ふと、自分の学校では何もまだ出来てゐない。藤岡慎（真）一郎、林町半特殊、高師附属のチヤキチヤキ、「藤岡君どうだい」「いや出来ない」と全部兜をぬいだ。山の中で、職員がゐつかない。先生々々と周りで騒ぐ、ゐなくては困るから。いやでも応でもよくしなくてはならない、そこまで行った

通学区域の父兄がこぞって、先生を尊敬するのも、向上させる方法、宮城野村、仙石原に（学校）

●成田・佐倉　浦和

千葉県、佐倉、成田山新勝寺の感化院、可も不可もない。浦和の監獄、川越に幼年囚徒監、某氏、偽物屋、ヤソ教「愛情を以てすれば」「制裁がなければダメだ」

●疲労

体が悪くなった。休み休みでないと、物がいへない、四十年の八月、井上と留岡幸助、生井　　が参観に来た。大儀だから、井上、悪いのぢやないか、国家の体だから大切にしろ、添書を、井上、留岡へ

●小田原

小田原へ、朝早く、海岸まではだしで歩いて、（小田原別冊

尊徳の柏〔「柏」の右上に「カ」とあり〕山へ、行く、伜をつれて、少し疑ひを持ってた。

●尊徳をたづねて

川越カンゴクの人との話、やさしい人だといふ通念になってゐる、制裁がなければ教育が出来ない、と思ってるのだから、二宮兵次郎（総本家）を訪ねた。泊れといはれて、私だけで話すより一家の者を集めて、一緒に話してくれ。一人は、二宮で尊徳に手本を書いてやった、お供をして歩いてゐたといふ大きなぢいさん、一人は尊徳とおぢさん、万兵エの養子、——菜飯を炊いて若い衆に御馳走した「大学」を買って来て、勉強しながら教へてやったぐるり一遍といふ名があった、名主へ奉公の時、麦米をつく時に、「大学」をひろげてをく、大きな杵をどんとつき落として、ぐるりと廻るのだ。

義太夫語り、名主が語らせる、皆に来いといふ、金次郎は庭にゐてきいてゐた、太十、光秀、道に外づれた富貴はうかべる雲の如し、「うん、そこだ」と云った、語りが怒った。菜の種を蒔いた。用水堀のへリへ、自分の袢天《ママ》の上で菜種をもんで種にして油やに持って行った、昼休みとんで行って砂で手習ひ、高藪へ捨ててあった仏壇へあげるお膳の毀れ、お盆にして、指でかき、棒でかき、砂でかき、尊徳夫人は、先妻は隣村の土蔵のある家からきた、末にのぞみがない、止めたけど肯かないで出てしまった爐端でかがんで考へ込んでゐる。近所でなぐさめる、「あの女が捨てて行ったからと考へてゐるんだ。色々導くつもりで説いてゐた。それが通らないで、あの風だから、どん

な風になるか、と可哀さうだ、どうしたらあれの量見《（ママ）》を入れかへさせられるかと考へてゐる

二里西の、嫁に行って、うまくいかず、金次郎のところへ金をかりに来た。二度目の主人も、いやな顔をしたが、しまひにはわかった、よく鳴りつけた、大声で、——大兵だから、草鞋づくりをつれて歩いてゐた。

制裁の与へやうで色々だが、制裁は必要である

服部家に頼まれてゐると機織りのヒがうまく出来てる。作って売った。細工うまい。二百木、忠ゲン奉公の、早川、藩の共有林から、二百相当の木を持って来ればいいから、早く帰って来て、色々神棚お宮を作って売った

学問、服部家で坊ちゃんのお供で儒者へ送り迎へ、羽目の外へ体をひっつけて、見えぬやうに、聴き学問をした

畑へ来て、金次郎にさらへて貰ってゐた坊ちゃん、年あけてすたれた家をおこした

二度目の家老のたのみ、

不退動《ドウ》、公郷士で、ケンカに来た、噂をきいて、ギロンをふっかける、相手にならずにゐる、やかましく云ひつのる、ナスがかけますか、かけるとも、画をかいた、本物を持って来させて、どっちが食べられますか、

——小田原、三週間——八月末かへって、大洪水、

●四十年水害

二十四日に小田原へ戻り、二十五日に帰京、虫が知らせた、雨降りはじめ、荒川氾濫、

三日家に帰らない、——四十年

品川の洪水面よりは低い、入谷田甫、家に水が来てると思はれるが、——行かぬ、山下正吉の弟（記者をしてた）

父兄の避難方を指図してから、入谷五でもう如何ともしがたい、小伝馬をたのんで、のせてくれた。ヘサキが門の中、床の上を通った、畳をつんで、家内が子供を抱いてゐた

●東北視察

東北地方の旅行、秋田の観音講《（ママ）》。旅費制度が出来た。十日間の旅費。若月から、出てから期間延長願ひを出せと云ってくれた。四十年十月、万年へ内ム省から参観について来た相田良雄、社会事業担当。ききやうがくどい。経費の運用まで、やかましく。何故さうきくか。いやな疑問ではない。学校の予算を作りたいのだ。（大阪市学ム課長からもいはれた——どの位のキボで、どの位の経費で——万年校の程——およしなさい、——経費は十倍出せるなら、——とはねた。附帯設費、父兄精神面開発）東北、秋田のカン

ノン講約百年の歴史、カンカコドクの消極的、これを積極的にやらせるには学校を――。

●宇都宮特殊部落

沿道、――宇都宮、特殊部落、頑冥で困ると県庁のもの、高師附属主事も云った。釣天井、参画、水平社鼻息荒い。県庁へ。視学に会はうとする。受付ゴーマン。名刺をひねくって、とりつがない。玄関で。内務部長か知事にといってみると、尚ケンもホロロ。どこの誰だ。君を煩はさぬ、と上がりはじめる。びっくり。中の踊り場までの時、かけ抜けて行った。内務部長出迎へた。市町村課長、社会課長の井上さんの依頼状、――県庁できいても得るところはあるまい。師範へ行ってみると、宿直だけ。――駄菓子屋でカバン、悪い背広にして。水平社キレイ。窓が不足だが清潔。覗いて歩く内に、カミさん、四十恰好。随いて歩く。四十戸位。「ノドがかはいた、どこかで湯をくれないかな、おかみさん」娘に云って柿を出してくれた。かたい柿。うました柿。腹具合悪くて食べられない、話しても得るところはない。おそろしいとか悪風とかはない。何故、あなた方は悪評を立てられるのたらう。悪いことは決してしません。皮はぎ庖丁をふり廻したといふやうなことも昔はあったが、釣天井の仕事に使はれた。頭梁頭が殺されてしまった、他の者は逃げ出した。捉まって斬られた者もある、ついて行ってもいいから、誰の家へでも行ってきいてみて下さい、熱い湯に塩を入れて下さい、上って火を焚くからと親切に、名所旧蹟に用はない、世話焼頭にさう云ってくれ、光線の入る家にしてくれ。目の悪い人の多い理由、縁あれば又来る、――でも釣天井の場所だけ見て行きなさい、と案内。

●白河

白河、馬市のことをききたい、卒業生一人、娼妓に売られてゐる、万年二、車ひきに貰はれて来て、（親はわからない）品性もよく、キレウもよい、編物の指導員にしやうと思ってゐた。（関口台町の外国商館、インドへ花びんしき、）

●〈　〉

石井昇がやって来て、卒業生を妾にするといって、噂、〈　〉〔「〈　〉」の右横に傍線〕母が死んでないてゐる、先生どこまでも世話をしてやる、面倒をみる〔「面倒をみる」の右横に傍線〕、関口台町へ行ってたのを、親の病気で帰宅してゐた。伊藤さんをそれからやって何かの話、それの親類と名のる、練塀町の穀屋、隣にゐたことのあるだけ、子供がないからぜひあとをとらせるやうに貰ひたい、あやしい、調べる、伊藤さん、大丈夫らしい、あづけた、ギャクタイして、米の配達させる、労働はげしい、自分で行くわけにいかない、自分で逃げ出したか、し向けたか、行方不明になった。足尾銅山から手紙が来た〔「足尾銅山から手紙が来た」の上から一本線が引かれて消されている〕坂本署が出来た、そこから、〈　〉の身の上紹介が来た、卒業生係の岩淵に行って貰った。足屋で酌婦にならうとしてゐる、未停年者、

送りかへしてくれ。迎へにゆく。ラチがあかぬ。

伊藤さんへ手紙、白河の貸座敷に売られてゐる、及ぶ限りの手を廻してる、救世軍、ふだん気にいらぬ志木へ売られた子にも、甲府へも（親に）売られてる自分ではのり込めぬ、戸野さんに話して、手紙をみせて、明かにして、――救世軍自身が広告的にやるやうだ、新聞を賑はす。僕の意見は別にある。

汽車おそく、十二時廻った、ドシヤぶりのあと、なべ焼うどん、ほしそば、宿屋へ行くとごめん蒙る、カバンは駅へあづけ、馬市をきいたり貸座敷をきいて、馬市の立つところは遠い。間に行っても何もない、元気の悪いのにお止しなさい、川を通ってゆく、疑をさけることは出来ない、娼妓に存外自由をゆるす、そばやのぢいさんの話、

●福島民報の記者

次の汽車で福島、学校へ女職員、不器量の女、しかし熱心な、それが手紙を出してをいたといふ、朝飯を食ふ、あけひらいた家、武骨な男、福島民報の記者、昨日から□に待ってゐるところだ、出獄人保ゴ事業〔「出獄人」の右横に「（中々いい）」とあり〕と感化院とをみた、（孤児院はいってもしやうがないでせう）

●岡山孤児院を憎む

感服しない、貸座敷の裏へ出た、男が動かないで二階を眺めて憮然としてゐる、涙こぼさんばかり、岡山孤児院を憎んでるのだった。楽隊で全国へ寄附金募集に、民報社へ来たので、大いに筆をふるった、帰りがけに、社へ挨拶はあった、ここを通ると、のめやうたへや豪遊してゐる者がある、職業意識で、楼主に会ってきくと、岡山の奴ら。こんな面目を失ったことはない。筆誅したいが昨日までほめてをいて――

●山形

山形、夕景に着いてしまった。駅前の宿、県庁は非常に遠

い。車でゆく、ガランドの大きな宿、長い土間十間余も、贅沢な宿屋、茶の湯道具一切、文箱凄いのがキレイな娘がゐて世話する。八畳間、正門はアーチ、馬車で入れる、露台、御飯、時間がかかる、料理してをいたものでは味がない。――よしその間に、と窟へゆく、
交番所には六人。悠々閑々、寝そべってゐる、丁重に物をいへばいふほど、ゴーマン、あけて入り込んで、腰かけ込んで、一人が起きて話してはじめる、一ケ月家賃八十銭
溝へ落っこちた。（八円）師範をみて、かなりの設備、生きた植物標本、相当図案的配置。

●東北大演習

県庁主脳部がゐない、東北大演習、大元帥陛下で

●酒田へ行けぬ

米沢、酒田の本間、日本一大地主、小作人を面倒みてる、自作にさせるやうにしたい、相田、もうさうなってるかもしれん、大石田に行って舟にのれときいた、新庄大石田で舟着へ行ってきくと、おのりなさい、いつ出るともわからない、二三日、泥濁り、洪水、乗っちまへば今夜行っちまふでせう、一と所に二晩三晩もかかる、七日か十日かかる酒田まで。

駅長にきくと、本当だ、新庄から馬車が出る、娘たちが大きなザルへ菊の花を沢山、駅長「随分沢山あったね」――菜の代りに使ふ、紫でもなんでも、食ふ

●新庄

新庄、宿やでヤジ茸の話、乗合が出ない、幼稚園があるといふので、存外よくやってた。

●米沢

人力車夫や別当たちとは話が出来るが、他とは出来ない
米沢、近藤の話、（別項）

●秋田

秋田、茶町梅の丁の宿、中庭、廻りに廊下、二階も、赤く光る建物建具、八畳、丸髷の女中、昔お上のおふれで、家を赤く塗れ、奈良朝時代、丹塗り、屋根のスス、タンカラをまぜて、雑巾がけ、艶出し、テラテラ、なれぬとあぶない、辷る、風呂場、WC、「衛生上注意お達し、手拭歯磨、御自分のを」

●感恩講

あけの日、観音講《ママ》、理事が二回参観に来てゐる。理事の家へ奥深い土間、主がゐない、充分にわからない、案内して貰ふ、カンノン講、堂々たる構へ、門、四角な黒い柱、ひ

らきが立派、黒板塀、襟を正したいといふやうな恰好。ケンソン家の男、役方が、刷物を上げていいかどうかわからない、観音《ママ》講義解、同図解、美濃四つ切の写真帖、読んでみると、エライもの、四十年に八十年前、那波三郎

那波三郎右ヱ門

右ヱ門（生国江州）秋田へ来て商売、雑貨商をして資産をこしらへて、佐竹範《ママ》のお金御用、（八十七年前？）家老におせいぼに行く、秋田の町は御繁昌だが、中には患家《ママ》コドク、行路病者もある、救ひたい、おゆるしを、――殿様に申し上げて、士町でないところで。地子銭（地代）をくれるといふ。二百両那波が作る。功をあせらない、三百石の財産を作るまでは仕事をはじめない、蓄積一点ばり。約十年の後、三百石にして、百五十石をカンカコドクの人に、貧困者の救恤と、――年番（理事）五人、交代で事ムを。一月は御領主へお目通りに。

藩はいざといふ時に兵糧になる。感音《ママ》講、籾で保存してをく、維新の時に。新政府が藩のものとしてとりあげた、訴訟になって、――明治天皇に聴こゑ上げて、一部分を下げ渡された、それを守り立てた。

年番が二人来てゐて、土蔵が幾戸前、五つ六つ、厚さ三寸、杉の赤木、（檜も）穀櫃、明治以前のは売り払った、経費の余りはどんどん地面を買って、小作をとってる、十万円、元年度の籾一合貫って来た。

附則第一、〇〇〇〔「〇〇〇」の横に「山口三治」とあり〕の子孫、困窮の節は永久にわたって救助すべきもの也、米つきのぢいさん。（行った時も地がらでついてゐた）

ぢいさんがつくと、つき減りが少い。役員が目をつけて賞してゐる。一文二文でもためてぢいさん講へ寄附してゐた。

天明キキンに土崎に窮民が出来て、カンノン講から支部、学校、算術、一日、十五日、二十八日、校でお祝

那波謙治、が主人、――学校は二三年目、家庭的会食したい、一学級、全部給与

陶育院

陶育院《トーイク》（感化院）生徒十人ばかり、とりてて《ママ》たところはない、院主三十二三、夜尿症、どこでも困ってゐる、それでゐて隠す、癒ったやうにいふ。此の病気ばかりは気をつけてゐるが、年配になるまでは癒らないやうです。守る場所が、八郎潟の氷のあさいところへ出来る菅コブとも違ふ、長さ七尺位のもある。カマで切り出して、干してモク、あたたかい、（布団に使ふものもある）

●**千秋公園**

城あと（千秋公園）を通る、大きな料理店、集会所谷合のやうなところに、――庭から少し離れたところへ、ウネを作ってたがやしてゐる、蕗を植ゑるところ、感恩講の年番が案内、九尺位掘る、肥料と土で、三尺位、周りに囲ひして、――やうやく柳箸くらゐのを貰つて（安積池《アサカ》――花菖蒲が有名、）

土産物買ひ、キノコ細工、猿の腰掛、――十六七円、一銭一厘掛値なしとて、ぐんぐんしまふ。帰って来た。あまりに愛想がない。

●**気象旗と老人**

気象台の旗、雨の中でどんどん変る。おぢいさんが世話してる。又千秋公園へ登ってゆく、あちこちに共同便所、葭簀張り、キレイだ、楽書がない、みんな覗いた。同じ。大きい犬が吠えつく、茶を貰ふ、安い給料、――便所の話をしたら、喜ばれた。――鮭の卵、エビヅル。

夕飯二の膳、三の膳にすしをつける、

県庁――知事はじめ、大演習

商店の気風をきいたら、笑はれた、掛引なしに時間入らずにした。銘々安心してるんですよ、

モクのことをきいた。角《カド》で下りれば馬車で八郎潟へ行ける、軍人が一杯、言葉が通じない、やうやく馬車が来た。「一杯です、一杯です」発着所でも、こぼれるほど、

●**能代**

能代、秋田製材会社、職工の待遇を、得るところなし、話が出来ないから、――煙草を買ふのに通じない、金をいて、朝日をとる、郡役所に、訪ねる人ゐない、町で工場のあるところまで行ってみたが、ひろい川原に材木

●**弘前**

弘前、宿の主がわかる男、師団が出来て迷惑、将校さんの妻君娘がおしやれ、贅沢、以前はみんなモンペだったのが、今日ではさうでなくなった、弱った。自分のネマキを着て、歩いてみた。懇意になって林檎で、話しをする

林檎で、寿、鶴、亀、一つ百四十匁、

●**孤児院　あけび細工**

孤児院ありときき、背広で、行く。院主はルス、子供もゐない

三四人しか。細君、設備はひどい、掲示《ケイ》、誤りだらけ、真面目、あけび蔓の細工をやらしてる、十八位の子供が作ってみせた。売りに出る時の話も立派。

（東京へ帰ると山下が、ハガキが弘前から来てる。万年校長といふ者が参観に来た。おかしいところがあるといふ紹介）

青森

青森、三日乗れない。宿屋が悪い。発着所の前の宿にたのむ。（夜の十時に出る）買へませんでした。

孤児院の惨

孤児院。一番の外づれ。郊外。荒れた野原を通って、朝早く、事ム所の方はしまってる。子供のゐる建物、ひどい、窓に戸ハメがない、真ン中に大きな炉、火がない。ふるへてる。話しかけてみても、皆返事をしない、トラホームがある。十七八人、「又あとで来るよ」と、事ム所へ。ひらきがあいた。角火鉢、二つ、カンカンおこって、ふちが焼けるやう、これを向ふへ持って行くのか、十五六の娘が出たり入ったり、窓ガラスが曇ってくる、紫の袴をはいて、着物もキレイな。□いてい格子の、行って参ります。町の学校へ、――火を何故やらぬ、父を入れてやらぬ、詰問、目の悪いのが、――何を食はしてゐるか、結局は金がないといふ、いつ沙汰をしたのか新聞記者が二人来て、思ふさま向ふは話してゐる、いつ出かけるの、幻燈機械を買った、集めるだけ集める金、こっちは幻燈で集める、得々と話してる、「いやア皆さん、横から口を出すやうだが、それを金にかへて、――あれぢやア皆気管支カタルになる。肺病になる。」金がない。力のない者が慈善事業をはじめるものぢやない、金のない者も、そりゃ起せる、功をあせってやるな、金が出来てから、感恩講を話す。

英昭皇太后陛下が亡くなられた時に、慈善事業へ皇室からお金を頂いてる、各府県同じ。青森県庁なり市なり、孤児、行路病者に五円宛はくれる筈だ。

八百円を幻燈機械にかけて遊説するならば、こつちは誰がみるのか。――黙ってゐられない。日本に慈善事業、社会事業の芽生え時だから、枯らしたくない、三十八年以来見て廻ってる、金の使ひ方、おかしな人の名もある。改めるのを待ってる者もある、ここは閉鎖したらいいだらう、あの子供たちを見殺しにはしないだらう。――場合に依れば私が県庁へ話してもいい――と出て来た。

港の巡査

その夜、青森の港でひどい目。宿屋で買ってをいてくれ、昼に飯を食って念を押し。――あれだけ頼んでをいたのに。ハシケ料十五銭払へば本船へ乗れます。鞄を持った二人づれ、やアしまった、遅れた、十五銭フンパツしやう。――それと一緒に。四尺の貫の木戸、ヒラキ、入ってゆく、石がけのハナにある、船荷船、三人の煙草を喫ってゐる。三人を巡査が見てる、二人は行ってしまふ。追ひかけたが、戻って来て、こっちを見てる。上へあがって。二人を探さうとすると、巡査が肩へ手をやって、「待て」ふてえ奴だ、蹴る、――かうかういふわけだ。

何を盗人猛々しい、こゝは港則があるのかもしれぬ、僕はさういふことを知らぬ、それをしらずしらず犯してるのか、突き飛ばしたり、――それぢやア言葉を変へる、見りやア巡査だが、さう罪人扱ひだが、何か間違ひだらう、木棚の外は人だかり。証人になってくれ、といふ。勝手の旅行ぢやない。職ムを持ってるのだ。――公用だと、――どうぞこっちへ、と見張所。六角塔、火が沢山、帽子をとって、私には親も女房子もあるからどうぞ御かんべんを。――何を芝居みたいなことを、私は県庁から一昨日から来てる、お客さんの帰って来るのをお待ちしてる。函館から戻ってくるのを。県庁の方へもう一遍寄って頂くやうに、と。――醜業婦を箱づめにして密航させる、それと間違った。人相書が来てる、全部書いてある。庁へ黙っててくれ。いや言ふ。ふるへ上がる。約束をしてをく。今年のくれに慰労手当が臨時昇給があるか、あればよからう。なければ知らせてくれ。いい巡査。

平身低頭。巡査がハシケを呼んで、口の押し方、立ってて押してる、世話をやいて、本船で、巡査が鳴《(ママ)》って、二等切符。

前にゐる者を追って、六尺四方をあてがふ、巡査が出てから、呼び戻した。

●視察の必要　本と実際のひらき

実際に教師が歩ってみる必要がある、エハガキなど始終買って、実際的な智識を得ようとした、富士川、天竜川、非常に大きいものと入ってゐる。実際に行くと、さほどではない、

涸れた時は、のみ切ってしまへる時に思へる。本や絵と実際と違ふ。津軽海峡、汐が早い。こわいと思ひ込んでゐる。それが穏かで、万年筆で日記を書いてゐられる。船員にきけば、もう通り越しました。

（――台湾、熱帯でひどからうと思ったが、さほどでない、あくどい色彩の花が頭に入ってるが、実際にはそんなことはない、扶桑花、

函館

夜があけて、函館の港、不完全、よく開港場と云ってゐられる、小雪がふって、波が高い、浮きドックへ板を渡れないやうだ、笑はれながら、区役所、朝早く、宿直だけ、ラチがあかない、慈恵院、理事須田、万年へ来た、東京へ来ると、内務省へ来る、万年へ寄る、――貧民窟の事情が違ふ、その状況、対策、

永井先生

（共和学校の永井先生がゐることがわかってゐた。私立学校をやってゐるといふ、先生、奥さん（調布村チガセの人）トラホームで見るかげもない、三十分もゐるに忍びない、学校の話も外らしてる）

漁船の着くところへ出た、小樽から来た舟、稚内、樺太からの船、三艘、魚を一杯。安い、三尺の鰈、十五銭位、

――

慈恵院

慈恵院をきく、名は知らぬが、おかみさんに、――電車で、須田はもうゐない。エナ（会社）を扱ってる。白老〔「白老」の右横に「?」あり〕、八幡浜、貧民窟、

八幡浜の貧民窟

函館の反対側、寄り洲へ、小屋掛、沢山ある、アンペラ、筵、連中が薄気味悪い。言葉が通じない、浜辺で荒い、奥羽北越からの出稼ぎの失敗者が多い、言葉がまちまち、ひどい生活を見ただけ、慈恵院へ又寄って、須田を知らぬ筈はない、住所位は。ごたまいたら、事ム員のはからひか、須田へ使ひをやったらしい

須田やって来た。色々話した、（東肥婦人会見たいに）取られてしまった。長官の奥さんが会長で、後援会がまとまって、婦人会の者になってしまった。――どうしてこれを檻へたか。会津の人で北海道で、農業で――日清戦争の時、満州へ行って酒保をやり、儲けて帰り、貸座敷をやり、金を作って止めて、施療をはじめた。――段々建て増した、どの位の経費、会計簿、治療費、備品的消耗品を入れて、一人に対して一銭三厘、今日では事ム費が多くてダメです、真の目的が交際費、寄附金募集費にかゝる。疎外されて、エナの処理をはじめた――八幡山は容易に手がつけられない

殖民地気質と市街の菊

殖民地、人間が薄情、函館の気質、――義経の旧蹟だけ見

ろとすすめた、市街に菊を植ゑてゐる、呉れといふと、喜んで、「此の菊が内地へ帰るんですよ、」と隣の夫人と話す、「ウチのも内地へ連れてって下さい」等々、菊十種、青森へ戻る。

●盛岡

盛岡、米沢の女囚徒監でみると、岩手が一番多く、その中では盛岡が多い、いづれ私生子に関する、堕胎、嫁姑などといふ、署へ行くと、隠してばかり。しまひに怒って。隠すのは何故か、ほんとに知らぬのなら、迂濶千万。――折鞄、内務次官床次次官、書記官、市町村課長の封筒。ほんとに知らなかった。

隣保救助が行はれてゐるといふ、施政方針か、さうではないと助長してる、巡査がつれてった、――家賃の滞りや病人が出た時の助け合ひ、家賃六十銭、ごくの場末、リンゴの木?

名所を案内しようと巡査がいふ、石割桜、別れて、師範へ行って、日曜か、誰もゐない、宿直は事ム員で、何もわからぬ

●塩釜　母の代参

塩釜、お母さんの為に、信心、三十六年の夏、お礼参りに行かう、徳川幕府で、母方の――青山左亨奥佑筆（ママ）に上ってゐた、お産の時、米粒を赤ン坊が握ってくる。法印、三十七年の春に亡くなった、三月三十日、実家で、はじめて卒業生の出る時、卒業させても、なるたけ家庭にをかぬやう、二十八日か九日、卒業式、三十日に海を見たことがない子だから品川へ海を見せに行く、――市役所へ寄り、海へつかぬ前に、小使が電報を持って――牛沼で。車で医者へ行く、母は公私の別のやかましい人、戻った、小机の道太郎が教へてくれたから、と卒業シケンがあるでせう、起きて膳について上がる、三時頃に起きて御飯、一緒に。拝島まで、歩く、場合に依ると立川まで。こちらから知らせがゆくまでは、仕事専心にしなさい。生徒は山下にたのんで、市役所へ依って旅行手続、松島駅、遠い、近藤君の奥羽地方の旅行案内があった。塩釜のことは書いてない。松島をみわたす、車ひきもいふ、

●松島　船を仕立てて

松島館、朝飯、波が悪くて渡れない、巌松等、大高森、桃山御観瀾亭〔「山」の字は上から消されているか、上に書き直されたもの〕、東京の根岸の虎堂実業家夫人、案内をつれてこちらに口をきく、――大島二つ見て、舟の行き手がない、

ふだんは五十銭位、三円五十銭か出して、小舟を船頭二人出した、帽子を三回ふき落とされる、松島の大筏、近道をすると風が荒い、迂廻する、空模様愈々怪しい、母の代参だから、間違ひはないと思ふ、赤黒い水、五円にしよう、乗っ切ってくれ、やうやく塩釜が見えるところへ来ると、舟は一艘もない、港へ皆入ってる、その間を縫ふやうに、女坂、暗くなった、大きな拝殿、なんだかその向ふに何かありさうだ、通り越した。渡り廊下、ミカゲ石みたいな、T字型廊下みたいな、神二つある、真ン中のお宮に、ピカッと光るもの狐が飾ってある、

目の金箔、石を一つ頂いて、拝殿で靴を穿いて歩いてる内に、暗くなった。楼門の脇に札売場、どこへお詣りしても、札を頂いたことがない、大神宮と太宰府の二つだけだった。塩釜ではじめて、札を買ふ。岩田帯は如何でせう、と向ふで云ふ。奥さんお目でたですか、母の代参、お若いのによくそこまで、湯をくんでくれた、時に伺ふが、拝殿を通り越した、――お宮が幾つも、どれが塩釜さまか

あれは鹿島香取の両神ですよ。塩釜さまは内輪なへり下る人だったから、余所から来た神を正座にして、御自らは横にゐる、真黒の闇、ミス、アーズマンがくれたメリヤスの手袋、絹とも皮とも見える、――

●仙台

仙台、駅前のガランと大きな家、電話を県庁へかけた。宮城授産場を見よ。明日何時に伺ったらよいか。内務部長へ、わけがわからない、主脳部は大演習。夕飯、へんな料理。お盆に大皿、メチヤメチヤにのってる、バカ貝二つ切りで焼いてある。お嫌ひですか、小鳥、コトリ、（弁がわからぬ）ヒワ、ホホ白、等々のてり焼、うまい、東京式にいへば、タレの加減、塩からい。稲の出来る時分田で沢山捕れる。串柿やらに縄につるして売ってる

●越後の三助

湯で三助と話して、越後の者、無給料で、祝儀かせぎ、多い時には五十円、平均三十円、十月の下旬、十一月の――三月まであたたまってるだけ、雪の中では。時に客の食べ残り、いい御馳走、車で、朝、電話又同じこと。七時、車や授産場知ってるといふ。実は、知ってる［「る」の左横に「ない」とあり］。ありやしない。十一時半頃。生垣のあるシモタや

●宮城施療院

宮城施療院を教はる。面会謝絶。入院患者が腸チブス、恐

れない、事情を話して、院長と会ふ、得るところなし。行路病者に五円貰へるのを元にしたやうな、羊頭狗肉、白堊《(ママ)》塗りの館、

●東北学院

東北学院、院長にきくと、エライ構へ、アメリカ、宗教家の仕事、田中某が小学部をひき受けて学院に招かれ、万年にききに来た、布教場の一手段、日曜学校のやうなもの、

●県庁

県庁へ。車を返して、視学、学務課員の席、授産場のことも知らぬ、凶作、松葉を食ってる時、東京から筆墨紙を送ったことがある、一体、筆墨紙はどこから来た。寄附物、「仙台市」とはないが、宮城郡に大変行ってる、それにこんな沢山くれる必要があるか、ちっとも事情が知れてない。あまり気楽だ、無暗に与へることのヘイガイを滔々と。教育者の真面目

感化救済事業を扱ってるところはどこか。

清水、内務部長。

共同購買。県庁と師令部と国とでやってる。

夕景、川のふちに、五六人車夫客待ち。それは知らぬが此の先にヤソ坊主のやってる、行李を作るものがある。三棟か四棟、田を通り越してから。話が通らぬ。牧師が家を作って、はじめた。

仙台の城趾、公園の事ム所。白粉首がゐる。

●瓦斯燈・坂

翌日、東北帝大の脇を通る、坂《バン》某、瓦斯燈、黒板塀に出てる露路を入ると、仙台幼稚園。入口をみつけて訪ねよう、人がゐない、やっと雇婆、幼稚園の反対側、婆さん二人篠をさいてる、日当で頼まれて来てる、授産でも何でもない、病人は、その向ふに幾人がゐまさねえ――二人か□さん、二畳に、

英昭皇太后御崩御の時の――〔「――」の右横に「三百万円」とあり〕月五円給与される、それでくらさせてゐるだけのこと。特《(ママ)》志家に委託して、県で設備が持てないから、

●外国流はいかぬ

日本流の慈善事業の方がハデでないだけに間違ひがない、

外国流のは、名声を先にする

感化院、孤児院は各所にあった、井上の仕事？

●警視総監の晩餐会

帰京すると、急に僕に探偵がつきはじめた、木村といふ区役所の学事係がいふ。睨められてゐますよ。事実調査をし

てくれさへすれば、かへっていいのだ。亀井栄（英）三郎、宮城県知事をしてゐた、警視総監、内ム省で推薦、社会事業に手をつけやうとして呼んだ。晩餐会、内ム床次、井上、警保局長、　《つじきけい》六、警視庁各部長、八人ばかり。――仕立屋銀次、

●亀井総監参観　亀井栄（英）三郎　四十二年総監

亀井が参観に来た。金モールの新しいの。周りを見たい。学校ばかり見たってしやうがないのだから、住民の模様を見なくては。金モールを脱がなくては。ヘタな出方をすると、いけない。全部外套を冠って、金が見えないやうにして、「五厘湯」も見せた。これに代るものが出来るまで、放任の約、――いい生徒があるか、ある、保証出来る者、茂木、書籍代として五円やってくれ。辞書を買ってやった。茂木の父、永い間警察の小使。――印刷会社の小使。

●校長住宅成る

校長住宅、成る。

●増築

増築。（不正工事、前帖）

●炭の不正

炭三百貫。石入り、水打ち、目方をふやす、中々取りかへない、

自分で買って使ふ、後に寄附。三十俵。経費があるから寄附は受けんと模理屈。コークスに水を打って来る。カマスが腐るまで放任してをく。品物の検査を学校の責任にしてをく。

●御用商人と指名請求

学校は請求書だけ出す。入札。御用商人。請け負はせる時には、校長に何の話も代金もしらない。それで納品検査を、バカな話。請求したものと違ふとつッぱねる。公文書で、検査のしようのないことをいふ。現品交付ならまだいい。生徒の賞品費、十銭を八銭にへらされる。絵本、定価五銭博文館の本。慶雲堂。他の家できくと五百円の保証金をとってをいて。二割引で出す。三橋のそばの本屋。負けてくれた。市へ、請求すると、指名請求。――慶雲堂で納めてしまった十銭で。三橋を通ることが出来ない。本郷三丁目、かねやすの脇で説きつけたが、又慶雲堂。

用度課の連中をやっつけないことには。――慶雲堂の他に御用商人をとり立てた。若月が、こわいことだが。――浅草から市参事会員が出てゐた。江崎レイ（礼二）次の名刺を持って

来た

●文松堂　筆つくりの女房

文松堂、筆を作る、真面目にすると云ってる。市の御用商人になれない、呼んで聞いてみると、主人の弟、何万といふ程の損をするかもしれぬ。同時に僕も陥られるかもしれぬ。暗打ちをくふかも。――他の意味からも慶雲堂、貧民を搾取、新谷町、女の子を連れて来た。母、入学手続、収入、筆屋、日本橋で筆問屋、友人の連帯保証で、投産《(マヽ)》。子供を負って御飯を炊きながら手伝ひながら、亭主の手伝ひ、六十銭しかとれない。学校の筆が四厘二三毛、事ム用の筆も同じ。軸が千本幾ら、百本まるきにして買ふ、毛がシンの毛一匁いくら、外の化粧毛が一匁いくら、麻紐がいくら、焼いてニカワ、一本六厘に仕切ってくれれば楽にくらせる、七十銭にはなる。それが五厘でも六十銭でいいか、四厘二毛五、です。慶雲堂はペーパーをはるだけで、卸が一銭五厘か二銭。学校では小売値三銭。二銭でこっちが骨を折るからやるか。こりてます。小売ではタカが知れてる。問屋が全国を対手にするのでなければ

その細君がゐなくなり、子供も休みがち。大八幡へ娼妓、五十円、身代金。亭主青い顔、金を慥へた。大八幡へ行く。カミさん泣き出して、此のまま置いて下さい。先生に五十円頂いて、楼主も、道具は置いて行きさへすればきいてくれるでせう。毎月何十円を先生から仕送りを頂けるものではない、ここにゐれば二十円の仕送りが出来ます。受け出すことは容易い。が、あとをなんとかしてやらなければ、ダメだ。

中途の搾取をしりぞけなければならぬ

文松堂に、君の方で二銭五厘といへば向ふは二銭、二銭なら一銭八厘をいふだらう。そこで何万円の損といふことだ。四厘二毛のところを職人に、倍仏《(マヽ)》へ。

しまひに慶雲堂と文松堂で談合して。

特殊学校長会をひらいて、筆の見本を作らしてしまった。藤岡が青師、こりやいい筆だ、これは二銭平均で納まるのだよ、指定請求でいかう。ときめてしまった。雑記帖ハカリにかけて目方できめた。色蠟筆、舶来で二十銭、それに似せて僕の工夫で作らせた。

請負はせる、代金をなんだのかのといって払はない、例へば額、植木源次郎、一円五十銭、資本で困らせやう

帽子掛、(植木でない、他の御用商人) 作り方が悪いから、受けとらない、ホゾを通さない。そのまま置く、使ひ出す

のを。万年も

浴室

大きい浴室。三十五人同時に入れる、半数が洗ってゐる、一ケ学級一遍に。

焼物竈

焼物ガマの大きいのが出来た。蔵前、高工より大きい、〔「谷中三崎」とあってそれを上から消してある〕内径五尺、高さ九尺、焼物師、

学校の表門、外国商館へ入る人形を焼いてる家があった、一ケ十円位に。山伏町交番筋向ひ、北清島、おもちや店。人形細工で行った、越前屋。人形のいいのはない、唐チリメン、十銭内外、悪いから子供に縫はせるのに、いいので話した。子供をつれておもちや買ながら楽書があった。裏で石油カンで焼いてゐる。

大きい人形の型もある。のせる釜は鋳鉄、川口へあつらへて

鳥の塔

九尺に六尺、鳥を飼ふ塔。金網張り。六尺に三尺。六角塔、（外国人の寄附）生きた鳥を買ふ金がない、各教室へ小鳥をくばった

教室の鳥と鉢

前には棚に、植木鉢ををかせた。市役所では邪魔物だといふ、ドイツで各教室で小鳥を飼ふ記事が出ると、市では、大騒ぎ、調査委員が出来て、視学たち、

雨天体操場

校長会、見識のない人が云ひ出した。雨天体操場、僕はいらない、外で出来ない時は、各教室で、衛生上の話をすればいいだらう。体操々々といって体育上の講話がないのはをかしいぢやないか。それだけ陽があたらなくなる。教授上、仕切りの中へ入れて圧迫する、それを青空を見せて心機一転させようといふのが、――欝陶しいところを作って何になる。庭に樹を植ゑて、樹影で休ませればよい。いつの間にか市で、雨天体操場建築予算をとって、作らうといってやって来た。利益なし、害あり、他から請求。他からさきへやれ。一番あとでやらしてくれ、と頼んで来た。市で作るならとり払へとはいひませんよ。屋根と柱だけにしろ。

手工・小野徳次郎

小野徳次郎、筑前、博多人形の専門家。博覧会で毀れたのをつくらふので上京、そのままゐた。

●浅水目薬

コーハン水（リウサン銅）五銭も買へば、ミミカキで二杯
［楽焼玩具商組合（下谷浅草）型を作らせた、（清島町）

●戦争と玩具商　問屋・武者

熱度計が買へない、カマの火色でみる、大量製出
売口がみつからぬ、小さなおもちゃ屋へ直接卸す、
どこで仕入れるか、浅草の武者から。武者を説いた。
日ろ戦争に皆売れなくなって、人気が消沈して、武者でも
仕入れなくなった。三十四軒かの組合、皆潰れる。城地磯
之介、四十度の熱を起して寝てる。日曜の朝城津が見舞ゐ
来て、美術学校、仕上五寸の鳩ポッポの型をほって貰った。
一ケ十銭に売れ、六銭に下る、戦争直前。はじまってから
武者が六厘に下げて来た。泥は三厘、絵具は――四厘で出
来るのぢやないか材料費、――城津だけが戦争になっても
命脈を保った］
留岡幸助、（幸雄（男）の父）巣鴨家庭学校、ヤソ、教悔（ママ）師だった。
感化院折々行って、学校の修養会で話した、ウチの生徒に
も粘土細工をやらせてくれ。日曜に行って教へた。
小石川官立盲唖学校、小西新八校長、参観に来る、人形を
作らせたい、楽焼のお膳だけでなく、人形が出来るやうに
なってゐる、――両方とも長続きせず止めた

●編物補給金

編物、関口水道［「水道」の右横に傍線を引いて「台」とあり］町、
皿敷テーブル掛、横浜商館出入り、山本菊江（鈴木となる）
上手になる、そこへやる、商館から写真がくる、それをみ
て編む、八木カツ女職員、見つけて来たのが最初、

●四十一年

関口で賃銀あげないか、よそへ出すと糸を盗まれる、レー
ス糸一貫目やって、キレ目が多い、学校では一割とへらな
い、五分位の目減り。目べりを精密に書く。それを金にか
へ。補給金になる、屑が出ない。他のは直径が足りない。
無駄が出ない。賞与。
男子の賃銀、武者の話は駄目、ホービを賃銀の中に入れて
あるといふ

●大隈伯参観

大隈伯が来た、米騰貴、生活難。〇〇広太郎株式、相場屋、
大隈を説いてつれて来た。手工教室を見せた。レースの通
る指の切れ口、コーヤクを張る。生物といふ生物が植物で
もケモノでも、独立出来るまでは、親、同族が見てくれる、
霊長は他に劣る。自ら生活費を。手から血を出してゐる

——政治のあやまりぢやないか。」「む、む、む——校長何が望みだ」「金が三百万円ばかりほしい」記者も随いてゐる。「銀行を作るか図書館をつくるのか」——船をかりる、生徒と父兄とを、貧困者を集め、マダガスカル、六ケ月、見物にゆき、——東京から貧民をゐなくする、すれば政治家も気がつくぢやないか、「何故だ」——運搬、屎尿、マッチ、封筒……誰がつくるか。これらの人のあるに依って大商店もやってゐる、月給取もやって行ける「労ム者あればこそ。——報知か改進、早稲田派。清水石松といふぢいさんがやって来た。服装をみて人をみると大失敗するところだった。

●清水石松

名刺を持たぬ。入って来た。つまらん着物をきて、田舎オヤヂ、ヘンなオヤヂ、職員室の隅の応接、御用は、わしや清水です、清水です、日本橋で米相場やってる者だ、大隈さんがここへ見えたことを知って、学校へ力を入れなくては——と友だちに寄附六百八十円集まって、持って来た。必要に応じて使へばいいのか。市が受けるもの。話し方が下品なオヤヂ。

大隈が子供に五十円、茶菓子代、市役所へ行って話すと、寄附願書を大隈に出せといへんぢやないか、戸野、好きなやうに使へ、君の力で得た者だ。労働賃銀補給をしてやらなくては、五銭得させる為に、病人にしてはいけない、教育と両立する範囲内で働かせるには二銭五厘位、それを補給、中途廃学をふせぐ、

●手工科、課長がこわしにかかった

四十三年の洪水　玉姫　校長夫人

四十三年大洪水、八月九日、六日あたりから雨。山下、マメで水見に行く、大丈夫です、千住方面廻っても、——市役所から若月のあとの土屋義行（根津喜《(嘉)》一郎の手で、甲洲財閥）ヤソ、田川大吉郎助役の秘書、〔「土屋義行」の後から線が引かれて〕朝早くやって来た。ケイシ庁からの電話だが、権現堂が切れさうで、此の辺一帯水になりさうだとのことだ、が。急に押してくれるかもしれんよ、浅草区役所へ行く、準備してくれ、山下に、土屋と浅草へ行って、土屋歩くのいやになって、自分だけ玉姫へゆく、小使の（北の多摩川べり）につれて行った。吉の橋をわたる、若い小使ダメ。白泡立ってくる。屎尿が来る。仮病、帰す。シヤツとズボン下だけになって、服は頭に緒って、行く。十一時頃。救援の舟は来ない。自分でキケンな地位に行ってなければ救ひは来ない。浅いところにゐて乗せろといっても乗せる

んぢやない、アゴをつき上げるやうにして行った。子供がボチャボチャやってゐる、戦だ。竿で遊んでる。乗せてくれ。ダメだよ。苦しいときだけ乗るんだ。つかまるだけでよい。つかまって泳ぐ、竹の棒で

玉姫の入口に六角の交番所の頭のトンガリ、水面の五寸も下にある露路、学校の入口、ドブが深い、道路は六尺、四十年、地上げしたから尚深い、木棚の矢来の頭がポツポツ見える。一尺下には横板をわたりわたり門まで。小使室、三増《（町）》校長、職員、小使の三人が屋根にゐる。救ゴも何もない。生徒は帰した。必要書類は机と本箱の上に。

破風から首を出して、助けてくれといってる。生徒並に父兄だけは救はなければならんぞ。市へ電報打て、何といって。伝馬船を三艘、小蒸汽三艘ばかり、玉姫へつけてくれといへ。一艘でもくればいいのた《（ママ）》。――これぢや歩けない。近くに後藤新平のおばさんが住んでゐた。それが三増《（町）》に株の売買をやれとすすめた、そこに電話がある。だんだん暗くなる。降りさうだ。僕が出て道を講じよう、これからも水が出ても、浅見の小使、これから校舎の屋根に上る道をつけてをけ、校舎を離れちやいかんぞ、若い職員も、三松《（町）》の妻君が、自分のものを片づけて荷を小使に運ばせて、自分が逃げかけて、落ちた。米屋の二階にゐる、こちらを青い顔を、こっちを見てゐる、小さな舟が来る、家の間を竿で、呼び止めた、病人があるのだから、たのむ、寄って来た、とびのって、妻君をのせて、吉原土手へ上がった、吉原の入口が、田中町も電灯が皆水の下。一尺下に電灯が光ってる、男の着物に細い帯をしてる、腰巻もない、モモが出て困る、万年の先生々々としがみつくので困る、つれて歩き出す、龍泉校に下谷区役所といふ高張が出てゐた。音のする水。龍泉方面も流れてる。早く手を廻してくれ。三木屋長屋もひくいし、金魚池入谷も低い、ノンキな連中、刻々水が増す。車があった。暗くなりかけ。万年の住宅へ送りつけてくれ。近道しては通れない。金杉へ出て坂本町を経て、豊住へ。

●鳥井菊次郎

まだ万年町はピシャピシャ位だったのが、小使と校舎との間に父兄が来てゐる。外にゐてくれと置きました。中へお入んなさい。鳥井菊次郎が来た。先生が褌でかけてくるといふので来ました

●巡査派出所　避難者来る

下谷ケイサツ派出所、山伏町へ、先生わしも行く、おぶさ

れ、おぶされとおぶって、――へえ、そんなに水がくるかな、とノンキな話。救ひ出しの御工夫を願ひたい、煙草をすひながら気楽、いづれ本署からナンかいってくる。――それぢや取り消します。――運動場へ水。山下兄弟がかけて来た。大室が来た。小使に、生徒と親たちは入れ入れといはしてた。テーブルを据ゑて、片はしからきく。入れてしまふとあとで困るぞ。答へることが出来ない。混乱状態になる。世帯主の名をかいて、大人何人、老人何人、子供何人。――五人で仕事、手工室へ入れた。事ムをとりはじめて一時間、赤十字社がとんで来た。一人、黒の大鞄に赤い十字、ケガ人、病人。及ばずながら救急薬品をもって来た、感謝してるヒマはない、学校にも薬局があって手当てを心得てゐるから間に合ひませう、いざといふ時、お願ひします。九時頃。

●田川助役　米屋三軒

校舎を直接教育以外のことに使ふ時は認可を受くべしといふ市長の達し。内ム省の細民窟調査、活動浪花節をやる、その都度に来た、承認を受けさせようといふ、父兄に限るといふのは、そこである。市で電話でやらう。山下正吉、記者、電話ではきかなかったといへばそれきり。電報だ、正吉が打ってくれた。二時頃、逃げてくる者が少ない。訪ねて来る者が多い。先手打たなければ、と市役所へ、電話が宮本へ来て、取次。助役（田川）が浅草区役所へ来たといふ。表を通る舟をよんで出て、花吉といふ若手をつれて、御徒町に出ると水はない。

合羽橋通りは埃が立つやう。田川が起きて、面会。越権処置をとった、罪は負ふ、逃げない、何を校長、むつかしく云ふのか、教育直接の目的以外に使ふ云々……救ゴ所にしてしまった。校舎をそれに使ふのは承認をうくべきだが、咄嗟のこと。よいことをしてをいて徴罰《（ママ）》はないでせう、経過を話して下さい、騒ぎが大きくなったから。下谷区役所警察署がボンヤリしてゐるから、千百何十名収容、

九日当夜は、未明まで夢中、腹がへったも気がつかない、昼頃になるとひもじいひもじい、山下君、米屋が三軒控へてるから、変らない米屋、卒業生の嫁った先の独立したての米屋、米屋が小僧を特殊夜学、小学校令施行規則の内、雇人の為に義ム教育を受けさせる――死に名文、空文になってる、それを最初に実行したのは長の県（伊沢修二の出身地）長の県の元籍地から半途だからと区役所へ通知あり。

●宮本菓子店　団子を作る

米やへ小使をやると、三軒ともダメ、無い。宮本へ行って菓子種を貰へ。郊外教授、三大節の菓子は宮本。使ひ物は貰はぬ。宮本のは安い。他の学校の分まで土屋が使ふやうになった。少く共、うどん粉米粉位貰へるだらう。それが代金はいらんとてメリケン粉一袋。ヒナンの細君連を呼んで、トタンバリの腰かけ。レンガをカマドから持って来て、カマドを、団子。

木の葉みたいな団子、六百幾つ、子供に一つ宛しかやれぬ、部屋頭を作った。皆にかういふわけだから、大人はガマンしてくれ。校長もヒルもくはん、住宅へも入らん、先生たちも食はんのだから、誰も何もいはぬ、あまりが出る、病人か老人にやる

●見舞来る

十一日の午前二時頃、やーツといふ声が外でする、権現堂が切れたか。小使を見にやる。舟で提灯つけて大勢くる。トキの声。弁当持って来ました。「谷中三崎町お見舞」三百人分、救世軍が、白々あけに持って来た。

●避難者自治制

食事はくばればいい、自治制を布いて見よう、これを機会に、精神的に与へる、部屋頭、世話役、幾日も家に帰らず椅子を並べて寝る、咽喉をいため、声が出ない、よく行はれる、

●ローソクと弁当

ローソクが、横着が出来さう、ふだんから貰へてあるもの、臨時に買ふもの、裸ローソク何丁、五六十丁、大丈夫ですよ。買ひに出られぬ、十一時位に。職員に、ローソクがない、早く買ってくれ、部屋頭。そんなに要る筈がない。買はない。不平をいってる。と山下、どこまでくづれるか、ムダのないやうに。ぶつぶつ云ってる。職員一同も買って貰はんと管理出来ぬといってくる。寝こそぎ崩れる。言あらげて、世話人に調べさせた。二十三丁かあった。俺一人でやる。人力車夫、あとからかけて来て、此のローソクでは、三時間保つ。風にあたっても二時間。決して不足はない。無駄になるやうなら私が不寝番で見廻りませう、引受ける。私が見廻る。力を併せてくれればいい。カゲの話が、ローソクを食ふと思ってるのか、

大室が翌朝、こんな弁当が腐ってて食へるかと投げた者がある、新宮座、木挽町連。向山昇太郎(注)、茶めし、百人分、それが他へ伝播しさう。弁当とりあげてしまへ。表門の外

へ、水がへってる。雨戸を外づして、拭いて、弁当を並べて、どなたでもお入用な方はお持ち下さい。二十分でなくなった。

各室見廻り。増築二階、手工室は机の上に幕さしてゐた、僕の声は三尺離れても聞こえないから、大室君、喋ってくれ、「私はじめ職員、小使までも、あなた方を見かすめたことはないが、君たちはどうだらう。」「ありがたい、言葉も丁寧にして頂いて」「皆さうか」「さうです、」お辞儀「お前たちは乞食ぢやないか、自分の働きで米を買ったり作ったりしたか、みんな貰ひ物ぢやないか、俄か乞食、さうだらう、それに、今日はこんな腐った弁当はと投げたものがある、しかしあれはサクラめしだ、どこから貰っても皆調べてゐる、気をきかして、——昨夜机の蓋の上へ一つ並べてゐたのだ。今朝目を通してからくばったのだ、乞食の分際でなんだ、ここへをくわけにはいかぬ、ふだん学校へ来る時と、もう一層丁寧に扱ってる、世の中へ対して投ってをけぬから、出て行け。」あやまる、をいてくれ。

職員室の上で二十畳、そこでやったことはわかってゐる。最後にやった。投げた人間を出せ。一同であやまりますから、ローソクのことはミヂンも云はず、

●菓子　ちり紙　団扇

見舞人が、弁当が充分ださうだ、とアンパンを持ってくる。分けてやればいくらでも食ふ、腹をこはす、保存出来るものは、職員室に天井にとどくほど積んである。みなぢっとしてゐるのだから、腹をこわして、病人が出だすと困る。足の早いものは子供にやって。皆が帰る時、持って行って貰はう、どうだ。職員小使、茶菓子に食ったりはせん。見張りしてもいい、前田公爵邸、ちり紙、大量。分けてあげるが、一日何枚いるか。これも帰る時、

新聞社、団扇を沢山。売れ残りのもの。まとめて寄附を受けて持って来た。カヤがない。廊下に寝る。蚊を追ふやうに、と。記者たちに話す。これを一人々々に渡せば諸君の如意はムダになる、全部渡さないで、一家族に一本、大事に扱はせたい。家に帰る時の用意に——。諒解してくれ。団扇も残してをいた。評判になった。ずるい奴が、各収容所から見に来る。比較をやる。他では弁当くばる時は巡査がやる。憲兵がツケ剣で交叉のところで渡したり、

●巡査配置

坂本署から来て、巡査を配置する、これだけ自治政を布い

て穏かにやってゐる、かへってガチャガチャやっては人気を荒たてる、騒動が起きたらどうする、起さなきやよいだらう、一人か二人の派出でよいが、部屋へ行かんでくれ、小使室にゐてくれ。巡査は、「此処へは休息に来るのだ、他へ行くとケンカその他うるさくてたまらぬ」

十二日、舟にのせてムヤミと一般の人をつれて来る、困る、学校関係者だけだから、と丁寧に断る。官令を拒むかといふものあり、ここは万年独力でやってる、はじめにはこちらでいくら頼んでも知らん顔だったぢやないか。他にも救ゴ所はいくらも出来たではないか。病気だから入れてくれ。尚困る。学校の衛生をどうする。長い喧嘩。方法を献策しませう。入谷の空寺（そこへ集めたらいい）カンゴフ、医者を呼んで完全におやりなさい、見て来て知ってる

官令を拒むといはれても仕方がない。生活力の鈍ってゐる時に病気が入って来たら、どうするか、ときき入れず。

十三日、本郷、金《(錦)》秋女学校、秋間為子女校長南多摩生七尾村、森久保と関係深い、舟をもって見舞に来た、一番先に提灯がなくてあぶない。脇に小さい教室、女が三人、どうして別にゐるのか、道々お産をした流産。私は遠くから物をいってる。とに角もう分娩間近らしい。薄ぺりを布いてるだけで、可哀さうなんだ、なんとかします、古い畳四枚寄附、その上に寝かせる

ケイサツと。入谷にゐて、夫婦がゐる、食べさせるが

収容所の連中が見て歩いて、沢山草子や紙を揃へてある、陸軍から朝飯（ほしい）これもくばらない、ムスビが食べられないほど貰ふに。万年に入りたがる。移りたがる。

毎日気が抜けたやうに夫婦でフラフラ出かけて、学校の生徒はゐない、救ゴ室に。行方不明になった。逃げてくる時はゐた、その後にあとへ行ってみた、その時、道にはぐれた、産婦の問題で、教室へただ置くだけでは心許ない

ケイサツへ向って、一室設けろ、と談判するが、帰らない、合羽橋近道を、□□大低《(ママ)》泣《(ママ)》くなってはゐまい、生命は大丈夫だと思ふ、長屋

警部補、――外から帰ってくる親たち、ともかく子供に多分レイタン、子供、頼み頼み込んで、

迷子にしたらしたで何故聞きに来ない。

私自身もここへ来て警官にそれぞれ頼んである、警察の方でも話してくれれば、わが子なので、不明者を出さぬやうにと、

妊娠者は二の次、警察の午後、□□□れてしまった

●三井病院

暗くなる、三井病院から見舞が来た。医者が二人、生徒の中の肺病患者、生徒の姉、肺結核、外の親戚、学校へ来てしまった。両親にいひつけて、生徒の父兄だから、入れるには入れたが、由々しい大事

九日の晩、赤十字、十日の朝、医者と看ゴ婦

三井の連中は僕とケイサツがケンカしてゐるのをみて帰って行ったが、翌日やって来て、構内にテントを張って、収容しませう

三井に産科婦人科、その後に出来た

●避難者作業

よそから貰って、米の飯、ゼイ沢して、何もせずにをるのは勿体ない、第一に鳥井など先だちでいいことをはじめた、悪いことをした連中が気嫌とりに、塀を洗って砂利を洗ひませう、言い出す場合を考へてゐたのだから、夜なべをかけて、洗ふそばから流す、砂利まで洗ってしまった

午前三時頃、便所に近いところで騒いでる、窓あけてみる、職員がかけて来て、あのおかみさんが小便したので衛生係が怒った

乱暴なことになりさうだ、三十五六のカミさん、廊下の曲り角、鳥をかってゐるところで、やってしまった。砂利まで洗ってあるのにと怒り出した。言葉の上のこと位ならと思ったので黙ってみてゐた。あまっちょ、かかあ、「洗はせやうぢやないか、」洗はせたことはいい、趣意が立つ。不量見もきまり悪さも知ったらう。他の救ゴ所は一日も早く引き払ひたい、閉鎖したい、こちらはなるべく長くをきたい、自分の家をカラリとさせてから引き上げさせたい、片端から伝染病だ、市区ケイサツの給与をうけない、社会の同情で——千住の駅の石炭を拾ふと賃銀になる、山下君が調べてくる。ここにゐる間は貰って食べてるからいいが、仕事ははじまるまい。

二十三日頃まで、——救ゴは一時で、なるべく早く自活させるやうにする

●入浴問題

坂本二丁目、大きな湯屋、避難者を湯に入れる。久木田(保)〔「久木」の横に「下谷署、署長は宝田警視」とあり〕警部が来た、入れて来い、けれどもここにゐる生徒親千何名入れるのは容易なことぢやない、学校では湯を立てるのだ

ムリをすれば今日にも、冷水マサツをやってる、なぜ不衛生なこと、さう一概に早呑込みは困る、失礼だが、先に注

意してゐます、向ふへは行かなくてはいいといふ、他の救ゴ所には沐浴設備がないから、無暗に力む、ここはかういふ具合にして出来たものだから、厄介にはならぬ、いかに冷淡であるか、それでも警官かと云ひたい位。学校長として見かねてはじめたことだ、衛生上カントクはしてもいいだらうが、どこに悪いところがあるか、職員室にひき上げる、あとからついて来て、どうでも行かぬか、混乱、道具その他。衛生の点で迷惑はかけぬから、いかぬ。官名杭（ママ）拒、裁判所で逢はう。——その時、鈴木友三郎、（雨間の人、年は三つ下、神師出）見舞に来て、黙って見てゐる。弁ゴ士頼まう。誰がいいか。大丈夫だ、告発しないと思ふ。やっても大丈夫だ。ところで署長は宝田だが、法廷の問題にすれば、自分たちの首があぶない、——と別れた

鈴木が帰って、二十分、署長が来た。方々見せてくれ。早く拝見にあがるのだったが、——誰もゐない、第一教室のところを通る時、「時に次席警部が、——何か御不満がおこったのではないでせうか」「いいや、ありません」「あれはまだ来て間もない者で、——気にかけないで下さい」「僕は何もないといったが、警部が、久木（保）田警部が何かいったのなら、——」「届かなかったから」「はじめからさう云はれれば追求はしないが、——」

●比佐勇（佑）次郎

比佐佑次郎（普通学務課長）水害地の学校を見て廻った、本所深川、便所へゆくのが億劫で、机の中に排《せっ》してをいた

特殊学校はどうかと思って、やって来た。山下に逢った。逐一の事情を話して信用されなかった。二度目に、いつはりを云ってはならぬ、マジメにやらなくてはと、云ってる、比佐さま、何か偽りを云ってるやうにお考へのやうですが、例を云ってみて下さい、いや味のやうで、——まったく不可能の話、板塀を洗った、云々、行はれる筈のないことをまことしやかにいふから、——笑ひ出した。そりやアお役人はどう思ふかしらぬが、事実だ、帳簿は見た（実際の経験をえとしないで、実験実験と）か、見ない——疑ふならどこへでも云ってきいて来い、詫びる

●手工出品　小野徳次郎

知事から博覧会出品慫慂——実演を、生徒を見世物に、金沢から七宝焼、実業（工業）学校からも来るといふので、三十六歌仙、小野が型をつくる、渋沢の系統、佐々木和助

（実業家）外人と交際する、国民美術に心を寄せる、本をかりて来て注目を惹いて、陳列してる時にも、名古屋松阪屋から一手に引受けるからと特約申込、（風俗人形は下品）意匠もよい、
三越が来た。信用を大切にしてゐたから、どの位丈夫に出来てるかを心配した。カマでやらずに火鉢のふちで焼く小野、大カマで焼かせると人形が歪んでくる。いぢってみると存外もろい、手工の為に学校の信用まで落しちや困る、折れさうなところへ針金やブリキを入れる、絵具が悪くなる、儲けりやいいの博多風だから気が合はぬ、筆を幾つもをいて、絵具の色々で共通にしないならいいが、まざって汚い、絵具の冴えを必要とする、
特約しなかった、陳列の好評。安く売るより、買ひに来る人に高く売る方がいい。一ケ一円以上。小野の意見。
暑休の日誌、翌年からは暑休廃止、一時間半、午前中に全生徒を。四半日。三年も経つと、市か府の教育会の連中がマネして売出す

暑休廃止

二十三日か七日か、——父兄の家の掃除が出来てから区役所から手伝はせてくれと押しかけて来て、日誌を作った

〔上部欄外に「山下、市川、持ってるか」とあり〕
貧民窟調査、内ム省でやりはじめる

社会教育活動　幻燈

比佐が、驚いて、水難に処した学校の働き、——学校へ再々来る、文部省の下ッパが社会教育をいひ出した。通俗教育、活動写真、三十七八年戦役後に、戦争映画、府で買ひ入れてゐた。それをみるのが学校で活動をみる初め。雨降り写真、府教育会でかりて予算費へ計上して、学校でやらねばならぬ。修身教授は活動に限る、地歴も、理科も写真を応用、——通らない、機械を買ひたい、と説明書に、——比佐さんもそれはいい、これは幻燈意気投合、浪花節奨励、講談、（井上が内ム省にゐる頃から）
下層労働者に至るまで、忠孝仁義を実行しないまでも、言ってゐる、大和魂を持ってるのは、大道講釈師からだ、□けぬところ、意地を持ってゐる、——それを利用しなくてはいかぬ

細民調査

調委《ママ》を逃げないでは妨貧の策が立たぬ、東京に於ての救済策はやがて全国的の、少くも日本の東半分を相手に、救貧策を立てないと——父兄を調べると、三重県出の貧民多し、

滋賀、福井、（若狭はわづか）これから東の者が多い愛知は、少ない、東京で至れり尽せりにすれば、東北の者は集る、何十億かけても対策が立たぬ、調査の上で対策を。大蔵省の人にも話した、賛成、ただ与へるといふのでは経費が続かぬ、与へる手段では華々しいが、ひろげて行くわけにはいかぬ、ひろげれば経費がつづかぬ。本格的の進み方ではない、さしあたり防貧救貧。経費を出して模範の形式を出す、かうやれば、いいといふ——社会改造が自づから行はれやうに私設のもので、富有者がやるのでも、政府が出すのでも、小さい仕事でも模範的に、他はそれをマネさせる、中々人の耳に共鳴者がない、共鳴者は井上知一《（友）》、さアといふ実行は、功をあせって、仕事をやってみたがる、——反対者はない、

細民を集めて、調査の趣意を知らせる、講談より浪花節、デロレン祭文、下等なものは内ム省でやれない

下卑たといふのなら、言葉を改めさせればいい、卑猥、しかし、それが俚耳に入り易い、学校で三味線をひくのは反対、琴吹《（ママ）》も白くない、音楽なら西洋音楽、比佐がきて、談話会をやらうといふ時に、留岡も反対

田川もダメ、浜野（府庁視学官）やれやれ、

苦しまぎれに云ひ出したのは、人を救はんとする時に、自分が高尚な恰好でやってゐては、ダメ、ある程度自分も汚れる、それをいとはぬ場合にのみ救はれる。手をぬらすのもいやなので棒の先に人をつついて、起きろ起きろといっても仕様がない

市が同意しない、管理者だから、教育の事以外に校舎を、通俗教育はそれ以外に、——よし。さういふ場合には校舎を利用せよと、府から市と区に通牒。

●通俗教育

活動機械、会社へ交渉、ヒルマは貸す、機械は貸せぬ、学校基金利用、御即位紀念〔「御即位紀念」の右に傍線が引かれ、その右横に「?」とあり〕、機械を買ふ、神田に鶴淵幻燈店、心配させて、活動幻燈両用のキカイを買った。後援会の費用、六百円のをもっと安く

電灯会社から電気を買はなくては、アセチリンではうまくいかぬ。写真は比佐が文部省から、幻燈は鶴淵にかかけて、

中江藤樹

竹本《ソュー》　義太夫、竹本父子（山伏町にゐた）

二十四孝を語って貰った。高尚すぎてダメだ。その節を解釈して、それが通俗教育にする。

今度は向ふから話してみたいといふ者が出る、鈴木巴水、御徒町にゐた。（余興と書いてあると、真流音点山（水）怒る。）講談は使ひ易い、明法学士〔「明法学士」の右に傍線が引かれ、そこから「鈴木巴水」の左側に引かれた傍線まで線が引かれている〕の弟子、
長短槍試合、
予定は、入道館、雲の弟子をつれて来て、実習場に
琵琶、――世話人を聴衆から選んで、
電灯会社の重役、安藤兼吉、市参事会員、電気を寄附してくれ、変圧器を備へれば、それをキフして貰はふ。

●電灯会社　安藤兼吉

学校ははじめ瓦斯でやってた。その後電気に。夜学は、はじめどちらでやるか、こちらは虚心坦塊（ママ）、太陽光線に近いものを。カーボン、赤い色、暗い、マントルをかりると白青紫、市の連中と立ち合って、主張が通ってガス、どうしても電気にしなくては、ガスの使用者がふえて、瓦斯の二教室、五つづつ、十ケ。瓦斯導管が細い。増築で、くらい、会社へ交渉しても、莫大な費用だとて、中々渉らぬ、ここへ来てみろ、暗い、――それでは電灯にとりかへる、少し灯数を多く使ってるところで。――切りかへると賄賂がとれるらしい、
勧工場をのぞけば、万年が一番の電灯消費
（以下は、他のメモとともに最後の頁に記されたもの）
勤勉なれや物事に
忠実なれや物事に
勤勉ならでは功ならず
忠実ならでは身は立たず
親むべきは勤勉よ
遠さくべきは怠惰なり

『取材ノート9』

戸野新課長
電力寄附・安藤
フイルム・余興
通俗座談会
標本設備
審美教育
写真帖（コロムビア博覧会）
卒業生の処理
孤児院のウソ
校外にて助成を
特殊学校後援会の不始末
玉姫の長屋

鮫ケ橋にも
支払命令
大整理
雲右ヱ門
大会社大工場はいかぬ
裁縫師
酒屋
電話局
産婆看ゴ婦
万年後援会
九鬼吾三郎（五）
総泉寺・長屋

米廉売・芳賀吉兵衛
前田家の寄附
近県旅行
アサヒレザー・神谷伝兵ヱ
阪谷の信認
後援会建て直し
報告会
皇后御下賜
慈善興行・向山庄太郎
浪花節興行
画会
山林の寄附

十足の小川房吉
登記・予算案完了（大正九
年）
むべと夏蜜柑
長屋の始末
後援会の予算
卒業生進出
内田よし・麻生みつ・柳
三多摩教育会・土方篠三郎
山下戻る
視学の陥穽・願ひ
博覧会出品について

卒業生の町　出世長屋大熊《(隈)》伯・在郷軍人会　渋谷村の坂本先生

米騒動　小原の増俸吉原の火事　万年時代

米廉売　住友来る山下先生の話　坂本観

●電力寄附　安藤

電灯会社と交渉、電気局がやることになった。安藤（御徒町?）はじめて行って、持ち出した。（抵抗機を知らぬ）電力をキフ。すると、快く、やらう。僕はお使ひ物は受けない、このことは社会のためになるのだから、――凱歌。手工科教室へ、太い銅線が来た。抵抗機をつけなくては。――その度に人をよこせない。税関に□□はなし、四尺に二尺、使ひ手のないもの、板囲ゐして、――各会社でフイルムを貸すのをいやがって来た。フイルムを自分でこしらへなくては――大会社へ行って、製造工程を写真にとる、一尺二円、――キフ金集めて。

●フイルム・余興　鈴木巴水

外国の会社から十六ミリ、岩淵が借りて来た。
鈴木巴水、まじなひ、夜泣で苦しんでゐる者はあるまいか。

効能ある、閉会後に、――幾人も残った。ニヤニヤニヤニヤニヤ、今夜から泣かない、明日呼んできいてくれ。効能あった。先生やってやれ、たやすい、気合一つでいいんだ。暗示を与へる。親が神経過敏で、いぢり泣かす。万年二の大谷《(矢)》明誠、毎年さつま芋を売る。土間で、幕張から持ってくる、「まじなひなんてをかしなもんですな」大谷《(矢)》の父が、ノドケの呪ひを知ってる。幕張の親戚に泊ってると、聞き伝へて、自分ぢや知ってない。ぜひやってくれ。酔ってるので、鬼の会仏の画をかいて。張らせる、――来たのは、百日咳、――それが当って大勢くる。みな癒ってくる。

●通俗談話会

内務省?府?補助金が出て通俗談話会をひらけ。
万年校の談話会を助成する意味、それを校へ持ってかず、市へ。多田房之助（輔）、高師研究科を出て、（池袋幼稚園現在）教育会理事長、妬み、市でやる、戸野が、君のとこでやってくれ。

向ふから来た連中はダメ。言葉が先づ――お役人の力み、失敗、こちらが妨害したと、手伝はせないから手伝はなかっただけ

僕に対する批評は黒白転倒してる、注意してくれなければ、それに来た人が、（市の教育会としてやった）事ム長が来て曰く、他の特殊学校へ行って、やり苦くて、しやうがない。訓練が出来てゐない

教育会の功労者表賞、それを妨げたのが多田、今度ばかりは府と市の教育会がシノギをケヅる、多田も弱って、と戸野

後、合併した。――特殊校一巡で止め。事情を通じてやらなければダメ。感情や一時の昂奮では。

●標本

標本設備。小鳥の飼ふ場所。六角塔がはじめ、下二尺板ばり、上は金網、麹町、華族女学校、嘱託教師。ミス・ウエストン、英国若婦人二三人、留岡の紹介、来校、表向の役目は学習院女学部、同時に塾を開いてゐて、金持の子弟を集めて、お姫さま三十人、日曜の午後行く、貧民窟の情況を話す。人生の不幸面を知らなくてはならぬ。

山脇げんの妻、女流教育家、元野ひさ子、編物しながら私の話をきいてゐる、編物を金にして慈善事業に使ふ

寄附しやう。生きた動物標本がほしい。――家鳩。

増築と一緒に禽舎、――蜜蜂も伺った。知事官舎に蜂が来てふえてゐる。芝山内に行って貰って来た。置く場所、職員室の後に、栗の木で台、失敗。他の害虫が荒す、働蜂が

――下げて五貫目。全滅。別れたのが雨天体操場の軒に、これも自滅。坂本町に蜜蜂やが出来て、やって来た

一組寄附しませう。又全滅。

面積に対する智識、――丸い桶、バケツ、樽、容量

苦心してとった標本費、何升入と標本に

マッチ一箱何本入ってる、一本が幾ら、何本で幾ら、大きなポスターにして、掛図、何か雑誌にあったのを、量と質

米が一合で何粒。

●審美教育

美術思想を養ふ、不完全ながら学校の仕事は緒についた、審美感にかけてる、陳列台、雨天体操場の下に、松の鉢どこがいいか、雑誌の口絵、どうしてキレイか、解説、一般

参観人は目をつけぬ――京ト帝大、生徒が一人来た、どうしてあれを思ひついたか、美に縁遠く育って来た。不足なとこがあるに違ひない――感心して。京ト帝大の文博有名な先生、審美教育をいふ、卒業論文を書くために小学校を見て廻ってる、廊下の掛図でも大体わかるが、あれをみて驚いた。帰って手紙をよこした。教授もよこした、ぜひ大成してくれ

●写真帖　コロムビア　博覧会

写真帖、増築落成、市政カン査会が出来た、落成祝賀会はいふべくして行はれない。大修繕、百日も生徒を入れずに争ってゐた。――新居与作が中心で、――知事がひっくりかへして、これは大変だ、英領コロンビア博覧会、出品しよう、スクラップを買って、貼って、井上〔「井上」の右横に傍線が引かれ、そこから一行前の「知事」のところに矢印が引かれている〕知《（友）》一が、世界的な仕事だ、十円の厚い、赤い表紙、府庁で貼って、文部省の連中にいって、文部省から出させよう、視学官督学官は賛成、内ム次官が見て、国辱ぢゃないか、ぶっつぶす、

井上がそれぢゃ農商ム省の者が出かける、大島事ム官、持たしてやる、手続もクソもあるか、外国だってもっと貧民窟がある、それにどういふ設備をしてゐるかが問題なのだ、こっちの手は離れてゐる、三橋の〔「三橋の」の上に一本線が引かれ、消されている〕公園の入口で掲示板、紫インクで刷った、コロムビア大博覧会出品受賞者一覧、帝大名誉大賞杯、次に万年小学校、同。

時事も号外、市から井上へ行った、ありがたう、国家の名誉だ、よかった。

賞杯はいつまでも来ない。催促に府庁へ。厄介が起ってるんでなア。出品してある筈がない、出品目録にない、

浜中仁三郎、電報新聞記者、やア校長、素敵な賞杯。見せてよ（北多摩の男、神師に一年一所に）よし俺が行ってやる、農商ム省、待ってくれ。

●卒業生の処理

卒業生の処理方針――俄然、ひっぱり凧、小使、鈴木新太郎（小田原新玉町で料理や、現在）山伏町か小川（独り子）、浅草の千束町、中島千年、測量師徒弟入用、寄り込んで話してみると、元文部省の技師をしてゐた。屋敷の地図をとってゐる。五年辛抱すれば独立自活の腕をつけてやる。二人つれて行く。人物考査、よからう、すみ込み、新太郎が小使の子だが朗かな性、いやみひがみがない、父は小田原

の漁師、
小川もキレイな子、――不平なしに、うまく行った
小川はカツケになって亡くなった。母はなげいた。中島のところも子がなくて、可愛いがってくれた。
申込者がふえた。日本橋の質屋。七人でも十人でもよこせ
質屋の隠居の製図に行った。ぢいさん、いかにも、いい弟子だ。こっちからたのみに歩く必要がなくなった。
大塚栄吉、鉄工所、府参事会員、多勢申込

●大会社　大工場はいかぬ

迂闊にやれない、失敗すればその正反対になる、調べて歩くと、大会社、大工場〔「工場」とならべて、挿入の印とともに「商店」とある〕、皆成績悪い、友だち同志悪いことをする、カントク不行届、一生を職工たらしめなくてはならぬ、タカが知れてる、自分の技量でひろがれるやうにしなくては、努力次第で、発展し得るやうに、
年期をあけて一本立ちになった者のところへやると、叩かれるが、きっとよくなる、使ひ方は荒いが腕が出来る

●裁縫師

伊セ丹へお針に行ってた卒業生、妻恋の貧民窟、女ばかりの主、一人ッ子、上品な子、入学をゆるすまじと思った位、心がけがいいから身じまひがいいだけで豊かではない、裁縫で立たせたい、神田の明神下、日本流の大構へ、宮様の御婚礼の仕事、すごい信用。七年たって、母がそれをつれて挨拶に来て、伊セ丹のヒマをとって、看板をかけて独立させやうと思ふと来た。母子の語るところをきくと、住宅で情ないものだ、ああいふところへ入ると、はじめ二三年は子守か使ひ走り、針を持たせて貰ふやうになると、ユカタはユカタばかり、タチ方も別にゐて、何反も重ねてをいてたっちまって、タチ庖丁で、――たち方を覚えられない、一年たってもひとへものばかり、親類を廻って、お使ひ物を持って行って、タチ方へ、タチ損ふ、自弁、チリメンでもなんでも。縫ひそこねは直せる、丸二年もの給料でも弁償し切れないものがある、品物を持って来ても、売りやうがない、それをきくと、
三越、白木やからも来るが、やる気になれない、

●酒屋

呉服や、酒屋へやるものではない、止むを得ず行ったのをみると、並木の酒屋、ひどい。卒業生が母の関係で、小倉マコト、年期が一年で終るやうになると、わざと悪い遊びを番頭に、銘酒屋、吉原を教へてしくじらせる。着たなり

で追ひ出す、大きなお店に間々それがある。独立する時の資本が容易でない、ノレンわけ、品物をわけるといふのが割高で来る

職商人《あきんど》、小さいの、大工、佐官、差物師、

他校は大きいところへやって、鼻高々、

●電話局

電話局、専売局、産婆——校長自ら世話したものはない、交換局〔行頭の「電話局」から「交換局」に向けて矢印あり〕へ行ってみるとキンム一点ばりで援ゴするところがない、腰かけはなし、苦しい、病気になる、五年勤務者が女房になってるか、子供が幾人出来てるか、きく、即答しない、統計とってをいてくれないか、やらん、——そこへ世話するは無慈悲、蔵前の煙草工場、ひどい埃、長く通ったものは、男女に拘らず、呼吸器症、食事休憩三十分、食堂までかけて行って、ちょっとでも陽にあたらう、——これも要領を答へぬ、退職金とか、与へるもののことしか言はない、

——職工がへって、募集困難、下谷浅草両区の校長が見に来てくれと呼ばれる、わかってる、翌日又行った、頼んどいたことは、——やってない、埃の立たぬやうになってゐるからと。

●産婆看ゴ婦

産婆看ゴ婦は、いいにくいが、その時分は不品行、性慾の奴隷になる。女性の尊ぶべきものを失ってしまはないとなれぬ傾きが強い。産婆の資格をとらせるからと、——無給料の女中、産婆学校へやるとすれば、ほんの少し、文句をつけて飛び出させる、契約をみると、資格を得させる、本人途中でヒマをとれば、食費までとる、

責任を負って世話をするのだと。千人の一人でも、信用がゼロ、親がやるといへば、仕方がない

●万年後援会

万年後援会、補助機関の必要（前照）江本謙三《（賢造）》（神師先輩）下田先生から紹介、首座にした。半年ともたぬ。脚気と痔、その実生徒がいふことをきかなくなった、高正。傲慢。父兄からぐんぐんつっ込んでくる（小宮にゐた、五日市近く）軽卒《（ママ）》、他は実際面から叩き上げてゐる、それを「かうすべきものだ」と高飛車。山伏町の床や。流しの。怒って来た。一つのことを云って行はれるところに教師。それがすぐ変る。それでいいのですか。〔「それでいいのですか」の左側にも、「どっちがいいのか」と書かれ、その上から一本の線が引かれている。〕尋四。——退職。予定狂った。

基礎は立って来たから、日本に例にする。止めよう。

●九鬼吾三郎（五）

豊島師範附属上席訓導。（御園生が校長）九鬼吾三郎（五）、御園生に今日、師範卒業生がよい訓導たる資格に欠けてゐる。責任を知らぬ。生徒に責任を重んずることを吹き込んでをいてくれ

それが出来れば、学力は自分で補足する。有効な教授をとらうとする、印刷進歩、本、旅行、——自修する。自修の精神がない。

●校外に出て助成

責任感がないからだ。命がけで、軍隊。医学の長足の進歩もさうだ、どうしたらいい。生意気ばってるのが今日の学生、四年の生徒を五人十人呼んで、御馳走なさい。そして浮世咄、菓子でもいい、師範校の経費であっていい、万年では年々予算に計上してゐる。

それはよからう。御園生、はじめる。長男、茂木が生徒。生徒は御園金はヘコタして御キゲンをとってる、食ひまくってやれ、君の仕事はどうだい、よい人を見つけて、自分は外で。

戸野に相談、よからう、惜しいが。附帯事業を。しかし九鬼は気をつけちや。市視学、浜が上席。五十円俸給、九鬼が来た。早く校長になりたくて、排斥運動。視学はうまく行ったと、そっちを後援。戸野が、僕を市視学に。特殊学校専門の。そして社会事業を。それが比佐さんから洩れた。石井、新居、怒って来た。何故止める。九鬼を止めさせるのがいい、比佐の策で後援会を作って、毎日陳情に行け。市も驚いて、市長代理、万年を動かさずに。戸野、職員の招携（ママ）の仕方について、市視学虚言、浜がかういってる、土屋を呼んでくれ。あの職員について、池内について、首座によくあるまいといってをいたのを。新島吉《ケン》、書記、校長推薦がついてなかった、一旦止めようとしたのを居据わることについては、楔を打たう、浜だけにしてをいてくれよ、みしみし言った。私は市吏員やカントクぢやないから勝手にいふのだが、市の教育を毒するものは視学だぞ、僕の鉄の火だ、——戸野、もうゆるしてくれ、僕も気をつける。

九鬼伍（五）三郎、五十円、浜があふった。

三多摩出三十人の校長会あり、それで私が市へ入るといふ噂を、

高橋義臣（信）の子分になったと思はれた。

比佐――僕の後援会を作る。
留任、ただぢやいけませんよ、戸野、何してもいい、浜を呼んでくれ、――土屋、新島の証言。

特殊学校後援会の不始末

特殊学校後援会（玉姫水害について出来た）実行案を市に提出、市で教育課考案として、やってゐる。
苦労したのは坂本、藤岡、□□、――進行中止、田川、なんでも活動はじめさへすれば金は出来て来る、それが失敗の元だ、
人選、――顔ではいかん、実力、誠実、――金は。――大道演説をやる。田川。いふべくして行はれない、――貸座敷業者の処へ行って募れば――絶対にいかん。集りさへすればよいのではない、金銭の性質を考へなければ法令全書と首ッ引で憶《ママ》へたのだ、――四十三年の水のドサクサに、市ではじめてしまった。僕らは評議員。金、十五円出して終身会員になった、市会会長（坂《阪》谷）助役、副会長、戸野、事ム長
給金を払ふやうになって、奏任級の役員大勢
戸のから手紙、逢ひたい。熱がなければ運転出来ない、貰ひ集めた古着類を金にかへて役員級にあててゐる、内に吉原の火事、玉姫校長かけつけて、火事のあとで、浅草区では校を貰って普通学校にするといってる――校長会議を急に開いて、決議、朝、田川の寝てゐるところへ、金がない、小屋掛料を貰へばいい、
保護者に。（農業の種に料はあるが、）存続方に骨を折れと膝詰め。――内務省へ行って井上に小屋掛料を支給してくれるやう奔走してくれ。永久的なものを作らないか、それなら金が出せる。さうなると府市を離れてしまふ。国家の仕事になる。自治体の東京市の仕事としてやらなくちやならぬ。
早くしろ、陸軍省へ交渉してやるから、すぐテントをたてろ、どこかから私は別に金をひき出して、葭簀張りの家をたてて、生徒父兄を集めた。――風呂場、古い、据風呂、二三、味噌醤油共同購買。三橋は口先ばかりでダメな奴。一切合切世話をしないとダメ。

玉姫の長屋

戸野、君はよく附帯事業云々を云ってるが、焼跡へ長屋をたてよう、（市長尾崎）各方面から寄附金があるから、設計してくれ。間数をみるクサリをかりて行った。（「かりて行った」の右横に「吉原火事の」とある）測量して、長長《ママ》を三

畳と二畳と二通り。――瓦斯水道をつけて、共同炊事用、風呂場、働かせるのに授産所を作らなければ、子供のあづかり場、托《(ママ)》児所案、木賃一円五十銭。青写真が出来てしまふと、市の営繕課にまかせて、どんどん人を入れてしまふ。工場へ下駄の鼻緒。伊賀我一人《ガガト》。老壮士。管理人。高橋義信の手で。朝鮮総トク府のあぶれ、後援会で、師範校長の右手も入ってる。――家賃の収め手がなくなった、市長変って、阪谷、――僕は鼻つまみ者。月俸が六百何十円になる、それを指摘する。後援会は何をしてゐる、長屋だけだ、半分は仕事その物に使はなくては。月俸三百円位でやって貰はなくては。再調して貰はう、非常な悪人と思はれてゐると注進、戸野に、もう何も云はぬ、　明治《(ママ)》、

●**鮫ケ橋にも**

鮫ケ橋にも長屋を、アクシャを頂いて。――又物好に設計をしてやった、そろそろ新聞の後援会の悪評、裁判所から内容証明で後援会へ、工事が支払ってない、部分的に支払命令、

●**支払命令**

阪谷が解散しやう、専ム理事戸のの相談、だから断ってをいた、改革しろ、――阪谷に逢ふ、原町へ、解散する気か、さうだ、笑ひ出した、大熊《(限)》さん〔このあとに挿入で「永井に話すのを」とあり〕とこできいたことだが、議会解散の時、お前は止めりやアいいが、チンはどうするのか、と仰せられた、私はそれではならんと思ふ、悪いところを切ってよいところにして、辞職するのならいい、強ひて止めたくない。到し方ない、いや到し方はある。予見出来た、やり方が悪かった、やって予算会ギで、道がありますか、改革断言出来ますか、断言は出来ぬが、粉骨砕身すればいいでせう、特殊学校長の委員を出して、やってみませう、万事やってくれ、

役員解除、四人の校長委員で、（僕、三町、黒沢道五郎《(太)》〔「黒沢」の右横に「三笠」とあり〕藤岡、）小原梅太郎といふのが十三円、事ムの引継関係で二週間、残す、これが正直、賄賂をとって、慈善興行した時の割前をどうしてもよこすといふので、別に取ってある、十六円に値上げして一人残した。有給者これ一人。あちこちにムダ銭を出してゐる。

●**大整理**

帳簿を調べると、――役員のところへ。給金とるのと同じ、日本橋区長、寄附物、二割の天引してゐた。――受取は千

円かかして、現金は八百円、当面の支払命令、処置しなくては。請求者は、無学、可哀さうな男、ボロ屋を立てて売って儲け、下請出来るやうにやっとなった、市川八百蔵、それに逢って、どうしてこんなことになったか、ヘンな顔してゐる、
私は厄《(ママ)》病神、鬼門といはれてる、どうして——いぢめやうといふ気は少しもない、僕にはムリはないから、やっつけられない、
調べなければ、払へない、規定の時間までに調べられないからと裁判所へ書面をぶっつける。あの普請はごまかしてあるぞ、僕の設計とは違ふ。それを調べなければ——失敗して国へ帰る、旅費もない、少しでも下げてくれ。君が損する筈はない。鮫ケ橋で会ギした時に二三回廻って見たが、
——現状を、——あたり前なら儲かるが、思ひもよらぬ人にチリメン一疋、浅草の待合で、意外な人たちが貰ってる、門柱は？いや、設計通りに出来てるか。柱に五尺いけ込んで、横木を打つやうに設計、そんなことはしてゐないと告白、一切白状、
君自身がサギ取財《(ママ)》になる。君が縄つきになるぢやないか、泣き出した。——あまりにボロがひどくて、対策が考へられぬ、一週間も待て、丸くしてやる、——木賃宿へ泊って待ちます、戸野へ、これを私の気に入ったやうに処理するにはキズモノが、途徹《(ママ)》もないところへ波及するが、（戸野も白チリメン一反の口）なんとかしてくれぬか、腐敗も甚だしい、御免蒙りませう。
会長にぶつかってみませう、阪谷へ（これは持ってってない）
おどろいて、——八百何十円の請求、四百円見舞として、やることにしたら、阪谷考へてゐたらしい、膝打って、察しの出来た話。——一切合切千三百円、それを向ふも脛にキズを持つから、——片《(ママ)》つけた長屋、授産所を作らうとしたが、寄附金も集められない

●雲右ヱ門

雲右ヱ門に慈善興行にやって貰はうとして、ハガキ大の赤地に白の雲入道の名刺を、小繁、挨拶、万年校へ来た、坪谷善四郎、横田清兵ヱ（神田）戸野らの案、神田の入道館、下足らが取次がぬ、先の役員連中がいぢめてる、峰田一歩に一切まかしてあるから逢ってくれ、京橋の竹の家といふ芸者屋の主、行くのはいやだ、戸野、行ってくれ、浅草へ〔「浅草へ」の右横に「国技館」とあり〕、入道、「特殊学校慈善

興行といふ立看板だけ承知してくれれば、時と処とは雲にまかしてくれ、二千円寄附します」峰田が雲はもう幾年も生きません、いつ血を吐くか、あまりひどくならぬ内に、師匠として、名を残さしてくれ、骨折って貰ひたい、——慈善興行の負債が五万円もある、——後援会で、授産所と託児所に入道館と額を出してやりませう、一人ではなんともいへぬが、奈良丸を明治座で（後に）二日の予定で五百円儲けるつもり、三日で三百五十円にしかならなかった。国技館でやった雲、——二千円、

●総泉寺　長屋

浅草の総泉寺、（千住寄り）空地へ古長屋を、
芳賀吉之助、人形町の木綿問屋、おやぢ吉兵衛

●米廉売　芳賀吉兵衛

米騰貴、報知新聞へ四千円キフした。特殊学校の父兄へといって、文句の出ない、鮫ケ橋へ持って行った、大喜び、——その勢ひで万年へ来た、どっこい、いはれなく貰はせることはよくない、報知からも来る。共同乞食はさせられない、赤子をあづがってゐて、——御厚意は身にしみるが子供の精神界を汚くさせるのは困る、後に相当世に立つ時、あれは乞食をしたのた《(ママ)》とはいはせられない、やっぱり安く買はせない、廉売、五十銭のものを二十銭でも五銭でも安全弁、——試食会、学校の某が来て料理法の伝授、さくらめし、生徒にたべさせて、——かうして芳賀と知合ひになる

吉之助が後に来て、オヤヂが二千円、御寄附したい、ありがたい、御気に障るかもしれないが、——私の気性のために、仕事がしにくいのも承知してゐるが、国民の精神上、よくない、使ひ方はこちらにまかしてくれ。結構だ。——万年学校後援会の資金にして授産事業をはじめるつもりでゐたら、又悪口、成島関吉が来て云ふ、「特殊」の方へ廻して、授産事業、紙屑買ひをさせよう、打上げ花火みたいに一時に使ってもつまらない、芳賀授産場、働かんとする精神のあるものを作る。（もっと前に）——例の連中の手できれい浪費されてしまった。

阪谷が自分で芳賀へ行った。礼に。

●前田家の寄附

井上知一《(友)》が内ムにゐた時。前田家でキフする。利為公の最初の子が死んで浪《(漾)》子夫人が力を落として、キフ、一時に使ひ切ってしまはないで、クヨーの為に、毎年事業をしてくれ、——「特殊」で、慰藉基金、生徒を慰藉、役

員とケンカ、――(ちゃんとした膳についたケイケンのない生徒、正当な膳で、話しながら、――旅行をさせたい、利息七分、前田の金、毎年学校卒業生百人位、近県旅行、片方では、当番学校、前田家の梅鉢の紋の折菓子、茶話会をひらく、前田家からも出られると喜ぶ、――その金で、神田の料理屋で御馳走するといふことになる、だしぬいて、)改革が改革にならぬ

ふみこたへた。僕個人の力ではない、新聞記者が毎日来る、その力、

●近県旅行

宮本へあつらへて、大きな菓子を、家令がびっくり

江の島(鎌倉泊り)――体が悪くて心臓を冒して来て、それを冒して行って、半僧坊へ登らうとしたら、止してくれ、僕が鎌倉の駅へ下りた時に、ひどい、校医が、説明、記者が、――二階堂へ〔「二階堂へ」から前行「半僧坊」の後へ線が引かれている〕

ミハシ、大きな宿屋、――放《(ママ)》れたところに別館、

方々の学校が、注意して泊れ、ぐらゐだが、

凧糸をもって行って、下足をずっと束ねてをく、非常口を調べてをく、はじめて自分の席にゆく、新聞記者の御馳走、待ってゐる、五六人、

翌日、岩本楼、中食、

四十四、年? 二百八十円位の費用

元金には手をつけぬ、十一校、万年、芝浦が最初

上村法学士、(伊藤総《(ママ)》監時代ソートク府)後援会紊乱の元兇

●アサヒレザー

アサヒレザー(神谷伝兵ヱなどのやってる)レザーをとって、そのまま売ってしまふ、鼻緒製造に関し、浄財を食ってしまふ

●神谷伝兵ヱ

弁償させにかかった、刑法上の罪人にもなる連中、保証人を尋ねて賠償させようと思った、戸野さんまァいいぢやないか、阪谷は賛成、慈善事業の寄附を放蕩に、

レザー会社の金、千五百円?使ひ込み、――上村は親戚はいいのだが、かまはない、新居(日本橋)保証人、承知せぬ

又、レザーから支払命令、背任横領で告発しろと阪谷、すると会長たるあなたに責任が来る、会長員《(ママ)》を上村にまかして、やったこと。私印盗用になるかどうかわからぬ。会

の方で支払ってをいて、会長が上村、伊賀に文句を、天下に顔向けなるか。ではどう処分?お互に商法上の慣例に従って、損を二分する、七百五十円宛、別に賠償させて会は損をしないやうにする。神谷と会見することになる。

阪谷の名刺。「これをもって行くと、神谷から必ず電話がかかってくる、その時、私が、たしかに、云ひます」八月、朝、くらい内、公園の別荘みたいな家。一時間も待つ。これから電話をかけるから向島の会社の、綾セ、田甫中の会社、重役に。強硬。裁判所へ廻してしまった。では、帳薄《(ママ)》を見せてほしい、疑惑、上村へ。取引張、三時見ていた。運賃。会社から玉姫授産所へ、運賃三円が四円になってるのが一つ。どうしてかうなってるのは?数量、距離同じなのに。返答出来ぬ。此の点で帳薄《(ママ)》を信用出来ぬ。猶予をとって授産場の帳薄《(ママ)》を調べて、答弁する。十二時までかかって、向ふも承知した。契約書、二分の。判。僕、押さない。阪谷の代理で来たのぢやない、後援会の作り主として、考へたことだから。これから阪谷へ行って此の意見をいれてくれると思ふ。――いやな顔をしてる。

●阪谷の信認

阪谷怒ってる。一分も猶予。電話をかけんか。そんなこと云ってる間に用が足りる。玄関先。何故捺印して来んか。かういふ趣意で、交渉しろといはれただけで、捺印の権《ゲン》まで貰はなかった、その為にやって来たのだ、――阪谷ロー□め伝記とエハガキ。これを上げるから電車でよんで行って来て下さい。改めて、レザー会社の件、阪谷代理で委任します。いかにも御苦労だった。

(楽燕、アメリカから帰った、歓迎会、新富座支配人向山庄太郎発起で、精養軒で、後援会長へ招待、坂本へ上席、演説、弱った、阪谷さんが承知しまい、ぜひたのむ。小原君に小石川、阪谷を呼び出してくれ、出先へかけて貰って諒解、男爵阪谷の――、よろしうございます、代理でなさい、)

戸野が七百五十円出して、高橋義信にやって、上村へ、かうして後援会、損をしなかった、高橋強迫罪で、保釈で出てゐた時、細君から金を坂本受け取った

小原、しまひに三十円位にあげた、市の中軸待遇まで、委員、盆暮の使ひ物、上前とること、全廃した

●後援会建て直し

事業の性質上、金がとれるか、――我々学校委員も一文もとるべきぢやない、二足草鞋になる、学校事ム、延長と見

なして、やるべきだ
（後の話――改革成った時、靴一足宛やった、委員に、公然とくばった）
会ギの時、西洋料理を食ってたのを廃し、茶菓子は自前でやれ、――梅川忠兵エ、助役、会の監査役、一々証書と対照してくれ、メクラ判はいかぬ、ほんたうにやってくれ、
――その時、ざるそばを出した、もっといい弁当を出せといふ意味、後援会の性質を小原に話させた、自弁で弁当とって行った、阪谷、改革は喜んでゐた。気に病んでゐたから、
残るものは芳賀さんの授産資金は、賠償のとりどころがない、損先と見なすより他ない、これから年々積立金をして、
――どんな新聞記者が来ても大丈夫ですね、と阪谷が念を押した。もう埃はない、大丈夫だ。それよりこっちから先に発表したらいいでせう。紊乱は事実、それの解決。万一整理残りがあれば。いつでも同じ方法で始末する、阪谷、手をふって賛成。報告会、百円以上の寄附者と、武蔵野クラブ記者を集めてやった

●報告会

せんべい会、案を小原に、阪谷に持ってく、招待して阪谷の名で、これでは。料理を五円分位、――応じない
阪谷も何回も、怒り顔、然し、そんな金を費へない、阪谷自弁で、築地の精養軒、監査役前田家の高木猪《（亥）》三郎（監査役）森谷常《（守屋恒）》三郎（戸ののあと）のセンム理事、――三人を呼んで五百円の小切手阪谷が出した。寄附者は三四人しか来ない、記者
臆面なしに並べて、整理の段取。そのあとで阪谷がその通りと、

●皇后御下賜

皇后陛下から三千円?、宮内省からお呼出し、内ム部長、東園さんと、拝受、――基本財産にするがいい、思召を、早く生徒に早く伝へたい、二千円、基本に、千で、打菓子を作って、家庭へも（さつま芋〔「さつま芋」の左横に「に化けた」とあり〕）陛下のお金でさつまとは何事だといふものもあった。皆使へばどんな御馳走も出来る、誰にでもわかるやうに、家族全体を肚くちくさせるのが一番、念のため、（阪谷も陛下からさつま芋を頂いたといふ言葉が残っては、どうか、畏れ多い）大森皇太大夫（男爵）に訊ねた。よろしい。差支へない。伊豆の島から真ッ白い、処置に窮して、船についてるのを、買った。

十一校全部へ。

お上でも喜ばれたと——門カンいらなくなった。府と市の門カン、坂下門へ案内出してをく。皇后宮職から案内が出てゐる。

府市の者と一緒だと、馬車かツナ引車、僕は市電で、ポクポク歩いてゆく、

後援会の活動資金がいる。

●慈善興行　向山庄太郎

芝居をやった。（前にも新富座、歴次郎が来ると慈善興行をやってゐた）向山もいやとはいはぬが、いい顔をしない、——初日がすんで夕飯後、向山が結城紬の羽織をきてる、袴なし、それが五つ紋のリウとした袴で切口上で、逢ひたい、お詫にあがった。御無礼をしたから。
「学校の慈善興行、院（養育院）水難救済会の、毎年いたして来ました。開場をしない前に、みなお使ひ物を下さる、茶屋の出方まで一切わきわたる、それがあたり前だと思ってゐた。ついしみったれだと思ってゐた。帳場で、「鼻たらし小僧相手で話にならぬ」と暴言を吐いて、よく口がさけなかった。先生方のあがる弁当は一番安いもの、他の慈善興行では、有名な弁当で飲み食ひ、——なるほどこれがほんたうの慈善事業、間違ってゐた。私は表方、裏方全員に、申し渡して来た。座方一同感激、体で働け、金を出す代りに。
入場料の三割、切符を売るだけが、役員の仕事、区役所その他、切符売るものに、二割位使ってしまふ。一割を理想、が一割五分位でやった、憎まれた、役員は無報酬、——小原にも、
多い時は三千円を越す収入となった。
それでは芝居小屋にいいことをされてるのだといふ説。神田の横田清兵ヱ、会で小屋を買ってやればいい、交渉すると、向山、腹を立った。——市役所へやってきて説明。一番しまひの日に、三井、大倉が買ひ切るといっても大道具衣装全部を見積って買ふ、松竹で売るとなれば一万円かかる。初日でも中日でもあいてるところをとりなさい、（僕、黙ってゐた）
会で雑ム一切、所得反対に、芝居三、会七、の割にすることになった。向山、帰りがけに、万年の先生、黙って、ごらんなさい、どんなことになるか、
迎ひが来た、小原、困っちゃったからぜひ来て呉れ、病気

だから行かぬ、——一日に二百人位しか見物に来ない、役者から苦情、——向山からも電話、もそっと困らしてくれ、やいやいでやっと行く、——十一時、元の通りにやることにすると、その日がもう満員、出方が、活殺自在、三週間〔「三週間」の右横に「?」あり〕位の慈善興行

後に、慈善興行をやるといって、宮内省、大森さんへ行くと、金一封（三百円）よく頂いた。御室《(三)》戸景行《(敬光)》さんが見に来た

●浪花節興行

浪花節興行、奈良丸、三百円。名のべして、それだけやっと。名人会、国技館、二百円位。

新聞記者も御馳走なしで、不服

ビール一本か二合瓶で、安弁当、それまでは飲み放題

向山を、後援会興行部長にする案、市の連中がダメ、

芝居者、向山は寧ろ御しやすい、

大正五年の頃で、年々五千円にはなる筈だった

歌舞伎座と張り合ってゐた、支配人〔「支配人」の頭から前述の「歌舞伎座」の最後のところに線が引かれている〕、井上、

名士に近づき、阪谷さんに来て貰ひたい、尽力してくれ、

阪谷一と枡ちゃん買って、

そりゃァ副会長の高橋君から持ってきやいいだらう、ダメです、挨拶をしてくれ、会長として。さうでない客もあるだろ、然し大部分がさうだからいいでせう、

胡蝶園の化粧室を、阪谷の控室、向山がめかし込んで、扇子を抱へて挨拶、阪谷も毎々尽力にあづかって云々の如才なさ

挨拶・紹介演説のし手がない、専務理事も助役もゐるのだから、それが行手がない。坂本が、紹介。

●画会

画会。文展の落選画会。二六新報がやったことがある

改革以前。戸のから、いはれて、忍ケ岡小学校、移転で旧校舎があいてる。その時の百十二枚、絵があった。——処分を

それを二千円、三千円で買ひたいといふものがあった、戸野、いいぢやないか、売らう、——私は八百円になれば結構、資本は五百円だから、（師範校長）〔「師範校長」のところから三行前の「いはれて」のところに矢印あり〕見せるのもウカツに出来ぬ、委員立会、そして現金取引、——いいかげんで行って、持ってっちまふつもり。伊賀我々人、ヒマを出されてから来た。三人、専門の書画屋も来た。

画会、素人の先生ぢやうまく行かぬから、我々にやらして
くれ。商売人の使へる画は十二三枚。他は景品。伊賀をや
っつける。私を陥れようとして、書画屋は逃げ出す、□作
を次々くばるつもり、
誰が来ても、相手にせず、後援会でやって行こう。
新島謙吉（市の給仕上り）画を知ってるので、開花楼で一
コ八円
小千円になった。村上華山(岳)他席画七人、
本所の関口真也、慰労的夕飯、小原と会計
戸野が呼んで〔「戸野」のところから、一行目「村上」のところ
に線が引かれている〕いくら儲るか、収支会計予算、四百円、
支出を多く、収入を少く見積ってある。おそらく五百円は
あらう、関口が怒った。酔ってる。我々画家がやったって
損する。一杯々々のものだ。酒くさい息で、からむ。
武田桂風(圃)
宮内省から金一封、入会金として、画をお返し、画家がは
げむ。――定期的にやらうと画家がいひ出す。進んで総合
展をやらう
文展対抗、
国柱会館、五日間、日本橋クラブ、五日、会期を次第にの
ばして、定期
絹地を岐阜からとり寄せて、筆墨料平均二円位。絵具代、
――それが八円、十円、十五円　三十五円、
美濃宇紙十枚位の決算表をつけて報告するから、
画の渡り先まで知らせる、いくら儲けても画家は喜ぶ
一日五十円画会、荒木十敬(畝)、村田桂月〔「村田」に続いて「丹
城」ともある〕、一流の、二十口三千円、
（お礼百円宛）
五枚宛書いて貰った
大観の半折。プレスボタン屋へ落ちた。すぐに五百円。買
手がついた。
下村観山、尺五は、
相撲をやらうやらうと市の奴らが、――皆さんでやってご
らんなさい、回向院へ、一日一万円、

●山林の寄附　十足の小川房吉

吉原貸座敷、龍泉寺に家のある男、土地台帳は杉が五千本
植ゑた。七尺平方に植ゑた。草刈費用百円添へて後援会へ
キフした。田片郡小室村字十足《トータリ》――杉山、五町八反八畝、
植ゑてから五年経った山、金の性質を考へず
貰ふ連中。農林省山林局にゐた古手役人が、貰った

大正五年、引きついでみると、租税の受取り人が後援会でなく、小川房吉となってゐる。二等旅費で出張、学校委員四人で行ってみることになった、七月十四日に出つつもり。浴衣で。病気で、右手が利かなくなったので一月遅れた。熱海へ泊った。警察をたづねた。（熱海小学校長がかつて参観して行った。その案内で長陽館）

警部出張所、浴衣で入って、妙なとりやり、雨が降り出す。上り込む。十足の話をきくと、あすこは評判の悪いところ、向ふにゐた巡査が来てゐるから呼びませう、あそこは泥棒村、以前は富有なところだった。二三十戸の字、頼朝が□□の祝宴、なんでもあるので十足と名づけたといふ。維新前は大変な景気。豪奢、そのばちで今日では赤貧洗ふが如し、山林みな人手に渡ってゐる、山の管理を委されてゐる、収入はない、

木はどんどん伐ってしまふ、火をつける、消防費用を村からとる。もえ残りは取っちまふ、

どうして処分出来ぬか。小川といふ区長が始末に負えぬ、三島の三島館といふ宿の二男、巡査になり、書記になり、測量師になり、抜け道を知ってるので、管理は名ばかりで山あらし。人をいぢめる。巡査の話。伊東の警部補出張所で又訊く。尚ひどい話。

朝陽館、朝飯をくれない。明朝早いから、と、午前二時、女中に、一番の汽船に乗るからと、他の者も起こした。今船が出ますからすぐお立ち下さい、行ってみると、いつかの間に提灯がなくなった、暗い、船もない、小屋に人もゐない、網をひいてる。手伝ってみる、明るくなってはじめて船が入った——伊東へ入った。小川、機敏な迎ひに来てる、「宮内省の方——」ついてくる、他に用ありとかまはぬ。

出張所、町役場、学校、法学士山下信義

一時行《カン》、（細君、山梨師範卒業生の訓導をしてゐた、）を訪ねた。岡といふ町外づれの山の上、山下ルス。細君だけ。

材木屋を訪ねる。町にも、学校にも山林がある。調査、管理の方法を、きく、——伊東へ泊る、偶然に泊った家が小川の姉の家、降り出して、翌朝ひどい、二里余ひどい赤土の辷る道、三町、黒沢弱った、こっちは病気、人家がない、字三十戸、もう一つ峠の先が十足、——いやな顔をしてゐる、小川、大きな家、三町、黒沢、大風なところ、（暴行位する相手）僕はやっつける

藤岡書記、八畳に寝る、界の襖が破れて往復勝手。布団はあぶらじんでる、はばかりに夜立つ、虱、翌日又大降り、

勢ひで勝たなければ、案内人三人世話しろ、出かける、実査、他の者はいやだといふ、小川と自分で行く、十町位、草の中をもぐって行く、翌日又行く、草がひどい、五丁八反どころぢやない
もっとある、話してみると非常に穏か、悪人らしくない、木を伐って売った時、七割頂くことになってる、いけないと仰有れば、止めますが、――確定しよう、向ふが弱く出たから、三人強く出る、――三割で契約してしまった。成文化しよう。附帯書を作って。（出る途中は四分位に――）
三晩泊って、帰りがけに、「小川君、あからさまにいふが、君たちは、道々訊くところによると、財産がないさうだが」「ありません、伊東の山火事で皆働きに出たあとで、旋風で、十足が焼けた。持ち出して物を、字の者でみんなでくじ引で分けた。働き手がゐなかった」悄々と語る。「そんな不幸があったかもしれん、貧乏は心からだ。これだけの家で風呂桶まで借りて来なければならんとは、――布団だって虱だらけだ、襖はどうだ」「貧乏で手が入れられない」「篠を持って来て、つくろへるぢやないか、僕の膳部を見てくれたか
残ってるが」「どうもお口にあはぬでせう」「さうぢやない、芋のずいき、八つ頭、勿体なくて食へない、それより百合を、ムカゴ飯、――芋、ゴボー、豆腐、勿体ない」肴、――小鳥でもとってくれればいい、――鶏の声をきかんぞ、こんなことで身性もてなくて、橋本□は親類ださうだ、そこにゐる女の子を子守に出して五十円もかりて、牛を買って来い、トウゲをとった仔牛、萱ッパへ追っぱなしてをけ、それから村共同でやるやうにすれば、

●登記、予算完了（大正九年）

所有権移転登記がしてゐない、
四回位で実査が終った。
水源村の技師を頼んで（児玉）小川（土地）の三者の三十ケ年間の予算表、峰の方は畑に、桑を、三反畝、小川の取分二万円の予定、
一回の出張旅費をきめた〔以下、小さい字で〕鈴木小使、九年（最後の時、心臓を冒して、小原と今井（後校長）×土地の者にいはせると自然発火、田《タ》〔「田」の字と重ねて「対」とも記されている〕島《ジマ》、伊東への近道、対馬村の界に、五十間の防火線を作る、小川が、山の向ふへ、――サンゴジュを五間、植ゑる
（大正九年十二月、契約書、完成）

むべと夏蜜柑

十足のムベ——七五〆縄の起り、
夏蜜柑、三月までをくと甘くなる、二百でも三百でも貰ふのに苦酸いものをやっちや申訳ない
×湯河原辺で苦痛がうすらぐ、二つ位の男の子を抱いた若い丸髷、子供が顔を見て笑ひ、笑ひ、髷に手をからむ、放さない。——熱海泊りの話。うちへお泊り下きい。橋本屋、海岸の商人宿、優遇、

長屋の始末

長屋、伊賀、上村の力み、収めるものはバカだ、森谷専ム《守屋》理事立会で
滞納は出してしまふ、組合をつくれ、五軒一組、病気の際のために相互扶助五畳間一日五銭、三畳間三銭、三日か五日、収めなければ組合全体投り出す、これまでのもウヤムヤにしてはいかぬ。月に十銭宛でも入れて収め切れ、収まらぬ筈はない、お上さんには授産所で仕事をしてゐる。みんなの考へはどうだ、ダメなら長屋を払ふ、売払ふ、さすればもっと高い家賃の家になる、翌夕、父兄が出刃庖丁で三町をおどかして、こっちへも来ると、小使が来た、やがて来た。ふところ手でぬっと立ってる「一体誰だい」「——」「なんだ突ッ立って、礼ギを知らんか。何用だ」「学校の校長の野郎め、出て行けといやがる。なんだ慈善長屋のクセに、人の金で作っといて。生意気いやがる、」「なんだと、もう一遍云ってみろ」何度もくりかへす。「バカ」「——それだけ飲む分で家賃を入れれば入るぢゃないか」五十銭やって、「これで三町先生に、——明日から十銭宛入れろ」「さうは——」「生活費、いくらいくら、出来るぢやないか」量見の持ちやうぢやないか、とつさん」
雨が漏ってしやうがないから、——しかし、金がないのだから仕様がないのだよ、慈善長屋云々の考へがあるのでは仕様がない、家賃は火災保険料になるのだよ、蔭口、会の幹事は長屋の上りでノンダリクツタリするといふが、後援会としてはせんべい一つ食やせん、麦湯だけだ——立ちぐされにするより仕様がない、いや、くさらして貰っちや困る、では家賃を入れよ、

後援会の予算

後援会架空の予算、六千円
大正十一年度予算〔「大正十一年」に続いて「頃」とあったが「頃」と重ねて、挿入の印が付され「度予算」とされた〕になると、基本財産だけ六万何千円になった

寄附は基本財産の指定、――従事者に恩給的を与へるやうにしたいと思った

●小原の増棒《（ママ）》

小原、物価騰貴、四十五円、百円にする案、（市役所の教育課員としても非常にいい給料になる）一般に増給案、
慈善興行の時など、帰らないで働いてる、椅子で居眠り
細君の関係で、三井の方にヒキがあって、大戦後の人手のない時に、迎へに来る、ソロバン達者、百円以上の給料で、
小原一人の仕事を三人位人を使はないと、――森谷《（守屋）》とてもダメ、阪谷に相談、まだ会は経済的、――これは一般給料者にもあてはまる、当時エフイシエンシー、阪谷よろしい。
森谷《（守屋）》をとばして、持ってらつしやい。あとであなたに風あたりが強くなりますよ、気をつけなさい。

●住友来る

大阪住友支配人、大平駒槌（満鉄副総裁になった）内ム省へ行ったら、ぜひ坂本の意見といふので来た。百万円で社会事業計画、桂の時、恩賜財団済生会の出来る時、住友への割当が多い〔「割当が多い」は上から二本線が引かれ消されている〕、見かすめたので、それを少なくして、別途に仕事をしよう、貧民長屋、（井上のすすめか）府が玉姫稲荷と学校と長屋と三角型になるやうに作った長屋、四十戸分位、やっぱり家賃が収まらない
府はしまひに請負にした。それでもうまく行かぬ（ジンシン会）
それも見て来ました。――
不賛成です。自分の慈善心功妙心があきたらせればいいのか、
社会へどういふ影響をちよつとも考へないか
住友は高利貸、冷酷無情といふ悪名を負ふか
家賃を収めさせることが困難、家賃はいらぬのかもしれぬ、
風教上よくない。充分保ゴすると同時に、家賃を払ふ責任は持たせなくては、（雨かね、落葉）
それは一々困る、だから不賛成、どうしたらいいか、さアくたびれたから、今日は失礼、お互に練り合ひませう、
再々来る、学校を起せ、附帯事業を、働けぼ暮せる、働けるやうにしてやる、甘やかしてはいけない、
いい案、感謝してゐます。
来てくれ、青山師範校長、百円、小学校長五十円が最高
それを住宅付で百円出す、
御免蒙る、――はじめは模型、自らはげむ、それを指導す

る、これがほんとの社会事業、ただ与へるだけならいくら使っても同じことだ、

築港の際に、埋立の権利になってゐる何百万坪

埋立の土や石がない、四国から持ってくる案、

井上、戸野の手から呼ぼうとした、万年中心の仕事が完成しない内は。――事業は「人」だ。よい案も何にもならぬ。住友やめて、大阪に工業学校を作った。校長をつれて来た。引き受ければ、苦心がどんどん世に出るぢやないか。井上、戸野

しかし皇室の御恩、お膝元でなくては、――

せまい気もちだったかもしれぬ

●大熊（隈）伯　在郷軍人会

大熊（隈）来観（伯爵）

塩沢昌貞をつれて、二回目、「塩沢君、君をつれて来たのは、大学はここの校長と連繋をしなくては――」日本的社会学、殖民政策と。

永井柳太郎が殖民科担当でよく来る、生徒単独も、学校の講義と、万年できく話と背馳する、それをききに来た、

実況から割り出す話、手工室の大火鉢で、話す書生流で、貧民救済の目的の移民は成功しない、政略的のは成功してるのもある、統計のとり方、それを盲信してはダメ、此の数字がどうして出来て来たか、

平沼　《ヨシ》郎（早稲田社会学会）

新居与作にたのまれて、庭を見せて貰ひに、へつらひではない、審美、万年〔行頭の「新居与作」から「万年」に線が引かれている〕、豊住、在郷軍人会分会、部会、貧民窟

懇親会（会議）大熊（隈）が渋沢に来て貰ってくれ。困難。

行った日にはルス、生徒をつれて、戻られた、小松家扶

「ヨオー」と現れる、、□□へ――百二十名の部会の会、

万年校で「今の軍隊教育にあきたらぬものあり、現役三年無意味にくらしてる、除隊したあと、応用しないから国民すべてが、軍隊精神にならなければ、日常生活に於ても、それを及ぼす在郷軍人会〔「会」を消してある〕の無意味、勿体ない、」ウウム、ウウム、行こう。

●吉原火事

火事の火が早い、トホルと茂木が日曜で来てゐて、串団子を食ってる内に、ジヤンジヤン、飯を食って、三人でかけた。竜泉寺が茂木の家、立退く必要が起ったら、学校へ行

っとれ、玉姫へ行く、火で通れない、千住の方から廻って、

水害のあとの地上げ工事

校長、平気の平左でぶらぶらしてる、これだけ〔「これだけ」の右に傍線が引かれ、そこから前行「工事」の左横に引かれた傍線まで線が引かれている〕人数がゐるから、どうも吉原に青白い煙が右、左手から黒い煙があがってくる、新しい煙だ、燃えついたぞ、ハシゴで見て、——山下もくる、風が廻ってくる、校長ゐなくなっちやった。小使、鍵、ない、三町持って行った。椅子で硝子をこわし、佐藤忠（三笠の訓導）も来てゐた。さらしを一反宛肚へ巻け、ローソク一つかみ宛袂へ入れろ。

火の子が落ちて来た。「それ頼むぞ」人足ゐない、材木を窪みに入れて、土をかぶせてる、学校の防衛にはならぬ、僕らで戸棚を一つ、投り出しただけ。もう塀が燃える、生徒の貯金箱をやいちや可哀さうだ、と山下がかつぎ出す、裏から逃げた。——校長、住宅へ行ってみんな出して、小使を使って、——玉姫稲荷を通って、石浜学校へ行ったと、

前照

御真影は畏れ多いから願はなかった。江崎レイ《（礼二）》次、市で複写すること、反対。学校附近に皇室をうやまふ精神がない、礼法を知らぬ、不作法があつてはならぬから、もそっと教育をすすめてから

宿直室がないから、校長住宅（勅語謄本）

●卒業生進出　内田よし　柳金太郎

生きた気分を持たせる。自分の精神から、奮発力を、

内田よし、麻生みつ、ブラックマーフオームへやった。姉が〔「姉が」の右横に傍線が引かれ、「内田よし」のところから矢印が引かれている〕、自分が二人分働くから教育してくれ、□、高女卒業間際、〈　〉が面倒をみないで、鎌倉へ内田を残して、麻生と二人で、軽井沢へ行ってしまった。

内田は止めた

（熊ケ谷へ嫁に行ってる、〈　〉と改姓、靴製造人?）

麻生は高女卒後、日曜学校の教師、静岡市の幼稚園から、申訳なかつたと手紙、

柳、天海、高等科卒、清島町医者の書生

大成中学（夜間）夜遅く御徒町を通ると、よく逢ふカイカツに、一年後に学校へ来て、涙をこぼして、医者のところを止めて、家へ帰って内職する、おばあさんのとこへ、弱

くなって、オヂさん、電灯会社の工夫。（ばあさんの男妾?）くらしに困るから、生計をたてる、ゆとりが出来れば、
医者のところがラクでない、夫人の弟が学校へ行ってるが、その為によくケンカしてる——ダメです
大きな孝行しなくては——と小言をいって、帰して、おばあさんを呼んで、話す、なんとしても、学問させたいと涙おいおい、お医者の方が学資の見込がない、清水石松、わしは年とり、高等学校卒ならやるが、二十何人養ってる、長屋をかりて、あとはやらぬつもりだったが、
特別にやらう、つれて行ったら気に入った、中学生のやうな小さいのを、大きいのと一緒にするといけなくなるから、金を送るから、そっちをいてくれ、豊山中学へ、——ある時、石松が可愛い、金太郎には泣かせられた。おヒナさんのオキサキの冠をこしらへる内職してた。なぜそんなことをする、学問しないか、それはしてゐる、その間の少しの時間を、働けるだけ働かうと。——うれしがって、
石松言づて、逢ひたい、行った、かきがら町の面白いそばや、
目だたぬところで、——柳一高希望、名古屋第四?清水の手の教授になってるのがゐるから、
受けさせよう、うまいざるそば二つ宛くって別れた。
婦女通信（神田）記者が新谷町近くにゐた。よく種とりに来る、手紙を［「手紙を」は上から消されている］やって来た。
——
通過した。一々記事になる
帝大に入った時、国民記者が来て、柳の生たちを話してくれ
新聞記者の天職、二度目に、柳カノの身元をすっかり洗ってやって来て、——では書かぬが、他社にも書かせないでくれ、
島園内科のあとを取れると自信、停年でしりぞくあと、

●三多摩教育会　土方篠三郎

山下、二度目の時、三多摩人におやちやされた。土方篠三郎といふ政治家を中心に三十八位の校長、政治家としての
（南多摩七生の人）
先輩、比較的若い、石坂昌孝《ショーコー》第一、（鎮四郎と若い時は、後は群馬県知事）その下に土方、旧家、森久保作蔵、村野常右ヱ門、自由党のパリパリ、その下に土方、（二十七八年、軍夫［「二十七八年、軍夫」の右に傍線が引かれそこに前行の「森

久保作蔵」から矢印が引かれている〕五百人をつれて行った）一時三多摩で市を壟断、四谷区長が出京の最初、営繕課長になった、森久保市参事会員。土方が乾児を、教育会に目をつけた。南多摩の殿様、教育会長をしてゐた。玉石混淆の三多摩出身校長三十、有力者にすがるクセがつくはじめ、土方へよく集る、三十位、団結の力で何かする。勢力をはる、私は別格独り立ち。。。会、教員会を作る、私を発見、来い来い、同郷人の会時たま顔を出す、あれは高橋義信のお声がかりに違ひない、ぶつつぶしにかかる、山下雅吉、それにひっかかる、

牛込山吹学校へ移ってゐた域之、不遇、橋本福造《(蔵)》三多摩出視学

●山下戻る　視学の陥穽

尋正、ただ働くだけの男、その時四十五円、万年四十円、そのままいつまでも、五十円でとらう、ヘンな視学、特殊校係、反対、正面だけでは、――来てから増俸、第一回目ダメ、二回目申請、視学へ私宅へ来いといふた。相談、行かんがいいだらう、――課長にも話してをいた。森谷常《(守屋恒)》三郎、いいと云ってゐた。増俸なし、申請しないものが増俸になってる、質問、気の毒さうな顔で、視学が二回も行ってみたが、成績が悪いといふから、イカンともしやうがない、反証、参観人帳簿を見せよう。見せられると困る、日頃職員に苛酷だといふ評判、そんなことはない、――視学の陥穽、山下の不名誉、それでは私は近々病気になりませう。それで争ひませう、退職に値ひする診断書はいつでも出来る、後任の詮衡を、――法廷で、行政裁判所でお目にかかりませう、

菊川の黒沢《ミチオミ》校長が、心配して来た。森谷《(守屋)》が文部省へ、三増《(町)》もやって来た。

下谷区長戸野が、夏、湯島鳥料理、学務官にするぜ、一訓導のために身を貶すのは、――森谷《(守屋)》、泣いて来たが、ゆるしてやれよ。贈賄、校長は上前をはねる、増俸の、――選《(ママ)》衡洩れとして再申請をして、私を叱ったらいいでせう。暴慢、鳴りつけたらいいでせう、助役でも立合はして、黙って聞いてやしないだらう、――黙ってゐますよ、何といっても黙ってるね。大丈夫、

七月二十日頃五十円に山下、

その時、西村光弥も視学で、困って、（視学十四人）ソラ怒りをしてる

羽生正、教育会員をしてると、やって来た、はじめ脅迫、

●博覧会出品（文部省で）

教育会でまとめて博覧会出品、資格なしとなる
井上さん、府、文部省へ電話かけて、文部省の出品課となる
陳列棚の費用もない、新居が、後援会でやります。
市で、費用出すと云って来た。排斥されたんだから、費用は貰はん
土谷《（屋）》義行（田川の信認）が再々来る、市の面目上困るから、
女子職業学校、凄い造花、その向ひ合ひ、盲唖学校も、
佐々木吉三郎、棚橋源太郎（教育博物館主事）も見た
佐々木（附属主事、後に教育課長）から、皇太子さまのお目に止まった。女子職のキレイだから、万年の前で、手にとらんばかりで、御下問、
二等銀牌、（最上）、知事さん、大笑ひ、あたりまへだ、
秋間静《（為）》子（錦秋女学校）森久保の妾? 四十三年洪水の見舞にきた

●卒業生の町

学校が家庭を以て任ずる、同時に、家庭に推し及ぼして、
カントク官庁の、学校形式的な見方と違ふ、視学室との対立、
卒業生を集めてモハン的の市街を作りたい、田端、王子が、
色いろな職人、互に力を共通し合って、一生活団体を。
阪谷氏に労働党を作らうといった趣旨と同じ、これはどこに住んでもいい、――購買組合、消費組合、――病院、学校まで、英国に労働村が出てゐた。資本家が利益をローダンしていかん、共同工業を、――井上がゾラの「労働村」を、読んでごらんなさい、資、労、智を総合して、共同生活をはじめ

●米騒動

大正七年、米騒動、困る程度の調査、山下はじめ他の訓導も府知事がぜひ来てくれ、宮本へ電話。――府参事会員も。
三十人位、正力（ケイシ庁万一部長）岡弘毅（府属官）レンバイをしなくては、と正力が喋ってる、原《インショー》（社会事業会《（ママ）》）
原価外米十九銭、二十二、三銭に売らう、知事、内ム部長の意見
原価販売がいい、手数料五厘とつても商売
相談になれぬと出る。岡、部長が追ってくる。
翌朝一番で、芝山内の内ム部長を起こす。貧民を三階級に、
官吏の低いのを第一、原価で売る。少し手伝ってやれば生

活がたつといふ階級。――二割位下げて売る。第三、どん底は無料にしたいところ、三銭か五銭で売る。それでなければ暴動を抑へられぬ。富有者からキフ。東園さん、――知事へよく説いてくれ、キフ金を募りに行く、知事も寝込み、

宮内省から二百万円、御下賜

●米廉売

警視庁は警官のゴエイでレンバイ、ゴエイなどさせてレンバイが出来るか、ぢや来てもいいが、目につかんところに、池田清、(平服で来て)坂本署長との押合を黙ってきいてた、知事、売り高だけ、無暗に発表、――電話、戸野、区長万年はいいが、他で行列して、相当のミナリのものが、その労働力を考へれば、金が高いものになってしまふ、ヘイ害、

安井、(市の経済課長)レンバイ資金をだんだんへらして、出世長屋、質屋、労働者会館、職業紹介所、救済的学校を立てる

自力で、

●出世長屋

出世長屋の思ひつきは、神田三河町で、貧民窟から皆出世する、五十戸単位、家賃共同で支払ふ、二割ひいて貰ふ、片方に、浴場、保育場を、消費組合で、利益折半、一割積立、一割安く供給。――知事は五百戸やらう、いや少し宛でなければ出来ぬ、漸次にふやす

南入谷の鈴木長屋、鬼、家賃を負けない、滞りをゆるさぬ、修繕はすぐやる、下肥、自分でもとる、大工代りをも。家賃十ケ月とみてゐる。知事は買ってしまってやらうといふ、私は借りてやりはじめる、矢野が、ぶっこはしに、知事、三河島へ学校を立て、周囲に諸施設を附随、組織によらぬ、人に依る、と知事の意見はよい、一切三百万円でやってくれ、と、――万年があるから。万年を合併してしまってもいいぢやない、校長俸給はいくら、年三千円、それは困る、――阪谷さんに相談して下さい。約束がある、後援会悲境の時、お互にやらうといったから。七百万円、(キフ金集る)

●山下先生の話　高等学校の坂本

[神、知事、浅田徳則、三多摩移管

山下先生の高二の時、九つ上り、今までの先生は年寄の古い先生。若い鏘《(ママ)》々たる、先生、慈父、厳格、親のやう、兄のやう、運動場では友だち、家では親のやう。南村転後も、

よく泊り込み。運動会など、凧を作らう、大きな凧、日の丸を掲いた。
オルガンもない時代、ヴァイオリンで唱歌
先生その者が体操を眼中にない、十八史略を教へる。」
福田小学校、長後小学校、和田小学校、部落毎、土アザ、滝山街道
今では尋高、両端が分教場

●坂本後の校長

［山本校長（三年の時）壮士、うてやこらせや山本を杖を廊下にたてて教授ぶりを見てる
職員室へ壮士二三と対談してる、「校長貴様やめたらいいだらう、全村反対だ、子供もみな反対だ」私がガラリとあけて入った。室伏安「北部ではちっとも入ってないぞ、」——十五位の時、校長ハいいからいいから、と出て、帰りに壮士と一緒になる、役場は寺にあった、壮士は役場へ、「なんだそんなもので斬れるか」］
桜株、上福田、——寺は下和田、

●火事　大風

開校式（坂本後）花火、風上で、草屋根へ落ちた、南風が強い——いくらもたたず、——梯子用意、今度は大風、

長後（藪亀）——一緒になったのは明治三十一年頃
渋谷尋高国民学校——、
明治二年から、初、中、高、
山下高卒、十八人、綾セ、六会から高等へ、鎌倉郡、
村から、神師出三人、（八十以上）

●高島正領

明石藩の高島正領が、山下先生の父の時代、校長、ゐつかない、明石へ帰った高島を呼び戻してやっと収まった。先生いぢめに壮士が来る、高島の弟加藤といふ有名な数学者、外史の講義、十八史略、
（明石町長になって帰る）

当時八十人、二ケ学校、尋正教員一人、飛田金太郎

●万年に呼ばれる

渋谷にゐた。教員として。三十五年の九月頃、手紙で交渉をうけた。親、村長、校長に相談、県がゆるさない、村長、山下亀吉、わざわざ県へ行って交渉してくれた、金をかけて他へ出すのは、いや他で働いてくれれば反ってい

い、義ム中のものを出せない、義ムを三年間いうよする、病気により、として、　六年一月二十六日上京
山伏の同善、集めてから金をとるので、こちのいふことを信用しない、懇々話す、学校もキレイ、机もいい、

●保ゴ者を説く困難

[都会地の気象がわからない、ざっくばらんでいけばいいのを四角四面でいって失敗した。ざっくばらん、おいとっさん、来たよ、と軽い調子、打ちとけにくかったのを、自然にわかって来た。職業上の話、どうだい甘酒屋さん、担ひでみよふか、豆腐屋でも、なんで先生、担げるものか。歩けるか、――むったまげる。さうして近寄る。]

●井戸堀り　清水

[井戸やのぢいさん。校長ルスの時。私一人、めつかち、清水〔「清水」の右横に「?」あり〕、ぜひ子供をたのみます。情勢がわからない、どの程度に入れたらいいか。無暗に入れるヒナン、家主若くは、差配の証明を持って来い、すまないが、証明書を貰って来てくれないか、ヘンな顔、何をメンドクセエことをいやがるな、これでもバクフのお墨付を持ってるんだ]
[肌ぬきになる、ぐづぐづいへば山伏へ上げるぞ。それは結構だ、ただ云つとくが、山伏へも上げないで、遊ばせてはいけないよ、――やはり単純で、――よくわかった。悪かったとさっぱりと、喜んで、]

●一時は細民に匙を投げた

[一時は細民の失望、手を出すものじゃない。それが続く、やはり助けてやらなくては、一時認識不足からそんな考へをはぢた。――しまひは取扱ひに楽しみを生ず。]

●子供の注意力

子供が注意力がない。落ちつきがない。最初は不潔、ひどい、虫、皮フはまっくろ、垢、落ちつけぬ筈。先づキレイ、バリカン、湯、盥、風呂場、縞の馬のやうに、バリカンのあと、虱の汁が手に流れてくる、ざるを冠ったやうなシッシンが多い、トラホーム、治療箱、最初軟膏をつけて、皮をとる、そして薬をつける。まだ発表すべきではない、坂本はどんどん発表する
よけいに仕事が苦しくなる。坂本の計画を実行にうつすのが山下、守屋が、

●守屋を出せ

力を注いだ。[虱が多いので、毛を少し斬った。おやぢが剃刀をさか手にもって、守屋はゐるか、ゐない、家はどこ

だ、同僚の家を知らん法があるか、守屋の毛を切ってやらなきゃ、——ぱっと手を落として、いづれゆくから、——石井昇を頼んで行って貰った。」

幻燈

社会教育をやらう、幻燈をやる、いっぱいにゐる。入れない、大きな石を投る。

上がってない子が来ていたづらをして仕様がない。つかまへて入れとく、親があやまりにくる、

生徒がいたづらのシリがくる、ガラス障子の破れたのを□を持ってくる。待ちぶせくって、（小言をいつた）帰れぬ先生もゐた。男女関係、尋常夜学校、二十、三十、四十の女生路次《ママ》に若い者がいっぱい来てる。どの方面は誰、送り込み

バカ組

特別学級、山下の反対意見。差別待遇。「バカ組」人数を少くしても、手が届かない。集めてしまっては、程度は下げてやれるが、作りたくない。

抜いて来ても、普通学級に来た立ちおくれが出る「うやむやに終ってはいけない」と坂本、なるほど、ぐつと抜けてくるものがある、——今でもギモン、

山吹時代

（山吹、四年間、その時も低のう児学級）

四十人から十何人も落第にした。（全級の四割）

一学級百九十五人、二部教授、ノドから血が出た。入れちやいけないといふのを、入れたら自業自得。

教へられるだけ教へる、教卓をワキへやってしまって、通信薄《ママ》を見て、つつかへす、学区内にゐるものをワキへやるなどはいけない。

校長観

小川、山形から出て来た。首席。（中の桃園へ転）そのあとへ守屋。——一番のケッテンは雅量がない。ヒステリックなところがある。一点いいと、シャニムニ、いい、一点悪いと、徹底的にセンサクする。悪いとこがあってもそれが少くて、いいとこが多いのはいい人だからと意見する、辞表をふところに、住宅へ行って、一時頃まで掛合。

仕事がつらくなる

上司にへつらひはない、——坂本があの位置を保ってゐるのは山下がゐるのだから、山下を落っことせ。といふ企み、——視学が、職員のアラを探す、仕事がしにくくなる、坂本を目の敵、市役所へ呼んでをいて、視学が二三人来て、

山下を呼んで、坂本の悪いところをいへ、二万円三万円残してるといふが、ほんとか、――残してもいいぢやないか、正しいことを――よし、と順に職員を呼んで、しやべらせる。電話で、坂本を呼び帰す、

●市の教育を害するのは視学

市の教育を害する者は視学だ。顔出しも年始状も出さぬから、手足をもがらがらと、

大水後、健康を害したから、山吹へ行ってる四年間に首席が八人変った。三月位で休んでしまふ。呼び戻された、校長と校長の交渉にしてくれ。戸野周一《（二）》郎、助役。戸野によってひき立てられた山吹の校長、岩間、特殊校後援会。

戸野から交渉

●教員と校長の間で苦労

茨城県人の欠点、熱し易い、古谷田、

首席として、教員と校長との間の、苦心、

学校衛生に着眼に敬服、――衛生夫。

●先見の明　今にして思ふ

休み期間、冬期休業中に、遊ばせてはいけない、冬休み日記、（君たちは忙しい忙しいといふがヨケイなことをしてゐるから忙しいのぢやないかと上倉といふ視学に）

親を子をくふから、子がその子をくふ。伝統的の貧乏人

貧民といふものは、国家の病気、優勢細胞は益々よくなるのと、同時に劣勢はいよいよ。方面委員は医者、漫《（ママ）》性症、

急性症の貧乏、一定の職業

職業教育、校が中介《（ママ）》に、年期のハンパで、いい加減――みな今になってやつてゐる。ヨケイな仕事といはれたことが。

託児所も、（方面館に）

皆万年校が、――作業場を作って母親たちに、仕事。――

自分が社会事業をやってみると、坂本の仕事が思はれる。

城南六区で集めて体験談を記させられるが、――

●方面事業について

周りが悪い。――人間味をお互に、

嗜好物一合の酒も貧乏人がやると、娯楽も、当然のこと、それをとやこういふ、貧乏人だから活動でガマンする、カブキ、楽劇をみてるぢやないか。

方面委員、金のあるものを選んでるのは間違ひ。

ケイケンのあるものを使はなければならない

慈悲の判断が方面委員の〈　〉、渡航免状が下りぬ、あさってイカリをあげる、泣いて来た。

府庁へ、（私の代りにやるのた《（ママ）》といふ証明、職印を押して、

忽ち成る）身元調べ、醜業婦として行くのだらう、古谷田が〈　〉の兄に、――のんだくれ、出かける朝早く、兄に来られたら面目を失ってしまふ、人がオジケをふるふ、来させないやうにしてくれ、知れてしまふ、来た、兄を抑へてゐた。

Ⅱ

万年尋常小学校と坂本龍之輔

扉写真：坂本龍之輔

1

東京市「特殊小学校」の設立過程の検討
——地域との葛藤に視点をあてて

（『日本の教育史学』教育史学会紀要　第38集、一九九五年一〇月一日発行、所収）

はじめに

本稿が対象とする東京市「特殊小学校」は、一九〇三（明治三六）年から東京市によって直接経営された、貧困のため不就学におわる子どもをなくすための授業料無料、学用品貸与の尋常小学校の総称である。(1) 一九二六（大正一五）年に廃止、区に移管されるまで、合計一一校が設立経営された。

これまで「特殊小」の設立については、その社会的背景の検討や当時東京市から出された学政統一論との関係などに関心がもたれてきた。(2) しかし、「特殊小」という学校の歴史的性格を探る上では、次の二つの問題の克服が求められよう。

一つは、治安維持や新たな労働力形成の必要等、社会的背景からなされてきた「特殊小」設立の説明が、実際に「特殊小」設立が決定される東京市会での議論とは相対的に区別される形で論じられてきている、という問題である。

そして第二に、しかし市会での議論に焦点をあてるものも、「特殊小」設立と密接に関連があるとして論じられている学政統一論について、東京市の府や区との対立の構図を指摘しながらも、その葛藤の質については十分な検討を行ってはいないという問題である。それゆえ、「特殊小」の設立についても、それがいったい学政統一論との関連の中、どのような性格のものとして東京市に登場することになったのか、十分な説明はなされないことになってしまっていた。

本報告は、こうした問題意識のもと市会で当時議論になった学政統一論について、そこにあった基本的対立としての東京市と各区の対立に視点をあて、そこから「特殊小」の設立が導き出されてくる過程について検討したい。そして、そうした市と区の葛藤・対立の中で生まれた「特殊小」の一つ、万年小学校の事例を検討することをも通じて、結果として「特殊小」はどのような歴史的性格をもつことになったのかを考察することにしたい。

I　学政統一論の中での東京市と各区の対立

1　市会に提出された建議とその議論

学政統一論はそもそも、星亨他三三名が一九〇〇（明治三三）年一〇月六日付で市会に提出した建議に発していた。その建議の基本部分は以下のようなものであった。

「東京市小学教育施設ニ関スル建議

本市ハ普通教育事業改善ノ為メ明治三十四年度ヨリ左ノ各項ヲ断行スルコトヲ要ス市参事会ハ速ニ此方案実施ノ手続ヲ尽サレンコトヲ望ム

一　既設小学校ノ維持ハ本市直接ノ負担トスヘキ事

二　将来増設スヘキ小学校ハ本市直接ノ負担トスヘキ事

三　組織ノ完全ト認ムヘキ代用小学校ニ対シテハ相当ノ補助ヲ給与スヘキ事

四　土地ノ実況ニ応シ細民子弟ノ為メ特殊ノ設備ヲナシタル小学校ヲ設置スヘキ事[3]」

この建議には「理由」が付されているが、ポイントは第一項と第二項にあった。「理由」の冒頭には次のように記されている。

「東京市教育事業ニシテ第一ノ要務トスル所ハ小学校ヲ増設シテ国民教育ノ普及ヲ計リ而シテ之カ経費ヲ本市直接ノ負担トナシ以テ学政統一ヲ期スルヨリ急ナルハナシ[4]」

つまり、小学校の維持、建設についての費用の負担を、これまでの区から東京市に移し、それによって東京市としての統一的な学校政策を実現しようとの提案である。「理由」には現状の問題点が次のように述べられていた。

「抑モ小学校費ノ負担ヲ市内十五区ニ分割シ之ヲ区長ニ於テ掌理セシムルカ為教育費賦課法ノ不均一ナル上ニ於テ学令児童就学ノ上ニ於テ校舎ノ規模其他ノ設備ニ於テ校舎ノ配置ニ於テ教育事業ノ監視ニ於テ教員ノ俸給其他ノ待遇ニ於テ授業方法ニ於テ其他ノ百般ノ施設頗ル統一ヲ欠キ一貫ノ精神ヲ以テ之ヲ聯結スルコト能ハス之レ教育事業ノ発達上一大障碍ナリト云ハサルヘカラス[5]」

ここであげられている問題点はまず、「教育費賦課法ノ不均一」であることである。つまり財政上の問題である。その上で、「学令児童就学」「校舎ノ規模其他ノ設備」「校舎ノ配置」「教育事業ノ監視」「教員ノ俸給其他ノ待遇」「授業方法」「其他ノ百般ノ施設」が統一を欠き、「一貫ノ精神ヲ以テ之ヲ聯結スルコト能ハス」ことが指摘されていた。

これを受けて一〇月九日に市会で検討が行われるが、そこでは以下のような議員から明確な反対意見が出された。日本橋区選出議員の藤田藤一郎、城数馬、丸山名政、および牛込区選出議員の宮川鐵次郎、中島行孝である。(6)

反対の基本点は、二つにまとめられる。一つは、日本橋区選出議員の述べた、区が自ら経営しているからこそ「莫大ナル寄附金」が集まり、「課税ヲモ亦軽減シ得ル」のであり、この「賞スベキ美風」である「自治精神ノ真髄」を守るべきだという論である。もう一つは、学校一校を建設する場合でも、「日本橋区ト山ノ手各区トヲ対比」するならば、前者は地価が高く「数十万円ヲ要ス」が、後者は「僅々二三万円」で建設できる。こうした状況で「其経費ヲ各区平等ニ負担」させれば、「山ノ手方面ノ迷惑挙ゲテ数フベカラズ」というものである。

ここには、結局のところ、学政統一論の基底にあった財政的変更への反対が出されていたということができる。

結果的にこの「建議」は可決されるのであるが、この可決を受けた府知事による、負担変更についての諮問により、各区は態度を明らかにすることになる。その結果は賛成が、赤坂、本郷、深川、神田、浅草の五区、反対が残りの一〇区、すなわち麹町、日本橋、京橋、麻布、四谷、小石川、牛込、下谷、本所、芝の各区であった。(7)

2　区財政の状況

以下、各区ごとの対応の違いの背景をもう少し探ってみよう。

表1をみていただきたい。当時の区費歳出総額の八～九割が、校舎建築費と教員俸給の支払いを中心とする小学校教育費で占められていたことを考えるならば、(8)小学校経営がまさに区経営の実情をあらわしていた。

これで見る限り、財政規模の大きいところは、日本橋区、芝、下谷、麹町、京橋、本所の各区、また寄附金額の大きいところは、日本橋区、芝、下谷、麹町、本所の各区、そして授業料の高い区は、麹町、日本橋、芝、麻布、小石川の各区という、上位五～六位までをあげるとこうした状況

表1｜明治30年代前半の各区ごとの小学校経営と不就学

	明治三一年度 収入 授業料	寄附金	基本財産ヨリ生スル収入	雑収入	合計	支出	支出ニ対シ収入剰余	明治三二年 不就学者	明治三三年 尋常小授業料
	円	円	円	円	円	円	円	人	円
麹町区	一、九四八九	一七八三	六八	一五五	二、一四九五	三、二四七八	—	二五・五一	〇・四〇〇
神田区	六〇五九	—	三九七	二〇六五	八五二一	三、三七七九	—	二九・七三	〇・三五〇
日本橋区	三、四三三二	一九六二	六一七一	五、五一五五	九、七六二〇	五、五七四二	四、一八七八	二二・三三	〇・四〇〇
京橋区	一、九五三二	二八	八四五	一六七	二、〇五七二	二、二五四六	—	一五・〇五	〇・三五九
芝　区	二、四八〇一	九五一	七	四七〇七	三、〇四六六	四、二五六二	—	二三・六一	〇・三八七
麻布区	一、〇五六八	—	五五	二五〇	一、〇八七三	一、五二四一	—	二九・四六	〇・三七五
赤坂区	一、〇四〇八	—	八八四	一六七	一、一四五九	一、三七四六	—	二〇・一八	〇・二三〇
四谷区	五五一一	—	一一七	一六七	五七九五	五六八〇	一一五	三〇・五九	〇・三一一
牛込区	八六三六	—	五二	七二	八七六二（ママ）	七七一一	一〇五一	二〇・〇四	〇・三〇〇
小石川区	七七五二	—	四九一	一五八	八三六一（ママ）	七五八四	七七七	二九・四一	〇・三六七
本郷区	一、八〇九九	七〇	四七四	九三	一、八七三六	二、一一六五	—	二〇・八三	〇・三四〇
下谷区	一、六〇二九	二〇四九	一四〇三	八四四九	二、七九三〇	三、〇七二九	—	四〇・七〇	〇・三三二
浅草区	一、八二三六	五	八九一	一一八	一、九二五〇	二、六九八五	—	五三・〇一	〇・三五〇
本所区	一、六五〇四	九一四	六四五	一九〇七	一、九九七〇	二、二四四八	—	三五・二二	〇・二四七
深川区	九〇九七	—	四五二	一二九〇	一、〇八三九	一、二〇〇九	—	三四・六〇	〇・二九一

（注）石川惟安「東京市ノ普通教育事業ニ関スル問題ニ就キ」（『統計集誌』第二三六号）に付された表第一「就学義務既生者百ニ対スル不就学者並不就学者百ニ対スル貧窮者」第二「市立小学校費収入支出」第四「市立小学校授業料其ノ他」より作成。なお授業料については、明治三三年度予算における「一ヶ月生徒一人ニ対スル授業料」による。

であった。これらの区は全て負担変更に反対した。逆に財政規模の小さいところを見ると、四谷、小石川、神田、牛込の各区となる。この中で先に地価が相対的に安いと指摘された「山ノ手」にある区を挙げると、四谷、小石川、牛込が該当する。また、この三つの区は収入が支出を上回っている区でもあった。この神田を除く三区は負担変更に反対した。

これらの例からそのまま結論を導くことはできないが、傾向として、期待できる寄附金に乏しく、高い授業料を支払う基盤がなく、また地価が安いなどの条件もない区が提案に基本的に賛成している、とはいえるであろう。

また、一九〇四年五月三一日付文部次官および内務次官から東京府知事宛の照会への東京府の回答は、以上のような各区の違いを事実上公的に説明したものとなっている。知事宛に出された照会のうちの一つ目がそれにあたっている。「区ヲ廃止シ小学校ノ経済ヲ共通スレハ教育上経済及市治上等ニ如何ナル利害アルヤ」という問いである。これへの東京府の回答のポイントは次のように整理することができる(9)。

まず「学区廃止ノ利」については、六点が指摘されていた。箇条書き的に挙げると、①「学校設置ニ要スル財源ノ関係」②「市民ノ負担ノ釣等」③「普通教育施設ノ均霑」④「教育費ノ増減」⑤「授業料ノ全廃」⑥「弊風ノ一掃」である。また、「学区廃止ノ不利」については、①「区内有志者ノ小学校ニ対スル同情ヲ失フ慮アルコト」②「設備ノ稍整ヘル区ハ一時其ノ完成ヲ鈍ラスノ恐アリ」との理由があげられていた。

そして結論部分では、「不利」として挙げられた二点に対し、次のようにも述べていた。①に対しては、「此等ノ同情ハ平時ニ在テハ或ハ関渉ノ弊ヲ生スルノ恐ナキニアラス」といい、②には、「各区ヲシテ常ニ彼此平衡ヲ保チテ適当ノ進歩ヲ為サシムルハ経済ヲ共通スル所以ノ目的ナレハ彼此ノ進歩平衡ヲ得ルニ至ルマテ即チ過渡ノ時期ノ間ハ市ノ資力ヲ用フルニ彼此厚薄アルヘキハ当然ノコトナリトス」というのである。

つまり、反対の論理は、学区を廃止して経済を統一するということによって、「設備ノ稍整ヘル区」が一時的に「其ノ完成ヲ鈍ラスノ恐アリ」ということから来ていた。財政基盤を共通にすることによって結果として、財政基盤の弱い区によって自らの区の進展が遅れることへの拒否反応だということができよう。それに対して、学区を廃止して経済を共通にすることを主張する論理は、「各区」を「平衡ヲ保チテ適当ノ進歩」をさせることをこそ基本にすえていた。**表2**には、区財政が授業料を含む教育関係の収入および区費賦課税によって成り立っていた様子が示されているが、こうした実情から見る限り、各区の実態からは「授業料ノ全廃」も不可能であることがよくわかろう。「学校設置ニ要スル区ノ主要ナル財源ハ単ニ家屋税ノミ（中略）而シテ其ノ家屋税ニ在テモ亦府及市ノ徴収シタル余瀝ヲ得ルニ止マル」とも述べられていたが、学校設置費用の基盤としている財源自体の不十分さからしても、決して各区ごとの対応では学校の設置を進めることは困難であるというのが財源共通派の主張であった。

結果的にこの時期、学政統一は実現せず、一八九九年度からは、校舎建設費の三分の一を市が補給、また、一九〇二年度からは二分の一に引き上げられるという対応がされたにとどまっている。(10)

表2｜明治30年代前半における区の経常費歳入一覧

		（円未満は四捨五入）
①区費賦課額		463965円（31.4%）
②其他収入	「衛生資金ヨリ生スル収入 区有財産ヨリ生スル収入、街頭便所ノ収入等」	170757円（11.6%）
③授業料		291764円（20.0%）
④教育ニ関スル諸収入	＝「保育料、教育資金若ハ学校基本財産ヨリ生スル収入教育ニ関スル寄附金等」	549980円（37.2%）
⑤合計		1476466円

①の60.6%は家屋税（注（9）添付資料「三十六年度各区経常費賦課細目表」による）
（注）注（9）添付資料「自明治三十四年度至明治三十六年度平均各区別経常費歳入一覧表」より全区を合計して作成

Ⅱ　東京市教育会の東京市把握と「貧民」への視線

1　東京市教育会の発足とその性格―建議の背景

以上にみたように、各区の意識状況、あるいは各区の財政状況からみる限り、各区内にあった「貧民」への就学保障という発想が区の中から生まれてくる余裕はどこにもなかった。つまり、「貧民」への注目は、学政統一とセットにしてはじめて登場した視点であった、ということができる。言い換えれば「貧民」への注目こそが学政統一という発想を生み出したということができるように思われる。

先に紹介した建議は星亨を含めば三四名の議員によって提案されたが、そのうち三三名は東京市教育会の発起人に名を連ねているメンバーでもあった。そしてまた、星亨は東京市教育会の初代会長であり、「本会の創立は主として同氏（星―別役注）の発意画策に成ったもの」(11)と言われる人物であってみれば、この建議の背景を理解する上では建議提出前に設立された東京市教育会との関係は無視しえないものである。

東京市教育会は、一九〇〇（明治三三）年七月二八日に発足している。(12)六月二二日付書面で松田秀雄東京市長がまず助役、収入役、市参事会員、市学務委員、市会正副議長に呼びかけ、創立首唱者を確定するというまさに東京市肝入りで創設準備がされた会であった。さらに、創立準備委員が六月一七日に設置され、創立一切の事務を担当することになるが、その委員長は助役の浦田治平であり、一〇名の委員のうちの三名は教育課事務員であり、さらにその内一人は課長であった。(13)

東京市教育会は、この準備段階を見るだけでも、東京市がまさに主体となり、しかも教育課も最初から関わる形でつくられた会であった。

さらにこの会の特徴として言えることは東京市に本社等があった多くの実業家層の支持を受けていたことである。この会の創立発起人については「市会議員、区長、区学務委員、区会議長同代理者、市立小学校長の職にある人々、及私立小学校設立者、知名の教育家其の他令聞ある名士各若干名に対し、創立発起人たることを依頼する事」(14)とされ、その結果、五八一名の名簿が示されていた。ここで例示された市の主要なポストにある人物、教育関係者と並んで、肩書は示されていないものの、創立発起人に名を連ねた人物群は多くの実業家層であった。

当時資本金一〇万円以上の銀行会社の役員に名を連ねた人物とこの創立発起人五八一名とを照らし合わせると、七三名、発起人中約一三%が重なっている[15]。実際には一人の人間が何社もの役員を兼ねている場合があるため、延べ人数でいうならば一六四人が重なっていることになる。例えば、浅野総一郎、渋沢栄一などは一〇以上の会社の役員を兼ねているが、それらを一つ一つ数えた場合の数である。なお、一八九八年九月調べでの東京府多額納税者一五名中五名が発起人でもあった[16]。

逆にいうならば、商工会議所、各取引所を除く東京府の資本金一〇万円以上の一五四の会社のうち七三、約四七%、また七一銀行のうち二二、約三一%の会社・銀行の役員が発起人に名を連ねていた[17]。

こうした設立経緯と発起人を擁していた東京市教育会はその「創立趣旨書」の冒頭に次のように述べている。

「東京市は帝国の首府にして又世界有数の大都なり此の地位と体面とに伴ふて其の発達大成をなさしめんとせば宜しく先づ其の基本たる市民智徳の増進を計らざるべからず[18]」

また、東京市教育会が後に提出した「東京市小学校教育施設ニ関スル方案」にも同様の認識が示されていた。

「本会カ断乎トシテ増設事業ヲ計画シ年ヲ期シテ成功セシメント欲スルハ切ニ帝国ノ首府タル我カ東京市ノ面目ヲ思ヘハナリ[19]」

両者にみられるように、東京市教育会の基本にある認識は、東京市は「帝国の首府」であること、それゆえ、その「地位」「対面」「面目」にともなう「発達」が大事であり、その「基本」として、「市民智徳の推進」をはかるべきだ、というものである。建議の背景にある認識はまさにこうした質のものであったのである。それは創立発起人に名を連ねた実業家層の教育への期待とおそらく重なるものであったことは十分想像されることである。

2 「貧民」への視線

さて、建議の第四項目は次のようであった。

「土地ノ実況ニ応シ細民子弟ノ為メ特殊ノ設備ヲナシタル小学校ヲ設置スヘキ事」

東京市教育会は、発足当初「本会経営事業調査委員会」を行っているが、一九〇〇（明治三三）年八月一一日の同会では、「目下の急務と認めたるに付教育調査部に於て調査せしむる事」の六つの内の一つとして、「貧民に関する学校設置の事」をあげていた。⑳

市会ではじめて「特殊小」設立提案が議論されるのは一九〇一（明治三四）年七月一〇日のことである。これは委員付託となり、「特殊小学校」設立案が最終的に可決されるのは一九〇一（明治三四）年一二月四日のことである。その際、増設建議も可決されている。そして一九〇二（明治三五）年三月三一日の市会で「下谷区特殊尋常小学校」「深川区特殊尋常小学校」の建設費がまず計上され、具体的に動きはじめる。㉑

この最初の設立提案がされる前の時期、一九〇一年二月発行の東京市教育会の機関誌には、次のような記事が掲載されていた。

「東京市に不就学児童の、所謂今日の統計上、比較的多数なるは、単に校舎欠乏の為め収容し得られざるより基因すとのみ云ふべからず、中には極貧の為め若くは其他の事故の為めに基因するものも多々あるべし、而して貧民教育の如きは従来兎角等閑に付せられ居るやの傾なきにあらず、貧民も亦同じく市住民たり、是をして、就学し得べき設備なき為め、無教育に終らしむるは、経世家の尤も憂慮すべき問題なりとす」㉒

ここには、東京市に不就学児童が多いのは、単に校舎不足ではなく、「極貧の為」「其他の事故」に原因があることも多々あるとの認識が示され、「貧民も亦同じく市住民」であるとの立場から、「細民子弟教育場の設備」が位置づけられていた。

東京市とほぼ一体化しているとも言える東京市教育会にあって、調査の対象に「貧民に関する学校設置の事」があげられ、また、先のような認識に立った記事が掲載されていること、また実際市会の動きを見る限り、星らの建議が契機となって「特殊小」設立への動きが作りだされていることを見るならば、東京市教育会の東京市という枠組みへの注目こそが、区を超えた就学対策を導く学政統一論、またつまりは「貧民も亦同じく市住民」という認識をもたらし、それが「細民子弟教育場の設備」を現実的に生み出す力になったのだといえるように思う。

だとすれば、「特殊小」設立は、何よりも学政統一論の延長上にあったものとして捉えることができよう。学政統一論が唱えた市経営で授業料無料という小学校のあり様は、学政統一論がそれとしては実現しない中、結果的には、「特殊小」という形態で先駆的に実現されることになったのである。

Ⅲ　区内既設学校との葛藤・対決としての「特殊小」の設立──下谷区の場合

さて、こうした背景の中、「特殊小」はまず、万年小学校（以下、万年小という具合に略す）と霊岸小という二つの学校から出発する。とくに万年小は、霊岸小が「私立小学校を買ひ上げて改造[23]」したものであったのに対し、「単独に創立[24]」された、また「他校と異りて新に児童を探査収容したる[25]」、学校であった。ここでは、この最も「特殊小」の新しさを体現した万年小の設立および初期の経営に視点をあて、そこでのとりわけ区内の既設学校との葛藤・対立の様相がどのようなものであったのかを探ることから、あらためて先に見てきた市と区の葛藤、そしてそうした過程から出てきたものとしての「特殊小」の歴史的性格を探ることとしたい。

1　万年小の設立と下谷区内での「妨害」活動

まず、万年小の設立過程を概観すると、一九〇二（明治三五）三月三一日に市会で土地買収費、校舎建築費が可決され、八月一日に建築に着手、一九〇三（明治三六）一月七日に竣工。一月一〇日から校舎内で事務を始め、二月四日に収容の二三〇名を決定、二月五日に授業開始式を行い、開校式を三月一〇日に迎えている[26]。

この、ほぼ全過程を通じて万年小は下谷区内の設立「妨害」活動に出会う。万年小の校長で「特殊小」経営の東京市における実質的ブレーンだった坂本龍之輔の回想等から私立小学校によるその活動の様子をひろってみることにしたい。

坂本の記す、当時の東京市教育課長が坂本に語った「妨害」活動の経過は順を追って記すと以下のようである[27]。

①市は新たな「貧民子弟」の募集収容を困難とみて、万年町に近い一私立小学校を買い上げようとする。②しかし、固くことわられる。③そこで市は新規創立の計画をたてる。④すると私立学校長が買い上げの話を復活。⑤市はことわ

る。⑥人を介して私立学校側はさらに要請。⑦市はことわる。⑧私立学校側は学校全部を市に寄付して経営を廃止すると言ってくる。⑨市はことわる。

坂本は後の回想の中で、「新《（荒）》井宗雄（江間俊一の親分）が山伏を何万円で売らうとしている」(28)、「私立山伏校は当時解消滅亡せず、形骸のみとはいへ存す、学藉《（ママ）》薄然たるものを示して之を市に売り込まんとする運動続行され、万年校が新たに収容する児童なからしめんとする妨害行為」(29)があったと述べていた。先に示した経過と照らし合わせるならば、当時下谷区にあった私立山伏町尋常小学校が①にある買い上げの対象校だと確定されよう。そして⑥にある、仲介にたった人物が荒井宗雄であり、江間俊一であったということであろう。

荒井宗雄は当時、下谷区の区会議員、区学務委員であり(30)、また株式会社万銀行取締役でもあった(31)。また、江間俊一は、一九〇二（明治三五）年六月から下谷区選出の市会議員であり、星亨の教育への関わりに不満を持つ一人でもあった(32)。坂本の回想には、次のような記述も見える。

「開校後、山田課長（当時教育課長―別役注）が彼の労を犒ひつつ、語りき煙草製造を課外の課として陳情的要求ありしにより、『衛生上有害と知られし煙草製造を校内にて行はしむるが如きは不可なり』断乎拒絶、その時の江間君の顔ッたら不思ギ《（ママ）》なものだった、と」(33)

この記述からは、煙草製造に一つのポイントがあるようにも思われるが、江間も荒井と同様に万年小への「妨害」活動にかかわっていたことが明らかである。さらに「区内五校に余る私立校が、（中略）自校の存立を危うすると、団結して妨害妄動を起す(34)」という動きも見られた。

さて、ここで焦点となった私立山伏町尋常小学校について少しみておこう。

同校は私立同善小学校の分校として設立されるが、この同善小学校は、一八八六（明治一九）年、私立同善簡易小学校として出発、その後、尋常小学校と改め、また高等科を設置した学校であった(35)。そして一八九九（明治三二）年五月、「下谷区私立同善尋常高等小学校山伏町分校設置願」が出されるのである。

「従来数年間全然無月謝ナル小学校新設ノ儀計画罷在候処今ヤ漸ク其緒ニ就キ且有志者ノ賛助ヲモ得候ニヨリ今般本区中最モ貧困者多キ山伏町ニ同善小学校分校ヲ設置シ同町及万年町等ノ貧困ニシテ学ニ就ク能ハサ

ル児童ヲ教育支度候[36]」

分校設置の目的は、山伏町と万年町等の「貧困ニシテ学ニ就ク能ハサル児童」の教育であった。分校の設置位置を示した**図1**をみると、それがまさに「貧民窟」と言われる真っ直中に設立されことがよくわかる。就業年限三年、午前午後の二学級編制、各学級七〇人、午前午後三時間編成の計画であった。なお、注目しておきたいのは、経費収入である。

ここからわかるように、山伏町分校は収入の多くを「有志者寄附金」に頼っていたが合計一〇〇名が契約済として記されている。一人当たりの額の少なさ、「有志者寄付金契約済」額の内訳の計算に不明な点もあるが、「区内有志者ノ小学校ニ対スル同情」によってまさに支えられた学校であったことがわかる。

一九〇一（明治三四）年に、分校は独立、私立山伏町尋常小学校と改称される[37]。そして一九一〇（明治四三）年には、以下のような理由で下谷区三ノ輪へ改築・移転に至っている。

「当校所在地ナル下谷区山伏町付近ノ貧民ハ漸次北部へ移住スルモノ多ク大ニ貧民ノ数ヲ減シタリ

図1｜山伏町分校の設置位置

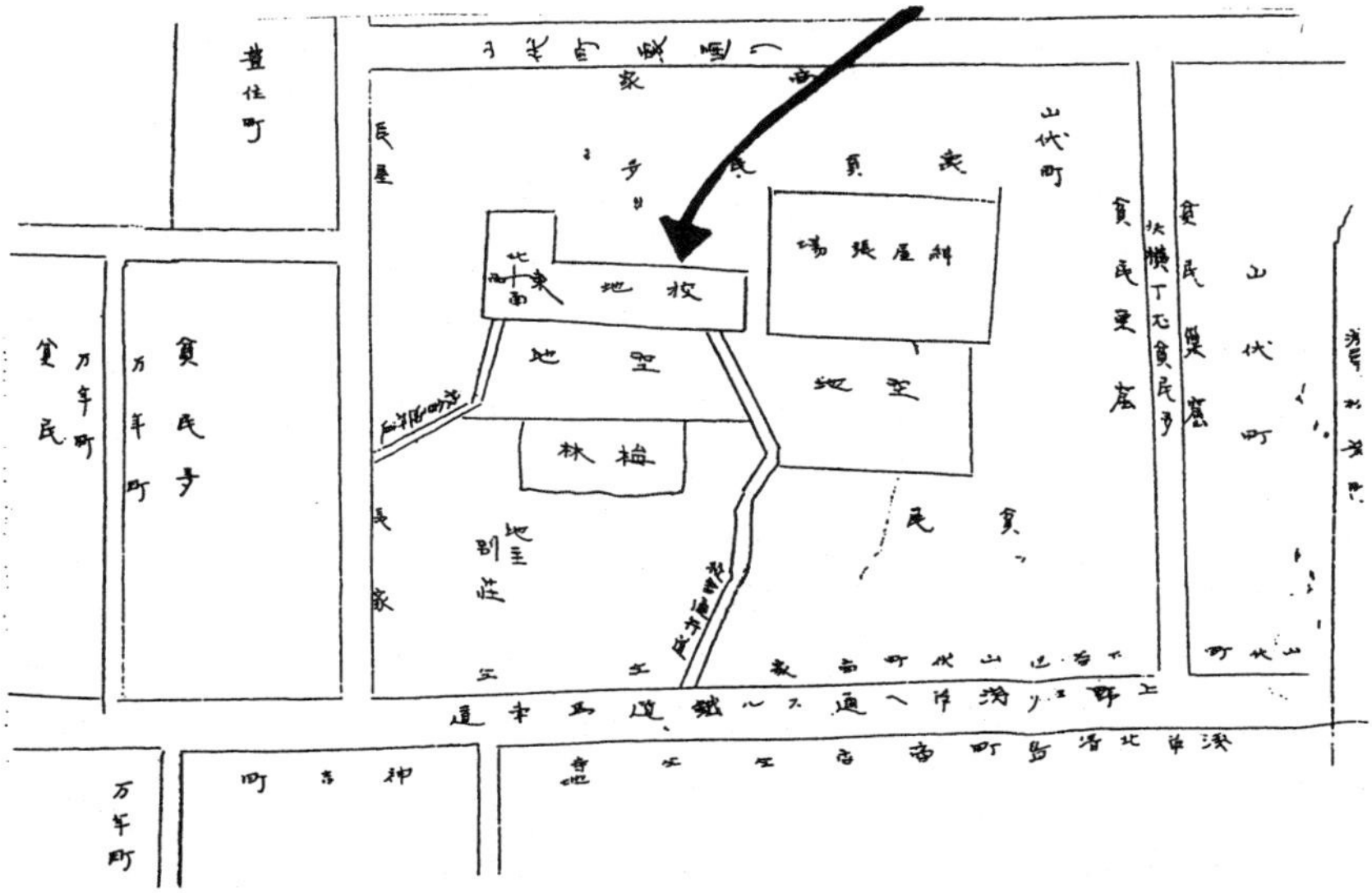

（注）矢印は筆者によるもので、山伏町分校の校地をさしている。
（出典）「設置願」明治32年『私立小学校』（東京都公文書館）

表3｜山伏町分校の経費収入計画

経費収入	収入			396円	
		内訳		72円	本校基本金600円に対する利子
				144円	教員俸給として久保田寄付
				180円	有志者寄付金契約済
			内	84円	毎月20銭宛35名寄付
				54円	毎月15銭宛30名寄付
				42円	毎月10銭宛35名寄付

（出典）前掲「設置願」

加フルニ当地ニハ万年小学校市立山伏小学校ノ設置アリテヨリ殆ント当校ノ必要無之様相成候(38)」

つまり、後に述べることとかかわるが、一つは山伏町付近の「貧民」が北部に移動して「貧民」が減少したこと、二つには近くに万年小、および市立の山伏（町）小が設置されたことを理由として、改築・移転を願いでていた。その後、一九一二（明治四五）年に同善小学校が廃校となった際、山伏町小は同善小と校名変更を行っている(39)。

万年小は、この流れで言うと、山伏町小が独立したほぼ直後に、設立計画となったことがわかる。山伏町小からすれば児童確保の上でも、またこれまでの煙草製造ともかかわるある種の利益との関係でも、困難が予想される事態に置かれただろうことは十分想像される。そうしたことが「妨害」活動の背後にあったのであろうか。結果的に万年小は地理的には山伏町小のまさに隣と言ってよい万年町の中枢「約七百坪の土地」に、「住居したる細民三百余戸」を「他に移転」させて建設されたのであった(40)。

図2に示したが、市立山伏町尋常小学校も私立山伏町小のすぐ近くに一九〇八（明治四一）年に開校し(41)、移転の方向に私立山伏町小が追い込まれたことが十分想像される。

2　既設学校の「貧民」把握とそれとの対決

万年小は、ある意味では私立山伏町小を挑発する位置に設立された。だが、実質的に「特殊小」としての万年小がめざした教育目的もまた、既設の「貧民」対象の私立学校に対抗する意図をもつものであった。

坂本龍之輔は、既存学校について「人倫道徳に関しては

図2｜各学校の位置関係

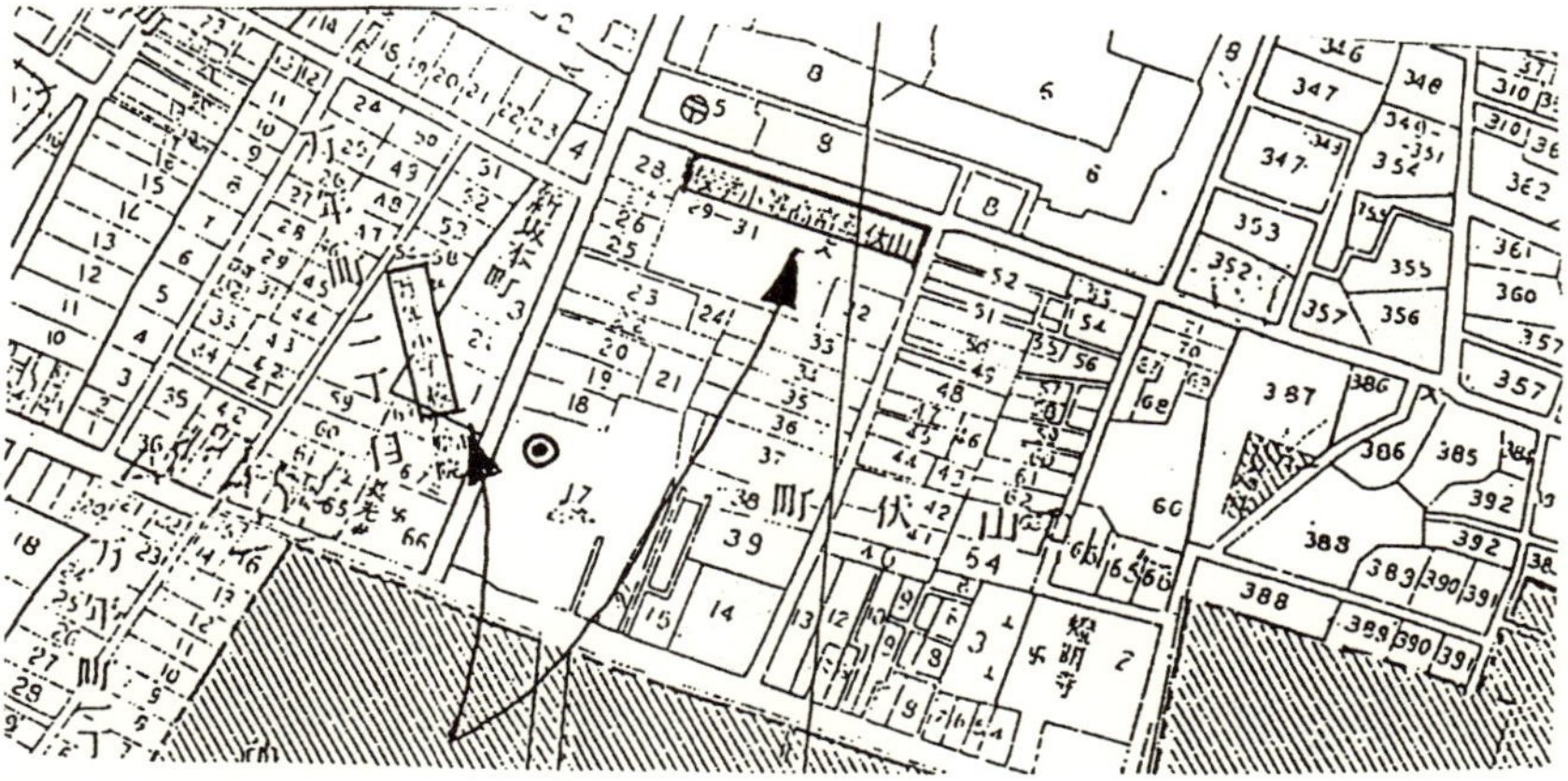

（注）◉この番地に私立山伏町小学校があった。矢印、◉印は筆者による。なお、地図上「山伏尋常高等小学校」となっているのは「山伏町尋常高等小学校」の誤記であろう。
（出典）東京逓信局編纂『東京市十五区区分図』のうち『東京市下谷区』大正15年9月15日訂正第二版（東京都公文書館蔵）

形式に止め、読書筆算に重きををく、郷に入っては郷に従へ[42]」の方針である、と述べていた。そしてそれに対抗するように学校の方針について「単に文字計算の啓発に止まらんか、社会を毒する方面に利用さるべし」と言い、続けて次のような学校の目的を掲げた。

「一．独立自治の精神を涵養すべし
一．収容せる児童を介して父兄の教化家庭の教育を期する方策として先づ児童を教育すと看すべし
一．学校の命数は五十年を以て終らしむべし、換言すれば五十ケ年間に学校布巾《マヽ》の貧民窟をして普通市街たらしむべし更に詳言すれば五十ケ年に収容する児童家庭の生活面を向上発展せしめ、貧民たらざる普通世帯者たらしめ、学校より普通一般の同施設に転ぜしむべし[43]」

坂本は、既存学校の方法は「郷に入っては郷に従へ」であり、「読書筆算に重き」を置いているが、それにとどまるならば結局「社会を毒する方面に利用」されるという。つまり、既存学校で形式にとめた「人倫道徳」をこそ扱いうる学校にすること、これがめざされていたといえる。そしてその方針は、「独立自治の精神」の涵養という言葉と

して表現されていた。坂本は「悪癖を矯正し勤労の興趣を喚起し、独立自存の尊さを悟らしめ[44]」とも述べているため、ここでいう「独立自治の精神」とは勤労精神をさしていると考えて間違いなかろう。そして、第三項にあるように、最終的には「貧民たらざる普通世帯者」にすることを目標としてた。「貧民」であることの否定が、まさにこの学校の目的であったといってもよいであろう。

そして万年小は、その目的に向けて徹底した児童調査を行っている。区役所では「学齢簿を積ましてみると、不就学児童は寂寥々、実地の所見と甚だしく相違す[45]」「調査を元に実際にあたった《ママ》みるに、一致するは絶無[46]」という状況であった。また警察では「現在調査薄《ママ》[47]」をみると「山伏・入谷を実地照合すれど、愕くべし区役所に於けるとひとしく、なし[48]」という具合であった。まさに「東京市」というライトで「貧民」を照らしだし、照らしだした以上は、「貧民たらざる」人間へと「矯正」する、これが「特殊小」ゆえのこれまでにない貧困への対応であったと言えるであろう。

3　「特殊小」に期待されたもの

では、こうして設立された「特殊小」はいったいどのような存在であることが期待されていたのであろうか。坂本は次のように回想している。

「先づ机腰掛の製図にかからんとすると（中略）他の備品の調査を要求す、詳細なる図型をも、（中略）一読明瞭のものを、説明つきで（市の物品購入には情弊あり、苟も教育事業、毫末も暗影あるべからず）断乎新例をひらかん熱意[49]」

つまり、「特殊小」経営のための設備を整える作業は、同時に市の「物品購入」の在りかたへの批判と新たな型の創出でもあった。「苟も教育事業」という位置づけは「教育」が他の模範ともなる事業なのだ、という発想がみてとれる。と同時に「表薄《ママ》学藉薄《ママ》以外は市内でも統一がない、範例を作れ[50]」という坂本への教育課長山田久作の要請や、同じく「山田久作が、校史を作ってをかなくてはいけない、（法律的意味もあったと思ふ）九十数校にもそれがないから、モハンに作ってくれ[51]」と述べたことを考えると、この「特殊小」事業は他の、区の維持経営である全市立小学校のまさにモデルあるいは先導者としての位置を与えられていたものと思われる。その意味でも「特殊小」は学政統一がめざした学校像の先駆的モデルとされようとしていたのである。

まとめ

以上をもとに、既設学校との対比を通した「特殊小」の特性を二点にまとめてみた。一つは、これまでの、寄付によって成り立っていた、つまり「区内有志者ノ小学校ニ対スル同情」によって成り立っていた学校に対し、それとは一端切れた学校として、また設置場所や立ち退きを強制したように、まさに区の中に権力的に登場した学校であったということである。

そして第二に、児童調査や教育目的をみるとき、それは「貧民」を「東京市」という公の視線のもとにことごとく明らかにし、「貧民たらざる普通世帯者」へと「矯正」しようとする「貧民」否定の学校として登場した学校でもあった。

そして、「特殊小」はこうした特性を持つことによって、そして実際に事務上の整備の上でも今後の東京市公立小学校のモデルとなる位置を獲得した学校であった。

しかし、同時に対象とされた地域の人々にとってそれはどんな意味を持ったのであろうか。万年小の卒業生であった小野正造は、同窓会への呼びかけに対しそれに拒否反応を示す卒業生関係者の様子を次のように描いている。

「坂本先生を中心として生れたる、龍生会入会勧誘に際し、或者は、其親自身が、自己の子弟が、かつて、万年小学校に依って教育を受けたることを、恥辱と考へ、同窓が勧誘に行きし処、入会を拒絶し其後の訪問に対しても、心好しとせず、自から遠ざからんことを欲している[52]」

これは、照射されたことによって彼らが新たに抱えた苦悩があったことを一方で如実に示している。「貧民学校、ただ学校」と「特殊小」の生徒たちが周囲の子どもたちからからかわれた様子は、すでに何人かによって指摘されていることでもある。

「貧民」を追い出してつくられた学校は、出発点から地域の人々のものではなかったが、さらに「特殊小」は「貧民」の根絶をめざした。そこでは、「貧民」は否定される存在であった。自らを否定する場へ通うことを彼らはそこで期待されたのであった。「特殊小」はこうした、照射された人々をその内実において、また、周囲の人々との関係において自己を否定せざるを得ない位置におく、そうした学校としても登場したのであった。

●――註

(1)正式には「東京市特殊尋常小学校」。通称「特殊小学校」と呼ばれた。ここでは、この通称を括弧を付して用い、以下「特殊小」と略す。なお、一九一九年四月以降は、「東京市立直営小学校」と改称された（『教育時論』第一二二二号、一九一九、三、二五）。

(2)設立に視点をあてて検討しているものには以下のようなものがある。

田中勝文「児童保護と教育、その社会史的考――東京市の特殊小学校設立をめぐって」（『名古屋大学教育学部紀要、教育学科』第12巻、一九六五）

小久保明浩「公立小学校と直轄学校」（第二章第二節６）（『東京百年史』第三巻、一九七二）

若林忠男「二〇世紀初頭の不就学問題」（久木幸男編著『二〇世紀日本の教育』サイマル出版、一九七五）

安岡憲彦「産業革命期の都市下層社会における『貧児』教育――東京市特殊尋常小学校の展開を具体例に――」（地方史研究協議会編『日本の都市と町――その歴史と現状』雄山閣、一九八二）

加登田恵子「わが国における貧児教育――東京市特殊尋常小学校の成立と過程――」（『日本女子大学文学部社会福祉学科』第23号、一九八三）

伊藤悦子「貧民学校の廃止とその社会的背景――東京市特殊小学校をめぐって――」（『京都大学教育学部紀要』30号、一九八四）

別役厚子「東京市万年尋常小学校における坂本龍之輔の学校経営と教育観」（『東京大学教育学部紀要』第30巻、一九九〇）

なお、「特殊小」の一つである万年小学校およびその校長であった坂本龍之輔に関する論文の中にも設立にふれたものは多いがここでは省いた。

(3)(4)東京市会事務局編『東京市会史』第二巻、四四一頁。以下、この建議をめぐる議論はこれによる。

(5)同上、四四二頁。

(6)選出区については、東京市会書記長編纂『東京市会先例彙輯』（一九二二）を参照した。

(7)『東京市会史』第二巻、四五九頁。

(8)『東京都財政史』上巻（一九六九）、四六〇頁。

(9)「学区ヲ廃スル件ニ付内務文部両省へ回答」明治三七年、雑件、東京都公文書館蔵。以下、本文中の「回答」に関する引用は全てこの文書からのものである。

(10)『東京市会史』第二巻、二〇〇～二〇九頁、六六七～六六八頁。

(11)『東京都教育会六十年史』一九四三、三六五頁。

(12)以下、断らない限り、東京市教育会に関する記事は『東京市教育時報』、第1号、一九〇〇、一〇によっている。

(13)『東京市職員録』(一九〇二、五発行)により確認。

(14)『東京市教育時報』、第1号、三三頁。

(15)(16)「東京府銀行会社」『日本全国商工人名録』一八九八年一二月第二版(渋谷隆一編『都道府県別資産家地主総覧〔東京編3〕』日本図書センター、一九八八、所収)による。

(17)石塚裕道は、「産業革命期の特徴」として「一方で財閥資本を中心として企業管理部門が都市へ集中する」(石塚・成田龍一著『東京都の百年』山川出版社、一九八六)と指摘しているが、ここにみる実業家層はまさにそうした存在だったものと思われる。

(18)『東京市教育時報』第1号、三四頁。

(19)一九〇一年一一月八日付文書、明治三四年『学事』所収、東京都公文書館蔵。

(20)『東京市教育時報』第1号、四八頁。

(21)『東京市会史』第二巻、五四二〜五四六頁、六七二〜六七四頁。なお、市会での最初の提案については一九〇一年六月一一日になされ、一四日に議論されるはずであったが、議論すべき他の議案のため七月一〇日の議会で議論されることになったものと思われる(『東京市教育時報』第10号、一九〇一、七、二七〜二八頁、および第31号、一九〇三、四、五〇頁、参照)。

(22)『東京市教育時報』第6号(一九〇一、三、一〇)、四八頁。

(23)東京市万年尋常小学校『大正九年度末報告』、神奈川近代文学館蔵、七〜八頁。

(24)阪(坂)本龍之輔「細民教育の過去現在并に将来」『教育界』第14巻第5号、一九二五、三、一三頁。

(25)前掲『大正九年度末報告』、六一頁。

(26)前掲『東京市会史』第2巻、及び『東京市万年尋常小学校概覧第一』神奈川近代文学館蔵、一九〇四、を参照。

(27)前掲『大正九年度末報告』五〜六頁。

(28)『取材ノート6』、一一頁(ノートに付された頁で示す。以下同様。別役厚子「添田知道『小説教育者・取材ノート』の紹介(3)」高知短期大学『社会科学論集』第66号、一九九四、三、所収)。ノートは、万年小の卒業生添田知道が小説執筆のため坂本から聞き取りをした記録が中心となったノート群である。5〜11までの番号を付されたノートが残されている(神奈川近代文学館蔵)。現在別役による翻刻作業が継続中であり既刊のものは所収誌を示した。聞き取りは一九四一〜四二年にかけて行われている。

(29)前掲『取材ノート6』、五四頁。

(30)東京市下谷区役所『下谷区史』、一九三五、八八四頁。

(31)『現代人名辞典』第二版、一九一六、中央通信社による。坂本の回想によれば、荒井は「巻煙草工場と小銀行とを有し、職工苑集頭使の機関として私立学校を起せると風評ありし」(『取材ノート6』、三二頁)という人物であった。ここでいう私立学校は本文でいう山伏町小学校であろうか。しかし、山伏町小学校関係書類に荒井の名は見いだせず、現在のところ直接的関係は確認できない。なお、荒井は、一八八〇（明治一三）年に小学教則簡易科に従った私学愛育学校を申請、認可を受けている（『回議録　私立学校書類』明治一三年、東京都公文書館蔵）。

(32)東京市会書記長編纂『東京市会先例彙輯』（一九二二）による。また、江間は当時憲政党に属し、「星の子分」とみなされる人物であったが、星の葬儀後の演説の中で「私の考へでは、彼（伊庭・星の殺害者—別役注）は決して憎むべき人物で無い。彼が星先生を刺した理由は収賄罪悪の首領で東京市政を紊乱し教育上にまで容喙して我が国の学生《（ママ）》を謬まるからぢゃといふ、果して然らば吾々も同情を寄せねばならぬ」と述べたという（『万朝報』二七八八号、一九〇一、六、二九）。下谷区での「特殊小」に反対する動きは、ここに表明された「教育上にまで容喙して我が国の学生《（ママ）》を謬まるから」という指摘と繋がっているように思われる。

(33)『取材ノート6』、三二頁。

(34)同上、三四頁。

(35)(37)(39)「校名変更願」明治四五年『私立学校』東京都公文書館蔵。

(36)明治三二年『私立小学校』東京都公文書館蔵。

(38)「校舎改築及校舎移転許可願」一九一〇年七月七日、明治四三年『私立小学校』東京都公文書館蔵。

(40)「細民窟の近況」『人道』第38号、一九〇八、六、五。

(41)『台東区史　近代行政編』一九六六、一〇一五頁。

(42)前掲『取材ノート6』、一二頁。

(43)同前、一三頁。

(44)同前、一七頁。

(45)同前、三一頁。

(46)(47)同前、三二頁。

(48)同前、三四頁。

(49)同前、一九頁。

(50)同前、二一頁。

(51)同前、七一頁。

(52)小野正造「万年小学教育を受けたる者として誇れ」『龍生会々報』創刊号、一九二九、八、二〇頁。神奈川近代文学館蔵。

2

東京市万年尋常小学校における坂本龍之輔の学校経営と教育観

（『東京大学教育学部紀要』第30巻、一九九〇年、所収）

はじめに

東京市万年尋常小学校は、一九〇〇年代初頭に東京市が設立した東京市特殊尋常小学校(1)の一つである。本稿は、この学校を舞台とした、坂本龍之輔(一八七〇～一九四二)の実践を対象とする。その目的は、この検討を通じて、一九〇〇年代初頭の東京市になぜこのような学校経営実践が生まれざるをえなかったかを明らかにするとともに、その歴史的背景として、機械制工場の発展による新たな労働力(2)の形成という要因が大きな重要性をもっていたことを論証したいということにある。

しかし、その重要性がどこまで一般的であるか否かの検討は、本稿ですべてが果たされるわけでは到底ありえない。本稿では、坂本の万年小学校(以下、万年小と略す)での実践理解にとって、工場労働力の形成という歴史的背景を摑むことがいかに不可欠なことであるかを示すに留まらざるを得ない。それゆえ、一九〇〇年代初頭の新たな工場労働力形成への要求が学校の役割にどんな変化を与えたのか、という一般的テーマについては、他の地域の学校実践の検討や政策分析を積み重ねる今後の作業の中で追求していかねばならないと考えている。よって、本稿は、その一般的テーマへの導入の役割を受け持つ一つの事例研究といえる。

ところで、坂本龍之輔の実践ということで考えれば、万年小以前における村落小学校等での実践ももちろん視野にいれなくてはなるまい。しかし、本稿が坂本の万年小時代に焦点をあてるのは、後に詳しく触れるが、坂本が校長の中で最も深く「特殊小学校」(以下、「特殊小」と略す)経営にかかわった人物であり、又、万年小が「特殊小」全体の方針を決めていく上で主導的な役割を果たす「特殊小」であったためである。つまり、万年小での坂本の実践は、「特殊小」実践の典型としてとりあげることが出来ると考えたからである。

さて、対象と問題関心を以上のように絞った上で、坂本の万年小での実践を扱った先行研究(3)に言及しておきたい。これまでの研究の特徴は、清水寛に代表されるように坂本の実践および思想を、一方では、国家主義的性格の強いものとしつつ、他方で、それへの抵抗の要素も含んだものとしてとらえてきた点にある。この両者の関連のさせ方や内実の理解にはもちろん論者によって違いはありつつも、で

ある。

たとえば、清水は次のようにのべている。

「その『国民教育』確立への（坂本の―筆者注）誠実な努力は、事実として官僚的、形式的で、かつ慈恵的、恩恵的な国や自治体の教育制度、教育内容と激しくぶつからざるをえないことともなった。こうして彼のなかに、理論的にというよりは体験的に、当時の国家主義教育の枠を超える〝権利としての教育〟の思想が芽生えていった(4)」

しかし、「国や自治体の教育制度・教育内容と激しくぶつかる」という時、現象としてそうした事実があったとしても、もし、国家の求める教育制度や教育内容の新たな展開が背景にあり、それが、より古い国家の教育制度や教育内容と齟齬を来していたにすぎないとしたらどうであろう。つまり、一九〇〇年代初頭に、新しい国家の政策的動きがあり、それはしかも、文部省というより、特に内務省によって推進されたものだとしたら、文部省的な制度・内容への要求と、内務省的なそれとが食い違いをおこしたとしてもなんら不思議なことではない。坂本は、晩年、「文部省とよりは内務省と密接な関係を起し、文部省より軽視さるる反対に内務省より重視さるるという奇現象を呈したものだった(5)」と述べている。本稿は、この点に注意をむけ、特に先行研究で指摘されてきた、国家主義を超えるという評価についての再検討を行おうとするものである。

なお、「特殊小」に関する研究はいくつかあるが(6)、実際の学校経営の内容にまで突っ込んで行われてきてはいない。それゆえ、「特殊小」での実践者である坂本の個人研究とも全く切り離された形で研究がすすんできている。本稿の試みは、こうした研究状況のもとで坂本の実践研究の側から両者を媒介させ、そのことによって「特殊小」経営の内実に迫ろうとするものである。

最後に、用いる史料についても一言しておきたい。これまでの坂本研究は、添田知道の小説『教育者(7)』に主に依拠してきた。それ以外の史料を用いる場合でも、万年小の要覧類、万年小についての数本の雑誌紹介記事が使われた程度であった。それゆえ、多くの基本的な部分では、小説に依拠せざるを得ない状況であったといえる。その主要な原因は、これらの研究が添田の存命中に行われたことと関係が深い。

添田は、一九八〇年に亡くなる。その遺品からは、坂本への取材ノート、万年小の要覧類、万年小の同窓会誌等が見つけだされた[8]。これらは、小説の続編のための史料でもあったろう。それゆえ、公開されることはなかった。又、添田の死後、小説『教育者』第四部を執筆した当時の日記が『空襲下日記』[9]として一部、刊行された。別稿にゆずりたいが、ここからは、添田自身の坂本像の変遷もみてとれる。

ともかく、これらの史料は万年小での坂本の全体像を探る上で、これまでの史料では補い得ない貴重なものを含んでいる。とりわけ、取材ノート[10]は、坂本が作っていた記録や日記からの写しも混入しているが、中心は、直接坂本の話した言葉を書き写した口述筆記である。それゆえ、このノートは、添田が取材をした一九四一～一九四二年当時の坂本の回想として扱うことができよう。

本稿は、こうして、史料としては、この取材ノートを基本に、これまでに紹介されていない、雑誌掲載の坂本の論文数篇等を用いて考察をすすめることにしたい。

I 「特殊小学校」の設立背景

まずここでは、IIで行われる実践検討の前提として、「特殊小」設立の背景を探り、新しい工場労働力の形成という要因の重要性を示したいと思う。

さて、「特殊小」は、一九〇一年七月一〇日の市長による「東京市特殊尋常小学校設立ノ件」の提案を受け、一二月の市会で設立が決定された。

当時、東京市は就学率が全国平均に比べても、又、他の大都市と比べても低く、小学校そのものの増設が緊急課題となっていた。市の事業をみると、一八九八年の市制特例廃止後、一九〇三年に至る時期は、「水道建設事業がほぼ一段落したのち、小学校建設事業が最大の急務として登場[11]」した時期であった。尋常小学校の建設がすすめられ、それらは従来と同じく、区の建設・経営により、又、一九〇〇年の小学校令の規定にもかかわらず、授業料は約二〇銭を徴収した[12]。そうした中で、「特殊小」は、市の建設・経営、授業料無徴収・学用品貸与の尋常小学校として、公立としては当時他に例をみない中で設立される。

だがこの時期、東京市において、こうした特例の措置をとってまで就学率を向上させる必要がどこにあったのだろうか。これまでの「特殊小」に関する研究では、産業革命に対応してのある水準をもった労働力形成の必要、他方では、治安対策という側面が指摘されてはきている。ここでは、これらの指摘に学びながら、両者の関連及び、そうした要請が教育に期待したものの具体相を探ってみることにしたい（1、2）。そして、その上であらためて「特殊小」が設立された理由を追求したい（3）。

1 内務省の期待

さて、「特殊小」は、東京市によって設立されたわけだが、その背景には、とりわけ内務省による国家の政策的意図があった。一九〇一年五月八日付の内務省地方局より東京府にあてた照会は、それを明らかにしている。照会は、一九〇〇年公布の感化法にふれ、感化法の対象となる前段階での対策の必要を述べている。

「不良又ハ浮浪ノ徒タルニ及ヒ始メテ之カ感化ヲ勗ムルニ止ラス宜ク先ツ其根源ニ遡リ一般細民ノ子弟ニ対シ教習ノ法ヲ講シ良民ヲ養成スルノ設備ヲ為ササル可ラス」(13)

対象は、「一般細民ノ子弟」である。それは、内務省が「不良又ハ浮浪ノ徒」をつくりだす原因を「父兄ノ究困若ハ無識」「家庭ノ善良ナラサル」ため、と判断していたからであった。そして、次のような対策が期待されていた。つまり、「普通教育ヲ授ケ且正業ニ依リ自活スルノ途ヲ得セシム」ことである。そしてそのために、「実業ノ教育並習練ヲ施ス」必要がいわれ、「独立自営ノ習練ヲ馴致スル」ことが期待されていた。

「不良又ハ浮浪」を根源から断つには、教育が必要であり、しかもその目標は、「正業ニ依リ自活」させることとされたのである。ここでは、治安対策が、教育を介して労働力形成と結びつけられていることに注意したい。この時期に登場した新しい労働力形成の問題、それは、以下に明らかにするごとく、工場労働力の問題であった。

2 新たな工場労働力の必要と教育への期待

一九〇二年一一月に発表された工場法案は、一八八八年案とは違う特徴をもっていた。一八八九〜一九〇二年にかけて行われた職工事情調査を経て、政策側は、それ以前の段階にあった、労働問題への危惧ゆえの「職工取締」という発想を変化させ、「職工ノ改善」を課題にすえるようになる。(14)

当時、内務省衛生局所属のまま、農商務省商工局工務課長として、職工事情調査を行い工場法案の立案を主導した一人に、窪田静太郎がいた。彼は、感化法の立案にもかかわった人物(15)であるが、一九〇二年工場法案について、次のように述べている。

「私共ガ今日世間ニ提出シテ居ル如キ条件ヲ以テ工場ヲ規律シテ行カウト云フコトノ主タル目的ハ、敢テ今申シタ社会問題ヲ予防スルト云フコトデハナイ。直接ノ目的デハナイノデアル。直接ノ目的トシテハ将来ノ職工ノ改善、其改善ノ方便トシテハ、即チ健康トソレカラ教育ヲ図ルト云フコトガ必要デアル(16)」

つまり、この時期、工場問題の最大の課題は、「社会問題ヲ予防スル」ことではなく、「職工ノ改善」であった。それゆえ、「健康」と「教育」は工場労働力形成の上から、大きな位置を与えられる。意識されていたのは、「少年工女工幼者(17)」であった。

すなわち、産業革命をむかえたこの時期において国家は、工場に働く女性、子どもの現状を意識しつつ、「健康」と「教育」に力をいれる政策をとり、そのことによって、産業革命をスムーズに達成するための具体的な保障を与えようとしたのであった。(18)

教育への期待に絞ってより具体的にみていこう。一九〇〇年からの職工事情調査の総論的位置にあるとされる、(19)一九〇二年一〇月発表の『工場調査要領(20)』が重要である。

そこでは、職工の風紀の乱れに関連して、教育が論じられていた。

「職工殊ニ工女ノ風紀紊乱甚シキハ種々ノ原因ニ依ルヘシト雖亦彼等ノ無教育及家族的生活ノ破壊ニ伴フノ弊害ナリ而テ風紀ノ紊乱ハ其ノ勤勉ノ気質ヲ毀ヒ製品ノ品質産額等ニ影響ヲ及ホスコト大ルハ勿論延テ社会一般ノ風紀ヲ紊ルノ事実アリ」

ここでは、職工、とくに、工女の「風紀紊乱甚シキ」ことが問題とされ、その原因は「彼等ノ無教育及家庭的生活ノ破壊」に求められていた。そして、その弊害として、「社会一般ノ風紀ヲ紊ル」ことばかりか、とりわけ、「製品ノ品質産額等ニ影響ヲ及ホス」こと、つまり、生産性の向上にとっての損害が指摘されているのが注目されるべきであろう。さらにここで注目しておきたいのは、「無教育」とともに「家族的生活」が重視されていることである。別のところでは、「家庭教育ト国民教育トハ教育ノ大本ナリ」とも言われているが、一方では国民教育が、他方では家庭的教育が重視されていた。

この背景をもう少しつっこんで検討してみよう。国民教育への期待については、次の言葉が参考になる。

「蓋シ機械的工業ニハ鋭敏ナル智能ノ発育ヲ要シ工場組織ノ工業ニハ規律的ノ行動ト命令ヲ遵奉スルノ気質トヲ最必要トスルニ拘ハラス普通教育ヲ受ケサル者ハ是等ノ点ニ於テ教育ヲ受ケタル者ニ比シ大ニ欠クル所アル」

ここからわかるように、機械的工業という新しい産業形態に要求される、「規律的ノ行動ト命令ヲ遵奉スルノ気質」の形成が国民教育に期待されていた。

では、家族的生活についてはどうであろうか。

「労働社会ノ家族的生活ハ子女ノ衛生及教育上急用ナルノミナラス社会ノ秩序ヲ保特《（ママ）》シ其ノ発達ヲ期スル所以ナリ」

「彼等ノ生命健康ヲ保全シ生計ノ資ニ窮スルコトナカラシメ且ツ彼等ノ家族的生活ヲ保存シテ其ノ品性気質ヲ穏和着実ナラシムルハ極メテ必要ナリトス」

後者の引用は、「工場主ト職工ト相対抗」するような事態を意識して、そのためにも「家族的生活ヲ保存」することが大切だと説いたものである。前者の引用の「社会ノ秩序ヲ保特《（ママ）》」するとは、このことをさしていよう。つまり、家族的生活には、子どもの衛生・教育上の意味とともに、それ自体がもつ「社会ノ秩序」に役立つ人間形成力を期待したのであった。

国民教育と家族的生活の充実、それらに国家は産業革命後の工場に適応する労働力の質とその再生産の保障を見出そうとしたのである。

3 東京の工場増加と「特殊小学校」

東京（府）では、日清戦争を契機として産業構造に変化があらわれるが、それまでは、全国の動向と必ずしも一致していなかったという。すなわち、全国的には優位にあった繊維工業は、東京においては、日清戦争後に急速にのび、それまでの印刷・製本・化学工業にとってかわる。そして、そうした繊維工業の発展を背景として、東京では、一九〇〇年前後に産業資本が確立する。[21] この動きとの関連でいえば「特殊小」は主に、一九〇〇年前後の東京の産業革命が必要とした、工場労働力の形成を目的に設立されたと推測される。ちなみに、万年小の通学区域に絞ってみたとしても、一九〇二年一二月末日現在、合計一一工場が存在した[22]が、そのうち八工場が一八九八〜一九〇二年の間に設立されており、残りの三工場も最も古いもので一八九三年設立である。このように、一九〇〇年前後の東京には次々と工場が設立された。この労働力確保の必要は大きかったといわざるをえない。内務省をして、国民教育・家族的生活ともに欠けるスラムに学校を設立させようとした大きな要因は、この点にこそあったといえよう。

II 万年小学校における坂本の実践

Iでの考察をうけて具体的に坂本の実践分析を行うわけだが、ここでは、その実践分析において新しい工場労働力の形成という視点がいかに重要であるかを示すことになる。

論述はまず、坂本の学校経営方針の性格を分析し(1)、次に坂本の学校実践の検討を行い(2)、最後に、そうした実践を支えた「貧民教育」観について考察する。

1 坂本の学校経営方針

坂本が「特殊小」にはじめてかかわりをもつのは、一九〇一年四月[23]である。市会で市長が「特殊小」設立提案をする約三ケ月前のことである。この時坂本は万年小について の経営を頼まれたのではなく、東京市のブレーンとして構想の依頼を受けた。五月から「貧民窟」調査を始め、三ケ月をへて、坂本は次のような基本方針をつくりあげている。

「如何にして学校を創設せる効果を収むべきか。…単に文字計算の啓発に止まらんか、社会を毒する方面に利用さるべし。

一．独立自治の精神を涵養すべし

一．収容せる児童を介して父兄の教化―家庭の教育を期する方策として先づ児童を教育すと看すべし

一．学校の命数は五十年を以て終わらしむべし。換言すれば五十ケ年に学校付近の貧民窟をして普通市街たらしむべし」[24]

少し細かに検討してみたい。まず坂本は「単に文字計算の啓発」に終わるなら、「社会を毒する方面に利用」されると述べている。『取材ノート』の別の箇所には次のようにある。

「貧民は数多し、彼ら貧民にして権利を主張するに至ることあらんか、自発的と他発的たるに拘ず真に由々しき大事を招来せん[25]」

ここで坂本は、貧民の権利主張を「由々しき大事を招来せん」ととらえている。又、別のところでは、「感化教導なくて文字計算は犯罪助長[26]」とも述べている。そのため、坂本の「社会を毒する」との判断の中には少なくとも、貧民の権利主張と犯罪助長が意識されていたと推測される。

では、「文字計算の啓発」に止まらず、どうするか。それが第一項の「独立自治の精神」の涵養である。『取材ノート』の別の箇所では次のように表現している。

「悪癖を矯正し勤労の興趣を喚起し、独立自存の尊さを悟らしめ、身体上の故障を予防、修学と共に生産的事ム《ママ》に従はしむる方策を立つべし[27]」

「独立自治の精神」は、つまり、「勤労の興趣を喚起」して「生産的事ム《ママ》に従はしむる」ようにすること、換言すれば、勤労者としてのモラル、ひいては、生活スタイルをさしていた。坂本がつかんだ学校創設の効果は、貧民を犯罪や権利主張にむかわせないよう、勤労者としてのモラルと生活スタイルを身につけさせること、この点にこそあった。

そのためにどうするか。第二項の「収容せる児童を介して父兄の教化」がそれである。『取材ノート』には、次のような記述もある。

「寄宿舎を設けざる限り、児童の学校生活時間は校外生活時間の数分の一に止まる。単に学校生活のみに云為するも効果なし。父兄を教育し、生活上の改善を奨めざるべからず。児童の教育は寧ろ父兄を教育する為の方策たるの見地に立つべし[28]」

ここでは、学校を介しての家庭の改造がねらわれている。生活時間の圧倒的部分を占める家庭こそ、変えられねばならなかった。「独立自治の精神」の涵養は、家庭の教育・改造を介さない限り、実質的には貫徹されないのであった。

それゆえ、第三項にある、五〇年で「貧民窟」を普通市街に、というのは、五〇年の後には、貧民の家庭生活のモラルとスタイルを改造しきる、という目標を示していた。

坂本は、三ケ月の調査の中で、家庭的生活そのものに解決されるべき多くの問題があると感じとっていた。坂本のプランの基調には、学校設立による、この家族的生活そのものの教育という課題が据えられていたといえよう。

2　坂本の万年小学校における実践

さて、坂本は、一九〇二年七月二日付で麹町小学校訓導の資格を得て、東京市教育課に通い始めた。万年小の校長については、五月に内諾し、一〇月一四日付で辞令を得ている。[29]『取材ノート』には、万年小の校長について「自ら立案しながら器にあらずとは反ってその器たる証左なりと市長の懇望にあればと山田…村田宇一郎よりのすすめ[30]」と記されている。つまり、坂本は「特殊小」経営について自ら立案しながらも、校長になることについては固辞していた。しかし、市長の要請、村田宇一郎[31]のすすめがあってようやく校長をひきうけたというのである。「学校経営上の参考資料なき今日たり、而して前人未踏の難事業たり…先づ大綱を定めて開校し、細目に至っては事実に即して臨機研究逐次大成を期すべし[32]」と述べられていた。坂本によって「特殊小」の経営案は作られた。そして坂本は万年小の校長をひきうけることによって、自ら立案した経営の大綱を具体化し、さらに細目をつくりあげていく実践にとりくむことになるのである。それゆえ、万年小の実践は、後に続く「特殊小」経営のモデルとしての位置にあったということが出来る。[33]

ところでこれまでの説明から推測されるように、坂本は基本的に学級を担任しておらず[34]、学校経営がその実践の中心である。そこでここでは、大きく学校の父母へのかかわり方、又、子どもへのかかわり方、という2つにわけて学校経営実践をみていくことにしたい。

①児童収容と父母への働きかけ

学校の活動開始は、児童の収容からはじまった。東京市の場合、普通は、区役所で通学区域を定めており、該当の児童については区役所がその名を学校に通知し、又、家庭に対しても区役所が通知することで就学手続きがなりたっていた。しかし、万年小では、就学児童の決定にいたるまで全てが学校の手によってすすめられた。それは、貧困のため子どもを就学させられない家庭を行政がつかんでいなかったためであり、又、何よりも「特殊小」への入学基準となるその貧困の基準自体がこれから作られねばならない仕事であったからである。

坂本は最初、貧困の基準が一律に決定できない悩みの中で「その子弟を教育する力の有無も必竟《（ママ）》は精神界の問題(35)」だと述べている。坂本の意識の中では、「子弟を教育する力」を持つか否かは、結局精神的な姿勢や構えの問題としてとらえられていた。

坂本は、「児童保護者としての心得(36)」を一四項目にわたってあげている。多くは、服装のこと、浪費のこと、児童への対し方など、家庭生活への注意と学校への保護者の理解を求めるものである。先の保護者把握からすれば当然の要求であろう。ここでは、最初の三項を検討する中で具体的に学校の父母へのとりくみをみていくことにしたい。

まず、第一項である。

「当校成立の起原に鑑み尽忠奉公の道を尽さねばならぬ。そして、それは極く容易い事で心を正直にし其日〳〵の渡世に励まばよい。」

「尽忠奉公の道」をつくすこと、それは、「心を正直にし其日〳〵渡世に励」むことだといわれている。日々のまじめな勤労は、先の学校構想に示された「独立自治の精神」の涵養でねらわれたことでもあった。明らかにここでは父母自身が教育の対象となっている。しかし、こうした働きかけは児童保護者をこえて住民一般に対しても行われた。

坂本は、「保護者、卒業生并学校付近一般住民の為に夜間に於ける通俗教育機関を設くることの必要切ある(37)」と述べており、実際には、一九一一年頃から通俗教育談話会が、そして、引き続いて万年講話会(38)が設けられていた。次の第二項をみよう。

「浮説流言に惑はされ若くは謂れなき負けじ魂に駈られて、児童を無学不識に終らす事の愚にして不忠なことと真の人格の説明」

ここでは、「児童を無学不識に終らす事」が親として、いかに愚なことであるかが説かれていた。これはおそらく、毎学期一回の保護者会（そこでは、長い訓話と生徒の成績物の陳列が行われた(39)）や、時々の家庭訪問(40)を通じて日常的に追求された。父母を「子弟を教育する力」を持った保護者へと教育するとりくみであった。

以上に特徴的なように、坂本は学校を介して家庭生活のモラルとスタイルの改造をめざした実践を行っているが、坂本は言っている。「一時は校門外に係る事項に従ふ可らず、活動は校門内に於ける教授・管理・訓練の三者に限るとて

表Ⅰ｜開校以来の学級数・児童数・教員数の変遷

年度	1903 2～11	1903 12～	1904	1905	1906	1907	1908	1909	1910	1911	1912	1913
学級数	3	6	6 (1)	6 (1)	9 (1)	8 (1)	8 (2)	13 (2)	14 (2)	14 (2)	15 (2)	15 (2)
児童数	126		424	352 (22)	487 (80)	471 (69)	471 (59、76)	774 (202)	911 (133)	925 (286)	1074 (187)	1021
教員数	5	5	5	6	9	10	10	16	18	17	20	19
備考	7月末には、児童数は227名	午前・午後の二部教授	無認可の夜学級（対象は学齢をすぎた者）	普通夜学部／特別学級（この年のみ）／特別作業	兼任教員解消		(59)は普通夜学部(76)は特殊夜学部	修学年限延長で三部教授制実施／特夜は2組	特別手工科1(162)特別裁縫科1(76)	特手1(200)特裁(?)	特手1(165)特裁1(77)	4月夜学部独立／特手1(165)特裁1(85)

年度	1914	1915	1916	1917	1918	1919	1920	1921	1922	1923	1924
学級数		16	15	15	16	16 (1)	14 (1)	13 (1)	13 (1)	12 (1)	7 (2)
児童数		1037	1053	1034	1090	1032 (26)	858 (46)	729 (30)	593 (28)	527 (36、27)	358 (45、52)
教員数		20	18	18	17	18	21	17	16	18	10
備考			特手1(93)特裁手1(78)	特手1(54)特裁手1(52)	特手1(102)特手(女子)1(60)	前年度より女子補習科／特手1(61)特手(裁)1(41)	特手2(男61・女41)	特手2(男54・女20)	特手2(男32・女23)	特手1(64)／男子補習科=27、女補=36	女補=45、男補=52

（注）ｉ）各数は、それぞれの年度の4月末あるいは5月現在のもの。ただし、1903年の「2～11」は授業開始時の人数。1906年度については11月現在、1918年度については6月現在。

ii）学級数及び児童数の（　）内は、夜学部。全体の数には含まれていない。ただし、1909年度以降は特殊夜学部のもの。又、1919年度以降は、補習科のもの。

iii）特別手工科（特手）、特別裁縫科（特裁）については備考欄に記した。例えば、特手1（54）は、特別手工科が1クラスあり、その児童数が54人であることを示す。又、特殊夜学部は、特夜とするなど、略して記した。

（資料）
- 万年小学校『学校要覧』
- 坂本龍之輔「東京下谷万年小学校の状況」（『初等教育教材研究』2-3、1904、3、5）
- 『東京市万年尋常小学校概覧第一』（1904）
- 『東京市万年尋常小学校要覧』（1909）

家庭訪問をすら非難されぬ」(41)と。つまり、当時教師の仕事は学校内での「教授・管理・訓練」に限定され、学校外のことに関わることは許されていなかったというのである。一八七〇年代以来、教員の政治活動への禁止の動き(42)があり、他方で、職務服務規則の整備(43)などがすすんでいる。こうした背景があって、坂本の実践は、行政から「非難」されたものと推測される。

しかし、こうしたとりくみは、一九一〇年代の内務省主導の地方改良運動の中ではなんら珍しいものではなくなり・逆に奨励(44)されるようにもなる。それゆえ、坂本の実践は、地方改良運動で奨励される学校実践の先駆的位置にあると言えなくもなかろう。

さて、最後に第三項をみておこう。

「児童を入学させた上は、学校の児童を預り居るものと思い我児視せぬを本旨とする事」児童を入学させる、それは、子どもを「学校の児童」とすることであると言っている。しかし、保護者の親権を法的にも、又、実質的にも剥奪することはできない(45)。それゆえ、この項の意図は次の点にあったと思われる。つまり、子の教育においては学校が保護者よりも優位にあるということ、そのことを保護者に承認させるという意図が。これは、万年小の親へのむかいかたの本質を示した考えだといえよう。

②授業の開始と子どもへのとりくみ

さて、万年小は、一九〇三年二月五日に授業開始式を行い、九日から授業を開始する。**表I**（前頁）に、学級数・児童数・教員数の変化を示したが、最初は変則的な三学級編成で、授業は朝九時から四五分授業、一五分休みの三コマで半日教授制であった。しかし、引き続き児童の収容は行われた様子で、一二月からは、午前・午後の二部教授制となっている。

坂本は、授業開始当時の児童の状況をおおよそ次のように述べている(46)。

衣服は、その体をなさず、よごれがひどく、悪臭がはなはだしい。それゆえ、身体のよごれもひどく、眼病・皮膚病は、延べ人数で児童の一一四%にも達する。精神面では、語彙が単純で、少なく、教師の言葉が通じない。又、衝動的ないじめが多い、と。

当時、保護者の職業は、人力車夫が圧倒的に多く、三〇%余りを占め、続いて、内職業者・紙屑拾い・荷車挽・職人が、それぞれ七〜一〇%を占めていた[47]。一九〇五年度末の万年小の調査では、収入の日額平均は、男子約四〇銭、女子約九銭である[48]。横山源之助は、一八九八年の調査をもとに、「五十銭の収入、家に女房あり、子どもあり、如何に節約するも四十銭は之を要せん、残れる十銭を以て家賃、衣服料、子供の小使等を除けば余す所幾何あるべきか[49]」と述べている。万年小の調査からは、一家族の収入額を推測することはできないが、夫婦共稼ぎとして男女の収入額を合計したとしても約四九銭であり、横山のものと調査年にずれはあるが、日々の生活を過ごすのにもギリギリの状況であったことが予想される。そのため、「小児の貸借」が行われ、「乳幼児は大人と等しき賃金」を得ると重宝された。又、「九才頃より時に七八才、食ひかせぎとて無給料住込みの子守、年期奉公[50]」が行われていた、と坂本は述べている。

坂本は、授業開始時、こうした児童に対して、「訓練」に比して「当分は、教授の上に重きを置く」、とりわけ、文字の習得に力をいれる方針をとる。それは、なによりも父母に「教育の効果を自覚させ[51]」るためであった。しかし、そうした過程をへて坂本は、本来の目的である「独立自治の精神」の涵養（＝「訓練」）にむけてとりくみをすすめていく。

ところで、普通小学校では修身は筆頭科目として「訓育」の中心におかれた。しかし、万年小では、一九〇四年四月からの国定教科書を用いていない。坂本によればその理由は次のようなものである[52]。

修身教科書は、忠孝を説く際、孝については親が子を大切にするということを、忠については「国家の恩恵によって父母が生き」ているということを前提としている。しかし、万年小の子ども、その親については、両者とも欠けている。「万年小の父兄はいづくに国家の恩恵を受けているか。――この書は使へない」と。

坂本は「今以てわからない。何が故に忠ギ（ママ）でなくてはならないかの説きようがない」と述べており、坂本としては忠孝を説くことが不必要だと判断していたわけではない。子どもたちに説得的に語れないがゆえに、逆効果を及ぼす可能性を危惧したのであった。だが、学校経営案でふれられていたように、「文字計算の啓発」に止まるわけには行かない。こうして事実上、かわりに選ばれたのが、「独立自治の精神」の涵養であった。では、修身にかわって筆頭科目の位置を占めた教科、それは何であったのだろうか。

再び表Iを見ていただきたい。備考欄に特徴的なとりくみを示したが、正式教科外で課外までして行われた特別手工科と特別裁縫科が注目されよう。ここでは、この二つについて検討を加えてみたい。

まず、特別手工科である。先に見た父母の生活状態は、開校当初から児童就学上解決されねばならない問題であった。坂本は独自の調査から、「思想、智力、体力[53]」という面から児童に働いて賃金をとらせることは効果があると判断する。「市価あるものを製作[54]」して労働賃金を得るという特別手工科はこうした背景から生まれた。

当初は、一方で学校内での手工教育を、他方では、付近の工場での半日労働という方法を考えている。だが、依頼した工場からは「曽て当方より着目して、採用夫々経験せる」ことがあったが、「乱暴粗雑」「材料を乱費し器具を破損」「製品用途に適せざる迄に不完全」「喧噪争斗他の妨害をなす[55]」など、無給料であってもなお損失がはなはだしいと断られている。彼らの労働力は、必要とはされていたが要求にそうものではなかった。Iでみた『工場調査要領』と同様に、ここでも「規律的ノ行動ト命令ヲ遵奉スルノ気質」の欠如がなによりも問題にされていた。

特別手工科のとりくみは、こうした現実に出会うことによって最終的に選びとられた道であった。一九〇四年度には、男子は楽焼玩具、女子は編物にとりくみ、賃金（女子）を得ている。一九〇五年度よりは、「特別作業」という名称で市からも認可され定着していく。ところで、当初の予定にあったもう一方の手工教育はどうなったであろうか。表IIをみていただきたい。これは、一九一二年度より実施されたはずであるが、これによれば手工は、第三学年以降は男子のみに課されている。

次に特別裁縫科である。これは、「洗濯補綴の器具を調へて其の法を教へたる」もので「第三学年、生としての法規年齢に達せる女児には学年の如何に係らず[56]」教えるものとされていた。坂本は、「女には裁縫を、特別に裁縫科に力を入れた[57]」と述べており、遅くとも一九〇四年度には実施されている[58]。

ところで、特別手工科も特別裁縫科も、課外で[59]特別に学級を編成して行われた。これは普通小学校にはみられないものであるが、それだけ必要性が高いと判断されていたからであった。つまり、特殊小で特に重視された教科、それは、女子には裁縫科であり、男子には手工科であったと言

表Ⅱ｜1912年度よりの実施が申請された各科目別毎週教授時数

<table>
<tr><th>科目</th><th colspan="2">第1学年</th><th colspan="2">第2学年</th><th colspan="2">第3学年</th><th colspan="2">第4学年</th><th colspan="2">第5学年</th><th colspan="2">第6学年</th></tr>
<tr><td>修身</td><td>2</td><td>(2)</td><td>2</td><td>(2)</td><td>2</td><td>(2)</td><td>2</td><td>(2)</td><td>1</td><td>(2)</td><td>1</td><td>(2)</td></tr>
<tr><td>国語</td><td>9</td><td>(10)</td><td>11</td><td>(12)</td><td>11.5</td><td>(14)</td><td>11.5</td><td>(14)</td><td>男10
女9</td><td>(10)</td><td>男10
女9</td><td>(10)</td></tr>
<tr><td>算術</td><td>4</td><td>(5)</td><td>5</td><td>(6)</td><td>5.5</td><td>(6)</td><td>5.5</td><td>(6)</td><td>5</td><td>(4)</td><td>5</td><td>(4)</td></tr>
<tr><td>歴史
地理</td><td></td><td></td><td></td><td></td><td></td><td></td><td></td><td></td><td>3</td><td>(3)</td><td>3</td><td>(3)</td></tr>
<tr><td>理科</td><td></td><td></td><td></td><td></td><td></td><td></td><td></td><td></td><td>2</td><td>(2)</td><td>2</td><td>(2)</td></tr>
<tr><td>図画</td><td>1</td><td></td><td>1</td><td></td><td>1</td><td>(1)</td><td>1</td><td>(1)</td><td>1</td><td>(男2)
(女1)</td><td>1</td><td>(男2)
(女1)</td></tr>
<tr><td>唱歌</td><td rowspan="2">4</td><td rowspan="2">(4)</td><td rowspan="2">4</td><td rowspan="2">(4)</td><td>1</td><td>(1)</td><td>1</td><td>(1)</td><td>5</td><td>(2)</td><td>5</td><td>(2)</td></tr>
<tr><td>体操</td><td>2</td><td></td><td>男2
女1</td><td>(3)</td><td>男1
女5</td><td>(3)</td><td>男1
女5</td><td>(2)</td></tr>
<tr><td>裁縫</td><td></td><td></td><td></td><td></td><td>女1</td><td>(女1)</td><td>女2</td><td>(女2)</td><td>女2</td><td>(女3)</td><td>女2</td><td>(女3)</td></tr>
<tr><td>手工</td><td>1</td><td></td><td>1</td><td></td><td>男1</td><td></td><td>男1</td><td></td><td>男5</td><td></td><td>男5</td><td></td></tr>
<tr><td>計</td><td>21</td><td>(21)</td><td>24</td><td>(24)</td><td>男24
女24</td><td>(男27)
(女28)</td><td>男24
女24</td><td>(男27)
(女29)</td><td>男24
女24</td><td>(男28)
(女30)</td><td>男24
女24</td><td>(男27)
(女30)</td></tr>
</table>

(注) 各学年の左欄が特殊小のもの。右欄は、文部省令施行規則（1907）第7条、第4号表に記された教授時数。

(資料) 1912年3月29日付、東京市より東京府への申請書。『文書類纂』1912年。(東京都公文書館蔵)

える。ここからは、「独立自治の精神」を身につけた労働者としての男性像と、その労働者の家族を家の中で支える女性像とが浮かび上がってこよう。

つまり、坂本の実践は、実質的には性別役割分業にもとづく労働者家族の形成をねらいとしていたといえるのではなかろうか。それは、国家による新たな工場労働力形成という学校教育への期待を、労働力の世代的再生産を保障する家族形成に目的をおくことで担う実践であったといえよう。

3　坂本の実践を支えた「貧民教育」観

さて、以上の検討をふまえて、ここでは、坂本の実践を支えた「貧民教育」観について若干の考察をしておきたい。

坂本は、これまでみたきたように、当初の学校経営案にもとづいて実践をすすめながらも、**表Ⅰ**の備考欄に示したように新たなとりくみを次々と具体化していった。にもかかわらず絶えず抱え続け、根本的解決の得られない問題があった。万年小の要覧は一九〇八年頃、次のように述べている。(60)

「所謂細民なるものの生活実況たる単に就学の為に費用を要せさらしむるのみにては就学せしめ得さるもの少からず茲に於てか之に対する施設の必要を感ずること切なり。」

すでに開校当初から坂本はこの問題の解決の必要を説いていた。しかし、この頃からそれは切実な問題となってきたようである。先の要覧によれば、この頃の中途退学の理由はほとんど経済的理由に限られてきたという。要覧は対策として、工場を紹介するなどの仕事の斡旋、特別作業による賃金収入の確保、又、子守のままの通学をあげている。最後の子守のままの通学については、許可すると数百に及んだため、いまは止むを得ぬ者のみに許可していると記している。なお、一九〇六年度には、「幼児保育場の建築」を要求している。(61)

しかし、「特殊小」行政の内部での対策には限界があった。現象的には、東京市教育課の、坂本の主張への無理解のためであった。坂本が、児童の権利と言う言葉をつかって主張を述べはじめるのは、おそらくこの頃からであろう。晩年の回想のなかで坂本は、「特殊小」の一つ絶江小学校の開校式で次のような趣旨のことをいい、市の教育課長によって菊川小学校の開校式（一九一二）総代をはずされたと述べている。一九〇九年六月のことである。

「権利義務などの西洋かぶれはいやだ。又、そんな言葉を使っては一大事だが、事実上児童の権利、それを守る児童に義ム《ママ》ありや、父兄の義ム《ママ》だ…父兄に力がなければ、自治体、更にその上の自治体、府県の力でも及ばなければ国家が―それでないと将来国法を以て臨めなくなりはしないか。就学権を蹂躙してをきながら[62]」

学校経営案を検討した際に、坂本が貧民の権利主張を警戒していたことにふれた。ここで「そんな言葉を使っては一大事」と述べているのも、その発想に通じていよう。坂本は、子どもたちを将来の犯罪者、あるいは権利の主張者にしないため――つまり「国法を以て臨」むことができるようにするため――にこそ、「独立自治の精神」の涵養を言い、「特殊小」の存在意義つまり児童の就学の意味を説いていた。

坂本のいう「児童の権利」は、先の引用にあるように具体的には就学権をさしている。しかしそれは、先のように「特殊小」の存在が意味づけされたがゆえに社会的に保障することの必要が説かれたものであった。坂本は一九一五年には次のように述べている。

「大都市、就中東京市や大阪市の如きにありては、此の細民なるものも、重大なる生産的能力階級であって…都市日常の商工業は、その多分は、之等細民の力に俟ってをるもので…之等細民の改善や、教育を行って、彼等の物質的精神的生活を高めて行くと云ふことは、決して恩恵的博愛的性質なことばかりでは無くて、寧ろ自治体の共通的義務である。否、もっと具体的に云へば、比較的市民生活の上位にある人達（資本家）の、当然為さねばならぬ義務である。[63]」

坂本は卒業生について、「調べて歩くと大会社、大商店、大工場、皆成績悪い[64]」と述べているが、就職については、ある時期からは「俄然ひっぱり凧[65]」であったという。万年小の卒業生も「都市日常の商工業」を担うようになっていた。坂本において就学の社会的保障の必要は、労働力という点で最も日常的、現実的に掴まれていたといえる。

ところで、一九〇八年内務省は第一回感化救済事業講習会を開催した。「感化」と「救済」は、「不良」あるいは「貧困疾病」に至る前に、「広く彼等を訓化し指導して、均しく人道を履ましめ、共に国法を守らしめ、又能く自活自営の良民と化せしむるを以て、其の目的とせざるべからず」[66]とされている。一九〇八年発行の『感化救済小観』には万年小他「特殊小」も紹介されていた。そして、この感化救済事業の推進者であった内務官僚井上友一と坂本は、東京市教育課長を勤めた戸野周二郎に「井上と坂本は信じ合っていた」[67]といわせるほど、関わりが深い。例えば、内務省が行った第一回の「細民戸別調査」（一九一一）は坂本の回想によれば、坂本の発案を井上が支援して実現したという。[68]

坂本の就学権保障の背景には、先にみたように、「特殊小」の存在意義の坂本なりの把握があった。それは、ここに紹介した内務省のいう感化救済の発想と基本的には重なるものである。実際、人的にも井上との交流が深いことは、紹介のとおりである。就学権の主張は、それだけとりだしては理解しえない。坂本の「特殊小」観を基本に据えてこそ理解されなければならないであろう。

おわりに

本稿は、一九〇〇年代初頭、東京市が設立した「特殊小」実践の歴史的性格の解明を目的としていた。それは、坂本龍之輔という「特殊小」の校長の学校経営とその教育観をたどることによって行われた。

坂本の万年小での実践は、一九〇〇年代初頭の東京における新たな工場労働力形成の必要という、国家の教育への期待に現実のところでこたえようとした実践であったといえる。つまり、坂本という「特殊小」の校長の実践に体現されているところの「特殊小」教育実践の思想、つまり、歴史的性格がそういうものであったということを言いたいのである。

一九〇〇年代初頭の新たな工場労働力の必要が教育に期待したもの、それをまさに体現しようとした坂本の万年小での実践は、家族生活のモラルとスタイルの教育＝指導とでも要約できる、これまでにない学校のありかたを示すことにもなっている。

この「特殊小」の事例は、まさに特殊であるかもしれない。その詳細な検討は今後にまたねばならないが、少なくとも、この時代の学校の機能もしくは役割の変化を考える上で重要な問題提起を含んでいることだけは否定できないであろう。

●註

(1)東京市は、一九〇〇年代初頭、貧困な家庭の児童を対象とする尋常小学校を市直営で合計一一校設立した。その総称は「東京市特殊尋常小学校」(一九一九年四月以降は「東京市立直営小学校」――『教育時論』第一二二三号、一九一九、三、二五)とされていたが、通称、「特殊小学校」とよばれた。以下この呼称を本文では括弧付きで使用する。

(2)ここでいう労働力は、本文ではしばしば工場労働力と言い換えられるが、それは、機械制工場が必要とした新たな労働力の質を意味するものとして用いられる。それゆえ、機械制工場の労働者を直接的にさすわけではない。

(3)先行研究には次のようなものがある。

①井野川潔「下谷万年小学校と坂本龍之輔」(井野川、川合章編『日本教育運動史1』三一書房、一九六〇、所収)なお、井野川著『物語教師の歴史』(あゆみ出版、一九八二)でも、とりあげられている。

②清水寛・津曲裕次「坂本龍之輔と貧児教育」(『近代日本の教育を育てた人々下』東洋館出版社、一九六五、所収)

③清水寛「東京市下谷万年特殊小学校における貧児教育問題としての『精神薄弱』児教育について」(『精神薄弱問題史研究紀要』第15号、一九七四、所収)

④坂元忠芳「貧民学校と坂本龍之輔」(『国民教育』20号、一九七四、所収)坂元著『教育の人民的発想』(青木書店、一九八二)にも所収。

⑤伊ヶ崎暁生「権利としての教育――『教育は子どもの権利だ』――添田知道『教育者』」(伊ヶ崎著『文学でつづる教育史』民衆社、一九七四、所収)

⑥石戸谷哲夫・寺﨑昌男「坂本龍之輔と万年小学校」(浜田陽太郎他編著『近代日本教育の記録上』日本放送出版協会、一九七八、所収)

⑦石島庸男「明治教育者の気骨――坂本龍之輔」(吉田昇他編『日本教育史――教育学(4)――』有斐閣双書、一九七九、所収)

⑧清水寛「坂本龍之輔――底辺の民衆教育に生きる――」(唐沢富太郎編著『図説教育人物事典中』ぎょうせい、一九八四、所収)内容は②に一部、修正・加筆したもの。

(4)注(3)の⑧論文、五五頁。

(5)坂本龍之輔「憶ひ出づるままに」(『龍生会々報』第8号、一九三四年一〇月)二頁。なお、坂本は籍移動、改姓のため何度か姓が変化しているが、ここでは坂本に統一した。

(6)以下のようなものがある。

・田中勝文「児童保護と教育、その社会史的考察」(『名古屋大学教育学部紀要』第12巻、一九六五)

・川向秀武「東京における夜間小学校の成立と展開」(東京都立大学人文学部『人文学報』No.93、一九七三)

・若林忠男「20世紀初頭の不就学問題」(久木幸男編著『20世紀日本の教育』サイマル出版、一九七五、所収)

・伊藤悦子「貧民学校の廃止とその社会的背景」(『京都大学教育学部紀要』30号、一九八四、所収)

(7)四部からなり、第一部~第三部は、一九四二~四三年にかけて錦城出版社から、第四部は、一九四六年、増進堂から出版された。その後、いくつかの出版社から発行されるが絶版となり、一九七八年、玉川大学出版部より全四部が復刻された。

(8)添田の遺品は現在、添田の甥にあたる入方宏氏によって、神奈川近代文学館に寄贈されている。

(9)『添田啞蟬坊・知道著作集3』(刀水書房、一九八四)として刊行されている。なお、加賀誠一編『未来への道標』(加賀タイプ社、一九八七)は、この日記に注目して人間坂本のとらえなおしを促している。

(10)取材ノートは、添田手製のもので、残存していたのは、5から11の番号の付された七冊と、1から4までの一部と思われる数十枚の切り離されたノートであった。5から11は、丁度、万年小学校時代にあたっている。以下、『取材ノート5』という具合に記す。

(11)『東京都財政史(上巻)』(東京都財政史研究会、一九六九)三一八頁。

(12)『東京教育時報』第21号(一九〇二、六、一〇)五二頁。

(13)『文書類纂』一九〇一年、学事。東京都公文書館蔵。以下の引用も同じ。

(14)下田平裕身「明治労働政策思想の形成(上)(下)」(東京都立大学経済学部経済学科『経済と経済学』第31、32号、一九七二、七三、所収)参照。

(15)「窪田静太郎氏を中心とする座談会」(『社会事業』15巻11号、一九三二、二)ここでは、『窪田静太郎論集』(日本社会事業大学、一九八〇)所収のもの。四九七頁参照。

(16)窪田静太郎「工場法案ニ就テ」(『法学協会雑誌』21巻3号、一九〇三、一)ここでは、前掲『窪田静太郎論集』所収のもの。五五頁。

(17)窪田「工場及職工に就て」(『経済叢書』26号、一九〇三、五)下田平前掲より重引。

(18)中西洋は、「『工場制の発展』が新たな質の国家の登場を不可避的に要請する」と述べているが、彼のいう「資本主義国家」の登場は、日本ではこの時期に求められよう。下田平前掲論文、中西洋著『増補日本における「社会政策」・「労働問題」研究』(東京大学出版会、一九八二、先の引用は、三八五~三八六頁)参照。

(19)隈谷三喜男解説『生活古典叢書3』(光生館、一九七〇)三六頁。

(20)『日本労働運動史料』第1巻(一九六二)所収のものより。以下の引用も同じ。

(21)石塚裕道著『東京の社会経済史』(紀伊國屋書店、一九七七)九二~九四頁。

(22)万年小は、通学区域が定められていないため、ここでは、『東京市万年尋常小学校概覧第1』(一九〇四)に掲載された一九〇三年七月現在の児童の通学町名によった。又、工場は、『東京市統計年表第2回』(一九〇四)の「私立諸工場」によった。

(23)『取材ノート6』には次のようにある。「三十四年四月三日、神武天皇祭とて、茶を喫していた時、若月、山田の命にて来る」(四頁)と。若月とは、若月熊次郎のことで、当時東京市教育課の事務員。山田は、教育課の課長心得、山田久作のこと。

(24)『取材ノート6』、一二～一三頁。

(25)同上、一八頁。

(26)同上、三〇頁。

(27)(28)同上、一七頁。

(29)履歴については、添田知道による『学校要覧』(万年小学校)の写し(知道遺品)の最後に付された「坂本竜《ママ》之輔履歴書」によった。又、校長内諾については、東京市万年尋常小学校『大正九年度末報告』、二一～二三頁。

(30)『取材ノート6』、一八頁。

(31)坂本は一九〇一年、高等師範学校の嘱託教師となり、「特殊小」の経営に深くかかわるまでは附属学校の第三部の教師をしていた。その時の第三部の部長が村田宇一郎であった。村田とはその後も「特殊小」経営についての報告、相談等、交流があった。

(32)『取材ノート6』、一八頁。

(33)予算をはじめとして、たとえば、特殊小における夏季休業の廃止、理髪・沐浴設備の設置、義務就学年限延長の際の夜間教授の実施など、これらはみな、万年小あるいは坂本が口火をきったものである。

(34)一九〇三年二月九日から七月三一日の学級担任の中には坂本はいない。(坂本龍之輔「東京下谷万年小学校の状況」『初等教育教材研究』2-5、一九〇四、五、五)。又、注(29)の『学校要覧』によれば、一九一四年から三年間を除いては(この場合も、学級担任のない代用教員名が横に付されているため、実際に坂本が担当したか否かは定かでない)少なくとも、一九〇四年九月七日現在以降、退職に至るまで、坂本は学級を担当していない。ただ、一九〇四年九月七日現在の記録には、修身、手工の担当として、坂本の名が記されている。

(35)『取材ノート6』、五六頁。

(36)坂本龍之輔「東京下谷万年小学校の状況」(『初等教育教材研究』2-3、一九〇四、三、五)、六〇～六一頁。これに関する以下の引用も同じ。

(37)前掲『大正九年度末報告』、九〇頁。

(38)同上、九三頁。なお、通俗教育談話会は、文部省の通俗教育調査委員会の援助を受けていたようである。調査会の成立は、一九一一年五月であり、一九一三年には費用削減、廃止に至っている。そのため、この年二月に万年会(万年小学校の後援会）がつくられ、この事業を引き継いだものと思われる。（東京市社会局『東京社会事業名鑑』一九二〇、一四〇頁、参照。）
(39)『取材ノート7』、二六頁。及び、『第5回東京市学事一斑』（東京都公文書館蔵）五頁。なお、後者については、清水寛氏（埼玉大学）の御教示で全文に接することができた。
(40)『取材ノート7』、三〇頁。
(41)前掲『大正九年度末報告』、九〇頁。
(42)中内敏夫、川合章編『日本の教師5』（明治図書、一九七四）、三六～三七頁。（里見実執筆）参照。
(43)高野桂一著『学校内部規程の研究』（明治図書、一九七六）、九一頁。
(44)宮坂広作著『近代日本社会教育史の研究』（法政大学出版会、一九六八）、四八～四九頁。
(45)たとえば、感化院は、感化法第八条によって、「感化院長ハ在院者及仮退院者ニ対シ親権ヲ行フ」とされ、寝泊りを伴う入院機関であった。そのため、親権は法的及び実質的に保護者から剝奪された。
(46)『取材ノート6』、七四～七五頁。及び前掲『大正九年度末報告』、三五～五〇頁、参照。
(47)『東京市万年尋常小学校概覧第二』（一九〇四）九頁。なお、坂本龍之輔「東京市万年尋常小学校」（『東京教育雑誌』一九〇八、二）八～一〇頁も参照。
(48)『第5回東京市学事一斑』、三頁。
(49)横山源之助著『日本の下層社会』（岩波文庫、一九四九、原本は一八九九年発行）三六頁。
(50)『取材ノート6』、四三頁。
(51)同上、四八頁。
(52)『取材ノート5』、三〇頁。
(53)『取材ノート7』、二八頁。
(54)同上、七五頁。
(55)前掲『大正九年度末報告』、七四～七五頁。
(56)同上、四一頁。
(57)『取材ノート7』、一五頁。
(58)『第5回東京市学事一斑』、五頁。
(59)特別裁縫科は、注54)、特別手工科については、坂本龍之輔「所謂細民教育なるものに就て」（『慈善』一九一五、一）、六二頁、参照。
(60)『東京市万年尋常小学校要覧（未完）』（一九〇八年頃）、一〇～一一頁。
(61)同上、三頁。
(62)『取材ノート5』、四七頁。
(63)坂本「細民教育の過去現在并に将来」（『教育界』一九一五、三、第一四巻五号）一七頁。
(64)『取材ノート』、八頁。
(65)同上、七頁。
(66)『感化救済小観』（内務省、一九一〇、六）、一頁。
(67)『取材ノート11』（添田による戸野周二郎よりの取材記録から）。
(68)『取材ノート8』、七五～七六頁。

別役厚子博士
学位論文・目次と概要
（概要翻訳）

The formation and impact of the Scottish Evangelicals' programme for working-class education, 1818-1846
—including its influence in post-Meiji Japan

Atsuko Betchaku

PhD

The University of Edinburgh

2006

Contents

Abstract	vii
Acknowledgements	viii-ix
Declaration	x
List of Abbreviations	xi
Notes on Japanese terms and titles	xi

Introduction 1

Chapter I St John's experiment in the history of Glasgow Town's Hospital: 1733-1818 19
1. Glasgow Town's Hospital and educating children for industry 21
2. Supporting industrious families and education for social duty 24
3. Reform of the poor relief system and Chalmers's programme 27
Appendix for Chapter I 31
Illustration I-1 Picture of Glasgow Town's Hospital in 1733 31
Table I-1 Background information on entry and departure of the children of Glasgow Town's Hospital : 1741-1743 32
Table I-2 Payments for 'adopted children' to the Town's Hospital— 1802-1817 33
Table I-3 Distributions of scholars of charity schools in Glasgow 1783 & 1787 34
Figure I-1 Assessment and costs of indoor and outdoor pensioners of the Town's Hospital— 1791-1817 35

Chapter II The St John's experiment 36
1. The ideas behind the experiment 37
(1) The mechanism of the Scottish parochial system family as the core 38
(2) Forming habits of education through the parochial school 42
(3) The role of religious influence in the parochial system 44
2. The commencement of the St John's Experiment 46
(1) The structure and agents of the St John's Experiment 47
(2) Statistical survey of the parish and influence of Sabbath schools 49
(3) Stimulating family responsibility 52
3. Organising Sabbath schools and parochial schools 57
(1) Extending Sabbath schools using the local system 57

(2) The formation of parochial schools in the parish 60
(3) Transformation of charity schools into parochial schools 64

Appendix for Chapter II 68

Map II-1 St John's parish in 1818 in comparison with the division of the city of Glasgow in 1780 68
Map II-2 The Original 25 Visitation Districts in St John's Parish 69
Table II-1 The Results of the St John's Moral and Educational Survey in 1819 70
Table II-2 Children attending Sabbath schools and their religious background in St John's parish in 1819 71
Table II-3 Elders, Deacons and Sabbath school teachers in St John's 1819-1820 75
Table II-4 Teachers of the Tron Sabbath School Society in April 1819 77
Table II-5 Sabbath school teachers admitted at monthly meetings of St John's Sabbath School Society: June 1819-Aug. 1823 78

Chapter III The termination of the experiment in the context of its new developments 79

1. New programme of infant schools inspired by the experiment 81
(1) Importing infant schools from England to Scotland 81
(2) Stow's aims of founding the Glasgow Infant School Society 85
(3) The GISS's connection with St John's experiment 88

2. Development of the educational methods in infant schools 90
(1) Establishment of the Edinburgh Infant School Society 90
(2) Development of intellectual education by Stow 95
(3) A new footing for national education 100
(4) Some views promoting a national system of education 102

3. Termination of the St John's experiment 103
(1) Extending Sabbath schools in Glasgow and beyond 104

(2) The role of Sabbath schools and its new adaptation to the city mission 108
(3) The termination of the experiment in the new framework 110
Appendix for Chapter III **115**
Table III-1 Innovations related to Sabbath and infant schools between 1816 and 1829 115
Table III-2 Office Bearers of the Glasgow Infant School Society—1827-30 116
Table III-3 Office Bearers of the Edinburgh Infant School Society in 1832 and 1835 120
Table III-4 Numbers of articles in different categories in The Glasgow Infant School Magazine in 1832, 1834 and 1835 123
Plate III-1 Annfield Juvenile Parochial School in St John's 124
Table III-5 The incomes of St John's parish between 1819 and 1835 125
Table III-6 The expenditures of the funds of St John's between 1819 and 1835 126
Table III-7 The state of income and expenditure of St John's between 1820 and 1833 128

Chapter IV The training system and the Glasgow Normal Seminary 129
1. Stow's training system in connection with Chalmers's theology 130
(1) Chalmers's theology of conscience and Stow's moral training 133
(2) The method of moral training 139
(3) Bible and secular intellectual training and its curriculum 142
(4) 'Picturing out' and Bible intellectual training 146
2. The establishment of the Glasgow Educational Society 151
(1) The background to the Glasgow Educational Society 152
(2) The establishment of the Glasgow Educational Society 155
(3) The approach to government aid for parochial schools 162

(4) Establishing a normal seminary of the Glasgow Educational Society 166

3. The foundation of the Glasgow Normal Seminary 171

(1) Interdenominational and independent character of the normal Seminary 171

(2) The first government grant to a normal seminary in Britain 175

(3) Teacher training courses of the Glasgow Normal Seminary 178

Appendix for Chapter IV 184

Table IV-1 'Elements of Science' in secular training lessons—Tuesday and Friday weekly course of stage II 184

Table IV-2 The office bearers of the Glasgow Educational Society 1834-39 186

Table IV-3 The teachers of the Normal Seminary—1837, 1839, 1841 192

Figure IV-1 Gallery in an infant school 193

Figure IV-2 Training schools—the infant department and the juvenile department 194

Figure IV-3 Ground floor plan of the Glasgow Normal Seminary shown in 1841 194

Chapter V Impact of the training system in Britain and beyond 195

1. The impact of the training system on government policy 197

(1) The influence of the training system on Kay's promotion of education 198

(2) Proposal for a government normal school based on the training System 203

(3) The training system in government policy 207

(4) Extending normal schools (seminaries) under the CCE 210

2. The influence of the GNS within Scotland 212

(1) The students of the GNS 213

(2) The influence of the training system in Scotland 216
(3) Decline of the schools using the training system 219
3. Influence of the training system outside Scotland 220
(1) The adoption of the training system in England & Wales 221
(2) The introduction of the training system in Australia 225
(3) The introduction of the training system in the West Indies 227
Appendix for Chapter V 230
Map V-1 Locations and schools from which teachers went to the Normal Seminary and to which teachers were appointed by April 1837 230
Table V-1 The schools in Glasgow and its surrounding areas influenced by the training system by April 1837 232
Table V-2 Infant schools in Scotland with government grants—1834-1842 233
Table V-3 Dissenters and the development of their Sabbath schools in Glasgow and its suburbs 234
Figure V-1 School of the probationary ward in Parkhurst Prison 235

Chapter VI A new framework of working-class education in Scotland 236
1. The transfer of the GNS after the Disruption 238
2. The government's attitude towards the distress of Paisley 241
3. The approval of Scottish evangelicals' programme on pauperism in the poor law report of 1844 245
4. Forming a new framework educating the working-class children 249
Appendix for Chapter VI 256
Table VI-1 Numbers of adult classes in Glasgow—1838-1843 256

Chapter VII The influence of the Chalmers-Stow programme in Japan: 1878-1918 257

1. Sending a Japanese government official to the GFNS 260

(1) The promotion of the western educational system and patriotism 261

(2) Nishimura Tei's interests before visiting Britain 264

(3) Nishimura's studies in Britain 266

2. Stow's influence on Japanese normal schools 271

(1) Introducing British school management theories 272

(2) Stow's influence in British school management theories 275

(3) Stow's influence on Nishimura's book 277

(4) The rise and fall of British school management theories 284

3. Chalmers in the context of urbanising Japan 290

(1) Emphasis on education in Japanese poor relief policy 291

(2) The visit by two experts to Glasgow searching for new policies on the poor 295

(3) Discovering Chalmers's ideas in the Home Department 301

Conclusion 309

Bibliography 316

Abstract

This thesis analyses the formation of the Scottish Evangelicals' educational programme for working class children which centred on moral education and was backed by family visitation, and its impact on Scotland and beyond, during the period between 1818 and 1846. To show its lasting influence, the case of post-Meiji Japan is also discussed.

In particular, this study highlights three aspects of the programme which have not been considered properly in previous works: (1) education was combined with family visitation by moral agents in the community; (2) the programme can be seen as a part of the 'British Enlightenment'; (3) it had a close association with the government after 1834. All three elements were an essential part of the programme.

Thomas Chalmers's experiment in Glasgow was its starting point. To place this experiment in the history of the poor relief system and the British Enlightenment from the eighteenth century, the history of the Glasgow Town's Hospital is discussed in relation to ideas of various enlightenment thinkers. The experiment, based on the analysis of human nature, attempted to keep the family united as the basic unit of poor relief, by restricting relief and establishing parochial schools. Christian instruction through visiting agents to families such as elders and Sabbath school teachers was, however, considered decisive for this purpose. After 1834, a new development of infant schools led to a national movement of education by the Scottish evangelicals, combining the elements of the experiment with David Stow's methods of education. This movement aimed to save the existing order of society, the nation and the established church. In promoting this movement, the Glasgow Normal Seminary for teacher training played a significant role, backed by the government. This thesis shows the enduring legacy of the programme in Scotland, its success and failure in the rest of Britain and certain British colonies, and the way Japan was later influenced by it.

別役厚子　博士論文概要

この論文は労働者の子どもたちのためにスコットランド福音派によってなされた教育プログラムを分析するものである。この教育プログラムは道徳教育に焦点を当てたものであったが、それを支えたのは家庭訪問であった。プログラムは1818年から1846年の間に実施されたものであるが、スコットランドにとどまらない影響力を持つものであった。その影響がその後も続いたことを示すために、明治以降の日本についても言及する。

特に、本研究では先行研究で適切に評価されてこなかったこのプログラムの3つの側面に焦点を当てる。第一に、教育が、共同体の道徳の体現者たちの行う家族訪問と結びついていたこと、第二に、このプログラムは「イギリス啓蒙」の一部であると見なしうるものであったこと、第三に、1834年以降このプログラムは、政府と密接な関係を持っていたことである。これら3点はプログラムの最重要部分をなすものであった。

トーマス・チャマーズのグラスゴーでの実験がこのプログラムの端緒となった。この実験を救貧制度と18世紀以降のイギリス啓蒙の歴史に位置づけるために、グラスゴーのタウンズ・ホスピタルの歴史を、様々な啓蒙思想家の思想との関係から検討する。この実験は人間性の分析に基づくもので、救貧を制限し、教区立の学校を作ることで、救貧の基礎的単位としての家族の結合を維持しようとした。しかし、大人たちや教会の日曜学校の教師など、家庭訪問の担い手たちによって伝えられる教会の教えが、この目的のためには決定的に重要だと考えられていた。1834年以降には、新しく発展してきた幼児学校が、スコットランド福音主義者たちによって国民的な教育運動となっていくのであるが、それは、ディヴィッド・ストウの教育法とこの実験の諸要素とを結合させたものであった。この運動は、既存の社会秩序、すなわち国家や教会の維持を目的としたものであった。この運動が展開する際には、政府から支援を受けていた教員養成のためのグラスゴー師範学校が顕著な役割を果たした。本論では、スコットランドにおけるこのプログラムの遺産が永く継承されたことを示すとともに、スコットランド以外のイギリスやイギリス植民地、そして日本にも後年、良きにつけ、悪しきにつけ影響を与えたことを示すものである。

「存在証明」としての学問
——解説に代えて

駒込　武

一　本書の構成

本書は、別役厚子による著作のなかで、添田知道（一九〇二～一九八〇）著『小説教育者・取材ノート』（以下『取材ノート』）にかかわる翻刻と解題、および『小説 教育者』の主な舞台とされた万年尋常小学校と坂本龍之輔にかかわる論文二篇を収録したものである。あわせて、別役厚子の年譜・著作一覧、スコットランド留学後にエディンバラ大学に提出した英文学位論文（二〇〇六）の要旨と日本語訳を掲載している。

第Ⅰ部「添田知道『小説教育者・取材ノート』を読む」は、一九九三年から九六年にかけて、高知短期大学『社会科学論集』に七回に分けて連載したものである。[1] 原著では解題と翻刻をあわせて掲載する形式をとっていたが、本書では解題部分、翻刻部分を別々にまとめて掲載することとした。

第Ⅱ部に収録したふたつの論文のうち、「Ⅱ‐1　東京市「特殊小学校」の設立過程の検討——地域との葛藤に視点をあてて」は一九九五年、「Ⅱ‐2　東京市万年尋常小学校における坂本龍之輔の学校経営と教育観」は一九九一年に発表された。[2] 本書収録にあたって横書きを縦書きに修正したほか、算用数字を漢数字に改めた。

本書に収録したもののなかでは、Ⅱ‐2の論文の発表がもっとも早く、その後、一九九三年から九六年にかけて『取材ノート』の解題・翻刻を連載、その終わり近くにⅡ‐1を発表したことになる。本書の構成が発表年代順となっていないのは、『取材ノート』の翻刻と解題が質・量ともに別役による仕事の中核を占めるという判断によるものである。『取材ノート』の翻刻と解題がいわばよく掘り起こされた土壌だとすれば、二編の論文はこの土壌にしっかりと根を張った実りであった。実際、論文Ⅱ－1で万年尋常小学校が「特殊小学校」として設立された過程をあらためて検証しているのは、『取材ノート』の内容がこうした課題に取り組むことを要請していたからと考えられる。以下、添田知道著『小説 教育者』、およびその『取材ノート』はどのようなものであったのか。また、別役厚子による読みの特質はどのようなものであったのか。解説に代えて記すこととしたい。

二　添田知道著『小説 教育者』の世界

添田知道著『小説 教育者』は、第一部から第三部が一九四二年・四三年に錦城出版、第四部が一九四六年に増進堂から刊行された。その後、何度かの復刊を経て、一九七八年に玉川大学出版部より「新版」が刊行された。新版第一部の添田による「あとがき」によれば、玉川学園長だった小原国芳（一八八七〜一九七七）の遺志により、玉川大学出版部が再刊を引き受けたという。新版のオビの宣伝文句は、『小説 教育者』がどのような受けとめ方をされていたかを考える手がかりとなる。

（オモテ）

教育とは何か　教育者とは何か！

教育の荒廃と危機が叫ばれている現今、このノンフィクション、坂本龍之輔の生涯こそ、その問に応えてくれる総ての教師、総ての親たちの必読不朽の名著である

（ウラ）

■第一部　坂本龍之輔

明治の典型的な師範学校を卒業した龍之輔は、山深い僻村の小学校で、大胆な自律の教育を展開する。

■第二部　村落校長期
政治熱に狂った土地にとび込んだ彼は、外には教育の純正を守り、内には学習意欲の伸長をはかる。
■第三部　荊の門
上京した彼は、病める都会の救われざる子らに涙して日本最初の貧民学校創設にいのちをかける。
■第四部　どぶどろの子ら
いかなる子も、持って生まれた能力を無限に伸す権利があると、ペスタロッチにも比すべき教育愛に燃える。

書籍のオビの宣伝文句は、一般的に出版に携わった編集者の腕の見せどころである。このオビの言葉も、小原国芳の言論をふまえて、玉川大学出版部で営業的な顧慮を含めて考えたものと思われる。小原は、戦前期に長く成城小学校主事だったことに象徴されるように、成城小の創設者・沢柳政太郎（一八六五～一九二七）と近い関係にあった。「教育者」という言葉を広めたのは、その沢柳である。近代日本の教師像に関する寺﨑昌男の研究によれば、沢柳は『教育者の精神』（一八九五）と題する著書のなかで「教員」という言葉と「教育者」という言葉を注意深く使い分けながら、貧窮の中の孤児の教育に専念したペスタロッチを「教育者の精神」の体現者として紹介し、子どもへの献身の大切さを説いた。小原の教師論も、その延長線上にあった。(3)「ペスタロッチにも比すべき教育愛」を強調するオビの言葉は、そうした明治以来の教師像の延長線上で、この小説を受容し解釈する磁場が連綿と存在してきたことを物語る。しかも「ノンフィクション」という言葉にもあらわれているように、「日本最初の貧民学校」で「教育愛」に燃えて挺身した教師・坂本龍之輔（一八七〇～一九四二）の物語は、単なる作り事ではなく、事実に即したものとみなされてきた。

戦後の教育学・教育史研究では「教育愛」に燃える聖職者的な教師像を「観念的」として批判する言論が支配的となる一方、教育現場では貧窮児童の教育に従事する教師の姿に感応する基盤も根強く存在し続けてきた。添田知道による『小説 教育者』は、一見すると、後者の系譜に位置づくものと思える。しかし、別役の研究が明らかにしているのは、実はそうした教師像をいわば内側から食い破ろうとするものだったのではないか、ということである。この場合の「内側から」とは、具体的には添田自身が「貧民学校」で坂本から学んだ生徒の一人だったことを意味する。かつての生徒の一人として坂本に感謝の念を抱きながら、同時にその思想や言動を批判的にとらえるにいたる紆余曲折に満ちた過程……。本書で別役厚子が『取材ノート』の翻刻作業とその解題を通じて浮き彫りにしたのは、坂本と添田の間のうるわしい「師弟愛」などではなく、「日本最初の貧民学校」「特殊小学校」において教師だった者と生徒であった者の厳しい対話、それも葛藤と苦悶に満ちた対話であったということができる。

三　坂本龍之輔と添田知道の対話

坂本龍之輔は、一八九一年に神奈川師範学校を卒業して教師生活をはじめ、一九〇〇年に上京して東京市下谷区の練塀尋常高等小学校の訓導に就任した。高等師範学校附属小学校の嘱託教師を経て、一九〇二年一〇月に下谷の万年尋常小学校の訓導兼校長に就任した。万年尋常小学校は、東京市が貧困な家庭の子どもを対象として設立・運営した「特殊小学校」の最初の学校であり、二六年まで存続した。「貧民窟」に暮らす子ども――戸籍には登録されていない「無籍者」も少なくなかった――を学校に通わせるために、一般の公立小学校では徴収していた授業料を非徴収としたり、学用品貸与などの便宜を取りはからっていたりした。坂本は、二一年に病気退職するまで同校の訓導兼校長であり続けた。

添田知道は、演歌師だった父・亞蟬坊に連れられて一九一〇年に下谷区のいろは長屋に移り住んだ。万年尋常小学校への入学が何年かは定かではないものの、一一年時点で第三学年に在学していたのは確かとされる。一五年に卒業し、坂本の斡旋で篤志家の給費生となって日本大学附属中学校に入学したが、一六年に中退した。中退の理由も定かではないものの、別役によれば、添田は亡くなる直前の対談で「中学校で万年学校出というのが大評判なんだよ。いまでいう差別の目だな」と回想しているという。その後、関東大震災を契機としていろは長屋はつぶれ、添田は父の跡を継いで演歌師となるものの、やがて文筆活動も始めることとなった。

一九二八年には万年尋常小学校同窓生による龍生会が発足、「万年学校出」であることを「恥辱」と感じる同窓生が圧倒的多数という状況のなか、添田は『龍生会々報』第二号に「今の時代にあっては、『貧乏に生まれて来ること自体が罪悪である。』この事に対して、猛烈に抗議を続けられた坂本先生は豪いと拝察する」という文章を寄せた。しばらく時間をおいて、一九四一年から添田は『小説 教育者』執筆のために病床の坂本を自宅に訪ねて聞き取りを重ね、坂本の日記(「偲草」)や自伝的記録(「岩間の清水」)を書き写す作業をおこなった。この作業のさなか、四二年三月、坂本は逝去した。

本書で別役厚子が翻刻した『取材ノート』は、坂本からの聞き取りの記録や日記などの写しから構成されている。ざら紙を二〇枚前後重ね、ハトロン紙で表紙をつくり、ふたつの穴を開け、紙をよってつくった紐を通したものである。『取材ノート』1から4は現存せず、5から11までの七冊が現存、別役はそのうち5から9までを翻刻している。添田はこうした取材活動を元にして『小説 教育者』第五部以降も書き継ごうとしていたが、生前には果たせなかった。別役も、『取材ノート』10および11の翻刻を企図していたが、やはり生前に果たすことはできなかった。この点では、添田による執筆も、別役によるその翻刻・紹介も未完である。だが、たとえ未完だったとしても、あるいは未完だからこそ、葛藤と苦悶に満ちた対話——そこには添田と坂本の対話ばかりではなく、別役と添田の対話も重ね合わされている——の記録は、わたしたちの思考を触発する内容に満ちている。

詳しくは本書の内容をご覧いただくとしても、別役の重視している、ふたつの文章にあらかじめ注意を促しておきたい。ひとつは、一九四三年二月に添田が『小説 教育者』第三部の「後記」として記した文章である。(4)

特殊学校の事は、忘れられてしまふにはあまりに貴重な教育史上の事実であった。仕事の特殊性の故ばかりでなく、教育の最も心核を摑んだ事業であったと信じられるからであるが、その記録の湮滅は、同時に坂本龍之輔の忘失となるのである。それが私には耐へられぬ、寧ろ憤りであった。（本書二一頁）

ここには自ら「特殊学校」に学んだ者として、それが「教育の最も心核を摑んだ事業」だったのだという誇りと、それが「教育史」上において消されていくことへの「憤り」が刻み込まれている。このように「特殊学校」と坂本の活動の意義を評価している点では、玉川大学出版部のオビの宣伝文句とさほど懸隔があるようには思えない。むしろ「特殊小学校」の生徒という当事者の立場から、宣伝文句を裏書きするようにも思える。

だが、他方で、添田は一九四六年一月五日の日記において、『小説 教育者』第四部を脱稿したばかりの状況で次のように記してもいる。(5)

龍之輔が真理の追求がついに出来ず、寂しく死んだといふことを考へる。だんだんそのかたちがはっきりして来た。子供に教へられて進むのだといった彼が、結局子供をほんたうに摑むことが出来なかった。それはつまり彼がやはり観念の世界に止まっていたといふことだ。あれは技術者であった。人間ではなかった。それ故に多くの悲劇をみ、自らもそれで終った。龍之輔の、人間である具体が、それをさびしく感じていたのだ。しかもそれを発見することが出来なかった。（本書一五頁）

ここには「人間である具体」を重視する立場からの、坂本龍之輔への厳しい批判をかいまみることができる。かたや戦争中に公刊された小説の「後記」であり、かたや敗戦直後に著された日記である。そこに評価の違いがあっても当然ともいえる。ただし、戦争中の「後記」は、一九七八年刊行の新版でもそのまま掲載されている。他方、本書において別役厚子が試みているように、『取材ノート』に記された坂本の語りを小説と引き比べてみるならば、「技術者」ではあっても「人間」ではなかったという感懐への伏線が、敗戦前から徐々に形づくられていたことがわかる。

四　『取材ノート』と『小説　教育者』のあいだ

それでは、『取材ノート』にどのような人びとの姿が描かれていたのか。

そこには歴史に名を残す著名人も少なからず登場する。たとえば、早稲田の創始者大隈重信や家庭学校の創始者留岡幸助が万年尋常小学校の参観に来、東京高等師範学校教授棚橋源太郎や乙竹岩造が坂本龍之輔の東京高師附属小勤務時代の知り合いとして登場し、政治家尾崎行雄が東京市長として交渉相手となる。「特殊小学校」の校長が、単に「教育愛」に燃えて授業をするだけではなく、役所と交渉して資金集めをしながら、この事業の意味を社会的にアピールすることに腐心していた様子がよくわかる。それだけでも貴重な『取材ノート』であるものの、さらに重要なのは「貧民窟」に暮らす無告の民の姿が、坂本の目を通じて具体的に描き出されていることである。本書の読者そのものが、その悲惨でもあり、猥雑でもあり、神聖とも感じられる世界に自ら分け入ることを願いながら、あらかじめその一端をのぞいておこう。

『取材ノート』には、たとえば、「女は売られる、男は徒弟、それがおほよそ露路の子供を待つてゐる運命である」という坂本龍之輔の語りが書き留められている。具体的なエピソードも数多く記されている。娘に「醜業」を辞めさせるように諭したところ、それならば、衣食住を支える正業を周旋せよ、その力もないのに誹謗中傷するのは不都合だといって、酔っ払って教室に土塊や石つぶてを投げ込む。坂本はやむをえず顔役を通じて金品を与え、授業妨害をとめさせる。このエピソードは『小説　教育者』にほぼそのまま取り入れられるものの、他方で「貧民窟」に暮らす人びとをめぐる坂本の感懐は、しばしば小説では省略される。貧民学校の目的は「貧民なるものの根絶」にあるというノートの言葉が、小説では「この種学校を必要とせざる状態の招来」にあると書き換えられ、「根絶」という言葉が消える。あるいは、「貧民窟のものとは思えぬ品位あり」というノートの言葉が、小説では単に「おとなしそうな子だ」と言い換えられる。

別役厚子は、こうした書き換えや省略ひとつひとつ丁寧に拾い上げながら「貧民窟のものとは思えぬ」という表現は「貧民窟」=品位がないという先入観を前提としていることに注意を促し、添田はこうした坂本の語りに違和感を覚えて、小説ではあえて略したのではないかと解釈する。さらに、現実の坂本が「国家社会の損失」という観点から「貧民教育」を考える発想を抜け出すことができなかったのに対して、添田が小説のなかで描いた坂本は葛藤の末に「子どもの権利」という思想をつかんでいく人物として描かれていると指摘し、次のように記す。「添田の書き換えや書き加えには、そうした彼の坂本への問いであり、抵抗であり、そして批判でもある表現がかいま見られるように思われてならない」。

添田自身が坂本の言動をどのように記述し、どのように受けとめるべきかを迷っている。さらに、添田のノートを読み込む別役厚子がその添田の迷いをどのように記述し、どのように受けとめるべきかを迷っている。いわば「上から目線」の恩恵的な発想に対して添田は反発し、別役もこの反発に共振する。しかし、それならば「教育」や「学問」とはつまるところそうしたものなのだと批判すればよいかといえば、そのように割り切ることもできない。「特殊学校の事」が「忘れられてしまふにはあまりに貴重」であることはやはり否定できないのである。こうしたディレンマのなかの身もだえともいうべきものを捉えることこそが、別役による研究の主題といえる。このディレンマをうまく解決することができなかったからこそ、添田は『小説 教育者』を全一〇部で完結させる構想を持ちながらも、第四部の続きを書き継ぐ作業を断念することになったと別役は解釈している。

「教育愛」とか「教育者精神」という言葉がリアリティをもって感じられる現実があることを、添田も、そして別役も否定しない。しかし、これらの言葉が「観念」として上滑りしていきがちな状況のなかで、どこまでも「人間としての具体」に迫ろうとする意思こそが添田の執筆活動を支え、別役による翻刻・解題執筆の作業を支えていた。この小文の最初に聖職教師像を内側から食い破ろうとするものと書いたゆえんである。だが、坂本自身は自らの演じた教師像を十分な深さにおいて省みることなく、道半ばにして亡くなった。添田は、そのことについて敗戦直後の日記で次のように記している。「喋らせることだけ喋らせて、さてと直って二人で追求をはじめてみるつもりで、間に合わなかったことが、今又残念だったと痛感する。喜ばせて死なせた。最後的検討をせずに、さっさと行ってしまった。ずるいぢゃないかとも思ふ。われ一人になってそれを苦しむのだ。やれやれだ」[6]。本来ならば、坂本を「喜ばせ」るのではなく、痛切な自己省察へと向かわせる予定であった。かつて教師であった者とかつて生徒であった者の共同作業として。しかし、果たせなかった。別役はそこに添田の「苦しみ」を認めながら、「添田の「苦しみ」を理解し、癒すことが、単なる活字化ということを越えて、この紹介作業の基本的な目的にならなければならない」と記し、それはまた「添田が「教育」なるものに問いかけた、ある根源的な問いを受けとめきるということでもある」（本書一八頁）と記している。「教育」にかかわる「ある根源的な問い」とは何か。それを「受けとめきる」とはどのようなことか。こうした問いに迫るための多くの手がかりが本書には示されているものの、答えが示されているわけではない。さらなる追求は、私たちの課題として残されている。

五　「学問を日光の如くあらしめよ」

最後に若干の個人的な感懐を記しておくことにしたい。

別役が亡くなる前の年、一時帰国中の別役と京都駅近くで会った際に、添田知道『取材ノート』の翻刻と解題をぜひ一書にまとめるべきだと話したところ、「自分としても、できればそうしたい」という返事がもどってきた。どのように一書にまとめるのか、本来ならば別役自身と相談しながら作業をしたかったのだが、果たせなくなってしまった。「やれやれだ」は、筆者自身の感懐でもある。だが、本書をまとめる作業の中で不思議に元気づけられる思いもしたのはなぜだろうか。

実のところ、別役厚子が本書に収められた翻刻と解題を『高知短期大学紀要』に連載していた一九九〇年代前半、筆者にはその意味がよくのみ込めていなかった。「癒し」のように「文学的」でもあり、「宗教的」ですらある表現は、「研究」という場に持ち込むべきではないと感じてもいた。今だから白状するならば、「暑苦しい」研究をしている「暑苦しい」人だというのが、正直な感想であった。ただ、添田による手書き文字の判読に苦労しながら、「やはり意味がわかると、文字も判読できるんだね！」とうれしそうに話していたことは印象的であり、地道な判読作業に敬意を感じてはいた。

その後、自分の受けとめ方は変わった。

ひとつの要因は、別役の生きざまの凄さともいうべきものを身に沁みて感じたからだった。たまたま別役がスコットランドのエディンバラに渡った一九九六年、筆者は文部省在外研究員としてスコットランドのグラスゴーに滞在することになった。電車でわずか一時間の距離、どちらも日本人のあまりいない街。否応なくあれこれと話しはじめた。その後、筆者は一年間の滞在を終えて国立大学助教授の職に復帰したが、別役は高知短期大学の職を投げ打ち、エディンバラでスーパーのレジ打ちなどの職を転々とし、ホームレスのための施設に寝泊まりしたりしていた。たまに資料調査などのためにエディンバラを再訪したときには、生活上の困難をあまり気にした風でもない別役と語り合いながら、日々の生活の糧が明日はどうなるかわからない生活は、自分ならばとても堪えられないと感じた。自分自身が自らの主観的な思いに反して「家族」とか「大学」とか「国家」による組織の庇護に依存しており、「寄らば大樹の陰」的感覚から自由ではないことを痛感させられた。別役がそうした生活の中で二〇〇六年に学位を取得したことは、さらなる驚きだった。一九世紀のスコットランドにおける貧民救済事業の慈恵的性格を問い直した博士学位論文は、万年尋常小学校をめぐる問いをさらに普遍的位相で追究しようとするものだった。エディンバラに渡った当時、英文書一冊を読むのにも時間がかかりすぎると嘆いていた姿を知るだけに、その後一〇年間の歳月の重みを感じざるをえなかった。

もうひとつの要因は、自分の研究が意外にも別役の研究と近いところにあることを発見したことであった。万年小学校創設にあたって近隣の長屋を訪れた坂本龍之輔は、長屋の住人たちが自分の年齢も子どもの年齢も知らないことに驚き、たじろぐ。植民地における教育の歴史を専攻している筆者は、植民者たる日本人の形づくる世界と、被植民者の世界のギャップを気にかけてきたが、世界の亀裂は「植民地」に限られたものではないことに気づかされた。さらに、その長屋で育ちながらのちに「物書き」となった添田という人物をどのように論じるべきか。添田という「書く」主体を問うことは、添田について「書く」自分自身を問うことにならざるをえないという問題も、気づいてみれば、他人事ではなかった。ポストコロニアル・スタディーズやサバルタン・スタディーズとして総称される理論も、「植民地支配を書く」というときの「書く」という行為自体が植民地主義的な関係の再生産につらなるのではないかという問いを鋭く突きつけていたからである。

「書く」ということは、いわば支配することである。しかし、その自覚の前に立ちすくむだけならば、「書く」ことから疎外された人びとの世界は、なかったものとされてしまう。なんのために、誰に向けて書くべきなのか。自らが「書く」ことにまつわる責任に自覚的だった別役は、そうした八方ふさがりのディレンマに早い段階から向かい合っていたからこそ、添田の「苦しみ」を「癒す」ことが翻刻と解題の目的になるべきと言い切ったのではないか。論文Ⅱ－1や論文Ⅱ－2で別役は、多様な公文書資料とつきあわせて、この貴重な『取材ノート』を「分析」的に利用している。そうした方向でこの研究を発展させることも可能だったはずである。別役も、きっとそのことは否定しないだろう。だが、研究的な作業にかかわり続けることの意味にかかわって、まずどうしても向かい合わねばならない課題があったということなのだと思う。

別役は、添田による坂本の伝記の執筆活動は「添田自身の存在証明」でもあったと語る。この表現を借りるならば、本書に収められた文章は、別役自身の「存在証明」でもあったということになろう。「存在証明」は、他者と比べたり、競い合ったりするなかでなされるものではない。結果として「文学的」になったり、「宗教的」様相をたたえることになったりすることもあるものの、それも本質的な問題ではない。お宝のように誰かが所有したり、分配したりできるものでもない。大切なことは、自らの「存在」がそこに込められていることである。

「寄らば大樹の陰」的な世界から少しでも距離をとって、まずは自分の素足で大地を踏みしめてみること、そこで大地から伝わる感触こそが「存在証明」としての学問の酵母となる。この点で、別役が解題の最後においた添田の言葉は、「存在証明」としての学問への願いと深く呼応し合ってるように感じられる。(7)

学問が特権の具であった。学者が幇間《ほうかん》であった。かういふのは何も自分がさういふ学問が出来なかった腹いせの罵言ではない。講談浪花節にやっと興ずることしかしらぬ無智無盲の日本の民衆のために、そのひとりとして泣くのだ、智識を、学問を、日光の如くあらしめよ。空気の如く、水の如くあらしめよ。

●註

(1)初出は以下の通り。「添田知道「小説教育者・取材ノート」の紹介」(1)〜(7)、高知短期大学『社会科学論集』第六四号(一九九三)〜第七〇号(一九九六)

(2)初出は、以下の通り。別役厚子「東京市「特殊小学校」の設立過程の検討――地域との葛藤に視点をあてて」『日本の教育史学』第三八集、一九九五年。同「東京市万年尋常小学校における坂本龍之輔の学校経営と教育観」『東京大学教育学部紀要』第三〇号、一九九一年

(3)寺﨑昌男「解説」『近代日本教育論集6　教師像の展開』国土社、一九七三年

(4)添田知道『小説　教育者　第三部』玉川大学出版部、一九七八年、二二八頁

(5)添田知道『添田亞蟬坊・知道著作集3　空襲下日記』刀水書房、一九八四年、二七八頁

(6)同上

(7)添田知道『私の雑記帳　冬扇簿』素面の会、一九七九年、六五頁

別役厚子年譜・著作一覧

別役厚子年譜

一九六〇年二月　高知県長岡郡本山町本山に生まれる
中学と高校の一時期を愛媛で過ごす
一九七八年四月　高知大学教育学部入学
一九八三年四月　東京大学大学院教育学研究科修士課程入学
一九八六年三月　教育学修士号取得、翌月博士課程進学
一九九二年四月　高知短期大学に助教授として赴任、教職課程等を担当
一九九六年　英国渡航、エジンバラ大学に海外研修
一九九七年　高知短期大学退職、エジンバラ大学大学院入学、歴史学専攻
二〇〇六年　エジンバラ大学から博士学位（Ph.D of History）取得
二〇〇八年　英国永住権取得
二〇一七年二月　エジンバラにて病没

次の別役さんの文章は、別役さんの研究関心のありようとその変化を、自身の学習歴とあわせて端的に語っている。また別役さんの社会的活動のエネルギーの源泉もここに見えている。

私は経済的な事情から、学部の一年生から大学院生までを対象とした大学唯一の女子寮に住むことにしたのですが、そこでも、そして大学院でも、強烈に社会階層の違いとでもいうものを意識させられはじめます。そうした中で、徐々に、教師になりたいと思っていた自分、そうした自分を対象化するような思いで、日本近代の教師の歴史を考えることに関心を持つようになりました。さらに、博士課程にすすんでからは、近代の学校教育を特に貧困とのかかわりで問う方向に変化していきました（「イギリス教育通信」第一回、本書未収録）。

ここでは、右の文章を跡付けた上で、比較的知られていないイギリスでの活動を紹介する。

別役さんは、高知大学では小学校の教員になることを目ざして教育学を池谷壽夫さん（了徳寺大学教授）、神山正弘さん（高知大学名誉教授）らに学び、同時に学生自治会などの学生の活動に中心的に関わった。

東京大学大学院に進学して上京、白金寮に寄宿する。東京時代はずっとそこに居住し、渡英した後で帰国することがあっても、二〇一〇年の閉寮まで多く白金寮を利用した。教育哲学教育史研究室では、堀尾輝久先生（東京大学名誉教授・元民主教育研究所代表）を指導教官にしつつ、寺﨑昌男先生（東京大学・桜美林大学・立教大学名誉教授）から教育史学の薫陶を受けた。このことについては、本書「まえがき　教育実践研究への遺産」（寺﨑稿）に詳しい。大学院時代も、院生協議会の活動に積極的だった。

別役さんは九二年に高知短期大学に就職すると、九三年と九四年に科研費を得て研究を進め、精力的に大学紀要などに論文を発表していった。他方で学内では、県の教職課程閉鎖方針と闘い、またセクシャル・ハラスメントとも闘った。

高知短期大学を辞してエジンバラ大学大学院で学び、博士学位（Ph.D of History）を取得、永住権も二〇〇八年に取得したが、エジンバラ大学その他でのフルタイムの研究職を得ることはできなかった（イギリスでの体験は前引「イギリス教育通信」に詳しい）。

別役さんはスコットランドの日本人の集まりを組織して、スコットランド日本会館を創ることを目ざし、またその拡充を意図して記録映画制作を計画し、カンパを集めるなどの活動をしはじめていた。また、二〇一一年、東日本大震災が起こると日本への募金活動を提起し、その中心的役割を担いもした。最終的に集まった募金は、石巻市へ全額寄付され、震災で親を亡くした二人の子どもを石巻からエジンバラに招待することができた。「エディンバラ平和と正義のための協議会」の活動にも参加し、ヒロシマ原爆犠牲者数と同じ一四万体の折り鶴を折ろうと呼びかけていた。しかし志半ば、二〇一七年一月下旬、持病のためスコットランドの自宅でたおれ、二月上旬に亡くなっているのが発見された。スコットランドの代表的な新聞『Scotsman』のウェブサイトには、教師として、また平和主義者としての別役さんの活動を讃える追悼記事が掲載された。

大学院の同期生、及び近い学年の同窓生が呼びかけ、同年五月に本郷会館で偲ぶ会を行い、東大の関係者を中心に五〇人を超える人々が集まった。その場で遺稿集の編集と出版を提起したところ、多くのカンパが寄せられ、ご遺族からもご厚志を頂戴した。記録映画のために集めたカンパは、寄付者の同意を得て、遺稿集作成に充てることにした。

別役厚子著作一覧（＊は本書収録）

近代日本における「教員社会」の成立と「教員」からの脱出の模索（修士学位論文、一九八六年）

＊東京市万年尋常小学校における坂本龍之輔の学校経営と教育観（『東京大学教育学部紀要』三〇巻、一九九〇年三月）

「坂本龍之輔の教師としての権威を支えたもの――東京市『特殊小学校』の歴史的性格を探るために」（研究代表者宮澤康人『青年期教育における教師の権威の喪失過程の研究――アメリカを中心に比較史的視野を加えて』、平成元―平成三年度科学研究費補助金一般研究（B）研究成果報告書、一九九二年）

E・フロムにおける自立的人間像とその背景　上・下（教育科学研究会『教育』五四七～八号、一九九二年四～五月）

＊添田知道『小説教育者・取材ノート』の紹介（1）～（7）（高知短期大学『社会科学論集』六四～七〇号、一九九三年三月～九六年三月、（4）から「紹介と解説」に改題）

高知短期大学教職課程の四〇年（高知短期大学『社会科学論集』七〇号、一九九六年三月。佐藤基子との共著）

＊東京市「特殊小学校」の設立過程の検討――地域との葛藤に視点をあてて（教育史学会『日本の教育史学』第三八集、一九九五年一〇月）

The formation and impact of the Scottish Evangelicals, programme for working-class education, 1818-1846 including its influence in post-Meiji Japan（博士論文・エジンバラ大学、二〇〇六年）

Thomas Chalmers, David Stow and the St John's Experiment A Study in Educational Influence in Scotrand and Beyond, 1819-c.1850（Journal of Scottish Historical Studies 27. 二〇〇七年二月）

イギリス教育通信――イギリス多文化社会の一員として生きる　第一～八回（民主教育研究所『人間と教育』七一～七九号、二〇一一年九月～二〇一三年九月）

イギリス連立政権の教育政策――学校教育の自由競争へ（民主教育研究所『人間と教育』七六号、二〇一二年一二月）

編集後記

本書の編集には、偲ぶ会を呼びかけた荒井明夫（大東文化大学教授）、木村元（一橋大学教授）、小玉重夫（東京大学教授）、小玉亮子（お茶の水女子大学教授）、駒込武（京都大学教授）、下地秀樹（立教大学教授）、奈須恵子（立教大学教授）と川村肇（獨協大学教授）の八名があたった。

第Ⅰ部の添田知道『小説教育者・取材ノート』の翻刻と解題は、別役論文の翻刻部分と解題部分を切り離し、それぞれをまとめて収録した。細かい校訂方針は凡例に記した通りである。

別役さんの手元に置かれていた連載三回目の抜き刷りには、三色のマーカーペンを使い分けて語句や短文に印をつけ、出版された『小説 教育者』との異同や、掲載ページとの対応関係、誤記訂正、添田ノートの記述の意味を推定したメモ書き等がびっしりと書き付けられていた。これを本書に活かすことを考えたが、意図がよく分からないところもあり、断念した。ただし、誤記訂正については反映させている。

第Ⅰ部は、駒込と川村が校訂を担当し、巻末の人名索引は駒込が作成した。

本書で割愛した謝辞には、寺﨑昌男、久木幸男（仏教大学教授・当時）、藤野正（神奈川近代文学館・当時）、大木基子（高知短期大学・当時）の各氏に文字判読のお礼が述べられ、添田知道の甥に当たる入方宏氏に資料翻刻許可とインタビューのお礼の言葉がある。また玉川大学出版部から出版された『小説 教育者』の編集担当、宮崎孝延氏（玉川大学図書館・当時）に史料収集の協力を得たことが記されている。

第Ⅱ部の二つの紀要論文は、奈須が校訂した。横書きで発表された原論文を縦書きにし、図表の一部を作成し直した。ここでも明らかな誤記は訂正した。

英語で書かれた博士論文の概要は、小玉亮子が翻訳した。

別役厚子年譜・著作一覧は、川村が作成した。

最後に、多額の寄付を寄せられた上、遺品を貸与下さった厚子さんの母・操さんにお礼を申し上げます。また、寄稿の求めに快く応じて下さった堀尾先生と寺﨑先生に感謝いたします。

出版の相談に乗って戴いた東京大学出版会の後藤健介さんは、幾度もお時間を割いて下さいました。無償のご協力に感謝の言葉もありません。米田俊彦さん（お茶の水女子大学教授）から六花出版に話を持ちかけてもらい、六花出版の山本有紀乃代表は編者のお願いに即座に応えて下さいましたし、大野康彦さん、黒板博子さんは、寄せ集めの遺稿集ではなく、学術的検討に耐える立派な本に仕上げてくださいました。須永哲思さん（京都外国語大学非常勤講師）、三野和惠さん（日本学術振興会海外特別研究員）のお二人に校正の作業をお手伝い戴きました。

添田「小説教育者・取材ノート」等の閲覧・出版と写真撮影には、入方宏さんの御子息行さんの許可を戴き、県立神奈川近代文学館では、さまざまな便宜を図って戴きました。ありがとうございました。

（川村　肇）

前田利為（貴族院議員） 300
前田漾子（前田利為夫人／浪子） 300
真木喬（司法省監獄事務官） 159
松田茂（小川小学校長・東京高師附小訓導） 236, 238, 243
松田秀雄（市長） 183, 200
松山伝十郎（浅草区学務委員） 168, 251
水野重敬（下谷区学務掛） 204, 212
御園生金太郎（府学務課長・豊島師範校長） 215-217, 239, 240, 247, 252, 254, 296
三土忠造（衆議院議員） 253
峰田一歩（社会事業家） 299, 300
三町豊作（玉姫小学校長／三増） 254, 280, 298, 309, 314
三室戸敬光（宮内省書記官／御室戸・景行・ケイコー） 222, 305
宮川盛（練塀小学校教長） 140, 142-147
向山庄太郎（新富座支配人／昇太郎） 282, 290, 302, 304, 305
村上華岳（日本画家） 306
村田宇一郎（東京高師附小訓導） 141, 160, 163, 165, 172, 184, 237, 239, 240, 242
村野常右衛門（南多摩自由党員） 157, 313
茂木末吉（万年小訓導） 216, 248, 249, 275, 296, 311
元野久子（教育家／ひさ子） 292
元良勇次郎（東京帝国大学教授／元田・ユー次郎） 238, 243
森久保作蔵（南多摩自由党員・市参事会員） 157, 191, 284, 313-315
森本清蔵（東京高師附小主事／清造） 162, 166, 256, 257
守屋東（万年小訓導／守谷） 215, 216, 218, 225, 228, 230, 235, 236, 238, 240-242, 245, 248, 253, 318, 319
守屋恒三郎（市教育課長／森谷常三郎） 147, 259, 309, 310, 314

や

柳金太郎（万年小卒業生） 216, 249, 290, 312, 313
山口春吉（万年小訓導） 245
山下信義（大成協会主幹） 307
山下雅吉（万年小訓導） 314
山下域之（万年小・牛込小学校訓導） 176, 202, 212, 217-223, 225, 230, 238, 240, 246, 251, 253, 261, 269, 272, 279, 281, 282, 285, 286, 290, 291, 312- 320
山田久作（市教育課長） 140, 146, 171, 172, 178, 182-184, 186, 188-192, 200, 202, 205, 210, 213, 219, 220, 225, 226, 230, 243, 244
山野沢徳二郎（神師同窓生） 154
山脇玄（貴族院議員／げん） 292
遊佐誠一（東京高師附小訓導／岩佐） 162
芳野世経（市参事会員） 184, 191

わ

若月熊次郎（市教育課員） 172, 175-178, 183, 190, 220, 225, 226, 243, 252, 254, 261, 263, 275, 279
和田仲造（神師教諭） 155
渡瀬寅二郎（市参事会員／渡セ・富次郎・虎次郎） 185, 254
渡辺六郎（私立渡辺小学校長） 171, 190, 197

坪谷善四郎（市参事会員）　248, 299
露口悦次郎（東京高師附小訓導）　163, 166, 172
桃中軒雲右衛門（浪曲師）　290, 299, 300
床次竹二郎（内務次官）　272, 275
戸野周二郎（市教育課長・下谷区長／戸の・修次郎・周次郎・周一郎）　140, 146-148, 160, 191, 252-256, 265, 290, 292, 296-299, 301, 302, 305, 306, 311, 314, 316, 320
留岡幸助（家庭学校創設者）　246, 262, 278, 288, 292
留岡幸男（教育学者／幸雄）　278
塘林虎五郎（熊本貧児寮創始者／寅五郎）　259
豊田旭穣（琵琶演奏家）　250
鳥井菊次郎（神吉町住民）　168, 223, 253, 280, 285

な

永井柳太郎（早稲田大学教授）　311
中島千年（元文部省技師）　293, 294
長島辰五郎（柳原洋服商組合頭取）　250
中野健三郎（田代病院書生）　176, 177
中野美代（産婆）　175-177
中山民生（東京高師附小訓導）　145, 161
名倉聞一（朝日新聞記者／命倉）　228
那波三郎右衛門（江戸時代の豪商）　252, 267
西村光弥（市視学）　222, 314
二宮尊徳（江戸時代の農政家／金次郎）　149, 225, 252, 262
二宮兵次郎（尊徳の子孫）　262
根津嘉一郎（甲洲財閥／喜一郎）　279
野々村運市（東京高師教授／雲平）　250
野々山幸吉（市参事会員／宏吉）　140, 149, 151, 247

は

橋本福蔵（市視学／福造）　314
鳩山和夫（衆議院議員・市会議員）　191
羽生正（市職員）　259, 260, 314
浜幸次郎（市視学）　253, 254, 256, 260, 296, 297
浜中仁三郎（真砂小学校長）　293
浜野虎吉（府内務部学務課長）　288
早川千吉郎（三井銀行取締役）　160, 244
原胤昭（社会事業家／インショー）　315
東園基光（府内務部長）　147, 303, 316
疋田浩四郎（戸倉小学校校長）　152
樋口勘治郎（東京高師附小訓導／寛次郎）　145, 158
肥後正彦（横浜監獄小田原分監長）　159
比佐佑次郎（文部省普通学務局属／勇次郎）　253, 286-288, 296, 297
土方篠三郎（南多摩郡教育会長）　157, 290, 313, 314
日野なみゑ（万年小訓導）　216, 238
平井良成（内務省地方局属）　226, 227
平沼淑郎（早稲田大学長／ヨシ郎）　311
福沢諭吉（慶應義塾創立者）　140, 149
藤岡真一郎（林町小学校長／慎一郎）　261, 276, 297, 298
藤田信幸（神師教諭）　155, 167
藤牧ふじ（練塀小学校訓導／藤浪）　142, 143
船尾栄太郎（三井慈善病院事務長／舟尾栄三郎）　189
古谷田弥十郎（万年小訓導）　320, 321
星亨（衆議院議員・市会議員）　191

ま

前田利同（伯爵）　170

久保田清（下谷警察署警部／久木田）　285, 286
熊谷五郎（教育学者）　229
久米金弥（農商務次官）　226, 227, 230
黒沢道太郎（菊川小学校長／道五郎・ミチオミ）　160, 212, 298, 307, 314
肥塚竜（府知事兼市長）　184, 191
小泉成吉（絵画教師）　153
後藤新平（市長）　280
後藤胤保（東京高師附小訓導）　162
五藤ゆかり（万年小訓導／後藤ゆか）　218, 236, 238
小西新八（東京盲唖学校長）　278
小山ハナ（万年小訓導）　141-144, 242, 245
小山まつ（万年小卒業生）　216, 248, 249

さ

斉藤七左衛門（万年小訓導）　143, 176
三枝安太郎（万年小校医）　176, 194, 211, 212, 220, 223, 224, 237
阪谷芳郎（市長／坂谷）　255, 290, 297-303, 305, 310, 315, 316
坂本徹（龍之輔の四男）　176, 311
坂本政子（龍之輔の妻）　159
坂本悙（龍之輔の二男）　176, 178
坂本龍之輔（万年小校長）　142, 145, 147, 242, 251, 256, 291, 297, 302, 305, 310, 316, 318-320
桜井寿（万年小訓導）　226
佐々木円吉（神師同窓生）　154
佐々木吉三郎（東京高師教授／佐々）　160, 162, 229, 242, 247, 315
佐藤忠（三笠小学校訓導）　312
三ノ宮丈三郎（霊岸小学校長）　247
塩沢昌貞（早稲田大学長）　311
塩原多助（江戸時代の豪商）　225
渋沢栄一（養育院長・市参与）　208, 286, 311
島田俊雄（市教育課長）　140, 146, 191, 201, 216, 228, 230, 239, 243, 245, 250, 251, 254
清水石松（日本橋米相場）　249, 253, 279, 313
清水定吉（拳銃強盗犯）　159
下村観山（日本画家）　306
正力松太郎（警視庁警視）　315
鈴木新太郎（万年小卒業生）　293
鈴木巴水（講談師）　250, 289, 291
鈴木文治（友愛会創始者）　255
鈴木友三郎（明治書院・神師出）　244, 286
鈴木米次郎（神師教諭・東洋音楽学校校長）　141, 153, 161
須田辰次郎（神師校長）　140, 149, 155
千家尊福（府知事）　213

た

高尾トヨ（万年小訓導）　245
高木亥三郎（前田家家夫／猪三郎）　303
高橋信道（練塀小学校訓導）　141, 143
高橋要次郎（市助役）　259
高橋義信（市参事会員・西神田警察署長／義臣）　149, 296, 298, 302, 305, 314
宝田道徑（下谷警察署長）　285, 286
田川大吉郎（市助役）　222, 253, 255, 279, 281, 288, 297, 315
滝捨次郎（万年小訓導）　221, 222
武田桂圃（書画家／桂風）　306
武田千代三郎（山梨県知事／竹田）　162
竹本義太夫（義太夫節の創始者）　288
多田房之輔（府教育会理事／房之助）　292
棚橋源太郎（東京高師教授）　140, 145, 229, 247, 315
土屋義行（市教育課員／土谷）　150, 151, 222, 279, 282, 297, 315

石橋直吉（画家） 175, 190, 220
泉田あや（万年小訓導） 218, 221, 224
市川作次郎（万年小訓導／作治郎） 234, 253, 287
市川八百蔵（歌舞伎役者） 299
伊藤博文（韓国統監） 301
伊藤房太郎（府教育会幹事） 157
犬養毅（衆議院議員） 191
井上友一（府知事・内務書記官／知一） 147, 159, 210, 215, 226, 227, 230, 246, 262, 274, 275, 287, 288, 293, 297, 300, 305, 310, 311, 315
岩永五郎一（香川師範校長／五郎市） 258
岩淵宗一（万年小訓導） 265, 291
岩間瀧之助（山吹小学校長） 320
岩松兼経（下谷区学務委員長） 168
上田軍司（万年小小使） 176, 202, 213, 230
上田たつ（万年小小使） 202
内田よし（万年小卒業生） 290, 312
梅謙次郎（東京帝大教授） 146
英昭皇太后（明治天皇の嫡母） 269, 274
江崎礼二（写真家／レイ次） 275, 312
江原素六（市参事会員） 184, 185, 191
江間俊一（市参事会員） 171, 181, 191, 209
江本賢造（万年小訓導／謙三） 295
大岡育造（市参事会員） 149
大口福保（万年小訓導） 245
大隈重信（早稲田大総長／大熊） 191, 249, 253, 278, 279, 291, 298, 311
大沢広吉（万年小訓導） 140, 155
大島享蔵（府事務官） 293
大平駒槌（住友支配人・満鉄副総裁） 310
大塚栄吉（府参事会員） 294
大塚弥三郎（神師同窓生） 154
大場茂馬（司法省参事官） 160
大橋乙羽（小説家） 152
大房春之卯（神師同窓生） 154
大室庄輔（万年小訓導） 281-283
大森鍾一（大阪府知事） 215, 221, 222, 303, 305
大矢明誠（下谷区学務委員／大谷） 176, 190, 197, 209, 291
大矢良太郎（国民新聞記者） 190
岡弘毅（府吏員） 315
小川金次郎（開朧学校教員） 155, 164
小川与五郎（万年小訓導） 319
尾崎行雄（市長・市会議員） 149, 191, 245, 297
小沢卯之助（牛込区学務委員） 143, 175, 187
乙竹岩造（東京高師教授／音竹岩三・音佐竹） 159, 162, 229, 237
小野正造（万年小卒業生／省造） 160
小野徳次郎（万年小訓導） 253, 255, 277, 286, 287
小原梅太郎（校長会事務員） 291, 298, 302-304, 306, 308, 310

か

風当朔朗（四谷小学校長／朔郎） 157
桂太郎（首相） 310
金沢要作（練塀小学校訓導） 141, 143
金子堅太郎（枢密顧問官） 243
嘉納治五郎（東京高師校長） 228
神谷伝兵衛（実業家） 290, 301, 302
亀井英三郎（警視総監／栄三郎） 253, 275
川戸今吉（神師同窓生） 153, 154
川端玉章（日本画家） 142
木村喜三郎（下谷区学務掛） 205, 274
九鬼五三郎（豊島師範附属訓導／吾三郎・伍三郎） 290, 296
日下部三之助（東京教育社） 251
楠本正隆（市会議員・男爵） 184, 191

添田知道『小説教育者・取材ノート』
人名索引

◉凡例

1）この人名索引は、編集委員会の判断と責任において『小説教育者・取材ノート』読解の手がかりの一助となることを意図して作成したものである。人名表記に揺れがある場合は（　）内に添田の表記を示した。

2）この人名索引の対象は、添田知道『小説教育者・取材ノート』（本書 140〜321 頁）に登場する人名の中で、原則として『小説教育者・取材ノート』以外の典拠から名前を確認できる者に限定した。主な典拠は、『職員録』（内閣印刷局）各年度、『東京府学事関係職員録』各年度、『万年尋常小学校学校要覧』各年度、『東京高等師範学校一覧』各年度、古林亀治郎編『現代人名辞典』（1912 年）、財務協会篇『東京市衆議院議員選挙人名簿　一名・公定東京紳士録』（1912 年）、人事興信所編『人事興信録』第 4 版（1915 年）、である。

3）括弧内の注記は、『小説教育者・取材ノート』に登場する時期の主な肩書きを記したものである。肩書きのうち、万年尋常小学校は「万年小」、東京高等師範学校は「東京高師」、神師学校は「神師」、東京府は「府」、東京市は「市」と略した。

あ

相田良雄（内務省地方局属）　263, 266
赤池濃（内務書記官）　257
秋間為子（錦秋高等女学校長／静子）　284, 315
浅田徳則（神奈川県知事）　316
アズバン, キャサリン（ブラックマーホーム主事／アーズマン アーヅマン Osborn, Catherine M.,）　248, 249, 273
東屋楽燕（浪曲師）　302
麻生みつ（万年小卒業生）　290, 312
アダムス, アリス・ペティ（花畑施療所創設者／ジョン・アダムス Adams, Alice Betty）　252, 258
天野雉彦（童話作家）　250
荒井宗雄（下谷区学務委員／新井宗夫）　171, 181, 191, 232
新居友三郎（下谷警察署長／新井）　192
新居与作（下谷区住民）　217, 261, 293, 296, 301, 311, 315
荒川五郎（衆議院議員）　143
荒木十畝（日本画家／十敬）　306
有馬四郎助（横浜監獄典獄）　159
安藤兼吉（市参事会員）　289-291
池田清（下谷上野警察署長）　316
伊沢修二（貴族院議員）　281
石井三郎（北多摩郡参事会員）　254
石井十次（岡山孤児院創設者／重次）　258
石井昇（万年町医師／登）　168, 176, 196, 197, 199, 220, 244, 264, 296, 319
石川千代（万年小訓導）　216, 236, 238, 240
石坂鎮四郎（南多摩自由党員・群馬県知事／昌孝）　157, 313

子《こ》どもの貧困《ひんこん》と教師《きょうし》——東京市万年小学校《とうきょうしまんねんしょうがっこう》をめぐる苦悩《くのう》と葛藤《かっとう》

著者——別役厚子
定価——三、八〇〇円＋税
発行日——二〇一九年二月一六日　初版第一刷
発行者——山本有紀乃
発行所——六花出版
〒一〇一-〇〇五一　東京都千代田区神田神保町一-二八　電話〇三-三二九三-八七八七　振替〇〇一二〇-九-三二三五二六
出版プロデュース——大野康彦
校訂——駒込武・川村肇・奈須恵子
校閲——黒板博子・大塚直子
組版——公和図書デザイン室
装丁——臼井弘志
印刷・製本所——モリモト印刷

著者紹介——別役厚子（べっちゃく・あつこ）

一九六〇年　高知県に生まれる
一九七八年　高知大学教育学部入学
一九八三年　東京大学大学院教育学研究科修士課程入学
一九八六年　教育学修士号取得、博士課程進学
一九九二年　高知短期大学に助教授として赴任、教職課程等担当
一九九六年　英国渡航、エジンバラ大学に海外研修
一九九七年　高知短期大学退職、エジンバラ大学大学院入学、歴史学専攻
二〇〇六年　エジンバラ大学博士学位取得
二〇〇八年　英国永住権取得
二〇一七年　エジンバラにて病没

写真・図版提供——奥付写真＝別役操／その他の写真・図版は県立神奈川近代文学館
ISBN978-4-86617-076-3